普通高等教育"十二五"规划教材
高等学校化学类专业规划教材·名校名师系列

化学信息学

（第三版）

邵学广　蔡文生　编著

科学出版社
北　京

内 容 简 介

本书介绍了 Internet 上化学资源的使用方法，并对化学信息学方法及其在化学、生物化学、药物化学等领域中的应用进行了详细论述。本书共10章，包括联机文献检索、网络图书与网络期刊、数据库资源、化学信息资源查询、化学信息的计算机表示与建模、计算机辅助结构解析与合成设计、分子模拟、进化计算与优化算法、小波分析、多元校正与因子分析。

本书可供高等学校化学、化工、生物化学、药物化学以及相关专业的师生和广大科技工作者参考阅读。

图书在版编目(CIP)数据

化学信息学/邵学广，蔡文生编著．—3版．—北京：科学出版社，2013.3

普通高等教育“十二五”规划教材　高等学校化学类专业规划教材·名校名师系列

ISBN 978-7-03-036904-8

Ⅰ.①化…　Ⅱ.①邵…　②蔡…　Ⅲ.①计算机应用-化学-情报检索-高等学校-教材　Ⅳ.①G252.7

中国版本图书馆 CIP 数据核字(2013)第 041494 号

责任编辑：丁　里 / 责任校对：李　影
责任印制：吴兆东 / 封面设计：迷底书装

科学出版社 出版
北京东黄城根北街 16 号
邮政编码：100717
http://www.sciencep.com
北京虎彩文化传播有限公司 印刷
科学出版社发行　各地新华书店经销
*
2001 年 6 月第　一　版　开本：787×1092　1/16
2005 年 4 月第　二　版　印张：17 1/2
2013 年 3 月第　三　版　字数：445 000
2023 年11月第九次印刷

定价：59.00 元

（如有印装质量问题，我社负责调换）

第三版前言

《化学信息学》(第一版)自2001年夏出版以来,深受广大读者的欢迎,同时,也收到读者对本书的一些宝贵意见。因此,于2005年初编写了《化学信息学》(第二版),删减了计算机和计算机网络部分的内容,但丰富了化学计量学方法的相关内容。化学信息学在过去的几年中得到了长足进步和发展,Internet上的化学资源迅速增加并日趋完善,新的化学信息学方法不断被提出并在化学领域中得到了新的应用。因此,我们在第二版的基础上编写了《化学信息学》(第三版)。

第三版在内容和章节安排上进行了调整。首先,删除了第二版的第1章,即与计算机和Internet基本知识的相关内容。第二版的第2～5章没有进行大的调整,作为第三版的第1～4章,分别对联机文献检索、网络图书与网络期刊、数据库资源和化学信息资源查询进行介绍。但是,随着Internet服务方式和服务内容的改变,对其中的具体内容进行了更新。第5～10章主要介绍化学信息学方法与应用。第二版的第6章分别变为第三版的第5章和第6章,分别介绍化学信息的计算机表示与建模和化学信息在结构解析和合成设计中的应用,并增加了分子描述符和定量构效关系的相关内容。对第二版的第7章在内容上进行了扩充,系统介绍了量子力学、分子力学和分子动力学模拟方法与应用,形成了第三版的第7章。为了增加系统性,将第二版的第9、10、12章合并形成了第三版的第8章,并增加了新的内容。第二版第8章和第11章分别调整为第三版的第9章和第10章,并适当增加了多元校正方法与应用的部分内容。另外,在第三版中还增加了一些应用实例,目的是指导读者直接参考本书即可开展实际工作。

由于作者水平所限,书中难免存在疏漏和不妥之处,敬请读者批评指正。

作　者

2012年12月于南开大学

第二版前言

《化学信息学(第一版)》自2001年夏出版以来,深受广大读者的欢迎,已经进行了两次印刷。化学信息学是近几年发展起来的新兴学科,发展非常迅速,特别是Internet服务和Internet资源方面的内容,不仅日趋完善而且变化很快。同时,也收到读者对本书的一些宝贵意见。因此,我们在第一版书稿的基础上编写了《化学信息学(第二版)》。

第二版在内容以及章节安排上都进行了较大的调整。首先,随着计算机知识和使用技术的普及,将第一版第一章的内容进行了删减,并与第二章合并组成了第二版的第1章。由于Internet中的化学资源发展较快,其内容不断丰富,因此,在第二版中将第一版第三章的内容分解为第二版第2~5章,分别对联机文献检索、网络图书与网络杂志、数据库资源和化学信息资源查询进行了介绍。这样,当本课程的学时数较少时,只对本书的第1~5章进行教学即可,而后面的内容则可以安排在研究生阶段学习。

第一版的第四、五两章基本没有改动,分别变为第二版的第6、7两章。但对近几年发展较快的化学计量学方面的内容(第一版第六章)进行了较大变动,分解为第二版第8~12章,分别对多元校正与因子分析、人工神经网络、遗传算法和模拟退火、小波分析和免疫算法进行了介绍。在第二版中,每一部分都增加了新的内容或新的知识,在某些新的方法中还增加了程序设计的有关内容,目的是指导读者直接参考本书即可开展实际工作。

由于作者水平所限,书中难免存在缺点和错误,敬请读者批评指正。

作　者

2005年1月于中国科学技术大学

第一版前言

自从化学学科出现以来，信息的记载、组织与交流对化学学科的发展起了重要的作用，同时也成为化学学科的一个重要组成部分。这是因为化学实验的记录资料具有长远的实践意义。在化学学科中，化学家根据百年以前的记录资料从事科学实验的例子并不稀奇。另外，化学物质结构的记录与检索需要建立独特的记录系统。随着计算机技术的发展，化学家必须建立自己的信息表示、记录与管理系统以适应时代的要求。

化学信息可分为两大组成部分，即化学物质的化学信息和媒体形式的化学信息。前者是利用科学的原理和方法通过测量得到的化学成分的相关信息，如物质的物理、化学性质，物质中各成分的定性、定量以及结构信息，分子间的相互作用信息(包括化学反应信息)等。后者是化学信息的记录形式，如图书、期刊、专利、数据库以及音像资料等。化学信息的传播使化学家们共享测量的原理、方法及测量结果。

化学信息学(chemoinformatics)是近几年发展起来的一个新的化学分支，它利用计算机技术和计算机网络技术，对化学信息进行表示、管理、分析、模拟和传播，以实现化学信息的提取、转化与共享，揭示化学信息的实质与内在联系，促进化学学科的知识创新。化学信息学的研究内容主要包括：(1)利用计算机技术和计算机网络技术对化学信息进行表示和计算机管理；(2)利用计算机技术对复杂的化学信息进行解析，以快捷、方便的方式最大限度地提取和利用有用信息；(3)利用计算机对化学信息和化学体系进行模拟；(4)收集、传播和共享化学信息。

在本书的编写过程中，参考了大量的 Internet 资源及有关参考书，在此谨对为本书提供帮助的网站和作者表示衷心的感谢。由于作者水平所限，书中难免存在缺点和错误，敬请读者批评指正。

作　者
2001 年 2 月于中国科学技术大学

目录

第 1 章　联机文献检索

通过 Internet 进行文献联机检索是指通过联机方式，根据用户提供的信息（关键词、作者等）给出相关的文献信息，如论文题目、期刊名称、卷、页、摘要甚至全文。目前已有许多文献检索系统，如 Web of Science、美国化学文摘（CA）以及一些专业性更强的专业文献系统。

访问这些文献系统一般有两种方式，即远程登录和 WWW 浏览，目前主要以 WWW 方式为主。对于免费系统，可从 Internet 或通过其他途径得到有关信息，自由地使用；但对于收费系统，只有在交费后得到有关的账号和密码才能获得使用权限。目前一般是由所在单位统一订阅供本单位的用户使用。

1.1　美国化学文摘

1.1.1　美国化学文摘和 SciFinder 简介

美国化学文摘（*Chemical Abstract*，简称 CA）是由美国化学会（American Chemical Society）化学文摘服务社（Chemical Abstract Service，简称 CAS）于 1907 年创办的文摘系统。开始以印刷版出版发行，1967 年以前，每半月一期，每年一卷，后来改为每周一期，每年两卷。随着计算机和 Internet 的发展，逐步形成了光盘版（CA on CD）和网络版。

CA 的主要特点是它的文摘详细、客观地报道化学化工文献，文摘质量高，不加任何评论，报道的内容包括文献的研究目的和范围，新化学反应、化合物、材料、工艺、程序、工具和资源，新知识的应用，以及观察的结果和作者的解释与结论；收录的范围广泛，系统、全面地收录世界上化学化工方面 98%的文献，其中 70%的文献来自美国以外的国家和地区，共收录 150 多个国家或国际组织的 56 种文字出版的 14 000 余种出版物，包括期刊文献、会议文献、专利文献、学位论文、图书文献和科技报告等；另外，CA 的使用非常方便，在印刷版中有各种卷索引、五年累积索引、十年累计索引、八十年累积索引等。CA 的全部文献分为 5 部分 80 类，其中生物化学部分为 1～20 类，有机化学部分为 21～34 类，大分子部分为 35～46 类，应用化学与化学工程部分为 47～64 类，物理化学、无机化学和分析化学部分为 65～80 类。所收录的文摘按类别编排，每一个文摘拥有一个文摘号。

CA 的电子出版物始于 1969 年，当时的计算机发展水平还比较落后，采用磁带作为记录载体，但实现了化学文献的自动、高效检索，推动了文献检索的发展。随着计算机水平的提高，采用了光盘作为记录材料，形成了 CA 的光盘版，即 CA on CD。CA 的网络版则是随着 Internet 的发展而建立起来的新的文献检索方式，先后开发了基于客户端软件的 SciFinder Scholar 和基于网络访问的 SciFinder Web 版。2012 年底，SciFinder Scholar 的客户端服务已经停止，目前主要是通过 SciFinder Web 版进行服务。光盘版和网络版的使用给化学文献的检索提供了更为方便的方式，不仅检索方式灵活多样，更重要的是可以系统、全面地进行检索。

SciFinder Web 版整合了 Medline 医学数据库、欧洲和美国等 50 多家专利机构的全文专利资料以及化学文摘 1907 年至今的所有内容。它涵盖的学科包括应用化学、化学工程、普通化学、物理、生物学、生命科学、医学、聚合体学、材料学、地质学、食品科学和农学等诸多领域。它可以透过网络直接查看 CA 1907 年以来的所有期刊文献和专利摘要以及七千多万的化学物质记录和 CAS 注册号。

SciFinder 可检索的数据库包括：

CAplus(3600 万条参考书目记录，包含 185 个国家以及 50 多种语言的参考文献，始自 1907 年)

CAS REGISTRY(6800 万种独一无二的有机和无机物质，每天更新约 15 000 条，每种化学物质有唯一对应的 CAS 注册号，始自 1800 年)

CASREACT(4710 万条反应记录，每周更新约 150 000 条，始自 1840 年)

CHEMCATS(7000 万条商业化学物质记录，来自 990 多家供应商的 1125 多种目录)

CHEMLIST(29.6 万种管制品化合物的详细清单，每周更新约 50 条)

CIN(169 万条最新商业新闻的详细记录，始自 1974 年)

MARPAT(93.9 万种已公开的 Markush 结构，超过 385 000 条包含 Markush 结构专利的参考文献，每周更新 60～75 条参考专利及 150～200 个 Markush 结构，始自 1988 年)

SciFinder 具有多种先进的检索方式，如化学物质、化学结构式、Markush 结构式和化学反应式检索等。

1.1.2 SciFinder 的著录内容与格式

1. 期刊文献的著录内容与格式

期刊文献的著录内容如图 1-1 所示，主要包括上部的链接部分、中部左侧的文献信息、中部右侧的期刊和录入信息以及下部的文献引用信息。

顶部：涉及的物质链接(Get Substances)、涉及的反应链接(Get Reaction)、引用文献链接(Get Cited)、引用本文献的文献链接(Get Citing)、全文链接(Full Text)等。

左侧：文献标题、作者姓名、摘要内容、主题名称(CA 分类号)、涉及的主要概念(Concepts)、涉及的主要物质(Substances)等。

右侧：文献来源、出版物类型及出版时间、CODEN 代码、ISSN 编号、DOI 编号、作者所在机构及地址、登录号(Accession Number)、出版商、语种。某些文献的著录内容中还包括 CA 交叉参考(cross-reference)分类号。

下部(图中未显示)：附加术语(Supplementary Terms)和施引文献(Citations)。在施引文献清单中还提供了超级链接，可以直接查看施引的文献。这个功能对实现文献之间的交叉检索具有重要意义。

2. 图书文献的著录内容与格式

图书文献的著录内容如图 1-2 所示。内容分左右两部分显示。

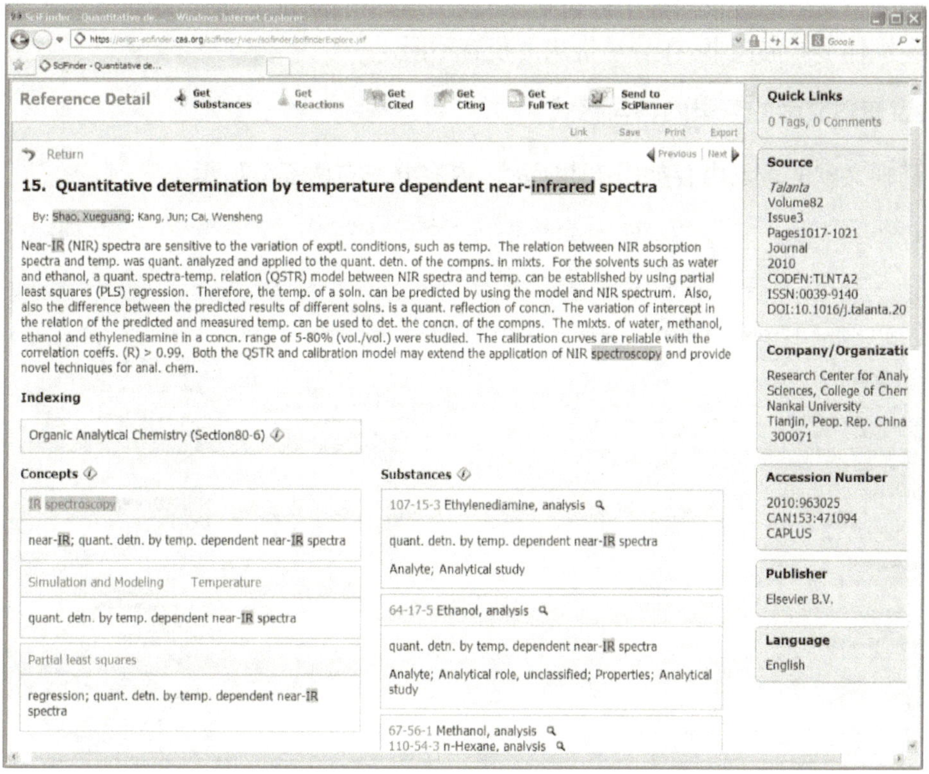

图 1-1 期刊文献的著录结果的内容与格式

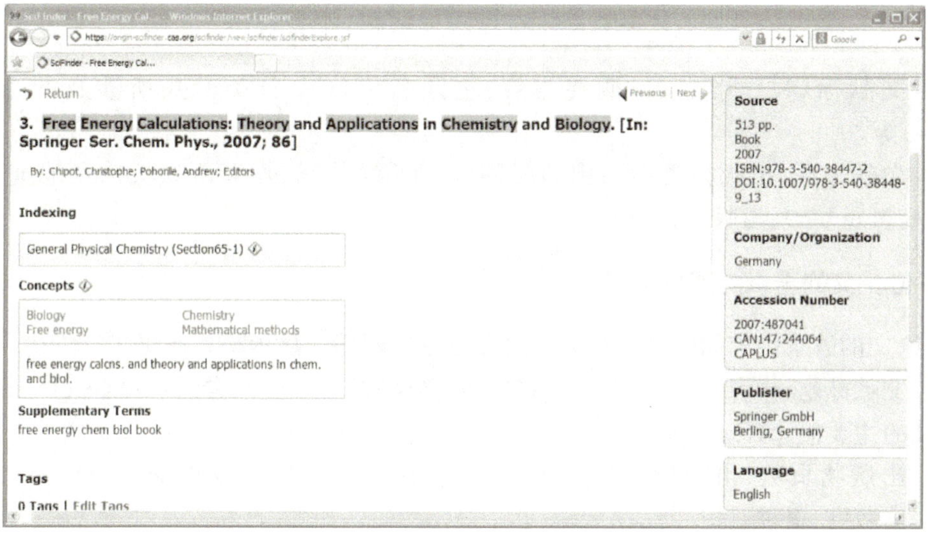

图 1-2 图书文献的著录结果的内容与格式

左侧：文献标题、作者/编辑姓名、主题名称（CA 分类号）、涉及的主要概念（Concepts）、附加术语（Supplementary Terms）。

右侧：出版物页数、出版物类型及出版时间、ISBN 编号、DOI 编号、作者所在机构及地址、登录号（Accession Number）、出版商、语种。

在某些图书文献的著录内容中还包括原文语种的书名的拉丁译音、定价等。另外，对于图书光盘和多媒体形式的图书，在著录格式上稍有不同。

3. 会议资料文献的著录内容与格式

会议资料文献的著录内容如图 1-3 所示。内容分左右两部分显示。

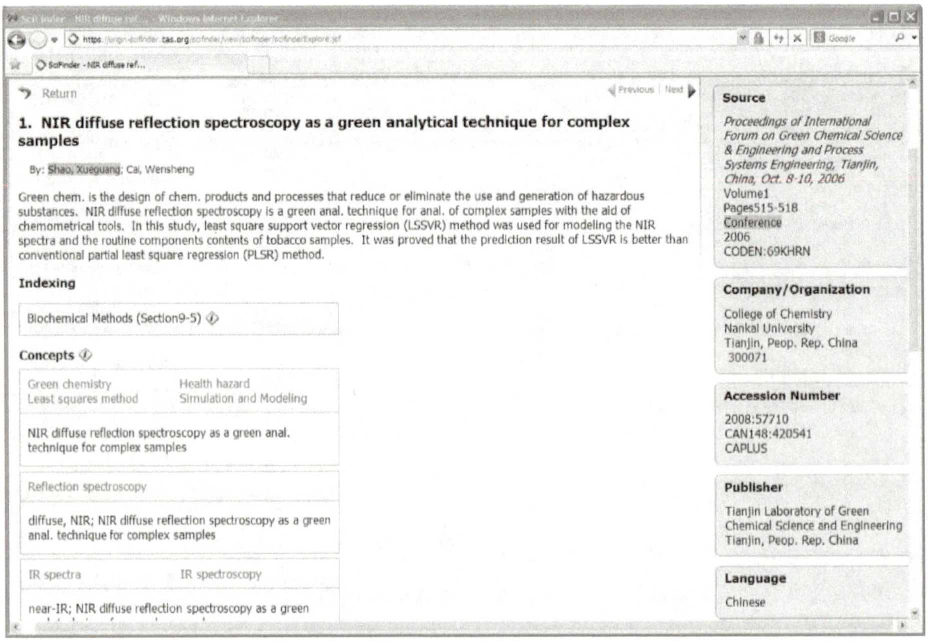

图 1-3　会议资料文献的著录结果的内容与格式

左侧：文献标题、作者姓名、摘要内容、主题名称（CA 分类号）、所涉及的主要概念（Concepts）等。

右侧：文献来源、出版物类型及出版时间、CODEN 代码、作者所在机构及地址、登录号（Accession Number）、出版商、语种。

4. 学位论文的著录内容与格式

学位论文的著录内容如图 1-4 所示。内容分左右两部分显示。

左侧：文献标题、作者姓名、主题名称（CA 分类号）及 CA 交叉参考（cross-reference）分类号、所涉及的主要概念（Concepts）等。

右侧：出版物页数、出版物类型及出版时间、作者所在机构及地址、登录号（Accession Number）、出版商、语种。

5. 专利文献的著录内容与格式

专利文献的著录内容如图 1-5 所示。内容分左右两部分显示。

左侧：文献标题、作者姓名、代理人（Assignee）、摘要内容、专利信息、主题名称（CA 分类号）以及 CA 交叉参考（cross-reference）分类号、所涉及的主要概念（Concepts）、所涉及的主要物质（Substances）等。

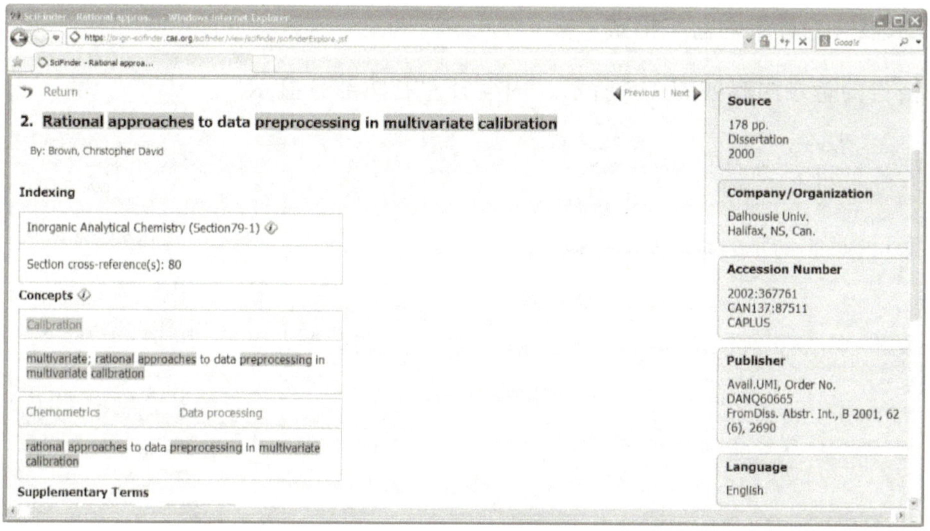

图 1-4　学位论文的著录结果的内容与格式

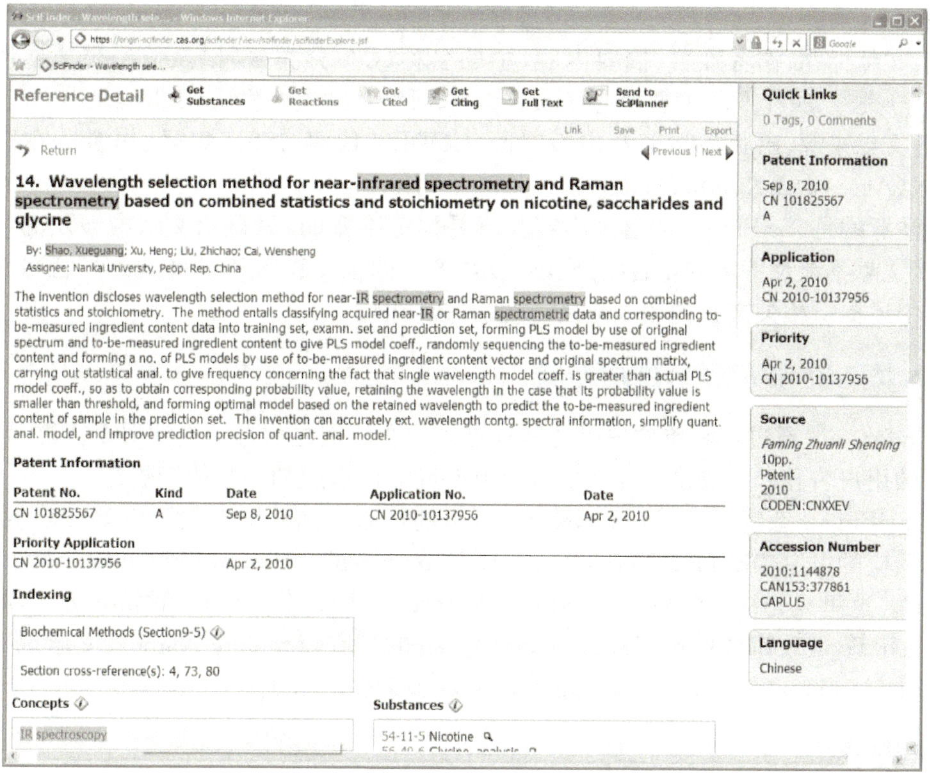

图 1-5　专利文献的著录结果的内容与格式

右侧：专利公开日期、编号和种类、申请日期以及编号、优先权申请编号以及日期、出版物来源、出版物页数、出版物类型及出版时间、CODEN 代码、登录号（Accession Number）、语种。

6. 技术报告的著录内容与格式

技术报告的著录内容如图 1-6 所示。内容分左右两部分显示。

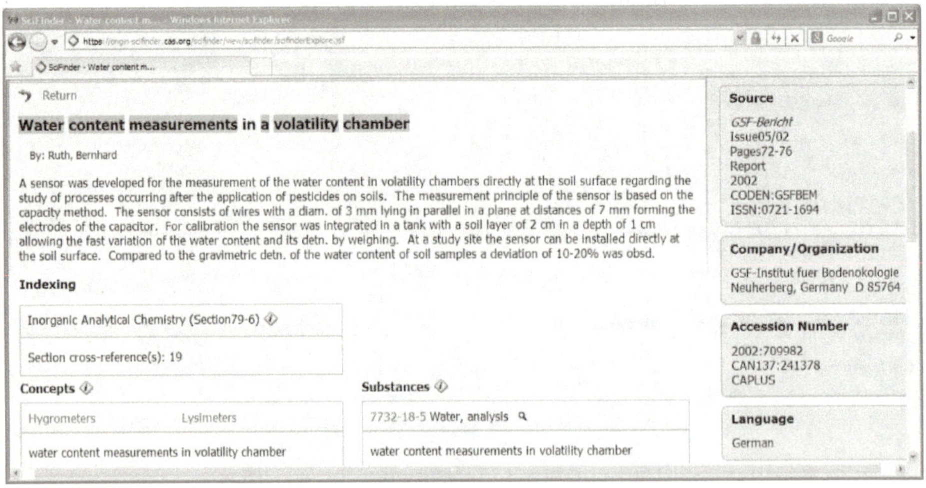

图 1-6 技术报告的著录结果的内容与格式

左侧：文献标题、作者姓名、摘要内容、主题名称（CA 分类号）以及 CA 交叉参考（cross-reference）分类号、所涉及的主要概念（Concepts）、所涉及的主要物质（Substances）等。

右侧：文献来源、出版物类型及出版时间、CODEN 代码、ISSN 编号、作者所在机构及地址、登录号（Accession Number）；语种。

值得注意的是，SciFinder 的著录内容并不是固定不变的，只显示文献中涉及的内容。例如，如果该文献不涉及特定的化合物，则不显示“涉及的主要物质（Substances）”栏目。在某些文摘内容中还提供相关文献的超级链接，以便直接访问。

1.1.3 SciFinder 的功能与使用方法

SciFinder 一般通过订阅单位提供的网址进入。在使用之前必须先注册个人账号，然后以个人账号的用户名和密码登录。首次登录时需要同意该系统的一些使用规范。

进入 SciFinder 系统以后，显示如图 1-7 所示的页面。该系统提供了检索文献、化学物质以及化学反应的渠道（“Explore”），即“Explore References”、“Explore Substances”和“Explore Reactions”。这里只介绍文献检索（“Explore References”）部分，共有 6 种检索方式，即主题检索（Research Topic）、作者检索（Author Name）、公司检索（Company Name）、文献识别码检索（Document Identifier）、期刊检索（Journal）和专利检索（Patent）。

1. 主题检索

SciFinder 的默认页面是主题检索（Research Topic）界面。本界面有六个部分。其中，“Research Topic”后的文本框用于填写所要检索的主题，“Publication Year(s)”文本框用于填写文献发表的年份，“Document Type(s)”多选框用于选择文献的类型，“Language(s)”多选框用于选择文献的语言种类，“Author Name”文本框用于填写作者的姓、名和中间名，“Company Name”后的文本框用于填写公司名称。当任意一个或多个检索条件确定后，即可点击“Search”按钮进行相关文献的检索。

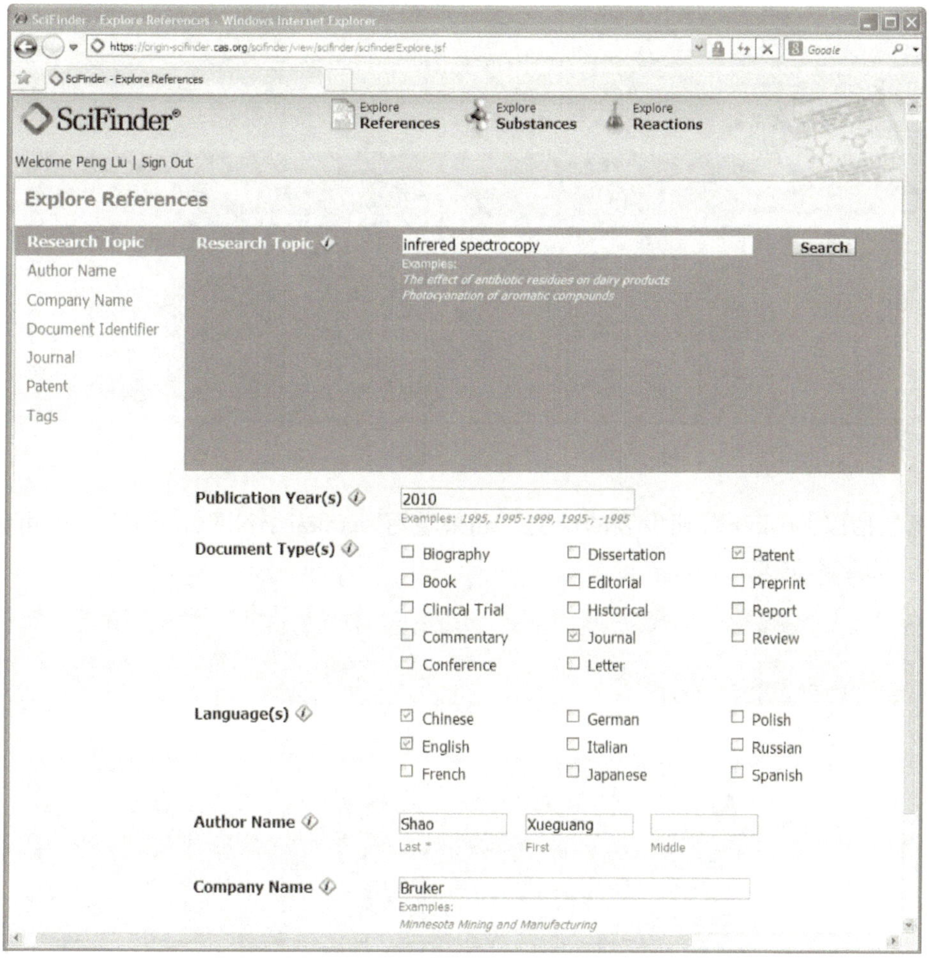

图 1-7　SciFinder 的窗口结构

2. 作者检索

点击图 1-7 中的“Author Name”按钮，将出现如图 1-8 所示的页面。该页面有三个文本框用于输入作者的姓、名和中间名。对于大部分检索而言，中间名可以省略。例如，要检索本书作者的文献，可以在姓(Last)中填写“shao”，在名(First)中填写“xueguang”。随后点击“Search”即可得到文献检索的结果。值得注意的是，一些数据库在收录中国作者的论文时，拼写和缩写会出现一些错误，也有时会出现姓和名颠倒的情况。例如，本书作者的姓名有时是“Shao Xueguang”，也有时是“Shao Xue Guang”甚至是“Shao Xue-guang”等，在缩写时有时是“Shao X”，也有时是“Shao XG”等。SciFinder 系统的优势在于用户可以根据清单中的姓名列表自由选择，同时选择不同拼写的姓名进行检索。

3. 公司检索

点击图 1-7 中的“Company Name”将出现如图 1-9 所示的页面。在这种检索中仅提供了一个文本框用于填写公司的名称。此处的“公司名称”泛指公司、大学、国家管理部门以及非营利组织。例如，填写“Bruker”后点击“Search”按钮即可得到使用 Bruker 公司仪器所发表的所

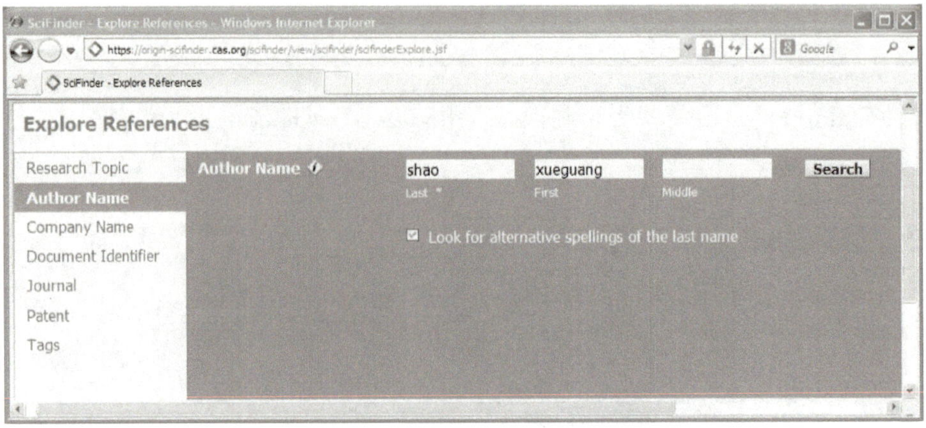

图 1-8 “Author Name”检索的窗口结构

有文献，也包括以 Bruker 公司发表的论文。如果填写“nankai AND university”则可以检索南开大学发表的学术论文。

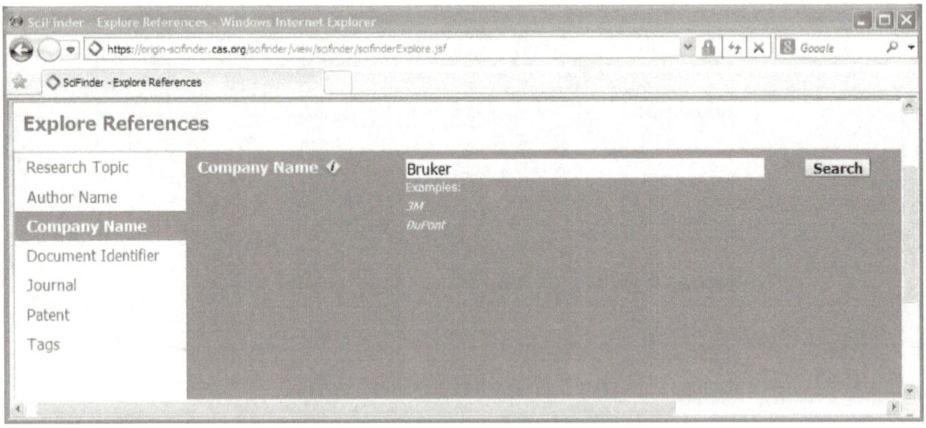

图 1-9 “Company Name”检索的窗口结构

4. 文献识别码检索

点击图 1-7 中的“Document Identifier”将出现如图 1-10 所示的页面。这种检索中仅提供了一个文本框用于填写文献识别码。此处的识别码包括：①Accession Number，可以是 CA 注册码，也可以是 CAplus 或 Medline 数据库记录码；②Document Number，即 CA 登录号，如 CA 文摘号(卷号:文摘号)；③Patent Number，专利号或专利申请号，如 CA2107100、JP 1992-502228、IT 1998-BO661 等；④PubMed ID Number，PubMed 数据库登录号；⑤Digital Object Identifier (DOI)，数字对象标识号。例如，填写“10.1021/ci0340862”点击“Search”即可得到相应的文献。

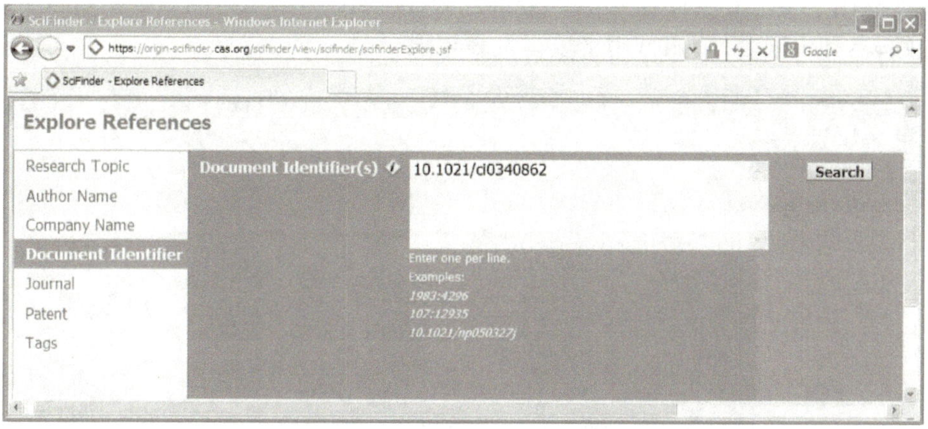

图 1-10 “Document Identifier”检索的窗口结构

5. 期刊检索

点击图 1-7 中的“Journal”将出现如图 1-11 所示的页面。这种检索提供了四行共九个文本框分别用于填写该文献的相关信息。

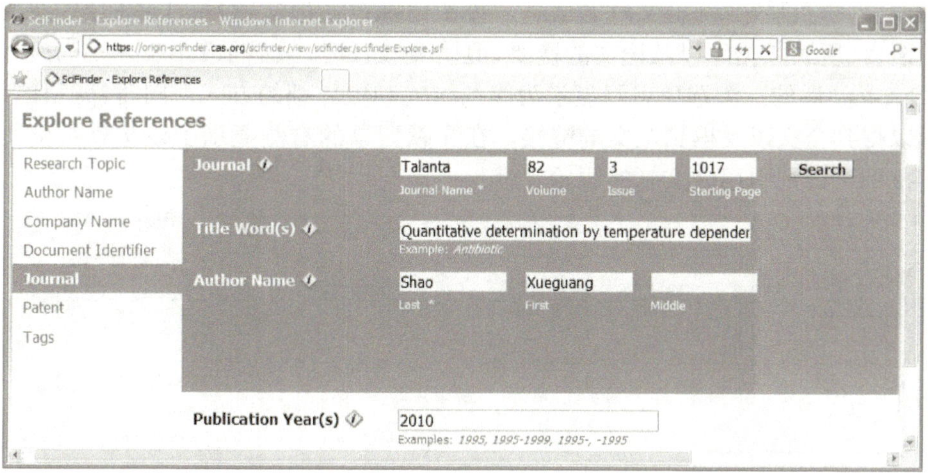

图 1-11 “Journal”检索的窗口结构

第一行四个文本框用于填写期刊的名称、卷、期、起始页码，如 Talanta、82、3、1017；第二行文本框填写文献标题中所含文字；第三行的三个文本框用于填写作者的姓、名和中间名；第四行用于填写文献的发表年限。

当然，检索时不一定把每个条件都进行限定。例如，在 Journal 的文本框中输入“Talanta”，在 Author Name 的前两个文本框中填写“Shao”和“Xueguang”即可检索 Shao Xueguang 在 *Talanta* 期刊上发表的所有文章。

6. 专利检索

点击图 1-7 中的“Patent”将出现如图 1-12 所示的页面。这种检索提供了四行共六个文本框分别用于填写该文献的相关信息。第一行的文本框用于填写专利号，如 CN 101825567；第二行的文本框用于填写专利代理人，如“Nankai University”；第三行的 3 个文本框分别用于填发明者的姓、名和中间名；第四行用于填写发表年限。

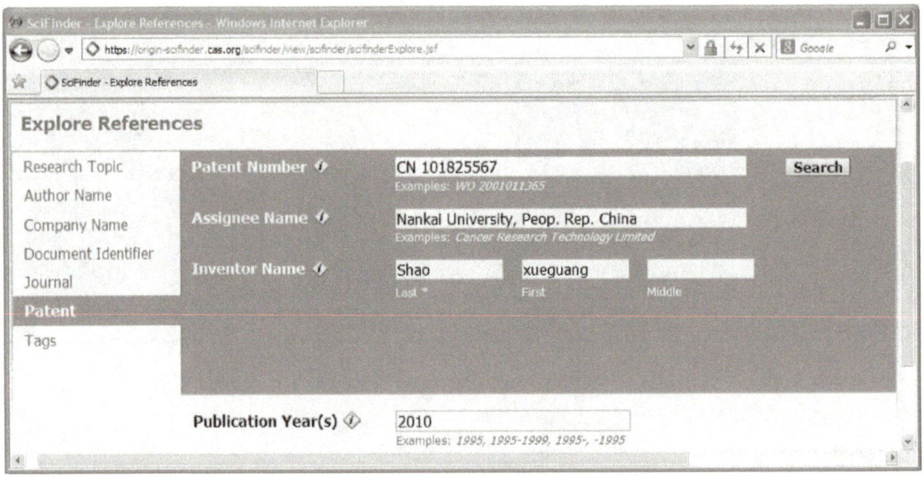

图 1-12　“Patent”检索的窗口结构

各种检索方式的检索结果均以清单的形式列出，如图 1-13 所示。该页面的主要内容是检索结果的清单，每页显示 20 篇文献的信息。每条记录包括论文题目、作者信息、期刊信息、文献使用的语言、所属数据库以及论文的摘要，但摘要较长时，只显示其中的一部分。通过点击右上侧“Display”后的三个选项可以显示为简约方式和更详细的方式。同时，题目的结尾处显示是否可以得到全文以及得到全文的链接。在文献记录的右侧显示了该文献被引用的情况，点击此链接即可得到引用该文献的原始文献。

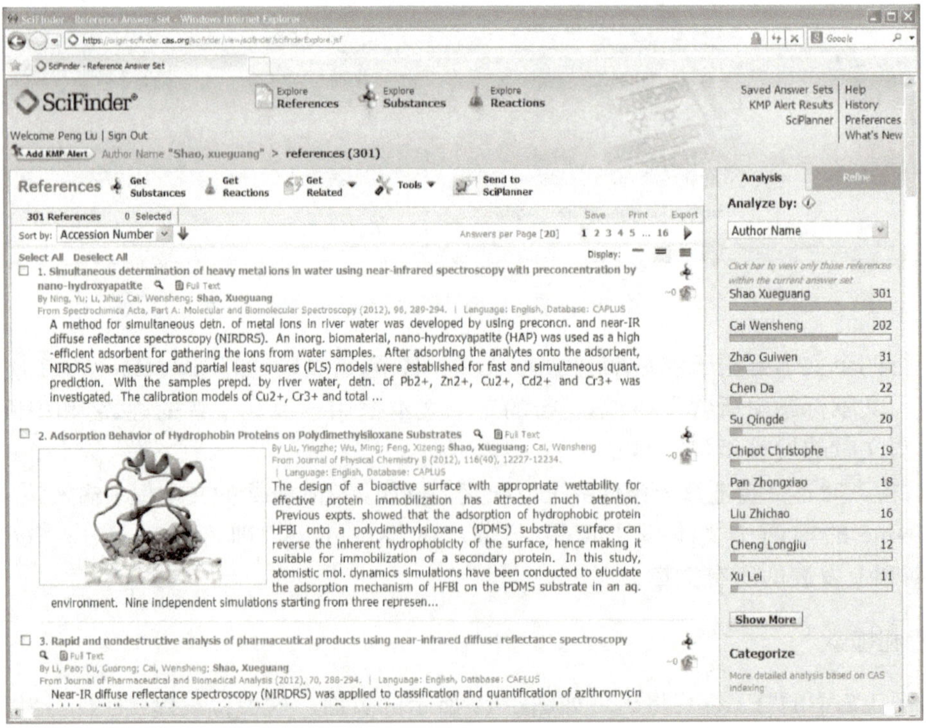

图 1-13　SciFinder 的检索结果页面

在检索结果页面的右侧提供了两个实用工具，即“Analysis”和“Refine”。“Analysis”用于检索结果的统计，可以按作者、CA 注册号、机构名称、期刊名称、发表年份等进行统计，并且继续点击统计结果的项目可以显示统计结果的详细内容。“Refine”用于检索结果的精细筛选，可以按照主题、作者、公司名称、文档类型、发表年限、语言类型以及所属数据库进行查询。

此外，在检索结果页面的右上角还有“Saved Answer Sets”、“KMP Alert Results”、“Help”、“History”、“Preference”、“What's New”等工具按钮。通过这些工具还可以享受到该系统提供的更多服务。有兴趣的读者可以根据系统的帮助文件自行学习。

1.2 Web of Science

1.2.1 Web of Science 简介

Web of Science 是 ISI (Institute for Scientific Information)建立的电子信息检索系统。ISI 于 1958 年由 Dr. Eugene Garfield 建立，总部在美国费城，国内曾译为费城科技情报所，是著名的二次文献出版商，为全球学术界与企业界的研究与发展提供电子信息。Web of Science 的数据库收录了 16 000 余种国际期刊、书籍以及各专业的会议论文集，每年大约增加 1 400 000篇的文献内容。该系统提供六种综合性引文数据库，包括：Science Citation Index Expanded、Social Sciences Citation Index、Art & Humanities Citation Index、Conference Proceedings Citation Index、Index Chemicus 和 Current Chemical Reactions。同时，该系统还拥有化合物与化学反应数据库(ISI Chemistry Server 的系统)以及与 GenBank (DNA 序列数据库)、Derwent 专利数据库的链接等。

Web of Science 的突出特点是该系统不仅提供了科技文献等数据库，而且还提供了引文数据库，并且在各种数据库之间建立关联。所以，该系统可根据多种线索进行文献检索，不仅可以获得所需要的文献资料，还可以获得论文的引用情况，并可根据多种线索进行文献检索。

2003 年初，ISI 建立了 ISI Web of Knowledge，将 Web of Science、Web of Proceedings 和 ISI Journal Citation Report 集为一体，并增加了 CrossSearch 功能。利用 CrossSearch 可以同时检索 Web of Science、Web of Proceedings 以及 AGRICOLA 和 PUBMED 两个数据库。2004 年 7 月，ISI Web of Knowledge 又进行了更新，除页面的外观有所变化外，还增加了 INSPEC 数据库，The Cochrane Library (Abstracts of Cochrane Reviews)数据库，工程计算与物理科学(Engineering Computing & Physical Sciences)方面的 8 个数据库以及社会科学(Social & Behavioral Sciences)方面的 2 个数据库。

ISI Web of Knowledge 逐渐发展成为一个功能非常强大的研究平台。该平台以 Web of Science 为核心，通过独特的检索机制和交叉检索功能，将很多文献资料(如学术期刊、学术专著、发明专利、化学反应、研究基金等)有效地整合起来；并提供了强大的检索功能，包括跨库交叉检索、独特的作者检索、主题检索、化学结构检索等。除此之外，ISI Web of Knowledge 还提供了一些独特的信息分析工具(Journal Citation Reports 和 Essential Science Indicators)和文献管理软件(EndNote 等)帮助科研工作者更好地把握各自所在学科的前沿动态。

ISI Web of Knowledge 平台的 URL 为

http://www.webofknowledge.com

不过，用户登录后系统将识别用户的网址，并识别用户的订阅单位。首页中包括“所有数据库”、“选择一个数据库”、“Web of Science”和“其他资源”四个选项。选择“Web of Science”即可进入 Web of Science 数据库系统。

1.2.2　Web of Science 的著录内容与格式

Web of Science 的文献收录内容和格式与其他文献系统略有不同，不仅具有文献本身的信息，还具有该文献的参考文献、被引用次数、被引用的原文文献以及与该文献相关的文献记录等。图 1-14 为某检索结果的完整文献记录。

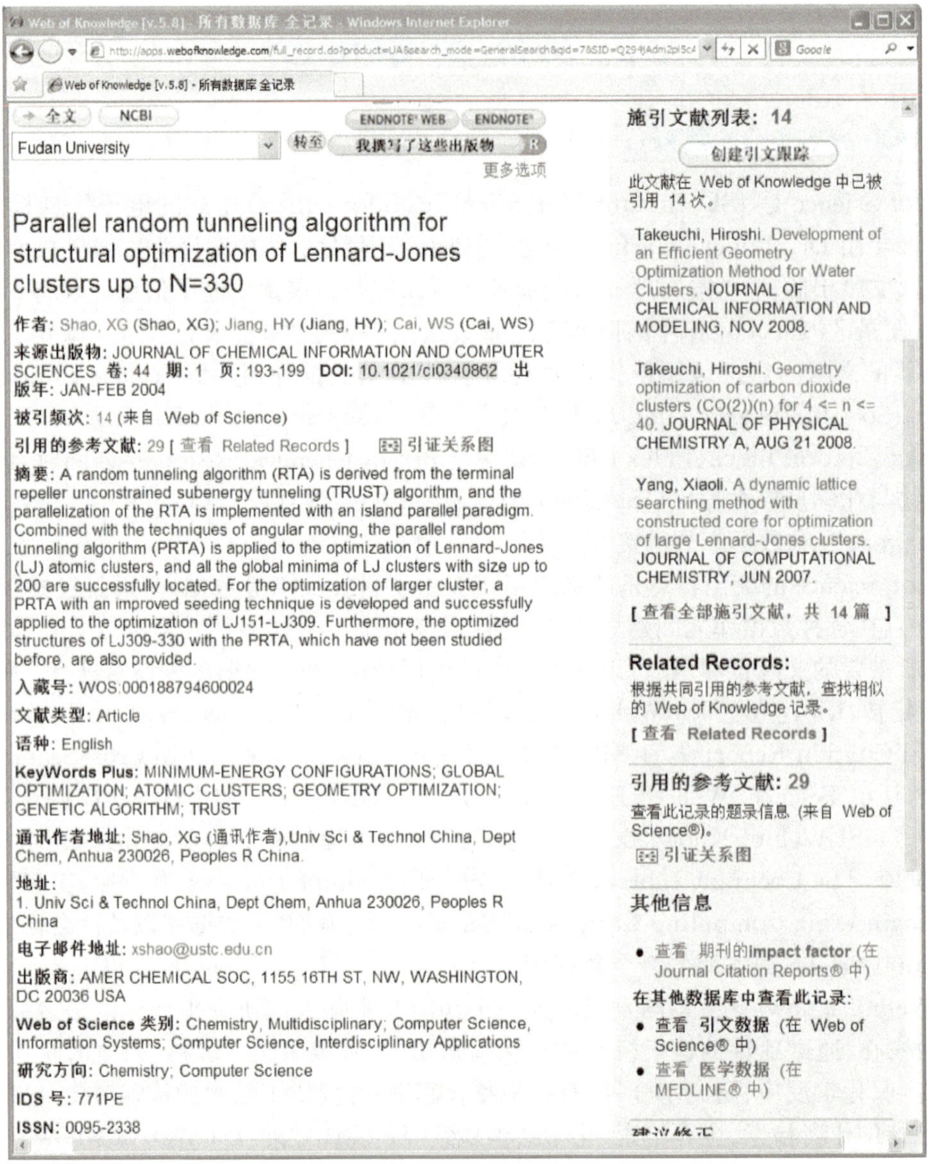

图 1-14　Web of Science 检索结果的内容与格式

首先，与其他文献系统一样，检索结果中包含论文题目、作者、刊名、卷、期、页等内容。但 Web of Science 在卷、期、页之后增加了被引频次和引用的参考文献。除此之外，还包括文章摘要、收录记录号、文献类型、语种、附加关键词(Keyword Plus)、单位地址等。随后，还增加了作者的 E-mail 地址、基金资助致谢、出版商、Web of Science 类别、研究方向、DOI 号、ISSN 号等信息。

Web of Science 的特色在于它收录了该文献被引用情况以及与该文献参考文献的相关链接，如图 1-14 中右上角的“施引文献列表”和“引用的参考文献”。点击“施引文献列表”后的数字（“14”）则列出所有引用该文献的所有文献。点击“引用的参考文献”后的数字（“29”）将列出该文献引用的所有参考文献。

点击“Related Records”，还可以得到与该文献“相关”的文献，此处的相关是指引用文献的详细程度。在其他信息栏里有查看期刊的“impact factor”的选项，利用它可以得到某期刊的影响因子（impact factor）。

Web of Science 的这些特色使它实现了文献之间的相互联系，让使用者获得跨越时间界限和跨越学科界限的全面资料。例如，通过参考文献可以了解在本文的工作之前有哪些相关的研究，而通过被引用情况则可以了解本文发表后相关的工作，通过相关记录可以得到不同学科中相同主题的文献资料。

1.2.3 Web of Science 的功能与使用方法

进入 Web of Science 系统以后，即可显示如图 1-15 所示的页面。该系统提供了多种检索方式，即“检索”、“作者检索”、“被引参考文献检索”、“化学结构检索”和“高级检索”。此外还提供了一个“检索历史”功能。

该页面同时包括了检索时所需的一些限制条件，如图 1-15 中“当前限制”开头的部分。首先，通过“时间跨度”选项，选定被检索文献的收录时间；其次，“引文数据库”选项可以选择检索文献被收录的数据库；再通过“化学数据库”选项，可以选择被检索化合物或化学反应被收录的数据库；“调整检索设置”项则可以打开或关闭词形还原功能（自动查找被检索词的不同拼写形式）；最后一项是“调整检索结果设置”，用于调整检索结果的显示方式。

1. 检索

Web of Science 的默认页面便是“检索”界面，是最常用的检索方式。可以看出，在本页面中有三个文本框，每个文本框后跟着一个下拉菜单。若需加入更多的检索条件，则可以点击“添加另一字段”选项。在文本框内填写要检索的检索词后，在随后的下拉菜单中选择检索范围。下拉菜单包括“主题”、“标题”、“作者”、“Research ID”、“团体作者”、“编者”、“出版物名称”、“DOI”等选项。在后两个文本框之前还各有一个下拉菜单用于确认三个搜索条件之间的关系。这些下拉菜单中包括“AND”、“OR”、“NOT”（分别表示“与”、“或”和“非”），默认选项为“AND”。

当需要更严格的限制条件时，在每个文本框中还可以使用逻辑关系符（AND、OR、NOT、SAME/SENT）及通配符（＊和?）。“SAME”或“SENT”则表示所联结的两个检索词必须出现在同一句话中。通配符的使用可以大大提高检索的效率，如使用“superconduct＊”将对“superconductor”、“superconductivity”、“superconductors”以及“superconductive”进行检索，使用“sul＊ur”将对“sulphur”和“sulfuric”进行检索，而使用“en? oblast”则对“endoblast”和“entoblast”进行检索。

在确定检索限定条件之后，点击“检索”按钮即可得到符合所有限定条件的检索结果。例如，第一个文本框中填写“wavelet”，检索范围选择“主题”；第二个文本框中填写“shao xg”，检

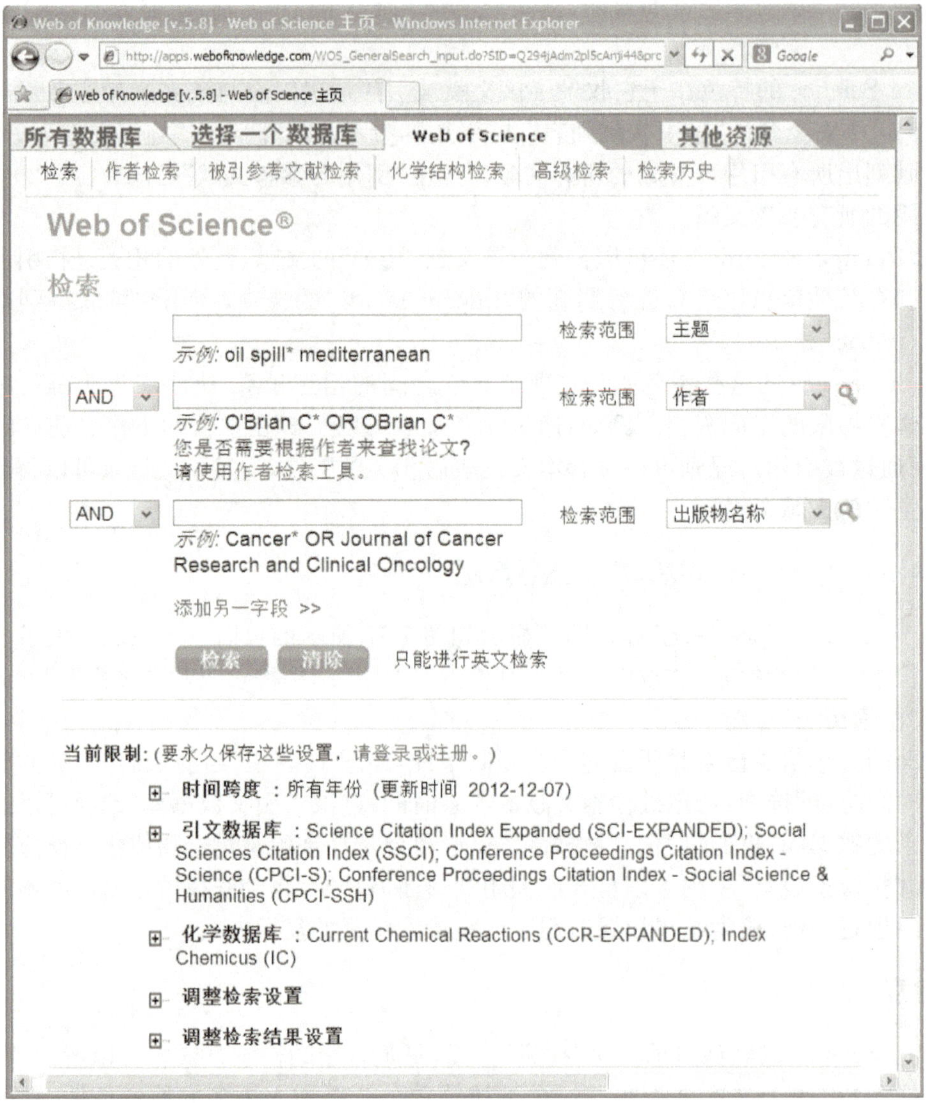

图 1-15 "Web of Science"的窗口结构

索范围选择"作者";在第三个文本框中填写"(Univ Sci & Technol China) OR (Nankai Univ)",检索范围选择"地址",即可检索到本书作者在小波变换方面的所有文献。

需要注意的是,在 Web of Science 系统中采用了作者和单位名称的缩写,在检索时一定要查找该数据库中的正确缩写形式。

2. 作者检索

点击图 1-15 中的"作者检索"按钮将出现如图 1-16 所示的页面。该页面有两个文本框用于输入作者的姓和名的首字母。例如,姓"Shao",名首字母"X"。如果作者的名字有两种以上的拼写形式时,点击"添加作者姓名的不同拼写形式",在新打开的两个文本框中输入作者姓名的第二种拼写形式,如"Shao"和"XG"。随后点击"下一页"。在第二页中,选择作者的研究领域,如选择"All Research Domains",再次点击"下一页"。在第三页中,选择作者的组织单位,如选择“Nankai Univ”OR“Univ Sci & Technol China”。点击“检索”即可检索到本书作者的所有文献，如图 1-17 所示。每页显示 20 篇文献，分为 24 页显示。上下移动或继续点击其他页码即可对所有检索结果进行查看。

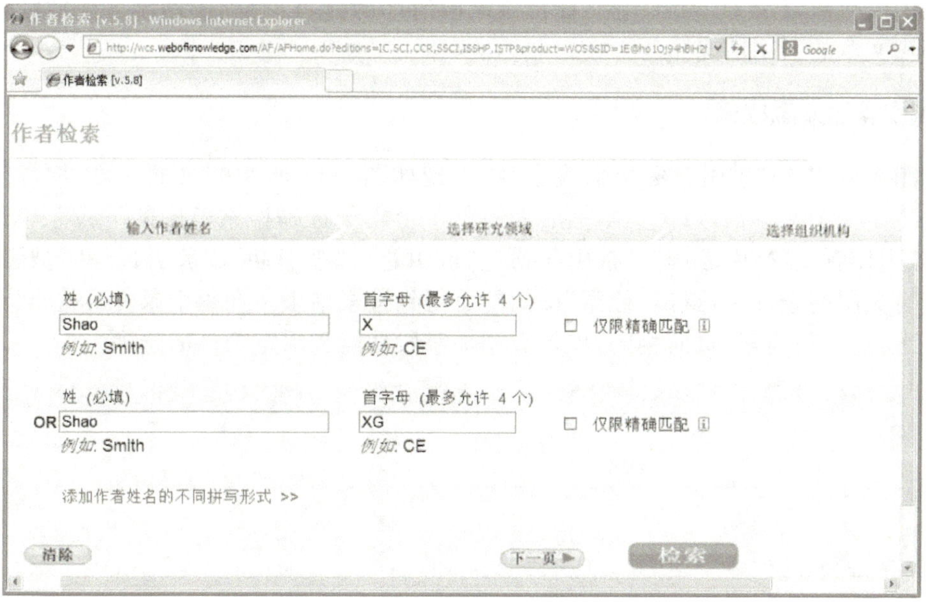

图 1-16 “作者检索”的窗口结构

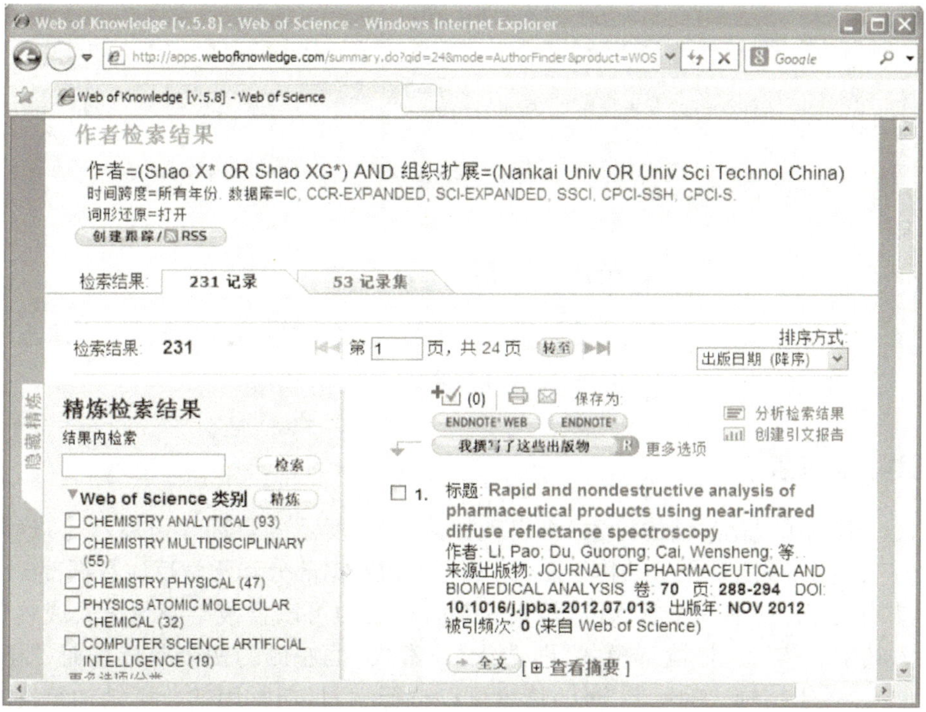

图 1-17 “作者检索”的检索结果

在检索结果页面右侧的中部有一个“创建引文报告”按钮，点击该按钮则在一个新打开的页面中显示引文报告，包括检索结果中所有文献的多种统计结果，如近 10 年每年发表的文章数以及每年被引用次数。在图的右侧会给出总的统计结果，即在 Web of Science 的数据库中检索到的文章总数和被引用总数，包括它引次数、施引文献篇数、去除自引后的施引文献篇数、每篇平均引用次数以及 H-index 等。在检索结果清单部分，按照顺序列出了检索结果的所有文章及每篇文章的引用情况。

3. 被引参考文献检索

点击图 1-15 中的“被引参考文献检索”将出现如图 1-18 所示的页面。可以看出，在这种检索中提供了三个文本框，每个文本框后面跟着一个用于选择检索范围的下拉菜单。下拉菜单包括“被引作者”、“被引著作”、“被引年份”、“被引卷”、“被引期”、“被引页”和“被引标题”选项。填写有关限制条件后，点击“检索”按钮即可得到检索结果。在每个条件的检索词中，仍可以使用通配符。与“检索”页面相同，也具有添加字段功能和限定条件的选项。

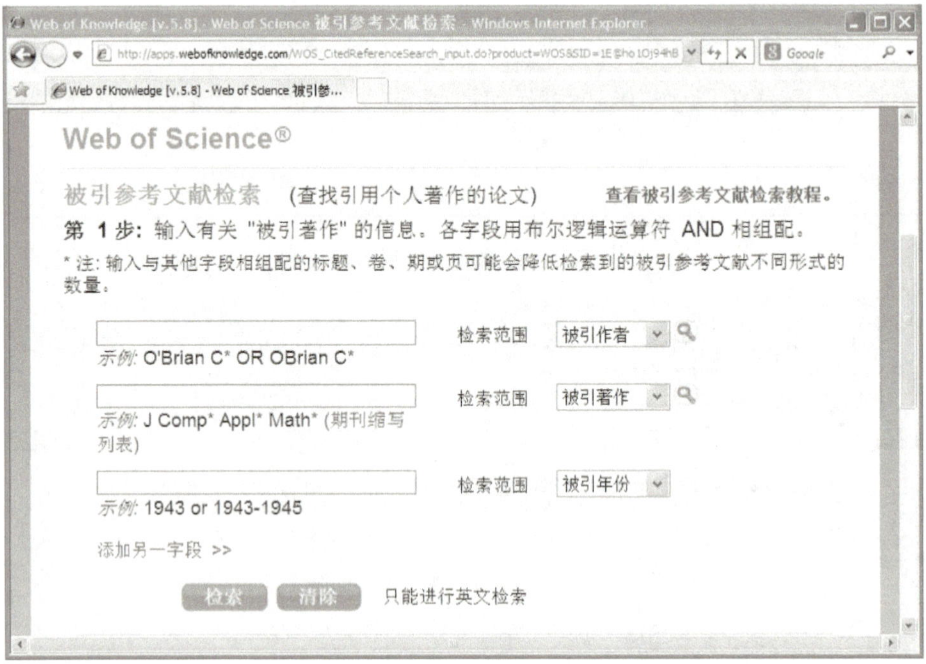

图 1-18 “被引参考文献检索”的窗口结构

4. 化学结构检索

点击图 1-15 中的“化学结构检索”将出现如图 1-19 所示的页面。可以看出，这种检索的输入方式有三部分，分别是化学结构绘图部分、化合物数据部分和化学反应数据部分。

化学结构绘图部分有一个很大的“检索式”框，在其中可以直接绘制化学式或将创建好的化学式导入其中。然后选择检索模式，即选择“检索式”框左侧的两个单选按钮（“子结构”和“精确匹配”）。关于结构式的绘制方法，读者可以自行学习，与常用的分子结构绘制软件的用法基本相似。

在化合物数据部分，有三个文本框、一个下拉菜单以及四个复选框，用于输入化合物的名称、生物活性、分子量以及确定该化合物是反应物、产物、催化剂、溶剂或同时扮演多个角色。

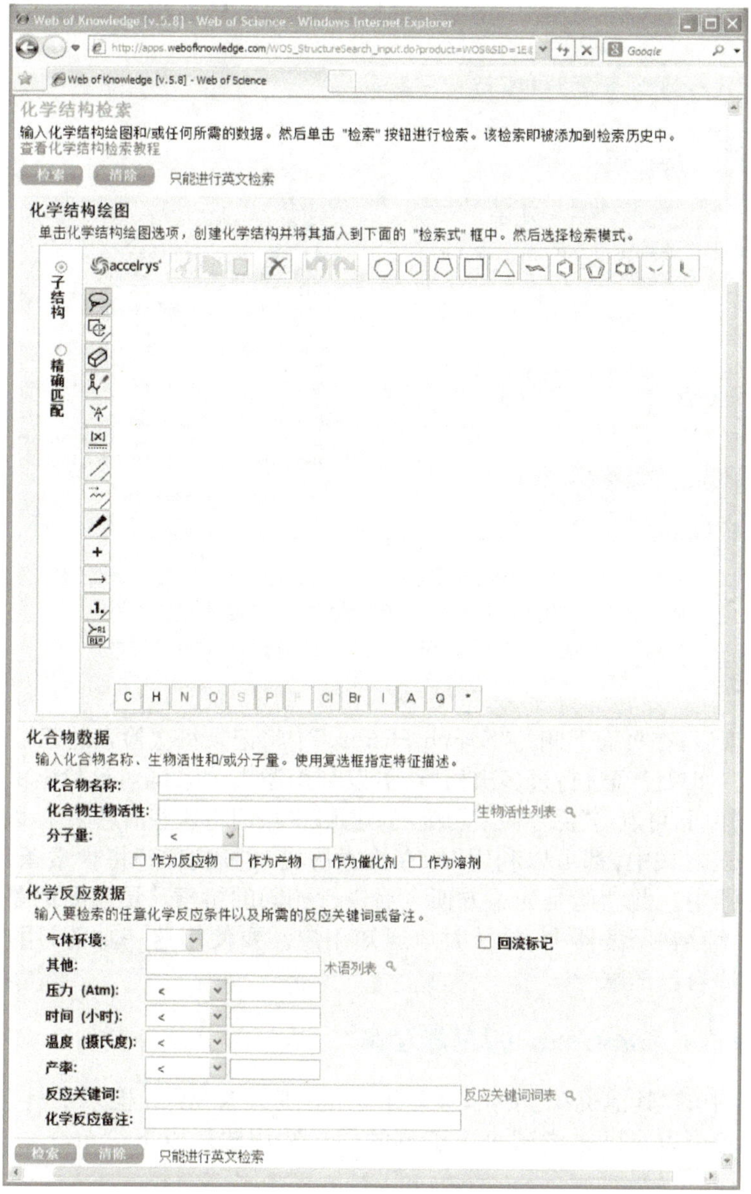

图 1-19 “化学结构检索”的窗口结构

在化学反应数据部分，有八个文本框以及四个下拉菜单，用于输入反应的“气体环境”、“其他”(其他的一些反应条件，如是否选用日光灯、搅拌器等)、“压力”、“时间”、“温度”、“产率”、“反应关键词”和“化学反应备注”。填写完有关限制条件后，点击“检索”按钮即可得到检索结果。

5. 高级检索

点击图 1-15 中的“高级检索”按钮将出现如图 1-20 所示的页面，该页面只有一个文本框和两个选择条件(languages 和 document types)。两个选择条件用于限定文献语种和文献类型，文本框的填写方法可参照页面上的说明，如“TS=wavelet AND AU=shao xg AND AD=(nankai univ) OR (univ sci & technol china)”将能得到本书作者在小波变换方面的有关文献。

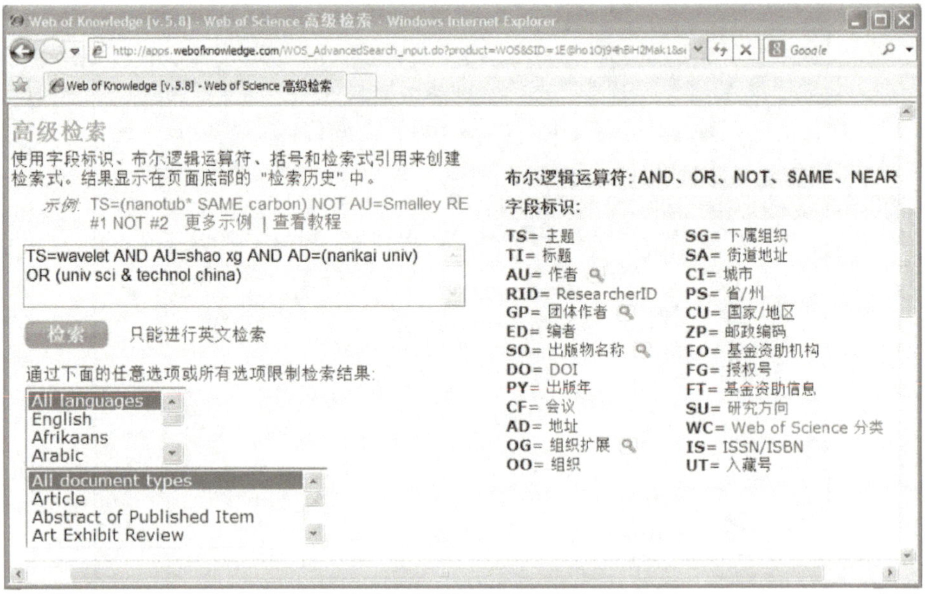

图 1-20 “高级检索”的窗口结构

6. 检索历史

每次检索结束后，在页面下侧的“Search History”中将记录每次检索的编号、检索到的文献篇数以及检索条件。如果已经进行过多次检索，可以利用逻辑关系词对已检索的检索条件进行组合。另外，检索结束时，可点击“保存检索历史/创建跟踪”按钮将这些信息保存，以备今后使用。

在每一种检索方式中，都可以利用“保存检索历史/创建追踪”将检索条件保存到 Web of Knowledge 服务器中。此功能是为了方便今后进行相同的检索。更重要的是对于该搜索的定期更新也会自动保存在服务器中，并及时地通知用户。要使用这一功能，用户必须在 Web of Knowledge 上注册自己的账号。

1.2.4 ISI Web of Knowledge 的其他功能

点击图 1-15 中的“其他资源”按钮，会显示“分析工具”、“Web 检索工具”和“网站”三类资源。有兴趣的读者可以自己去尝试每个工具的用途和用法。以下简单介绍“Journal Citation Reports”分析工具。

Journal Citation Reports 简称 JCR，主要功能是报道 Web of Science 收录的各期刊的影响因子。由于 ISI 的影响因子已得到国际上学术界的广泛认同，学术期刊的影响因子被认为是评价所发表论文水平的一个重要指标。

点击“Journal Citation Reports”选项后会出现如图 1-21 所示的检索页面。该页面左侧用于确定 JCR 报告的年限及所属的数据库（自然学科版或社会科学版）。右侧为查询方式的 3 个选择，即分组查询、指定的期刊名称查询和浏览所有期刊，其中分组查询可以按照主题分类（Subject Category）、出版社（Publisher）和国家/地区（Country/Territory）进行查询。

确定查询年份和查询方式之后，点击“SUBMIT”按钮即可进入下一级页面，如选择按分组查询中的主题分类查询可以进入主题清单页面，按照字母顺序排列。在该页面中可以选择要查询的主题和确定排序方式，如选择“CHEMISTRY、MULTIDISCIPLINARY”并选择按影响因子大小排序以后，点击“SUBMIT”即可得到查询结果，如图 1-22 所示，共有 154 种期刊，分为 8 页显示。

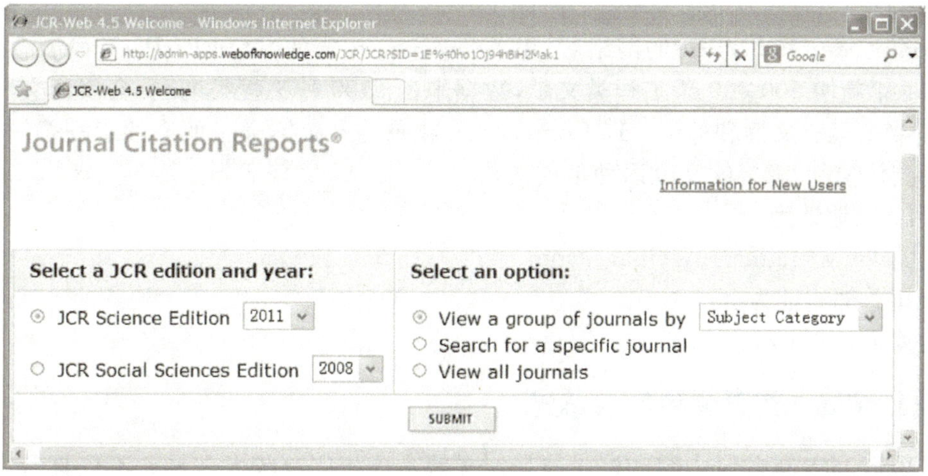

图 1-21　JCR 的检索页面结构

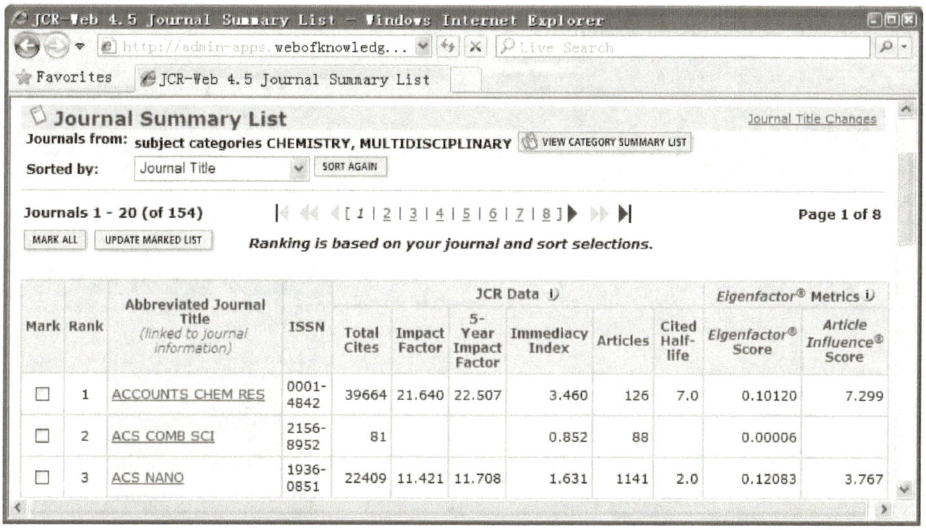

图 1-22　影响因子的查询结果

1.3　Ei Village

1.3.1　Ei Village 简介

Ei Village 是工程技术领域最权威的搜索平台。Ei Village 平台上有十几个数据库，涵盖了工程技术相关的广泛领域，其内容来源包含学术期刊、会议论文、最新科技进展通报、发明专利等。其中有最著名的工程索引(Engineering Index，简称 Ei)。Ei 包含 1970 年以来 5200 多种期刊和会议录的文摘和索引(70%期刊，30%会议论文)，16 000 个对工程技术人员极有价值的网上地址和资源。CALIS(China Academic Library & Information System，中国高等教育文献保障系统)工程中心于 1998 年 11 月 1 日正式购买了该数据库，并在清华大学图书馆设立了镜像服务器，为国内的用户提供服务。

Ei CompendexWeb 为 Ei 的网络版，由 *Compendex*（光盘版）和 *Ei Page One* 合并而来。该数据库每年新增 500 000 条工程类文献，数据来自 5100 种工程类期刊、会议论文和技术报告，大约一半文献有文摘和标引。Ei Compendex 收录的文献涵盖了所有的工程领域，其中大约 22%为会议文献，90%的文献语种是英文。

Ei Village 地址为

http://www.engineeringvillage.com

EI 公司总部地址为

http://www.ei.org

1.3.2 Ei Village 的著录内容与格式

Ei Village 的文献收录内容和格式与其他文献系统相比有较大差异。不仅具有文献本身的信息，还有文献的参考文献、被引次数，被引用的原文文献，以及一些在录入数据库时由专业人员增加的信息。著录内容有两个版本，分别是简略版（Abstract）和详细版（Detailed）。图 1-23为 Ei Village 检索结果简略版的内容与格式。

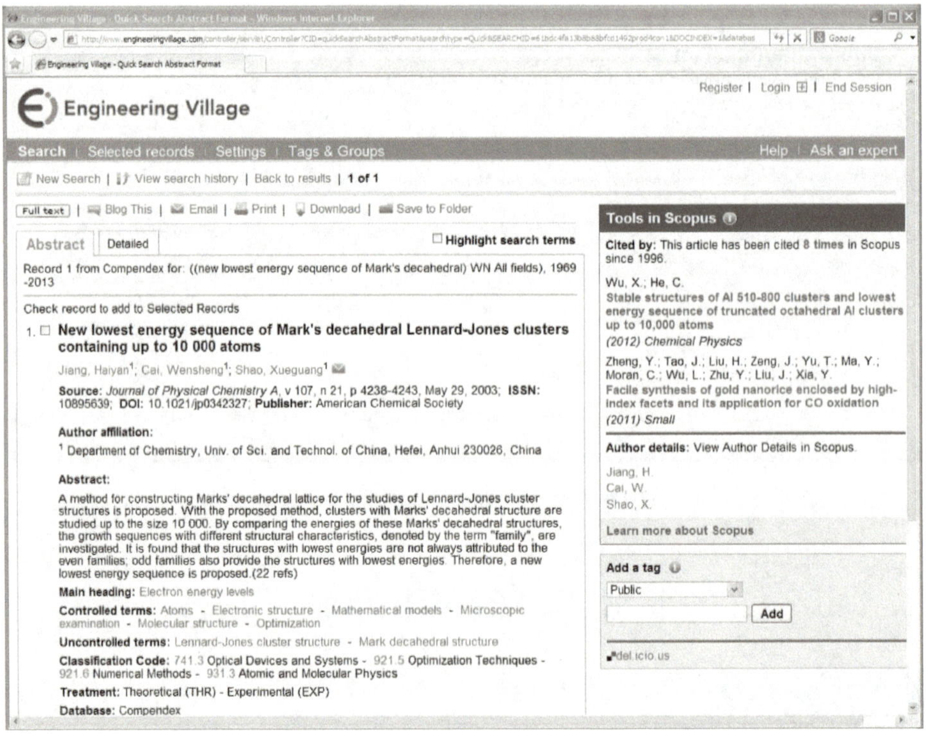

图 1-23 Ei Village 检索结果的内容与格式（简略版）

检索结果中包含论文题目、作者、刊名、卷、期、页、出版日期、ISSN 号、DOI 号、出版商、作者单位以及论文摘要等内容。在摘要的结尾处 Ei Village 加入了参考文献数量。在摘要之后是分类码（Classification Code）、主题词（Main heading）、受控词（Controlled terms）、自由词（Uncontrolled terms）、处理类型（Treatment）等内容，这些内容是在论文录入数据库时增加的。此外，还有该文献所属数据库以及指向全文的链接。

在检索结果的右侧 Ei Village 还提供了 Scopus 数据库的相关工具，如图 1-23 右上侧的“Tools in Scopus”，包括该文献的被引用情况（“Cited by”）和作者详情（“Author details”）。引用情况包括 1996 年以后在 Scopus 数据库中被引用的次数以及最近引用该文献的两篇文献。作者详情中列出了本文的全部作者，继续点击作者姓名可以得到作者在 Scopus 数据库中收录的文献统计。

在详细版的著录内容中，还著录了登录号（Accession number）、通讯联系人及其邮箱、刊名的简写、文献语言、期刊代码（CODEN）、文献类型（Document type）等内容。

1.3.3 Ei Village 的功能与使用方法

图 1-24 为 Ei Village 的首页。在该页面上部，有四个选项，即“Search”、“Selected records”、“Settings”和“Tags & Groups”。第一项为 Ei Village 的核心服务，即检索功能。后面三项是 Ei Village 为用户提供的一些个性化的服务，在此不作介绍。

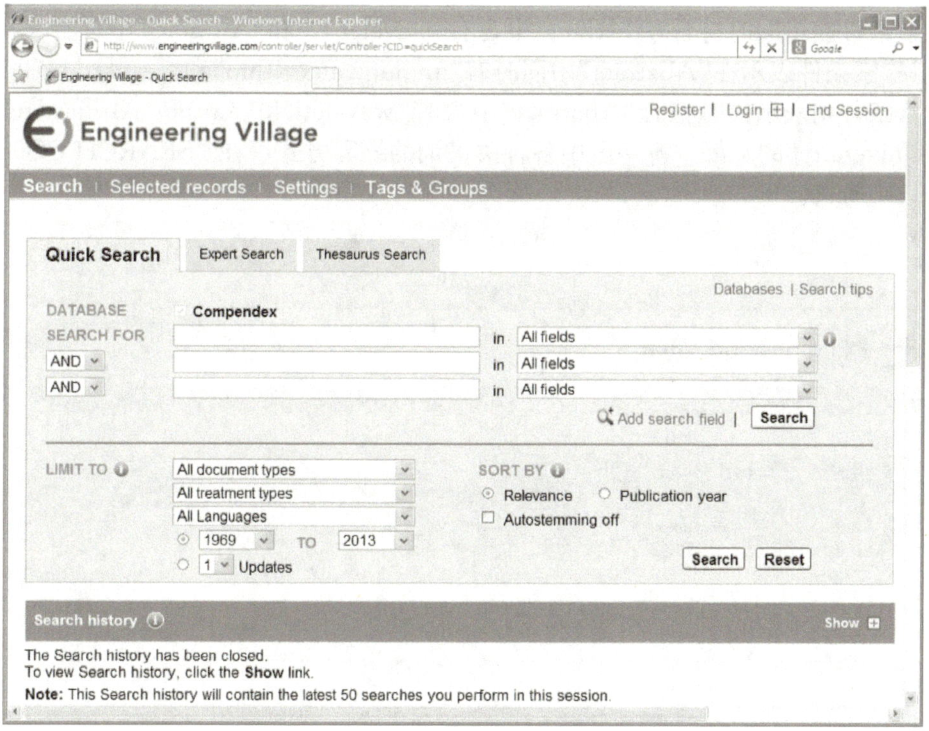

图 1-24 Ei Village 的“Quick Search”检索页面

Ei Village 的首页默认为“Quick Search”检索页面，有三个文字框和相应的下拉菜单，分别用于三个检索条件的输入，若需加入更多的搜索条件则可以点击“Add Search Field”按钮。在文字框内填写要检索的检索词后，Ei Village 会自动提取检索词的词根，并搜索以此词根为基础的所有派生词（若需关闭该功能则可选取“SORT BY”部分下面的一个“Autostemming off”选项）。在随后的下拉菜单中可以选择检索范围，包括“All Fields”、“Subject/Title/Abstract”、“Abstract”、“Authors”、“Author Affiliations”、“Title”、“Classification Code”、“CODEN”、“Conference information”、“Conference Code”、“ISSN”、“Main heading”和“Publisher”等选项。在两个文本框之间还有下拉菜单用于确认搜索条件之间的关系，包括

“AND”、“OR”、“NOT”，默认选项为“AND”。选择完毕后点击“Search”按钮即可实现检索。

值得注意的是，在文字框中可以输入一个或多个检索词。例如，在下拉菜单中选择了“Authors”后，在文字框中可以输入“{SHAO, XUEGUANG} OR {SHAO, XUE-GUANG}”进行检索，以确保比较全面地进行检索。同时，在输入检索词时还可以使用通配符“ * ”。例如，“optic * ”将同时对“optic”、“optics”、“optical”等进行检索。如果需要增加限制条件，可以通过该页面下方“LIMIT TO”后的 6 个下拉菜单限定检索的文件类型、处理类型、文献语种和检索年限。在随后的“SORT BY”部分，可以指定检索结果的排列方式，包括相关性（Relevance）和出版年限（Publication year）。

点击图 1-24 中的“Expert Search”按钮，则进入高级检索页面，如图 1-25 所示。可以看出，该页面只有一个较大的文字框。在该文本框中可以输入多条件组合检索关键词的组合。例如：

(wavelet * WN AB) and (Shao WN AU)

(immune algorithm) and (resolution) WN AB

(wavelet WN AB) and (Nankai University WN AF)

第一组检索条件表示同时符合“Abstract”中含有“wavelet * ”和“Authors”中含有“Shao”的文献，第二组检索条件表示在“Abstract”中同时有“immune algorithm”和“resolution”的文献，而第三组检索条件则表示同时符合“Abstract”中含有“wavelet”和“Author Affiliations”中含有“Nankai University”的文献。各字段中各种关键词的缩写方式可在“SEARCH CODES”部分的下拉窗口中查询。

图 1-25　Ei Village 的“Expert Search”检索页面

点击图 1-24 中的"Thesaurus Search"按钮，则进入叙词表搜索页面，如图 1-26 所示。可以看出，该页面只有一个文字框。在该文字框内输入想要查找的检索词，并选择相应检索叙词表的方式，即查找("Search")、准确词组("Exact Term")和浏览("Browse")。例如，在文字框中输入"wavelet"，点击"Submit"即可进入叙词检索界面，如图 1-27 所示。在叙词表中选择合适的检索词，该检索词会自动复制到检索区中("SEARCH BOX"部分的文本框)。选择检索区中其他的检索条件("LIMIT TO"部分、"COMBINE SEARCH WITH"部分、"SORT BY"部分)。选择完毕后点击"Search"按钮即可实现检索。

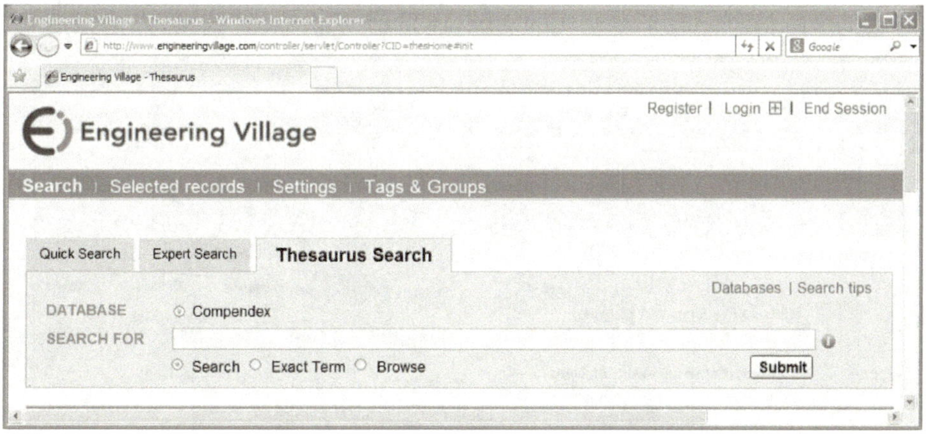

图 1-26　Ei Village 的"Thesaurus Search"检索页面

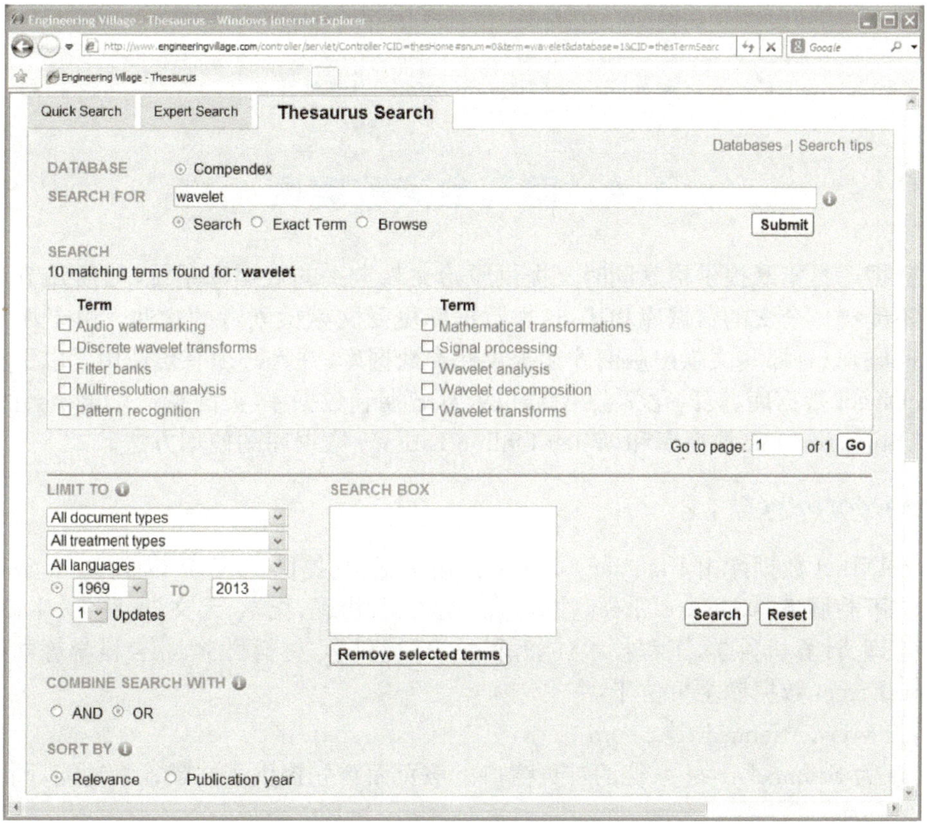

图 1-27　Ei Village 的叙词选择页面

Ei Village 还提供了根据检索历史列表的组合进行检索。利用 Ei Village 进行每次检索后，在检索页面的下方会显示检索历史（Search history）清单，图 1-28 是分别采用关键词“wavelet”、“analytical chemistry”和“Shao Xueguang”检索后的检索历史清单。然后，在“Combine Searches”后的文本框中填写历史检索序号的逻辑表达式，如（＃1 AND ＃2）NOT ＃3，即可实现三个条件的组合检索。直接点击历史检索序号，文本框中会自动显示逻辑表达式。例如，点击检索历史清单中的 1、2 和 3，文本框中会出现＃1 AND ＃2 AND ＃3。此时点击“Search”按钮即可实现检索，进入检索结果页面。检索结果清单中每一项记录的内容包括题目、作者、期刊名称以及简略版（Abstract）和详细版（Detailed）的链接，点击该链接将显示简略版或详细版的文献信息。对于有全文的文献，还显示“Full text”链接，点击以后直接得到文献的全文。

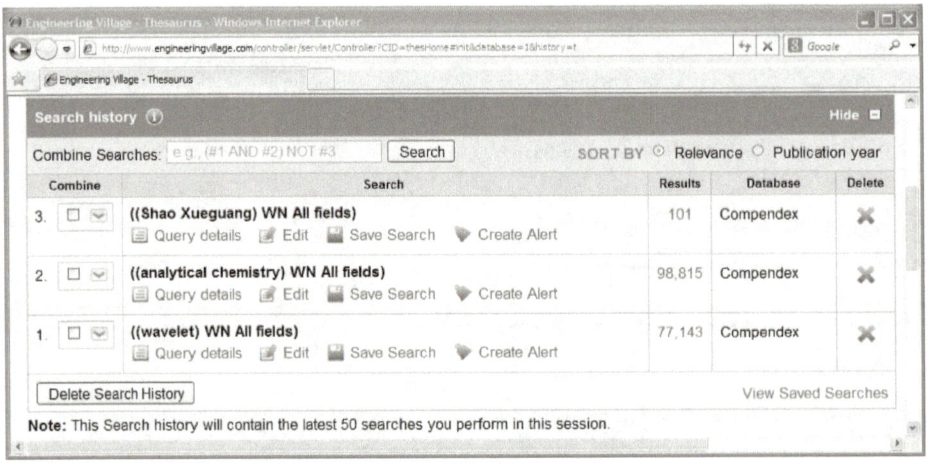

图 1-28　Ei Village 的检索历史清单页面

1.4　期刊全文数据库

全文数据库是指既提供检索同时又提供原始文献全文的数据库系统，与前几节介绍的只能检索但不能提供全文的数据库相比，这类数据库更受文献检索者的欢迎。由于涉及原始文献的版权问题，只有那些文献出版商才能提供此类数据库，并且必须有偿使用。以下将简要介绍 ScienceDirect 数据库、美国化学会出版部的 ACS 期刊数据库、英国皇家化学学会的 RSC 期刊数据库、SpringerLink 数据库和 Wiley Online Library 数据库的使用方法。

1.4.1　ScienceDirect

ScienceDirect 数据库由 Elsevier Science 公司出版，它提供 1995 年以来 1900 多种期刊的检索与全文下载服务。ScienceDirect 数据库涵盖数学、物理、化学、天文学、医学、生命科学、商业及经济管理、计算机科学、工程技术、能源科学、环境科学、材料科学、社会科学等学科。

ScienceDirect 数据库主页位于：

http://www.sciencedirect.com

图 1-29 为 ScienceDirect 系统的首页窗口。该页面首先提供了文献检索功能，同时还提供了期刊浏览功能。

ScienceDirect 的“Search”按钮为快速检索。可在输入区中选择“All fields(所有字段)”、“Author(作者)”、“Journal/Book title(期刊名称)”、“Volume(卷)”、“Issue(期)”、“Page(页)”等字段输入，然后点击“Search”按钮，即可开始检索。

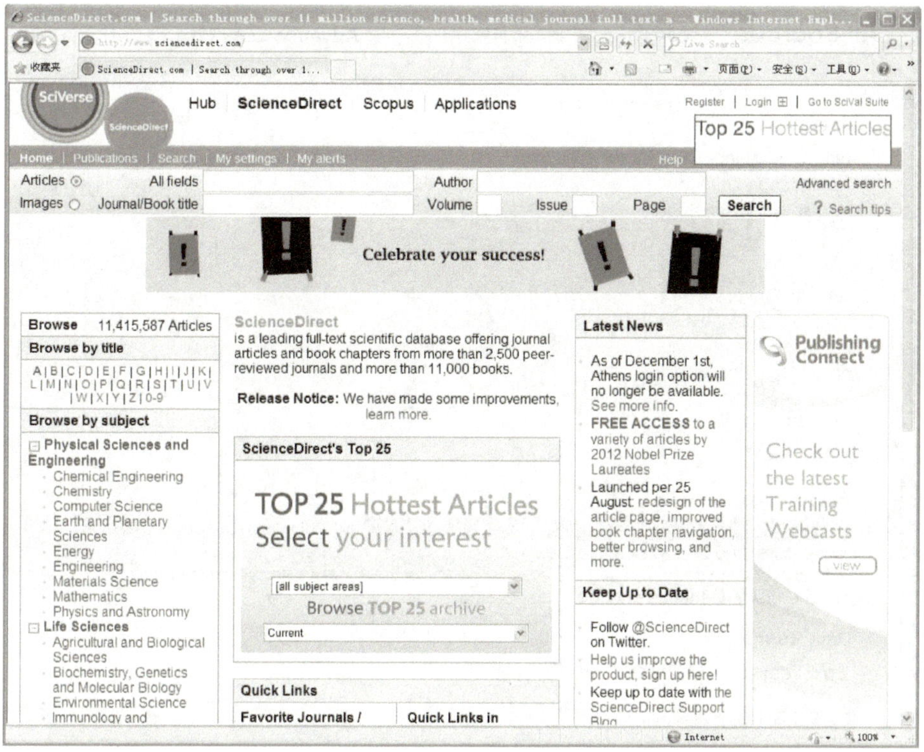

图 1-29　ScienceDirect 系统的首页窗口

如果需要进行更详细的检索，点击“search”或者“Advanced search”按钮进入高级检索界面，如图 1-30 所示。有多个检索字段：“Abstract-Title-Key(复合字段)”、“Authors(作者)”、“Journal-Name(期刊名称)”、“Title(标题)”、“Keywords(关键词)”、“Abstract(摘要)”、“References(参考文献)”、“ISSN 号”、“ISBN 号”、“Affiliation(机构)”、“Full Text(全文)”。输入检索词后，选择检索字段，限定主题、出版时间和卷、期号之后，点击“Search”按钮，即可检索。

除此以外，此页面中还有“Expert search(专家检索)”的按钮，该系统提供了逻辑关系符和通配符用于检索表达式中各关键词的连接，包括：

“AND”——“与”，表示所连接的关键词必须同时出现。“AND”为省缺连接符。

“OR”——“或”，表示所连接的关键词任意出现其中之一。

“NOT”——“非”，表示不能出现所连接的关键词。

“*”——“通配符”，表示任意字符。

“" "”——“引号”，表示精确匹配(exact match)。

“ADJ”——“连接”，表示所连接的关键词必须紧密连接，不能有其他字符。

“NEAR[*n*]”或“NEAR”——“附近”，表示所连接的关键词必须在一定的距离内同时出现，“*n*”用于指定所间隔的单词数，省缺值为 10。

“[ ]”——“括号”，表示检索词的同音词。

“TYPO[ ]”——“TYPO 括号”，表示检索词的同一词义不同拼写。

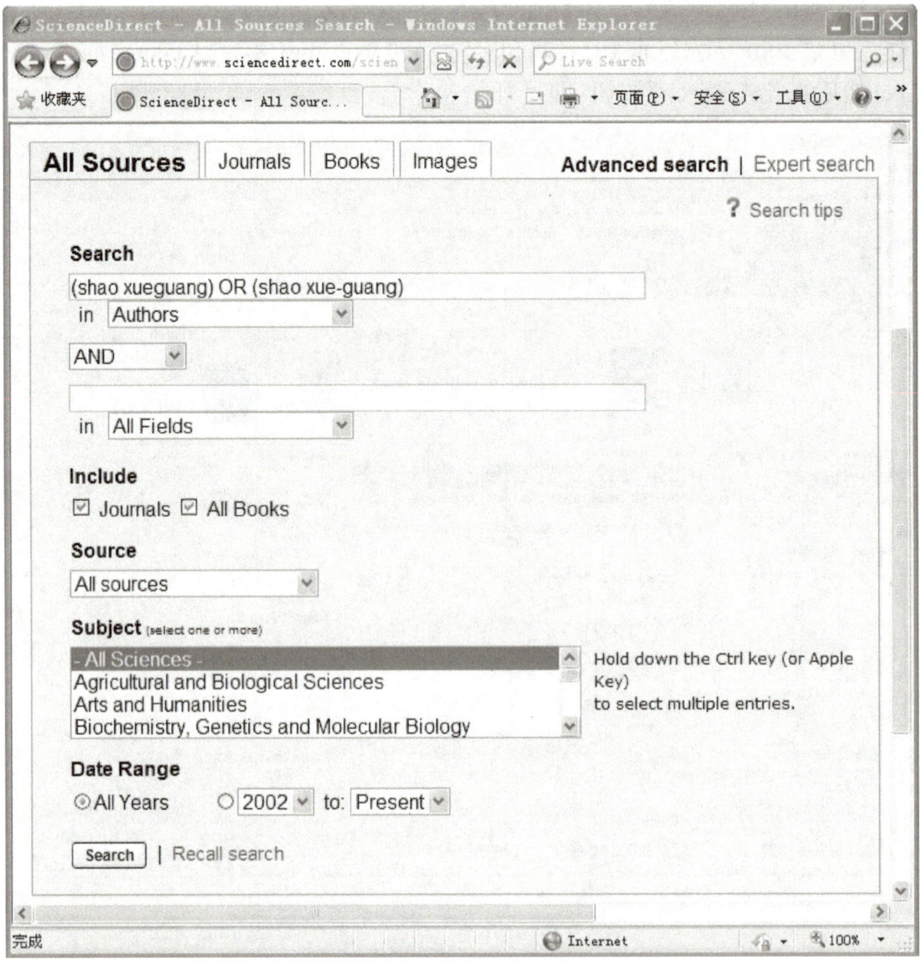

图 1-30　ScienceDirect 系统的高级检索界面

全文数据库的主要特点是提供所检索文献的全文。图 1-31 为采用“简单检索”在“Author”字段检索“(shao xueguang) OR (shao xue-guang)”所得到的检索结果。可以看出，检索结果可以按“Relevance(匹配度)”或“Date(出版时间)”进行排序，每页可以显示 10/25/50/100/200 篇文献。每一篇文献的记录中包括：

“题目”——所检索文献的题目。

“文献信息”——所检索文献发表的期刊名称、卷、期、页以及发表的时间。

“作者”——所检索文献的作者姓名，点击作者姓名可进一步对该作者的文献进行检索。

“Show preview(显示预览)”——点击该按钮将显示文献的预览信息，包括摘要、图表、参考文献等。

“PDF (PDF 文件)”——点击该按钮将以 PDF 文件格式显示文献的全文，也可以在该按钮上点击右键将全文下载保存(注意：必须安装 ACROBAT READER 才能显示 PDF 文件)。

“Related articles(相关文献)”——点击该按钮将显示与该文献相关的文献。

“Related reference work articles (相关参考工具书文献)”——点击该按钮将显示与该文献相关的参考工具书。

ScienceDirect 系统还提供了期刊浏览方式查找所需要的文献。在期刊浏览页面中，系统

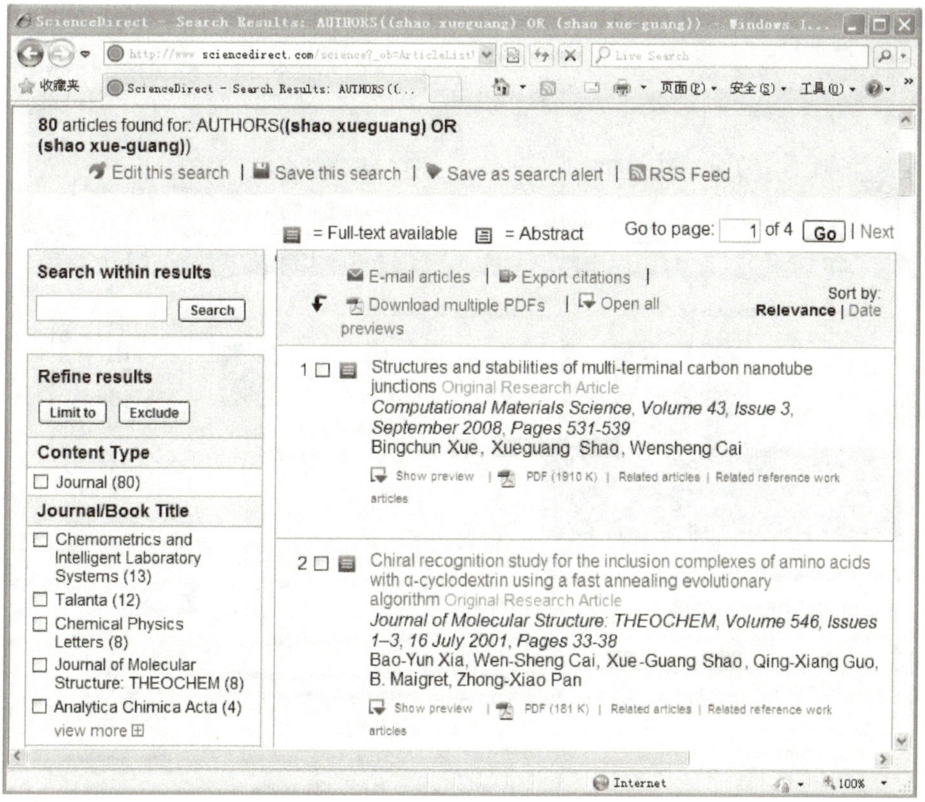

图 1-31 ScienceDirect 的检索结果示例

提供按字母顺序(Browse by Title 或 Journals/Books Alphabetically)和按主题(Browse by Subject)排列的期刊目录,单击所需的刊名,进入该刊所有卷期的列表,进而逐期浏览。刊名旁有深绿色钥匙图标的,是可以访问全文的期刊。刊名旁有浅绿色钥匙图标的只能查看题录和摘要信息,无法下载全文。

1.4.2 ACS Publications

ACS 即 American Chemical Society(美国化学会)。ACS 期刊数据库是美国化学会出版部建立的基于网络的文献数据库,该数据库包括了美国化学会出版的近 40 种学术期刊,涵盖了无机化学、分析化学、生物化学、化学工程、材料科学等领域。由于这些期刊在化学领域中具有较高的影响,ACS 期刊数据库成为了化学研究工作者的必要工具和常用工具。

美国化学会出版部的服务主页位于:

http://pubs.acs.org

图 1-32 为首页的窗口结构,除文献信息外,该页面还包括了美国化学会出版部的其他信息。

在 ACS 主页面上方的"Article Quick Search"栏中输入关键词,可以在"Anywhere(全文)"、"Title(题名)"、"Author(作者)"、"Abstract(摘要)"四个字段中进行快速检索。

此外,ACS 还提供了灵活的文献检索方式。如果知道被检索文献的引用信息,可以使用引用检索("Citation")功能快速找到该文献的原文。"Citation"按钮在主页面的上部。使用下拉菜单选择期刊名称,然后将原文的卷号和开始页输入相对应的栏目内,点击"Search"按钮。如果知道原文的数字目标标识符(DOI),将 DOI 号码输入对应栏目内,然后点击"Search"按

图 1-32　ACS 文献服务主页

钮。如果知道文献的主题，也可以采用“Subject Search”，选择对应的主题进行搜索。

从 ACS 出版物的主页面右上方的“Advanced Search”可以进入高级检索页面。该页面可以利用关键词的组合进行检索。例如，要检索本书作者在小波变换方面的文献，可在“Author”中输入“shao xueguang”和“shao xue-guang”并用“OR”连接，在“Title”中输入“wavelet”。

利用下拉菜单选定检索结果的显示方式。左边的栏目允许选定按照日期、期刊名称或相关度对检索结果进行排序，右边的栏目允许选定每页显示的条目数。在检索结果中，除包括文献的有关信息外，还包括“Abstract”、“Full Text HTML”、“Hi-Res PDF”和“PDF w/ Links”四个按钮，分别链接到该文献的摘要页面、HTML 格式的全文页面、高分辨 PDF 格式的全文页面以及提供参考文献超链接的 PDF 格式全文页面。HTML 格式的全文信息中包括了各种与本文有关的链接(如作者信息、文献信息等)，而 PDF 格式的全文与印刷版完全相同并可以下载保存。同时，在检索结果页面中，除还包括了检索结果的统计信息。例如，“Section”下面显示检索结果中属于不同学科类别的文献数目，“Publication”的下面显示检索结果中发表在不同期刊上的文献数目，“Manuscript Type”下面显示论文类型的统计结果，“Author”下面显示了每位作者发表的文献数目，而“Date Range”下面统计了检索结果中 3 个月、6 个月以及去年时间内发表的文献数目。点击统计结果中的项目名称即可显示相应的文献列表。

1.4.3　RSC Publishing

英国皇家化学学会(Royal Society of Chemistry,简称 RSC)是一个国际权威的学术机构,是化学信息的重要传播机构和出版商,其出版的期刊及资料库一向是化学领域的核心期刊和权威性的资料库。

英国皇家化学学会的 RSC 期刊数据库的服务主页位于:

http://pubs.rsc.org/

图 1-33 为首页的窗口结构。通过该页面可以获得 RSC 的动态新闻与讯息、最常被访问期刊或书籍、以已知的期刊名或 DOI 搜索所需文章以及经由免费的 ChemSpider 查询所需化合物信息。

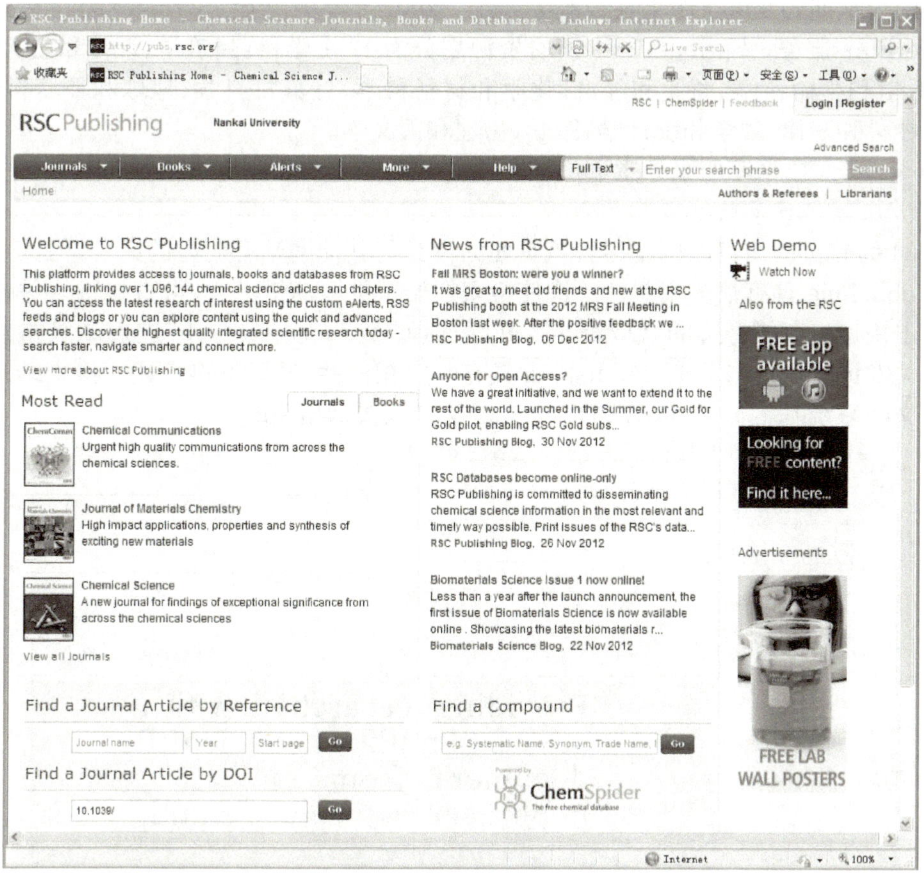

图 1-33　RSC 文献服务主页

在首页页面上"Full Text"后的文本框中输入检索关键词,点击"Search"按钮即可直接进行检索。点击页面右上方的"Advanced Search"则进入高级检索页面。通过高级检索页面,可以实现多个关键词的组合检索。该搜索工具设计得非常灵活。例如,在"Full Text"中可以同时查找多个关键词(with all of the words)、可以进行精确匹配查找(with the exact phrase)、可以查找多个关键词中的其中之一(with at least one of the words)、也可以进行排除(without the words)。当然,该检索工具也包括按照作者、文题、DOI 等检索。除此之外,还可以通过选项按钮选择查找的范围,如"All RSC Content"、"Journal Articles"、"Book Chapters"等。

RSC Publishing 的检索结果可以将文献列表按照"Relevance"、"Latest"或"Oldest"的顺序给出。在文献列表中点击文件名可以得到文献的全部信息,而点击"PDF"和"Rich HTML"

则分别得到该文献的 PDF 文件或者 HTML 格式的全文信息。同时，在相应的页面中还包括一些与该文献相关的索引和链接，如每位作者的文献数、全部检索结果的分类统计、参考文献的链接、引文信息等。

RSC Publishing 在首页(图 1-33)上还提供了期刊浏览功能，点击“Journals”按钮进入该页面，按照英文字母 A～Z 的顺序显示 RSC 各种期刊的名称列表。点击期刊名称即可进入期刊页面，并可以按照年份、卷、期、页码等信息查询所需要的文献。

1.4.4 SpringerLink

德国施普林格(Springer-Verlag)是世界上著名的科技出版集团。SpringerLink 是该出版集团提供的学术期刊及电子图书在线服务系统。2002 年 7 月开始，Springer 公司在国内开通了 SpringerLink 服务。SpringerLink 所有资源划分为 12 个学科：建筑学、设计和艺术、行为科学、生物医学和生命科学、商业和经济、化学和材料科学、计算机科学、地球和环境科学、工程学、人文、社科和法律、数学和统计学、医学、物理和天文学。

SpringerLink 数据库的服务主页位于：

http://link.springer.com

图 1-34 为首页的窗口结构。尽管该页面的设计与其他网站有明显的区别，但其主要功能与 RSC Publishing 具有很多相似性。快速检索栏位于页面的最上方，可直接输入关键词进行检索。点击快速检索栏旁边的“Options”，可以选择“Advanced Search”进入高级检索栏。高级检索的关键词设置也与 RSC Publishing 具有一定相似性，这里不再赘述。检索结果的内容也与其他文献系统基本类似，包括 PDF 全文以及与该文献相关的一些信息。

图 1-34 SpringerLink 文献服务主页

如图 1-34 所示，SpringerLink 也提供了浏览(Browse)功能。由于期刊和图书的数目较多，浏览的第一级目录为学科(discipline)而不是期刊或图书的名称。

1.4.5 Wiley Online Library

约翰威立国际出版公司(John Wiley & Sons Inc)1807 年创立于美国，是全球历史最悠久、最知名的学术出版商之一，享有世界第一大独立的学术图书出版商和第三大学术期刊出版商的地位。2010 年 8 月，Wiley 正式向全球推出了新一代在线资源平台"Wiley Online Library"以取代已使用多年、并获得极大成功与美誉的"Wiley InterScience"。该平台覆盖了生命科学、健康科学、自然科学、社会与人文科学等多方面学科领域。它收录了来自 1500 余种期刊、10 000 多本在线图书以及数百种多卷册的参考工具书、丛书系列、手册和辞典、实验室指南和数据库的 400 多万篇文章，并提供在线阅读。

Wiley InterScience 数据库的服务主页位于：

http://onlinelibrary.wiley.com

图 1-35 为首页的窗口结构。与其他系统类似，提供了两种检索方式，即关键词检索和按照期刊名称浏览。检索框位于页面的左上方，下面是浏览选择区。检索分为快速检索和高级检索。浏览区可以通过点击 A～Z 的任一字母进入该字母开头的期刊或图书名称列表。同时右方还提供了按照学科进行浏览的功能。

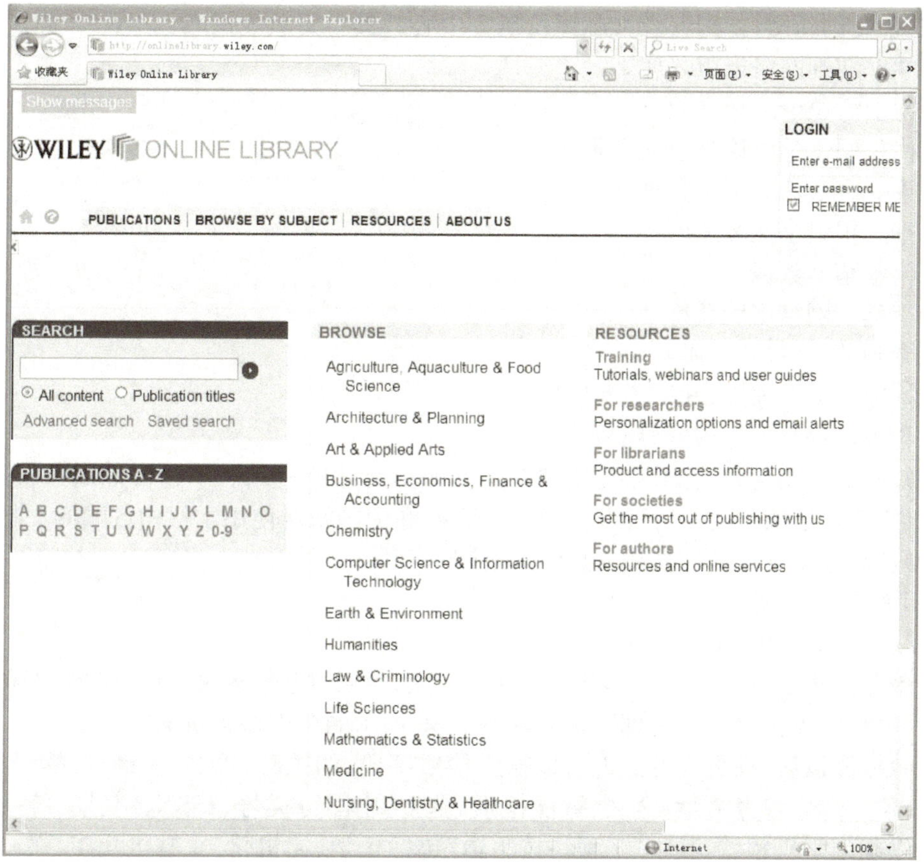

图 1-35 Wiley InterScience 文献服务主页

快速检索栏可以直接输入关键词进行检索，而高级检索可以通过下拉清单选择关键词的组合方式，即布尔操作符 AND、OR、NOT。同时还可以选择检索范围以及时间限制。例如，要检索本书作者的文献，可在“Author”中输入“shao xueguang”进行检索。在检索结果页面中，除处理文献列表外，还有检索结果的统计信息(“FILTER LIST”)显示于页面的右侧。文献列表中包括文题、期刊名、卷、期、页、年份、作者清单以及摘要(Abstract)、PDF、参考文献(References)等信息。

1.5 国内学术期刊数据库

1.5.1 CNKI

中国国家知识基础设施(China National Knowledge Infrastructure，简称 CNKI)的主体工程——数据仓库的建设和应用由国家科技部批准列为国家级火炬计划项目，目的是：如何利用信息化条件，使人们能够高效率地生产、扩散、传播知识，以最方便的方式获取、利用知识，以最有效的手段进行知识和思想的相互交流与创新合作。该项目由中国学术期刊(光盘版)电子杂志社、清华大学光盘国家工程研究中心和清华同方光盘股份有限公司共同承担，其总体目标是实现我国知识信息传播扩散的数字化、网络化，知识生产的信息化及创新合作的网络社会化，称为“CNKI 四化”。CNKI 的建设内容分为六大组成部分，分别为 CNKI 知识信息资源系统、加工基地、技术支持中心，CNKI 知识信息传播系统，CNKI 知识信息组织整合平台，CNKI 网上研究院，企业创新网，中国科学文献评价研究中心。其中文献数据库包括：

中国学术期刊网络出版总库
中国博士学位论文全文数据
中国优秀硕士学位论文全文数据
中国重要会议论文全文数据
中国重要报纸全文数据库
中国年鉴全文数据
中国工具书网络出版总库
中国专利数据库(知网版)
国家标准全文数据库(知网版)
国家科技成果数据库(知网版)

中国知网的使用是收费的，必须交费并建立账户后才能使用。不过可以通过包库服务来使用，即机构读者在限定的 IP 范围内，通过互联网在中国知网使用本机构订购的文献资源，根据订购的内容，按年支付使用费用，全年不限流量下载。

CNKI 的服务主页位于：

http://www.cnki.net

在该服务主页上可以对文献、期刊、硕博士论文、会议、报纸、外文文献、年鉴、百科、词典等进行检索。例如，点击“期刊”后即可进入如图 1-36 所示的单库检索页面。

进入数据库以后，在页面的上部可以输入检索字段，如主题、篇名、关键词、摘要、作者、第一作者、单位、刊名、参考文献、全文、智能检索、基金、中图分类号、ISSN、年、期、统一刊号等。左侧还可以确定学科领域，其中“工程科技Ⅰ辑”包括化学、无机化工、有机化工、燃料化工、材料科学等学科。同时，点击该页面中的“高级检索”可进入如图 1-37 所示的页面，可以看出，这种检索方式提供了两个检索条件的组合，组合方式可以是“并含”、“或含”或“不含”。

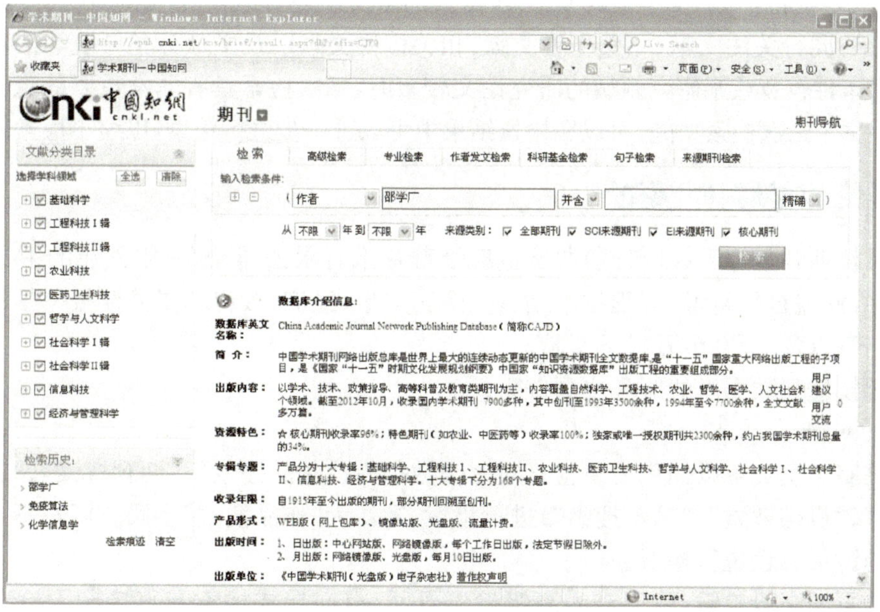

图 1-36　全文数据库基本检索页面

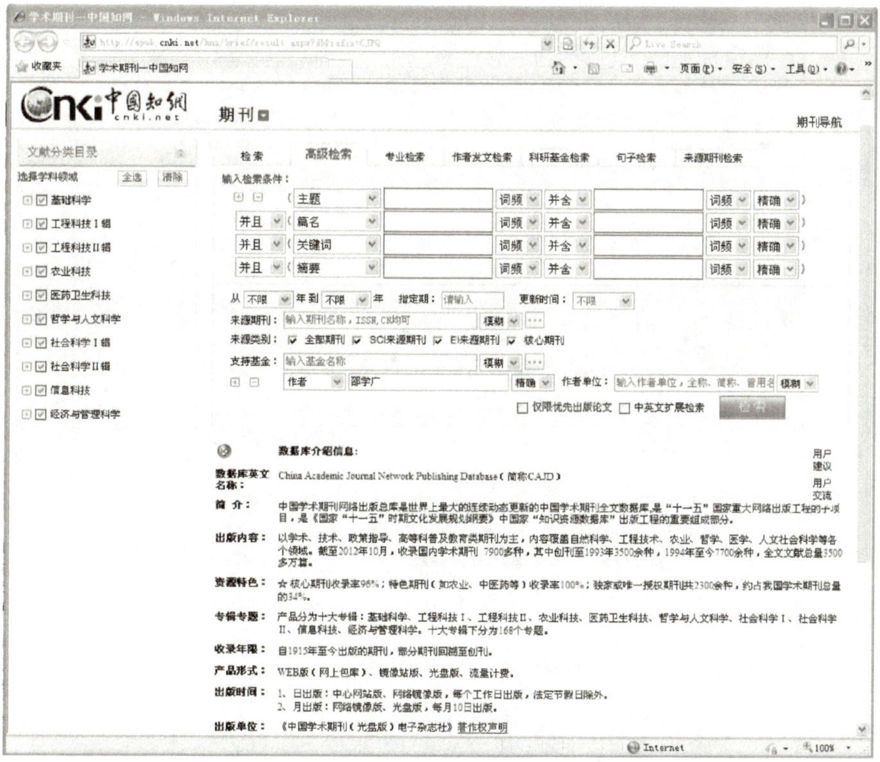

图 1-37　全文数据库的高级检索页面

一般情况下利用简单检索即可获得所需要的文献，只有在检索结果较多时才使用高级检索。例如，在图 1-36 的“作者”字段中输入本书作者姓名可以得到本书作者所发表的全部文献。继续点击检索结果中的论文题目可以得到相应的文献信息。再点击“PDF 下载”或者

“CAJ 下载”，系统将下载 PDF 格式或 CAJ 格式的全文。还可以得到全文的引文网络、参考文献、相似文献、同行关注文献、相关作者文献、相关机构文献以及文献分类导航等信息。

在检索条件较宽或某研究领域的研究论文较多时，二次检索具有非常重要的意义。期刊全文数据库提供了二次检索功能，可以在检索结果中可以进一步进行检索，以缩小检索范围。

1.5.2 中文科技期刊数据库

中文科技期刊数据库(维普网)源于重庆维普资讯有限公司 1989 年创建的中文科技期刊篇名数据库，涵盖自然科学、工程技术、农业、医药卫生、经济、教育和图书情报等学科的 12 000 余种中文期刊以及 3000 余万科学文献。

中文科技期刊数据库的服务主页位于：

http://www.cqvip.com

通过该服务主页可以使用简单检索对多个数据库(“作品搜索”、“期刊搜索”、“店铺搜索”、“学者搜索”、“机构搜索”、“贴子搜索”)进行检索，默认为“作品搜索”字段。可对不同检索选项选定不同的特征属性进行检索。

点击首页的高级检索，可以进入高级检索页面，有向导式检索和直接输入检索式两种方式，如图 1-38 所示。在向导式检索方式中，可以对“关键词”、“作者”、“分类号”、“机构”和“刊

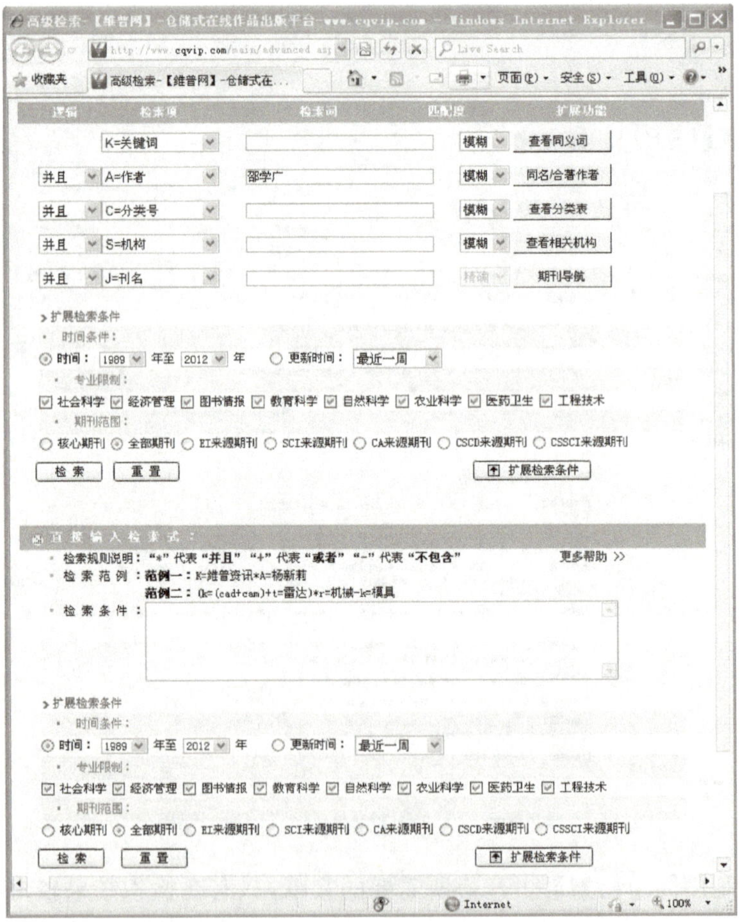

图 1-38 中文科技期刊数据库高级检索页面

名”等 5 个检索条件进行组合。组合方式包括“并且”、“或者”和“不包含”。在每个检索条件后还可以选择“模糊”或“精确”两种匹配方式。该检索工具还提供了“查看同义词”、“同名/合著作者”、“查看分类表”、“查看相关机构”以及“期刊导航”等辅助工具。

在提供检索条件的同时，该检索工具还提供了扩展检索条件，包括时间条件、专业限制和期刊限制。当关键词范围较大时，这些限制条件对缩小检索范围非常重要。

对于专业检索工作人员，利用“直接输入检索式”进行检索更加方便。这种检索方式可以直接输入一个由多个检索条件组成的逻辑表达式，使检索工作更加快捷。

中文科技期刊数据库的检索结果清单与其他数据库基本相似，包括论文题目、文献信息(期刊、年、卷、期)、作者姓名等。点击检索结果中的论文题目后，得到相应文献的著录信息及下载链接。可以继续点击“在线阅读”，也可以点击“下载全文”，下载 PDF 格式的全文。

1.5.3 万方数据知识服务平台

万方数据股份有限公司是以信息服务为核心的综合信息服务提供商之一，该公司的产品包括科技信息、数字化期刊以及商务信息等。公司主页的地址为

http://www.wanfangdata.com.cn

图 1-39 为万方数据知识服务平台首页。点击“查新/跨库检索”将进入如图 1-40 所示的页面，在该页面中可以进行“高级检索”和“专业检索”，并且可以实现“模糊”和“精确”搜索两种方式，选择所查询文献的年限并在文字框中填写相关的检索条件即可实现文献的查询。图 1-41是以本书作者为创作者，以“免疫算法”为关键词发表论文情况的精确检索结果。

图 1-39 万方数据库服务首页

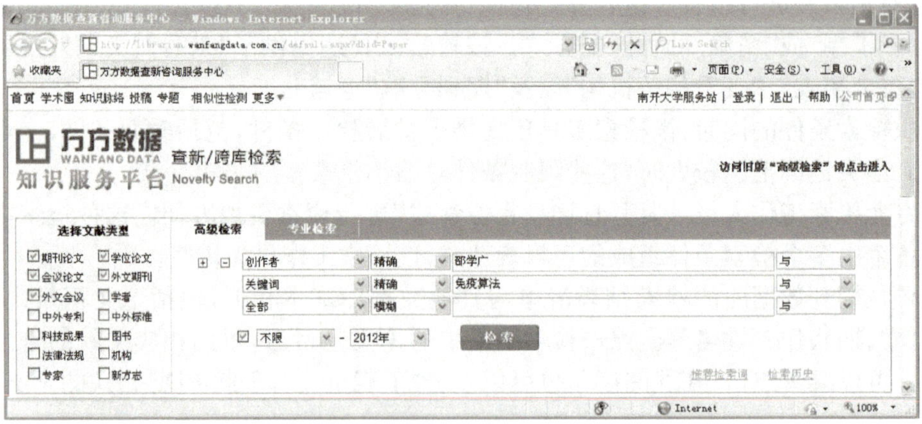

图 1-40　万方数据库的数字化期刊服务页面

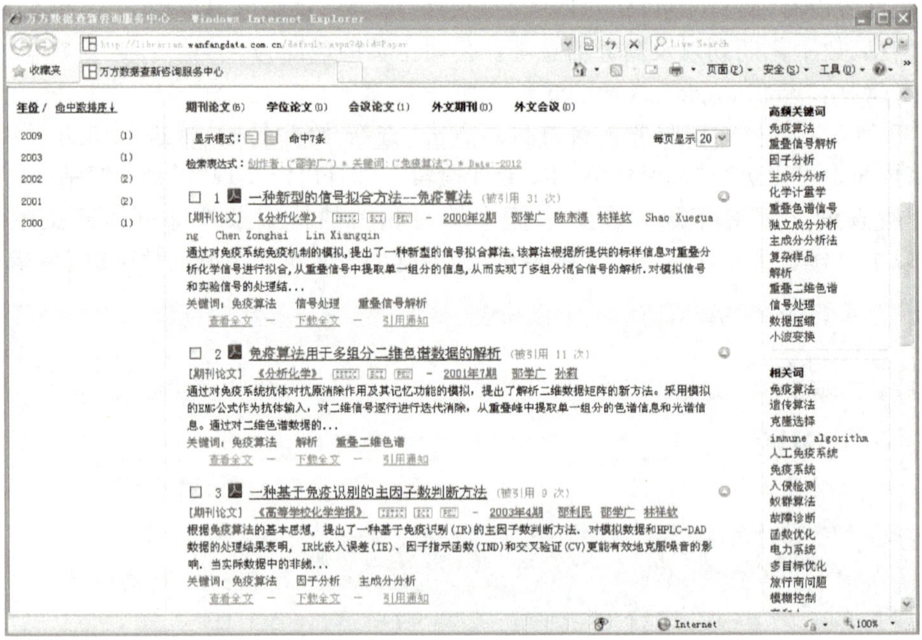

图 1-41　数字化期刊的查询结果示例

在检索结果中继续点击论文题目可以得到有关的文献信息(如摘要、参考文献等),而点击"下载全文"即可得到该文献的全文。万方数据库的文献全文采用了比较流行的 PDF 格式,只要安装 Acrobat Reader 即可打开文献全文的 PDF 文件。此外,从检索结果也可以看出,万方数据库也提供了"二次检索"功能。

1.6　其他文献检索系统简介

除上述介绍的文献系统外,还有许多提供文献服务的数据库系统,某些为综合性的大型文献数据库,也有一些专业性很强的小型文献数据库。大部分文献数据库都需要缴纳一定的费用后才能使用,也有些文献数据库可以免费使用,但功能上一般会有一些限制。以下为某些文献数据库的网络地址以及简单介绍。

1. DIALOG

http://www.dialog.com

DIALOG是世界上著名的在线信息服务系统，自1972年起向全球的图书馆和研究人员提供各领域的论文、会议文集、新闻、统计等信息的在线服务。它拥有500多个数据库，提供包括科学、技术、医学、商业、贸易等领域的各类信息服务，文献检索只是其中的服务项目之一。DIALOG需要建立合法账号后才能得到服务。

2. STN

http://stnweb.cas.org

STN是著名的国际科学技术信息网络系统，它由三个著名的科技信息中心组成：美国化学会的化学文摘服务系统CAS(Chemical Abstract Service of the American Chemical Society)、德国专业信息中心FIZ(Fachinfomationszentrum, Karlsruhe)和日本科技信息中心JICST(Japan Information Center of Science and Technology)。STN主要提供科技信息在线检索服务，从世界各地通过网络连接都可以进行检索。目前STN的数据库超过200个，其目录可从上述主页上得到，文献检索只是其中的一个服务项目。

3. UnCover

http://www.uncover.com

UnCover始建于1988年，是一个在线文献检索和邮寄系统，到目前为止，该库收录了18 000多种期刊，拥有期刊文章索引(或文摘)880多万篇，并且还在以每天5000篇的速度不断扩充。它的优点是免费检索，只有要求索取原文时才收费。

4. FIRSTSEARCH (OCLC)

http://firstsearch.oclc.org/FSIP

OCLC最初是Ohio College Library Center的缩写，是1967年为了实现美国俄亥俄州大学和研究所共享图书资料而建立的计算机系统。1977年开始接纳俄亥俄州以外的用户并成立了OCLC公司。1981年OCLC改为Online Computer Library Center的缩写。目前OCLC的服务涉及27 000个美国的图书馆用户和64个国外图书馆用户。FIRSTSEARCH是OCLC在Internet上推出的一个大型联机检索系统，通过该系统可检索到70多个数据库，从1999年开始，CALIS全国工程中心订购了其中的基本组数据库。FIRSTSEARCH基本组包括12个数据库，其中大多是综合性的数据库。FIRSTSEARCH是收费服务，必须办理一定手续才能使用。

5. Kluwer

http://kluwer.calis.edu.cn，CALIS镜像

Kluwer Acdemic Publisher是荷兰的学术出版商，Kluwer Online是Kluwer出版的800余种期刊的网络版，专门基于互联网提供Kluwer电子期刊的查询、阅览服务。Kluwer是收费数据库，但CALIS(中国高等教育保障系统，http://www.calis.edu.cn)中心面向国内的CALIS院校提供服务Kluwer Online的镜像服务，通过该镜像站，用户可以使用Kluwer Acdemic Publisher 的 800 种电子期刊，免费进行检索、阅览和下载全文，并不需支付 INTERNET 网络费。该公司目前已与德国施普林格(Springer)出版集团合并，除上述镜像站点外，也可以通过 SpringerLink 访问 Kluwer 出版的期刊，并且数据年限更长。

6. EBSCO

http://www.ebsco.com

EBSCO 公司成立于 1984 年，是全球最早推出全文在线数据库检索系统的公司之一，为用户提供了各种最新文献。EBSCO 数据库既有大众性文献也有专业性文献，数据每日更新，既适合公共、学术、医疗等机构和部门使用，也适合公司和学校使用。

7. ProQuest Central

http://search.proquest.com

ProQuest Central 是目前最大的汇总全文数据库，总刊名接近 1.3 万，其中约 9750 种刊名提供全文检索。它可作为核心资源为所有市场所有层次的研究人员提供信息。ProQuest Central 提供对数千种学术期刊的以百万计文章的访问，其中绝大部分提供全文。

8. Scopus

http://www.scopus.com/home.url

Scopus 由全球著名出版商爱思唯尔(Elsevier)研发，收录了来自于全球 5000 余家出版社的近 19 000 种来源期刊，是全球最大的文摘和引文数据库，是科研人员一站式获取科技文献的平台。该数据库收录学科全面，涵盖 4 大门类 27 个学科领域，包括生命科学(4300 余种)、社会科学与人文艺术(5300 余种)、自然科学(7200 余种)、医学(6800 余种，全面覆盖Medline)等，其中同行评审期刊 16 500 种，自 1996 年以来的记录包括文后参考文献信息。文献类型包括期刊、会议论文、丛书、专利等。数据最早回溯至 1823 年。

9. Sage journal

http://online.sagepub.com

SAGE 出版公司于 1965 年创立于美国，SAGE 与全球超过 245 家专业学术协会合作出版 500 余种高品质学术期刊，同时每年出版 12～15 种百科全书和超过 700 种新书。SAGE 全文期刊的电子访问平台由美国斯坦福大学 HighWire 公司开发，命名为 SAGE 期刊在线(SAGE Journals Online，SJO)。

10. Cambridge Journal

http://journals.cambridge.org

剑桥大学出版社是一家非营利出版机构，致力于在全世界推动知识、学习、教育和研究的进步，至今已有 478 年的历史。剑桥大学出版社出版的学术期刊广泛涵盖了人文科学、社会科学以及自然科学的众多领域。国家图书馆 2012 年以国家授权方式引进了剑桥大学出版社的电子期刊回溯数据库 2011 版为全国开通服务。所有剑桥期刊的过往卷期均可以回溯到第一卷第一期。回溯数据 2011 版包含 207 种学术期刊，回溯时间跨度从 1770 年至 1996 年左右，总计超过 450 多万页的内容。

11. PQDT (Abstract)和 PQDT (Fulltext)

http://proquest.umi.com/login
http://search.proquest.com
http://pqdt.calis.edu.cn

博硕论文数据库(PQDT)是著名学位论文数据库。其中 PQDT(Abstract)收录了欧美 1000 余所大学文、理、工、农、医等领域的 160 万博士、硕士论文的摘要及索引，是学术研究中十分重要的参考信息源，每年约增加 4.5 万篇论文摘要。PQDT(Fulltext)是目前国内唯一提供国外学位论文全文的数据库，主要收录了来自欧美国家 2000 余所知名大学的博硕士学位论文。目前中国集团可以共享的论文已经达到 254 345 篇，涉及文、理、工、农、医等多个领域，是学术研究中十分重要的信息资源。

1.7 专利文献查询

专利与期刊、图书一样，也是重要的化学文献，都是科研工作者获得科技信息的重要来源。大量的科技信息往往首先出现在专利文献之中。专利文献相比于其他科技文献，对于技术细节的公开最为详细，可以帮助科研人员了解某项技术的最新的细节内容。

为便于管理与检索，专利文献有一套分类体系，即《国际专利分类表》(International Patent Classification，简称 IPC)。IPC 将世界上现有的专利技术按“部(Section)”、“分部(Subsection)”、“类(Class)”、“小类(Subclass)”、“主组(Main group)”和“分组(Subgroup)”逐级分类，形成完整的分类体系。每个部都包含广泛的技术内容，分别由 A～H 八个大写字母表示。这八个部的技术范围包括：

A 部——人类生活需要(Human Necessities)
B 部——作业、运输(Operations，Transporting)
C 部——化学、冶金(Chemistry and Metallurgy)
D 部——纺织、造纸(Textiles and Paper)
E 部——固定建筑物(Fixed Construction)
F 部——机械工程、照明、采暖、武器、爆破(Mechanical Engineering，Lighting，Heating，Weapons，Blasting)
G 部——物理(Physics)
H 部——电学(Electricity)

1.7.1 专利文献数据库

通过 Internet 获取专利信息服务一般有两种形式，一是通过专利局或信息服务部门(公司)的主页浏览，以 WWW 服务方式得到服务；二是通过 e-mail 方式进行通信索取。前一种方式是获得专利信息服务的重要渠道，而利用后一种方式则需要预先知道有关的地址和服务内容。当然，专利服务一般是收费服务。

通过 Internet 的 WWW 服务，可以访问专利管理或专利信息服务部门提供的 WWW 主页信息，在这些主页上一般具有专利的知识介绍、其他专利服务站点的链接、专利检索工具以及提供专利服务的方式等信息。通过这些信息，可以方便地进行专利的检索和索取。以下为几个专利服务网站的 URL：

美国专利和商标局(US Patent and Trademark Office，USPTO)专利服务主页，http：//www.uspto.gov

英国 Derwent 专利服务主页，http：//www.derwent.co.uk、http：//www.derwent.com/index.html

瑞典 SWEDPATENT AB 专利服务主页，http：//www.swedpatent.se

日本专利局专利服务主页，http：//www.jpo.go.jp

The World 专利服务主页，http：//www.world.std.com

IBM：Intellectual Property Network，http：//www.patents.ibm.com，Patent and Trademark Information Provider，http：//www.micropat.com，The Patent Office，http：//www.patent.gov.uk

加拿大专利数据库，http：//patents1.ic.gc.ca

欧洲专利局 esp@cenet，http：//worldwide.espacenet.com

中国国家知识产权局，http：//cpon.cpo.cn.net

中国专利网，http：//www.cnpatent.com/zljs.asp

有关 Internet 上的专利信息还可以通过其他网络平台或网络工具获得。例如，由美国化学会(ACS)旗下的化学文摘服务社(CAS)提供的 Scifinder 文献检索服务，除能对化学学科的科研文献进行检索外，也可以进行相关化学专利的检索。从专利信息用户组 PIUG(patent information users group)的 WWW 站点也可以获悉关于专利的更多信息。PIUG 成立于 1988 年，由从事专利检索和专利信息服务的专业人员组成，为从事专利检索和使用专利信息的人员提供了一个讨论共同关心的问题的论坛，如专利的出版、专利数据库的开发与检索技术交流等。PIUG 网站的 URL 为

http：//www.piug.org

此外，在一些目标较为明确的情况下，可以直接利用搜索引擎工具，如 Google、Bing 等搜索工具直接搜索相关的关键字查找相关的专利文献，这也不失为一种方便快捷的方法。

1.7.2 专利文献检索

检索专利文献，首先要对待检索的课题进行明确的归纳，然后利用专利分类号(IPC)、关键词、专利权人和申请时间等信息，通过检索工具检索相关专利文献的专利号和专利说明书等内容。

IPC 专利分类号是检索不同国家专利文献的共同途径。利用 IPC 分类检索，可以减少检索时因选词不当带来的漏检和误检等问题。针对特定的专利发明(设计)人或者申请(专利权)人，也可以检索到相应的专利文献。专利权人是指对专利权提出申请的单位和人，而发明设计人是对该项专利作用实质性贡献的自然人。在申请专利的过程中，会产生与相应的申请(专利)号和公开(公告)号，从这些特定的专利号码也可以对专利文献进行检索。针对特定的主题和研究领域专利文献的检索，则可以通过关键词检索实现。检索关键词要采用能够反映该专利内容本质和特征的技术词汇，以提高检索效率。此外，通过限定检索专利的申请日期、申请

号和申请国别等信息，也可以实现更精确的专利文献检索。

专利检索中可利用的工具包括专利公报、专利索引和网络专利信息检索工具等。在互联网设施高度发达的信息时代，利用互联网工具可以大大提高检索效率。

以下以美国专利检索数据库和英国 Derwent 专利检索数据库为例介绍专利文献检索的一般方法。

1. 美国专利检索数据库

该数据库由美国专利和商标局（USPTO）提供。点击 USPTO 服务主页右上角的“search for patents”，即可进入下一级页面，继续点击左侧的“Patent Full-Text Databases (PatFT & AppFT)”，可以进入如图 1-42 所示的专利查询页面。此页面也可以通过 http://patft.uspto.gov 网址直接访问。

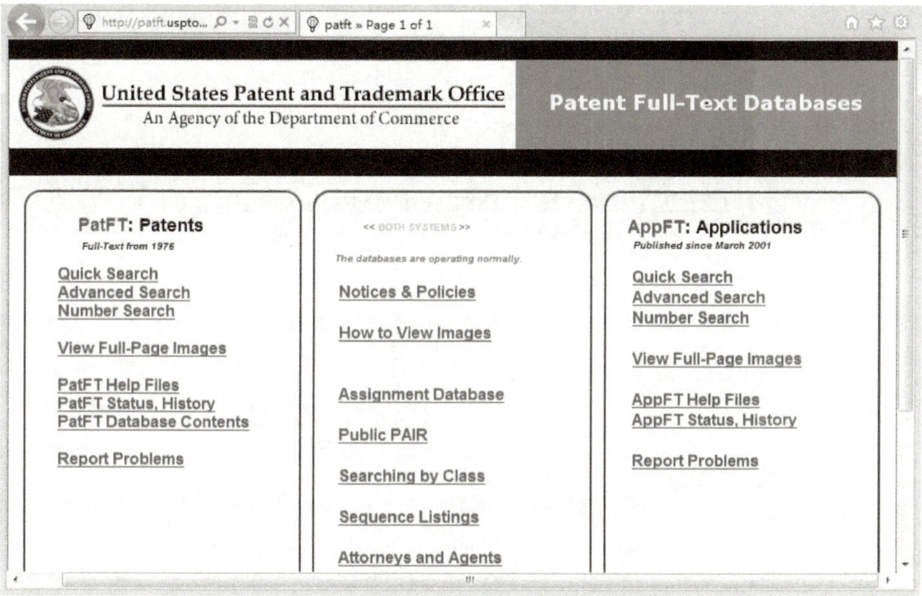

图 1-42 USPTO 专利全文及申请检索入口

页面的左侧一栏中提供了三种专利全文的查询方式，即“Quick Search（快速检索）”、“Advanced Search（高级检索）”和“Number Search（专利号检索）”。

图 1-43 为专利数据库快速检索窗口，分别在两个文字框中填写两个关键词（如“chemometrics”和“chemistry”）并指定二者之间的关系（AND、OR 或 ANDNOT），如果需要还可以在“Field”选项中限定检索范围。点击“Search”后即可得到检索结果，再用鼠标点击每一项检索结果，即可得到该专利的全文。

在高级检索中，可以通过逻辑表达式和特殊的句法规则，对文献搜索进行更详细的限定，从而实现更为精确的专利文献检索。图 1-44 为高级检索的页面。与快速检索不同，高级检索页面只提供一个文本输入框，在其中按句法规则输入逻辑表达式即可查询。高级检索对输入文字的大小写不敏感。

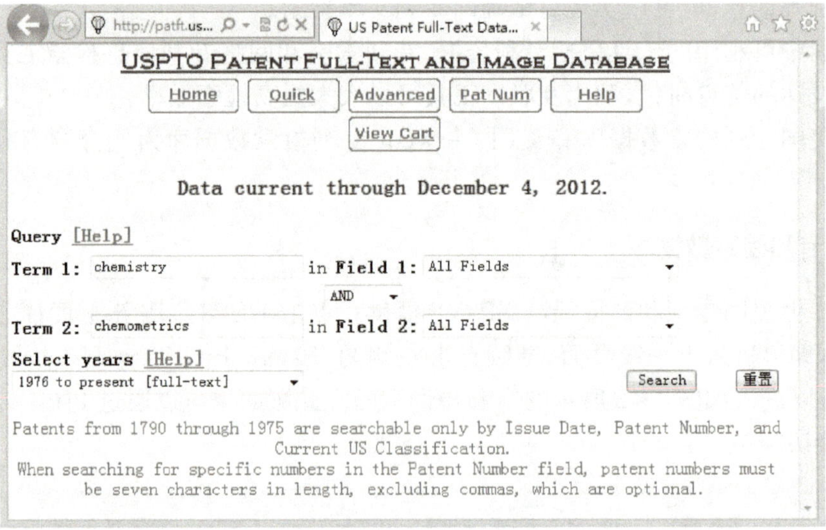

图 1-43　USPTO 快速检索页面

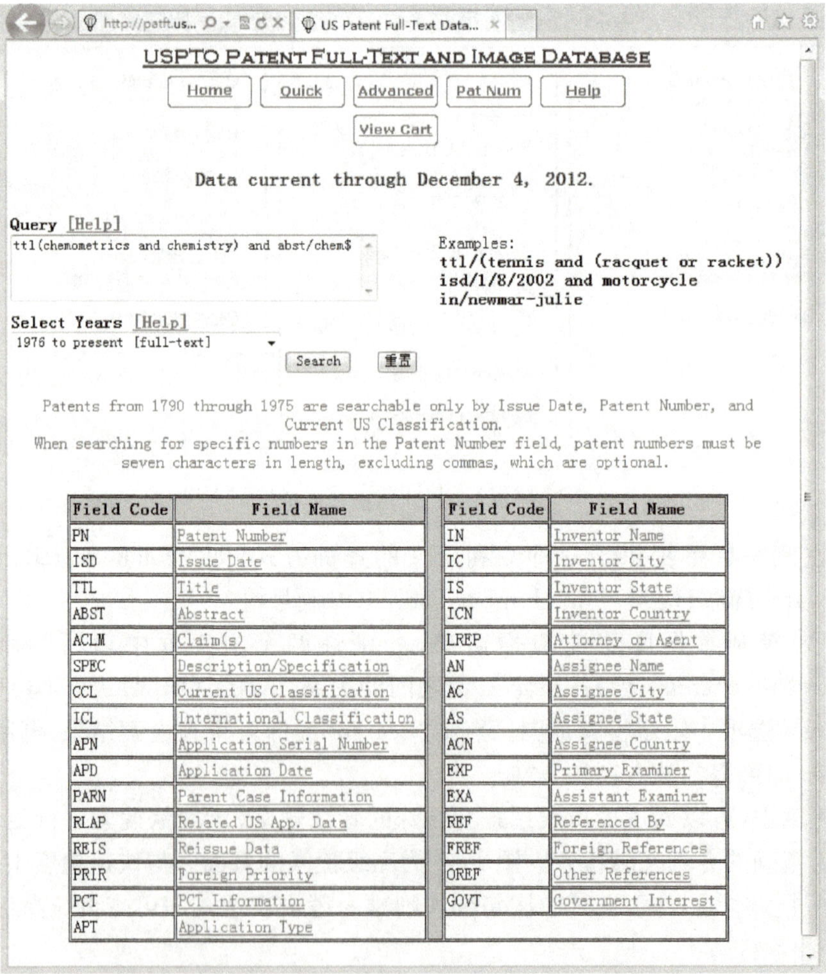

图 1-44　USPTO 高级检索页面

高级检索中，对 Field 的限定是通过 Field Code 来指定的，“Field”和相应的搜索关键词用斜线“/”分隔。在搜索页面下方，列出了 Field Code 的列表，可以根据需要进行查询。若输入 chemometrics and chemistry，将搜索同时包含有 chemometrics 和 chemistry 两个关键词的专利文献。而输入 ttl/(chemometric or chemistry)将检索标题中带有 chemometrics 和 chemistry 这两个关键字二者之一的专利文献。

高级检索功能支持通配字符右截词。例如，输入 chem $，则表示搜索含有以 chem 开头的关键词的文献。注意通配符前的字符不得少于三个。关键词可以指定为短语，短语要用双引号括住。要搜索摘要包含 chemical information 这个短语的文献，则输入 abst/“chemical information”。当以短语为关键词进行检索时，不支持通配符右截词检索。高级检索的其他用法可以点击文本输入框上方的“Help”查看帮助文件。

当已知文献专利号时，直接进行专利号检索即可。专利号检索时只需将专利号输入文本框即可。输入的专利号长度应为七个字符，逗号不计入字符数。

美国专利数据库的检索结果有两种显示方法，分别是 HTML 格式和 TIFF 图像格式。图像格式可以用相应的浏览器打开，并进行打印。

2. 英国 Derwent 专利索引

Derwent 专利索引(Derwent Innovation Index，DII)主要涉及化学、电子与电气、工程三大领域。其数据库现在已经与 ISI 公司的网络检索平台整合到一起。DII 对“世界专利索引(WPI)”和“专利引文索引(PCI)”进行了整合，因而能够为研究人员提供广泛、综合、全面的专利信息。

DII 涵盖了全世界 1963 年之后的约 1300 万项基本专利和 3000 万项专利。每周至少更新一次，增加来自全球 40 多个专利机构授权的 25 000 多篇专利文献，这些文献会经达 Derwent 的专家进行深度加工。同时，DII 每周还对世界专利组织(WO)、美国专利局(US)、欧洲专利局(EP)、德国专利局(DE)、英国专利局(GB)和日本专利局(JP)这六个专利局授权的 45 000 条被引和施引专利文献进行记录。

Derwent 的索引分类代码与 IPC 不同。为了更好地揭示发明的内容和创新性，Derwent 索引重新编制了一套分类代码，分别是：一般类，P1～P8；机械类，Q1～Q7；电气类，R1～R5；化工类，A～M。

Derwent 索引中专利文献的标题和摘要都重新编写为描述性标题和摘要，以突出各项专利的新颖性、用途、优势、技术点等，有助于迅速理解一项新技术的最新内容和进展。

由于 Derwent 专利索引与 ISI 公司网络检索平台的整合，利用 DII 检索专利文献需要从 ISI 的检索平台进入。进入 ISI Web of Knowledge 检索平台后，点击“选择一个数据库”，找到 Derwent Innovations Index 并点击进入如图 1-45 所示的页面。

Derwent 的关键词检索可使用逻辑表达式。逻辑运算符包括 AND、OR、NOT。在检索中也可以使用通配符。符号“ * ”表示零个或多个字符，“ $ ”表示零或一个字符，而“?”则表示一个字符。短语词组的检索可以使用双引号，如“chemical information”。同时，还可以利用“SAME”运算符进行更精确的匹配。检索时，由“SAME”连接的两个关键字同时存在于文献的同一句话中，前后顺序不限，如 chemistry SAME chemometrics，检索结果为在含有同一文句中同时包含 chemistry 和 chemometrics 关键字的文献。这个文句可以是文档摘要中的某一句话，也可以是文档的标题，甚至是作者的通信地址。

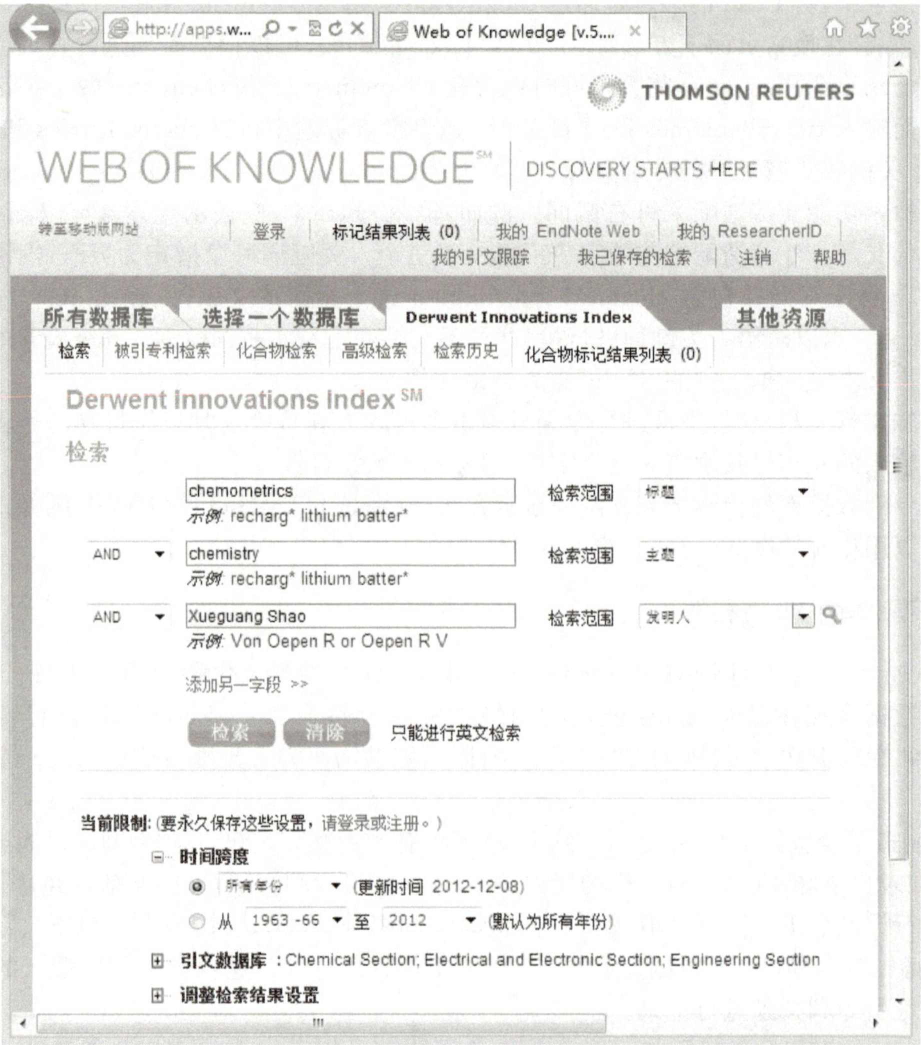

图 1-45　ISI 平台中 DII 专利检索页面

与美国专利数据库类似，ISI 平台上 Derwent 的高级索引方式也可以采用逻辑表达式和 Field 限定语句进行检索。与美国专利数据库不同的是对 Field 的限定语法为 Field Code=(Keywords)。

Derwent 数据库可以进行化合物检索，并可以进行化合物结构和文本的组合检索。在 JAVA 插件的支持下，可以直接在化合物检索页面绘制化合物结构，如图 1-46 所示。关于结构式的绘制方法，读者可以自行学习，与常用的分子结构绘制软件的用法基本相似。

在绘制化合物结构插件的下方，可以选择化学结构和文本的组配方式(AND 或 OR)。在文本部分，可以对物质的名称、结构、分子式、分子量以及 Derwent 化学资源号等信息进行进一步的描述。

利用上述检索方法获得的检索结果，可以进行进一步的精炼和分析。对结果的分析可以通过多种途径进行，包括专利权人名称、专利权人代码、发明人、IPC 代码、Derwent 分类代码、Derwent 手工代码以及学科类别等。

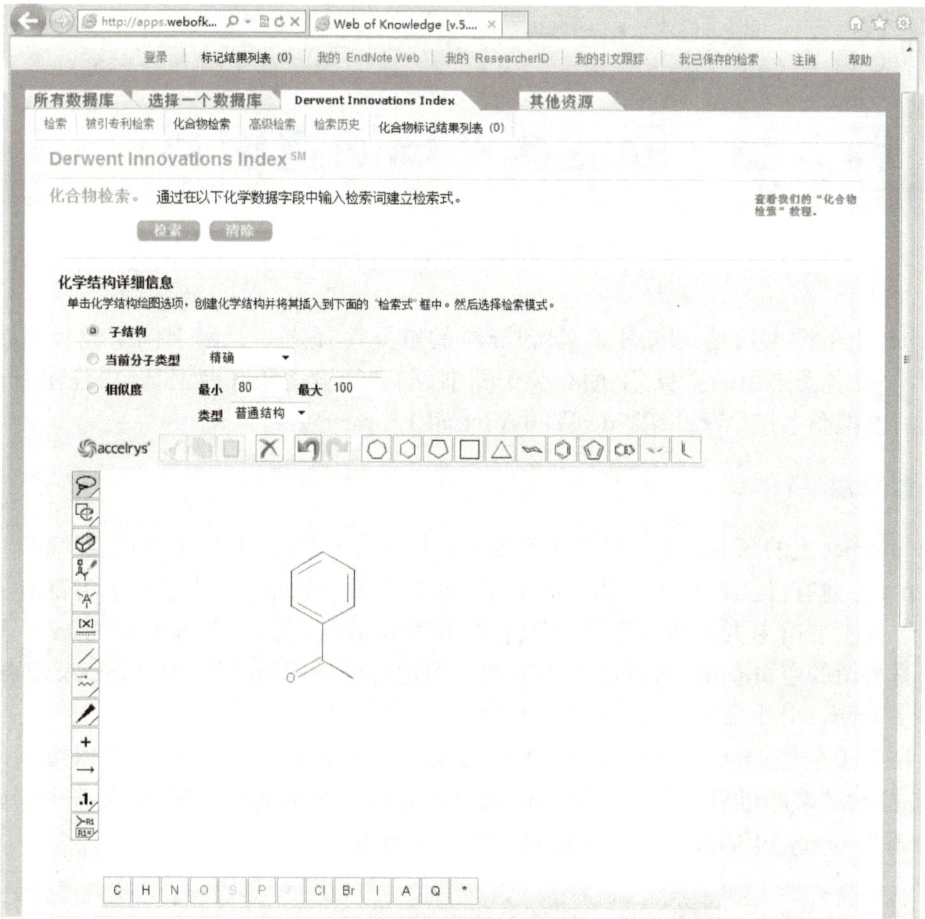

图 1-46 绘制化合物结构的网页插件界面

上机训练与习题

1. 什么是联机文献检索？联机文献检索与手工检索有什么区别？
2. CA 的特点是什么？掌握 SciFinder 的使用方法。
3. Web of Science 的文献数据库有什么特点？掌握 Web of Science 文献检索方法。
4. 如何利用 Web of Science 检索某作者论文的收录情况和被引用情况？
5. 什么是影响因子(impact factor)？如何得到某学术期刊的影响因子？
6. 通过 Internet 是否能得到国际会议论文的文献信息？如何得到？
7. 什么是 EI？如何使用 EI 数据库？
8. 访问 ACS、RSC 和 ScienceDirect 全文数据库，并查询和下载关于某主题的有关文献。
9. 掌握中文期刊数据库的使用方法。
10. 通过 Internet 是否能得到专利文献服务？访问 USPTO 和中国专利网主页。
11. 访问一些文献服务系统，并检索关于某主题词或某作者的有关文献。

第 2 章　网络图书与网络期刊

2.1　网上图书馆

Internet 上的图书馆是获取图书、期刊资料的重要途径之一。网上图书馆信息主要由两部分组成，一是各图书馆的主页，上面有关于图书、期刊的检索和查询工具；二是在 Internet 网站上建立的虚拟图书馆(World Wide Web Virtual Library)。

2.1.1　图书馆主页

目前 Internet 上的图书馆主页已数不胜数，许多国家图书馆、大学图书馆、科研机构图书馆均在 Internet 上建有自己的主页。国内上网的图书馆数量增长很快，几乎每个省都有上网的图书馆。由于各图书馆主页上都具有其他图书馆的关联信息，因此，各图书馆的 WWW 地址可由某一个图书馆的主页获得，当然也有提供图书馆地址的检索服务器，如 LibDex 服务器：

http://www.libdex.com

该服务器收集了全球 18 000 多个图书馆的主页地址，并建立了搜索引擎，可以按照地名进行检索，点击检索结果即可显示关于该图书馆的简单介绍及网络地址。例如，关于中国国家图书馆(National Library of China)的有关信息如图 2-1 所示。

图 2-1　LibDex 关于中国国家图书馆的有关信息

在图书馆的主页上一般具有该图书馆的介绍、服务指南、图书与文献搜索工具及使用说明、其他图书馆的链接以及一些图书信息、新书预告等。以下给出了国内外一些重要图书馆的主页地址：

中国国家图书馆，http://www.nlc.gov.cn

上海图书馆，http://www.libnet.sh.cn

中国科学院文献情报中心(中国科学院图书馆)，http://www.las.ac.cn

北京大学图书馆，http://www.lib.pku.edu.cn/portal

清华大学图书馆，http://www.lib.tsinghua.edu.cn

南开大学图书馆，http://www.lib.nankai.edu.cn

中国科学技术大学图书馆，http://www.lib.ustc.edu.cn

美国国会图书馆(The Library of Congress)，http://www.loc.gov/index.html

大英图书馆(The British Library)，http://portico.bl.uk

加拿大国家图书馆(National Library of Canada)，http://www.collectionscanada.gc.ca/index-e.html

澳大利亚国家图书馆(National Library of Australia)，http://www.nla.gov.au

日本国家图书馆(National Diet Library of Japan)，http://www.ndl.go.jp

哈佛大学图书馆(Harvard University Library)，http://hul.harvard.edu

麻省理工学院图书馆(Massachusetts Institute of Technology Library)，http://libraries.mit.edu

斯坦福大学图书馆(Stanford University Library)，http://www-sul.stanford.edu

耶鲁大学图书馆(Yale University Library)，http://www.library.yale.edu

英国剑桥大学图书馆(Cambridge University Library)，http://www.lib.cam.ac.uk

英国牛津大学图书馆(Oxford University Library)，http://www.bodleian.ox.ac.uk/libraries

新加坡国立大学图书馆(National University of Singapore Library)，http://libportal.nus.edu.sg/frontend/index

2.1.2 WWW 虚拟图书馆

在 Internet 上的化学资源无论是内容还是形式都非常广泛，用户要找到自己需要的信息往往要花费相当多的时间和精力。为此许多人经过努力对 Internet 上信息进行组织和分类，建立了各种 WWW 服务器，这些服务器大多提供某一学科的各种资源和资源的链接，通过所提供的资源和资源的链接用户可以方便地找到自己所需要的信息。这类 WWW 服务器被称为虚拟图书馆。随着这类服务器功能的提高，有时也被称为虚拟社区(Virtual Community)。

例如，ChemWeb 是化学领域中非常有名的虚拟社区之一，其服务器的地址为

http://www.chemweb.com

图 2-2 为该网站的初始页面。该网站实行了注册会员制(免费注册)，必须进行注册才能享受全部的服务。图 2-2 中的每一项下拉菜单或链接都包含有丰富的服务内容。例如，在“books”链接中提供了化学类图书的介绍。在“databases”链接中提供了近 20 个化学数据库的简单介绍及检索工具。“journals”链接提供了数百种学术期刊的“A to Z”服务，对于每一种学术期刊都提供了关于该期刊的简介、目录、摘要、获取全文的链接等丰富的内容，对于免费期刊，可直接得到全文服务。“newsletter”链接中提供了一个免费的实时通信期刊，即“The Alchemist

Newsletter”。“free magazines”链接中提供了几种免费的期刊，其中包括 *Chemical Engineering*、*Nature Methods*、*PharmaLive Daily Advantage Newsletter* 等。

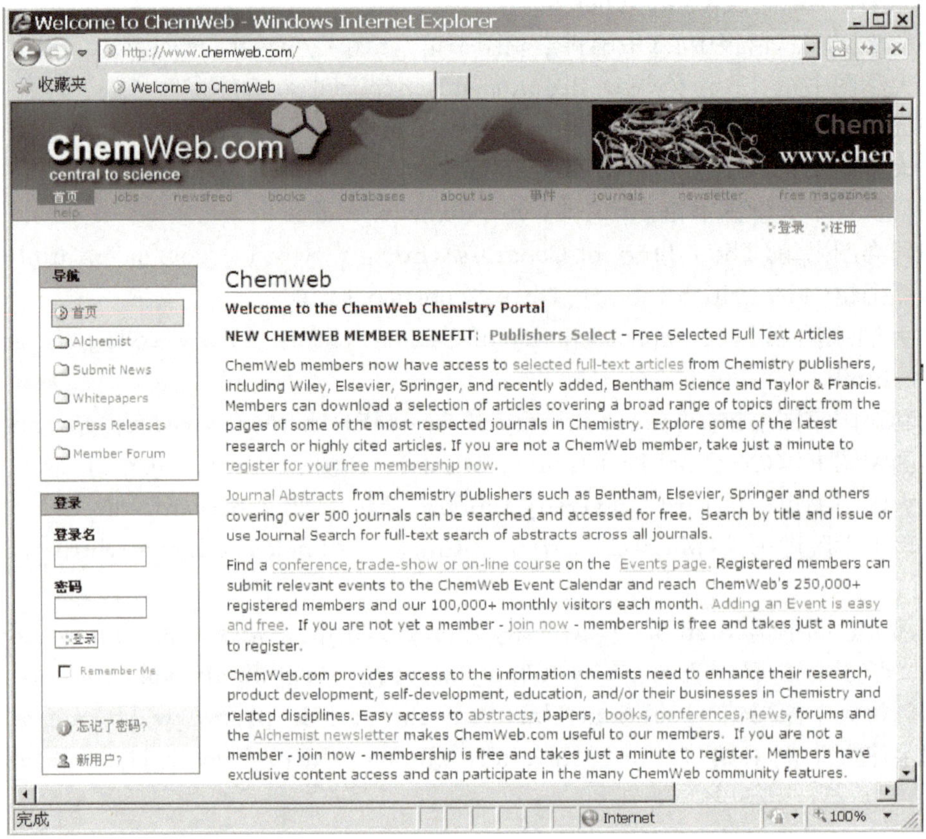

图 2-2　ChemWeb 的服务主页

除 ChemWeb 外，类似的化学、化工虚拟图书馆还有很多。例如：

(1) http://www.chem.ucla.edu/chempointers.html。

该主页位于美国加州大学洛杉矶分校的化学和生物化学系。该站点的特点在于它提供了与化学有关的 Gopher 服务器、FTP 服务器和新闻讨论组以及其他化学资源的众多链接。

(2) http://libguides.caltech.edu/chemistry。

该主页位于美国加州理工大学图书馆。该站点提供了化学家传记、化合物数据库、化学词典、有毒化合物和有害化学反应、化学社区组织、化学书籍及教学资料等化学资源。

(3) http://lib.hebust.edu.cn/xntsg/cevl/index.htm。

该主页首先将服务内容分为三大类，即分类目录、学术团体和相关信息资源，在每一个子目录中都包括了相关的文献、仪器、网络资源等信息。目前所提供的子目录为

Analytical Methods, Products and Services(分析方法、产品与服务)

Biomedical(生物医学)

Biotechnology(生物技术)

Ceramics(陶瓷)

Chemical Producers and Suppliers(化学试剂生产与供销商)

Databases(数据库)

Education Resources(教育资源)
Electrochemical(电化学)
Energy, Conservation and Efficiency(能源、自然资源的保护与利用)
Engineering and Construction(工程与建筑)
Environment(环境)
Fluid Mechanics(流体力学)
Forest Products(森林产品)
Heat Transfer(热能转换)
Mass Transfer(质量转换)
Materials and Properties(材料与性能)
Nuclear(原子能)
Particle Technology(粒子技术)
Petrochemicals and Fuels(石化与燃料)
Polymers(聚合物)
Process Control(过程控制)
Process Design(过程设计)
Process Modeling(过程建模)
Reactions(反应)
Safety and Hazards(安全与公害)
Software Products and Suppliers(软件产品与供销商)
Standards(标准)
Statistics and Experimental Design(统计与实验设计)
Teaching Topics and Resources(教学主题与资源)
Technical(技术)
Water Technology(水技术)

2.2 网上书店

随着 Internet 的发展，在 Internet 上销售图书是非常受欢迎的新兴服务方式。目前，最著名的 Internet 网上书店是 Amazon. com，它于 1995 年 7 月推出，到 1999 年 6 月，顾客人数已达到 1000 万，其业务范围也从单纯的图书扩展到音像制品及电子产品等。Amazon. com 的突出特点是为读者提供了特别方便的图书目录的浏览与检索功能。在国内也兴起了类似的网上书店，如当当网、北京图书大厦网上书店、苏宁易购网、京东商城等。我们可以在网上书店很方便地购买图书，也可以通过网上书店的浏览和检索作为了解图书出版情况的一种手段。

以下为几个网上书店的地址：

Amazon. com，http://www. amazon. com
Borders. com，http://search. borders. com
Fatbrain. com，http://fatbrain. com
Powell's Technical Books，http://www. powells. com/technicalbooks
University BookStore，http://www. univbkstr. com

University BookStore(Washington),http://www.bookstore.washington.edu

The Internet Technical Bookshop,http://www.itbs.co.uk

Barne Noble,http://www.barnesandnoble.com

亚马逊中国,http://www.amazon.cn

当当网,http://www.dangdang.com

北京图书大厦网上书店,http://www.bjbb.com.cn

苏宁易购,http://www.suning.com

京东商城,http://www.360buy.com

新华书店王府井分店,http://www.wfjsd.com

蔚蓝网络书店,http://www.wl.cn

在网上书店的主页中一般提供新书的介绍、排行榜、相关的链接、会员注册、购书指南以及我们最关心的图书查找功能。例如,在京东商城网上书店的首页上提供了两种图书查找的方式,即按照关键词查询和按照图书分类浏览。但是,该主页中的检索只能根据文字中填写的关键词进行检索。例如,在检索系统下的文字框内输入“化学计量学方法”可以得到与化学计量学相关图书的检索结果。每一项检索结果包括该书的书名、作者、出版社、出版日期以及价格等信息。如果点击“高级检索”按钮,还可以根据书名、作者、出版社、书号(ISBN)以及出版日期进行组合检索。

2.3 网络期刊

网络期刊或电子期刊是随网络技术的发展而发展起来的新型信息传播媒体,目前电子期刊数目已经很多了,而且增加速度的非常快。很多期刊在印刷发行的同时增加了网络版。网络期刊的投稿和订阅一般有 e-mail 和浏览器浏览两种方式。目前网络期刊内容与普通期刊内容基本相同,主要发表学术研究论文。以下为部分网络期刊的名称及网址:

ACS Macro Letters,http://pubs.acs.org/journal/amlccd

ACS Synthetic Biology,http://pubs.acs.org/journal/asbcd6

ACS Sustainable Chemistry & Engineering,http://pubs.acs.org/journal/ascecg

Advanced Energy Materials,http://onlinelibrary.wiley.com/journal/10.1002/(ISSN)1614-6840

Astronomy and Computing,http://www.sciencedirect.com/science/journal/22131337

Biomaterials Science,http://pubs.rsc.org/en/journals/journalissues/bm

Chemical Science,http://pubs.rsc.org/en/journals/journalissues/sc

Case Studies in Engineering Failure Analysis,http://www.sciencedirect.com/science/journal/ aip/22132902

Catalysis Science & Technology,http://pubs.rsc.org/en/journals/journalissues/cy

Earth Interactions,http://EarthInteractions.org

Frontiers in Bioscience,http://www.bioscience.org

Food & Function,http://pubs.rsc.org/en/journals/journalissues/fo

Internet Journal of Science-biological chemistry,http//www.netsci-journal.com

Journal of Corrosion Science and Engineering,http://www.jcse.org

Med Chem Comm, http://pubs.rsc.org/en/journals/journalissues/md

Molecular Vision, http://www.molvis.org/molvis

Molecules (*MDPI*), http://www.mdpi.com/journal/molecules

Network Science (*NetSci*), http://www.netsci.org

Polymer Chemistry, http://pubs.rsc.org/en/journals/journalissues/py

Toxicology Research, http://pubs.rsc.org/en/journals/journalissues/tx

World Wide Web Journal of Biology, http://epress.com/w3jbio

其中“*Molecules*”为国际分子多样性保护组织(MDPI)出版的网络月刊，已被 SCI 收录。除上述网络地址外，最近又建立了其他镜像服务。例如：

http://www.mdpi.org/MIRRORING/mirrors.html

图 2-3 为 *Molecules* 的首页页面，可以看出，该主页的主要内容为本刊的目标和范围介绍(About this journal)、索引和摘要(Index & Abstracting)、作者须知(Instructions for Authors)、编委会介绍(Editorial Board)、各期的目录(Journal Browser)、相关的链接以及本刊查询(Search)。

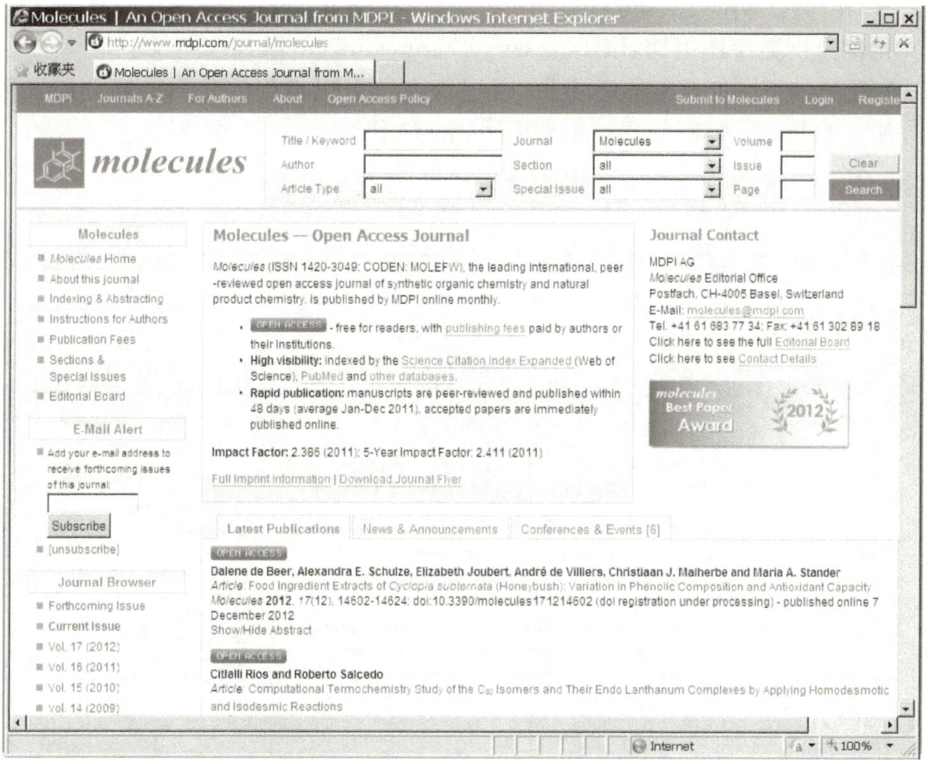

图 2-3　*Molecules* 的首页页面

点击各期的目录即可显示该期期刊所发表论文的目录，包括作者姓名、作者单位与联系方式、论文题目等信息，继续点击论文题目即可得到该文献的全文(PDF 格式)。

国内的网络期刊也相继产生，著名的老牌期刊《化学通报》创建了《化学通报网络版》(*Chemistry Online*, http://www.hxtb.org)，最近中国国家自然科学基金委员会化学部和中国科学院化学部又联合主办了《国际网上化学学报》(*Chemical Journal on Internet*, CJI)，该

期刊由国际分子多样性保护组织出版。其地址为

http://www.chemistrymag.org

http://china.chemistrymag.org

2.4 数字化图书

图书资料的数字化是随着 Inernet 发展而兴起的一类信息传播媒体。目前，数字化图书可分为两大类，一是把印刷版的图书进行数字化处理；二是直接出版数字化的图书。国外从事数字化图书服务的机构已经比较多，读者可以通过下列网站进行查询：

http://www.digitalbookindex.com

国内从事数字化图书服务的公司和网站也正在逐步兴起。例如：

中国数字图书馆，http://www.d-library.com.cn

超星数字图书馆，http://book.chaoxing.com

中国知网，http://www.cnki.net

书生之家，http://www.21dmedia.com

中国文化信息网数字图书馆，http://www.ccnt.com.cn/library

图 2-4 为超星数字图书馆的服务主页，通过该主页可以得到该公司的简介以及数字化图书的使用方法。当然，必须缴纳一定的费用后才能使用。

图 2-4 超星数字图书馆的服务主页

图 2-5 为南开大学图书馆电子图书网络阅读平台主页，该平台由超星电子图书和 CNKI 工具书组成。可以看出，通过该主页可以通过两种方式得到关于某主题的图书，一是通过检索

系统进行查询；二是根据图书分类进行浏览。例如，在检索系统下的文字框内输入“化学信息学”可以得到与化学信息学相关图书的检索结果。每一项检索结果包括该书在书名、作者、出版日期、主题词以及数据库的类别。继续点击书名即可得到该书的全文。值得注意的是，在使用该系统之前需要先安装“超星阅览器”，关于该阅览器的使用方法，读者可以使用在线帮助获得。

图 2-5　南开大学图书馆电子图书网络阅读平台主页

如果点击“高级检索”按钮，还可以根据书名、作者、主题以及出版日期进行组合检索。

2.5　出版商主页

浏览出版商、出版社、期刊编辑部等部门的主页也是获得图书、期刊信息的重要手段。特别是对于文献资料，尽管这种方法难以得到全面的检索，但有时可以方便、直接地从网上得到文章的拷贝，如前面已介绍的 Elsevier 的 ScienceDirect 数据库及美国化学会出版部的期刊服务。

出版社或期刊的 WWW 主页提供的服务有较大差别。有的主页只提供有关出版社或期刊的介绍、期刊的投稿要求以及订购广告，有的主页还提供了检索工具，可对该期刊或该公司的所有期刊进行检索，还有一些出版社的某些期刊可提供原文复制。例如，*Analytical Chemistry*、*Inorganic Chemistry*、*Biochemistry* 等均属于提供有限制全文服务的期刊，*Analytical Science*、*Protein Science*、*Clinical Chemistry* 等则没有限制。

上机训练与习题

1. 访问一些图书馆的主页，并总结图书馆主页一般提供哪些信息。
2. 什么是虚拟图书馆和虚拟社区？它的作用是什么？
3. 网上书店主页一般提供哪些信息？如何使用网上书店检索和购买图书？
4. 什么是网络期刊？目前有哪些化学类的网络期刊？如何使用网络期刊？
5. 如何使用数字化图书？
6. 访问出版商主页能得到哪些信息？

第 3 章　数据库资源

数据库技术及应用是计算机技术的发展给科学工作者带来的解决问题的重要手段，文献的检索、常数的查找、谱图的分析再不用去查厚厚的手册，而只需键盘的输入和鼠标的点击。因此，化学数据库的建立与应用研究在计算机化学最初发展时就成为广泛关注和重视的一个热点问题。目前，各式各样的数据库已经难以数清，如化学文献数据库、化学结构数据库、化学物质数据库、化学常用数据数据库等。本章将数据库分为晶体结构数据库、波谱数据库和网上化学手册，对 Internet 上常用的化学数据库进行简单介绍。

3.1　晶体结构数据库

化学信息数据库的内容仅局限于与化学有关的学科知识，其中化学结构数据库，尤其是晶体结构数据库，在化学类数据库中占有很高的比例，是化学类数据库中较大型的数据库。例如：

剑桥结构数据库(CSD)，http://www.ccdc.cam.ac.uk/pages/Home.aspx

RCSB 蛋白质数据库，http://www.rcsb.org/pdb/home/home.do

Rutgers 大学的核酸数据库，http://nbserver.rutgers.edu

也有范围较小的专业数据库。例如：

有机化合物数据库，http://www.colby.edu/chemistry/cmp/cmp.html

化学危险品数据库，http://ull.chemistry.uakron.edu/erd

生物大分子晶体结构数据库，http://xpdb.nist.gov:8060/BMCD4/index.faces

WWW 化学结构数据库，http://www2.chemie.uni-erlangen.de/services

化合物基本性质数据库，http://www.chemfinder.com/chembiofinder/default.aspx

NIST 的 Chemistry WebBook，http://webbook.nist.gov/chemistry

3.1.1　剑桥结构数据库

剑桥结构数据库(Cambridge Structural Database，CSD)是剑桥晶体结构数据中心(Cambridge Crystallographic Data Centre，CCDC)建立的有机和金属有机化合物结构的数据库。该数据库含有超过 500 000 个有机和金属有机化合物的 X 射线和中子射线衍射的分析数据。CSD 不仅全面涵盖了已发表的分子晶体结构，同时也独特地收录了大量在其他任何地方无法获得的分子结构数据。CSD 中所有的分子结构都经过了广泛、仔细地查证并提供了详尽的化学和文献方面的信息，从而更加提高了晶体结构数据的价值。目前，以 CSD 为核心，CCDC 构建了一套完整的 CSDS (Cambridge structural database system)。该系统还包括一系列丰富的工具，如数据检索与提取软件(ConQuest、WebCSD)、结构可视化软件(Mercury CSD)、数据分析与统计软件(Vista)和数据库构建软件(PreQuest)以及两个化学知识数据库，即 Mogul(关于分子内结构)和 IsoStar(关于分子间相互作用)，同时收集了 CSD 和 RCSB 蛋白质数据库的数据。

CCDC 的主页地址为

http://beta-www.ccdc.cam.ac.uk/pages/Home.aspx

图 3-1 为该主页的画面。在 CSD 中，每项条目都包括以下内容：

(1) 三维结构数据。原子坐标、晶胞参数、空间群、结构精密度指标、温度与压力条件、无序分布细节。

(2) 二维结构图。原子和键的性质与关联。

(3) 化学式和化合物名称、多肽化合物的氨基酸序列。

(4) 完整的文献资料，其中部分直接与电子版文献链接。

(5) 交叉引用立体异构体及有关重新解释和确认的详情。

(6) 其他已发表的与该分子有关的信息。化学物来源、结晶条件、绝对构型的确定实验、多晶型现象(同质多象)、生物活性。

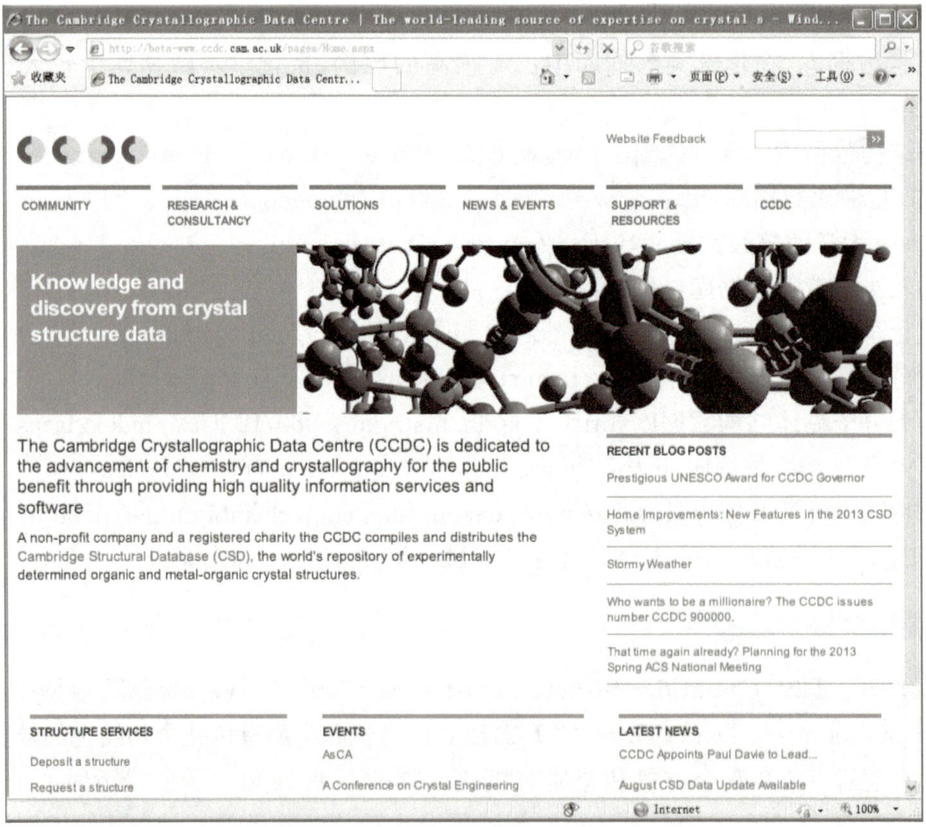

图 3-1　剑桥晶体结构数据中心的主页

CSDS 不仅提供结构数据，还接受数据库中尚未存在的结构数据。从其主页上可以得到所需资料细节(http://www.ccdc.cam.ac.uk/services/structure_deposit)，如果有新的结构数据可与 CCDC 联系(deposit@ccdc. cam. ac. uk)。

CSDS 提供结构数据是收费服务,可直接与他们联系(deposit@ccdc. cam. ac. uk),也可以通过他们的代理联系。CCDC 在世界各地有许多代理部门,目前在中国的代理是北京宏剑公司 (hsy@hongcam. com. cn)。

3.1.2 蛋白质数据库

RCSB(Research Collaboratory for Structural Bioinformatics)蛋白质数据库(protein data bank,PDB)是生物大分子的三维结构数据库,它包括原子坐标、文献出处、一级序列和二级结构信息、晶体结构因子以及 2D-NMR 实验数据,涉及的大分子包括蛋白质、DNA、RNA、病毒、碳水化合物等。该数据库的服务主页地址为

http://www. rcsb. org/pdb/home/home. do

图 3-2 为它的初始画面。通过该主页,用户可以直接通过 PDB ID Code 获得所需要的结构数据,如果不知道 ID Code,用户可以根据分子名称、作者等关键词进行快速检索,同时,用户也可以通过分类浏览的方式获得所需结构。此外,该主页还提供高级检索工具,其中包含丰富的索引,用户可利用这些索引进行检索。

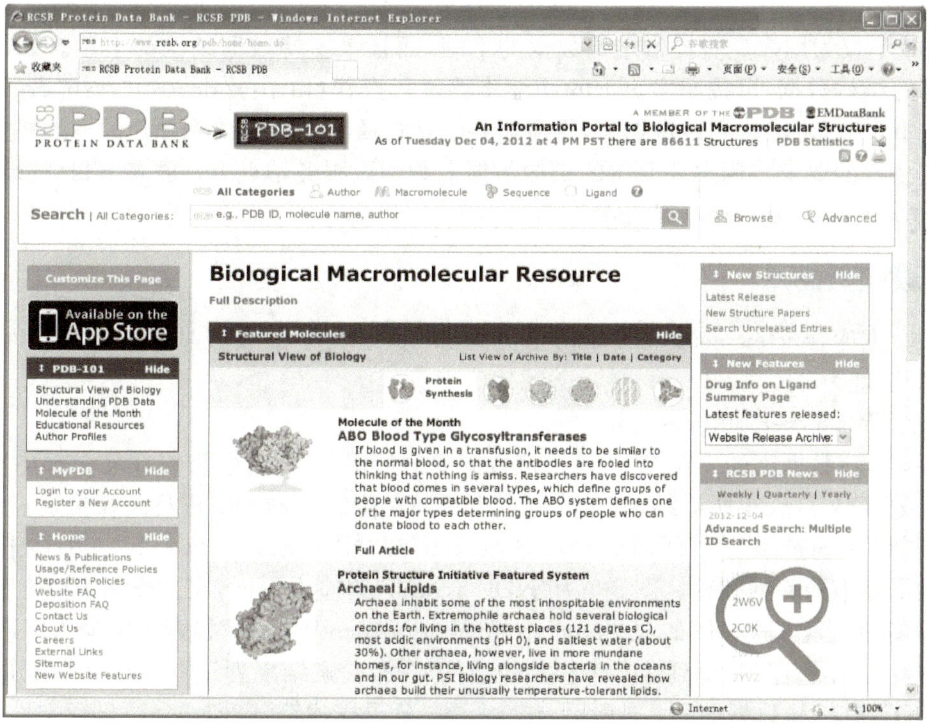

图 3-2 RCSB 蛋白质数据库的服务主页

例如,在图 3-2 中页面上方的搜索栏中输入"ubiquitin"(泛素),得到 1311 个与其有关的结构数据,检索结果如图 3-3 所示。在每一条检索结果中,均含有 PDB ID Code、三维结构缩略图、作者、时间、类别、文献等条目,点击相关条目则可以进一步看到详细信息。同时,用户还可以免费下载该蛋白质的三维坐标文件。

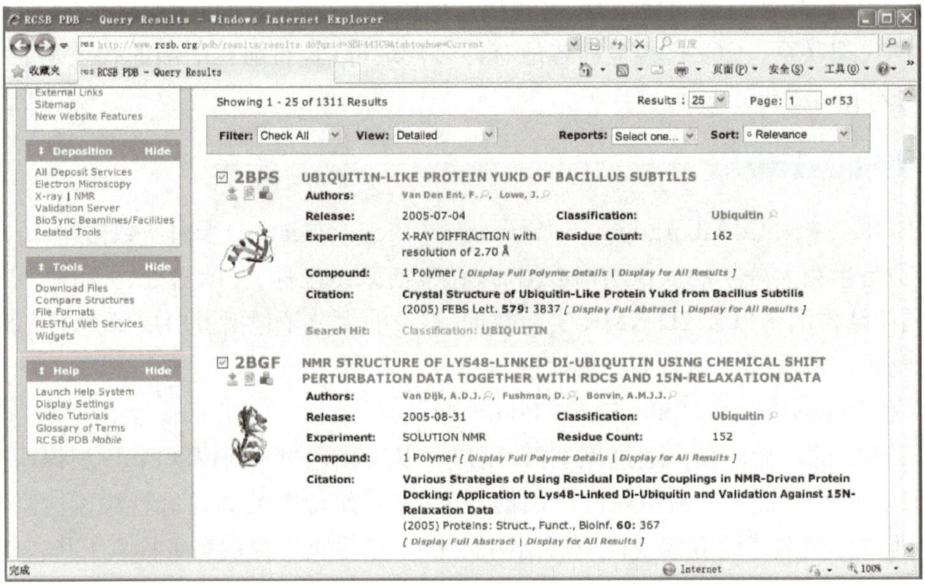

图 3-3　RCSB 蛋白质数据库中 ubiquitin 的检索结果

RCSB 不仅为用户免费提供结构数据的下载，而且也支持数据结构的上载。如果用户需要上载新的结构数据，可按照主页上的详细步骤进行操作(http://deposit.rcsb.org)。此外，通过匿名 FTP 也可以访问该数据库，将所需要的蛋白质结构数据传到用户的本地机上。当然也可按照一定的要求将用户新测定的结构数据上载到该服务站点上。匿名 FTP 的地址为

ftp://ftp.wwpdb.org/pub/pdb/

3.1.3　核酸数据库

核酸数据库(nucleic acid database)是美国 Rutgers 大学的核酸晶体结构数据库，服务器的 WWW 地址为

http://ndbserver.rutgers.edu

图 3-4 为该数据库的 WWW 主页。该数据库的使用非常方便，可以在检索框中直接输入 NDB ID 或 PDB ID 获得所需结构，也可以点击页面左侧的“Search”进行高级检索。该检索工具提供了“NDB Search”、“NDB Integrated Search”和“NDB Status Search”三种检索方式，同时还提供了相应的检索教程。图 3-5 为“NDB Search”的检索页面，支持作者、序列、点群和结构因子等多种检索方式。例如，在“Nucleic Acid Sequence Pattern”检索框中输入“(DA)(DA)(DT)(DG)”的结构序列，得到 242 个相关的结构数据，检索结果列于图 3-6 中。在 ID 项目中点击“103D”，其结构数据如图 3-7 所示，包含标题、分子描述符、序列、文献、坐标文件和链接等详细信息。

此外，用户还可以通过 FTP 方式访问核酸数据库，其 FTP 服务器地址为

ftp://ndbserver.rutgers.edu

对于不熟悉 FTP 的用户也能方便使用，进入每一个目录后，都可得到非常详细的帮助信息，说明每个子目录的文件内容。直到进入最终的结构数据目录，从文件列表中挑选所需要的文件即可下载。

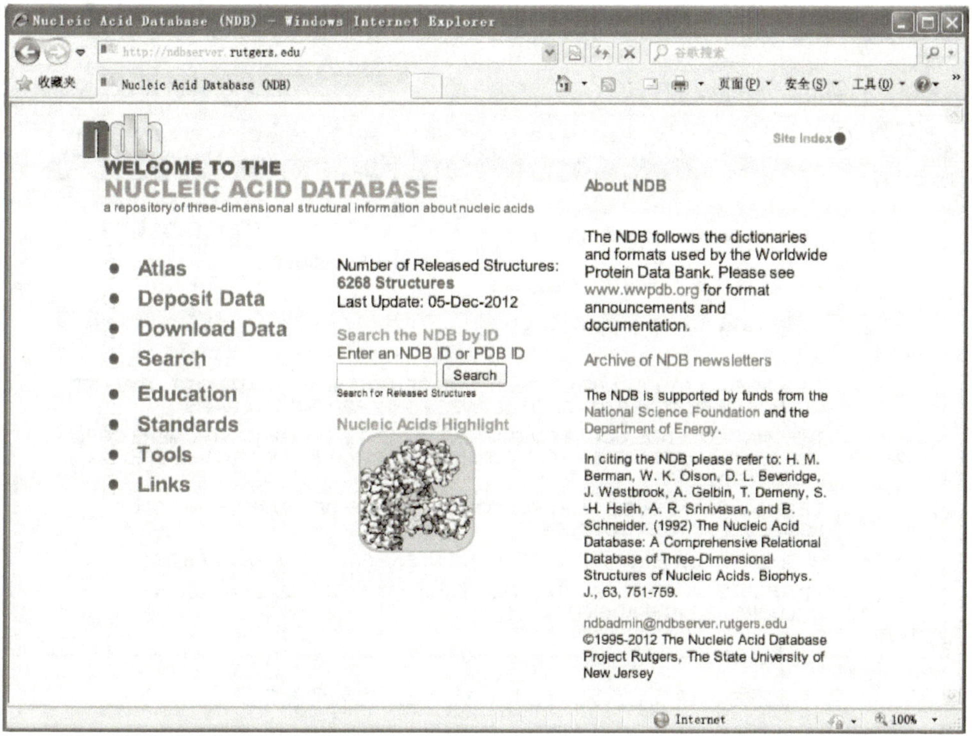

图 3-4　核酸数据库的 WWW 主页

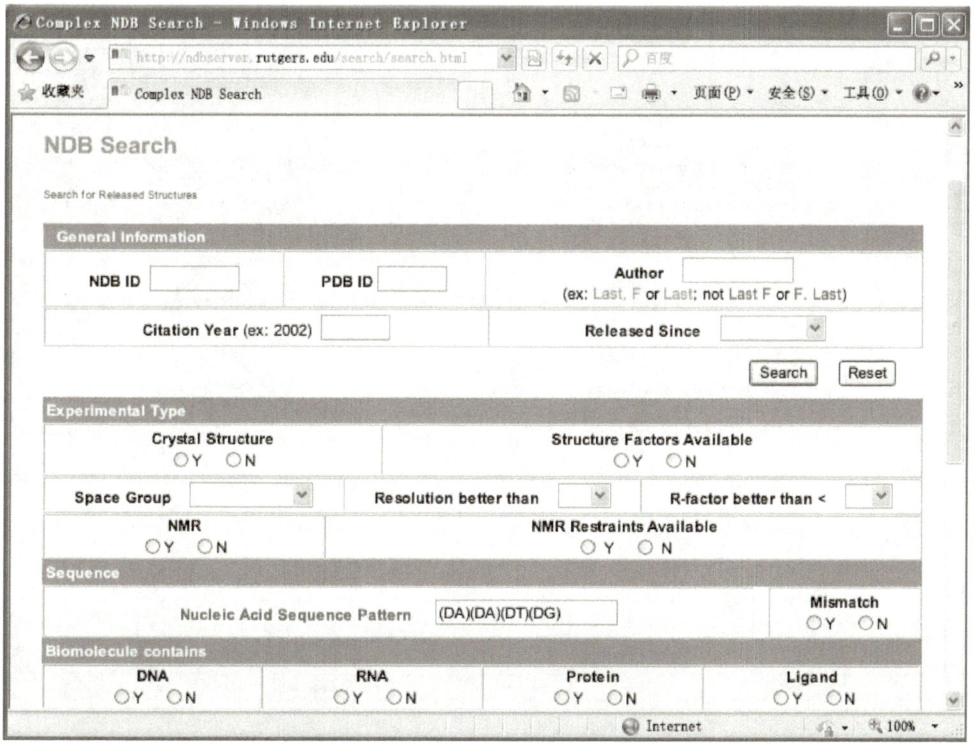

图 3-5　“NDB Search”的检索页面

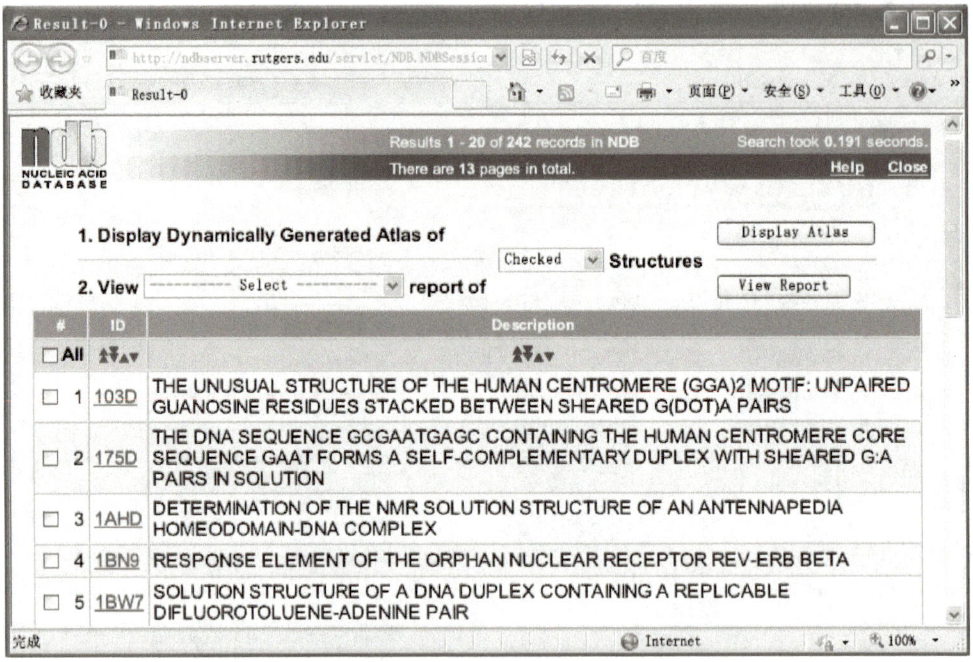

图 3-6 “(DA)(DA)(DT)(DG)”结构序列的检索结果

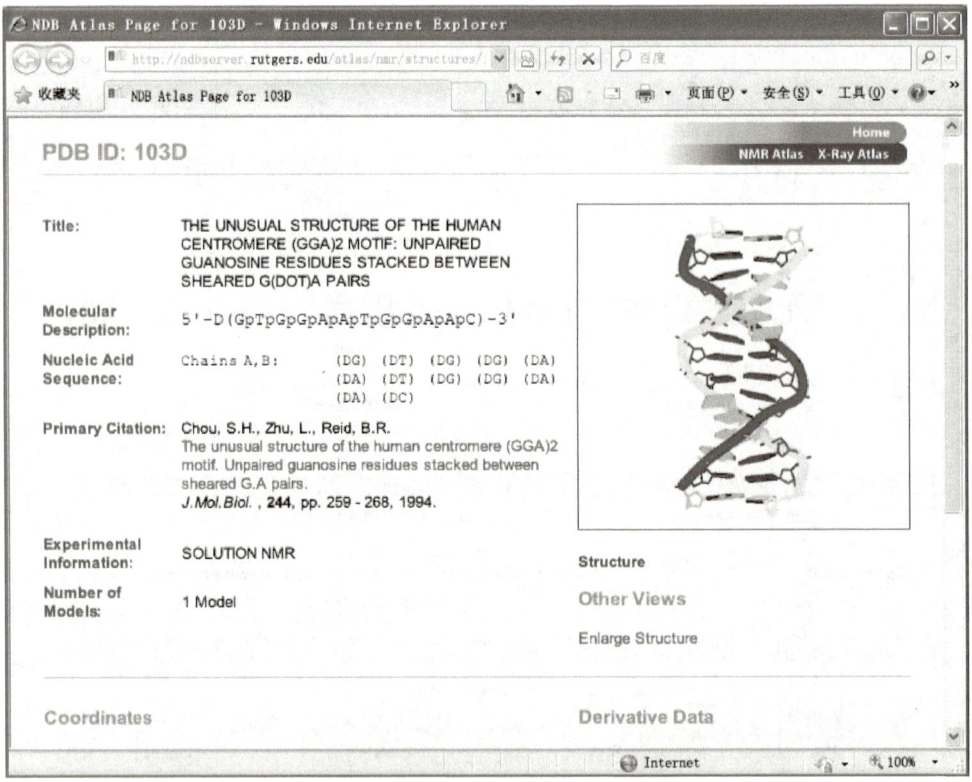

图 3-7 PDB ID 为 103D 的详细结构数据

3.2 波谱数据库

尽管化学分子的晶体结构为化学工作者提供了直接的微观信息，但目前晶体数据库中的晶体结构数量远远少于化学分子的种类。因此，在缺少晶体结构或者结晶条件较为苛刻的情况下，化学分子的波谱数据则显得尤为重要。

3.2.1 NIST Chemistry WebBook

Chemistry WebBook 是美国国家标准与技术研究院(NIST)基于 Web 开发的物质数据库，首次发布于 1996 年 8 月。Chemistry WebBook 可以看成 NIST 标准数据库(Standard Reference Data)中与化学有关的数据库，目前包括的内容有

Formula(分子式)

Molecular Weight(分子量)

CAS Registry Number(CA 登录号)

Chemical Structure(化学结构，包括二维结构和/或三维结构)

Other Names(其他名称)

Notes/Error Report(备注与错误报告)

Other Data Available(其他数据)，包括：

- Gas phase thermochemistry data (气相热化学性质)
- Condensed phase thermochemistry data (凝聚态热力学性质)
- Phase change data (相变数据)
- Reaction thermochemistry data (反应热化学性质)
- Henry's Law data (Henry 定律数据)
- Gas phase ion energetics data (气相离子能数据)
- Gas Phase IR Spectrum (气相红外光谱)
- Mass Spectrum (质谱)
- UV/Visible Spectrum (紫外-可见光谱)
- Vibrational and/or Electronic Spectra (振动与/或电子光谱数据)

Chemistry WebBook 的主页地址为

http://webbook.nist.gov/chemistry

图 3-8 为初始页面，"Search Options"为该数据库所提供的检索方式，即"General Searches"和"Physical Property Based Searches"。在"General Searches"中可以用"Formula"、"Name"、"IUPAC identifier"、"CAS registry number"、"Reaction"、"Author"、"Structure"进行检索，在"Physical Property Based Searches"中，则可以用"Ion energetics properties"、"Vibrational and electronic energies"、"Molecular weight"进行检索。

例如，选择以分子式"Formula"检索，输入"C6H6O2"，可以得到 15 种同分异构体，每个检索结果都含有化学名称、化学式和化学结构图三个条目，如图 3-9 所示。点击"Hydroquinone(对苯二酚)"则得到该化合物的各种性质参数，如分子量、分子描述符、CA 登录号、别名、相关谱图等，如图 3-10 所示。再点击所需检索的性质参数即可得到检索的结果。图 3-11 和图 3-12分别为检索得到的对苯二酚的紫外可见光谱图和质谱图。这些谱图还可以根据需要进行局部放大显示或下载使用。同时，该数据库还提供了谱图的测试条件、仪器和数据来源等信息。

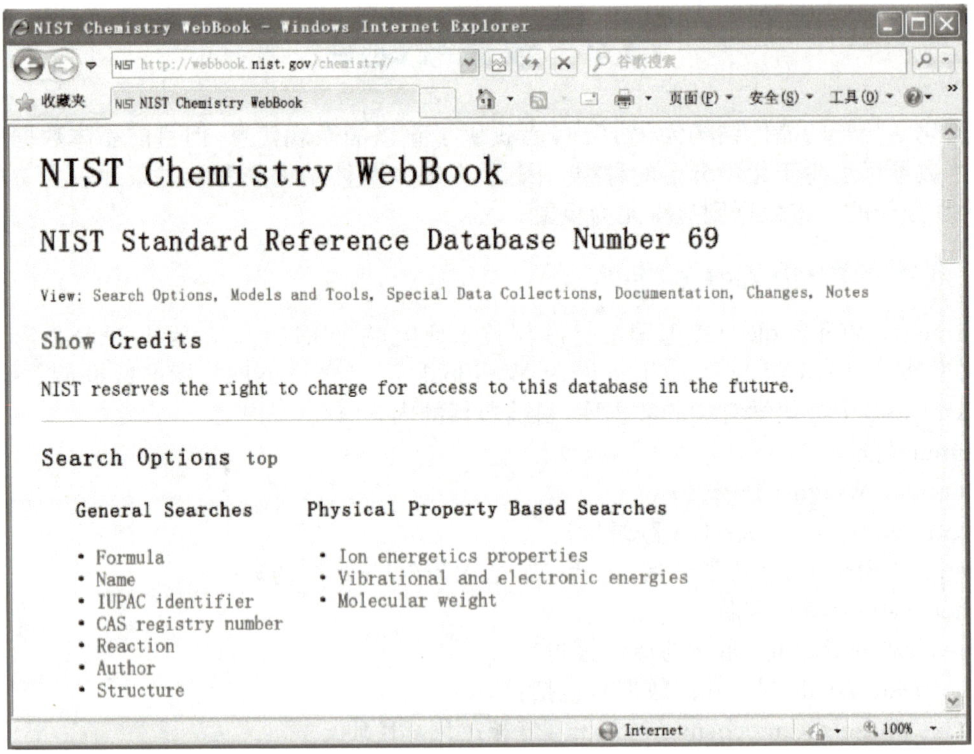

图 3-8　NIST WebBook Chemistry 的 Web 主页

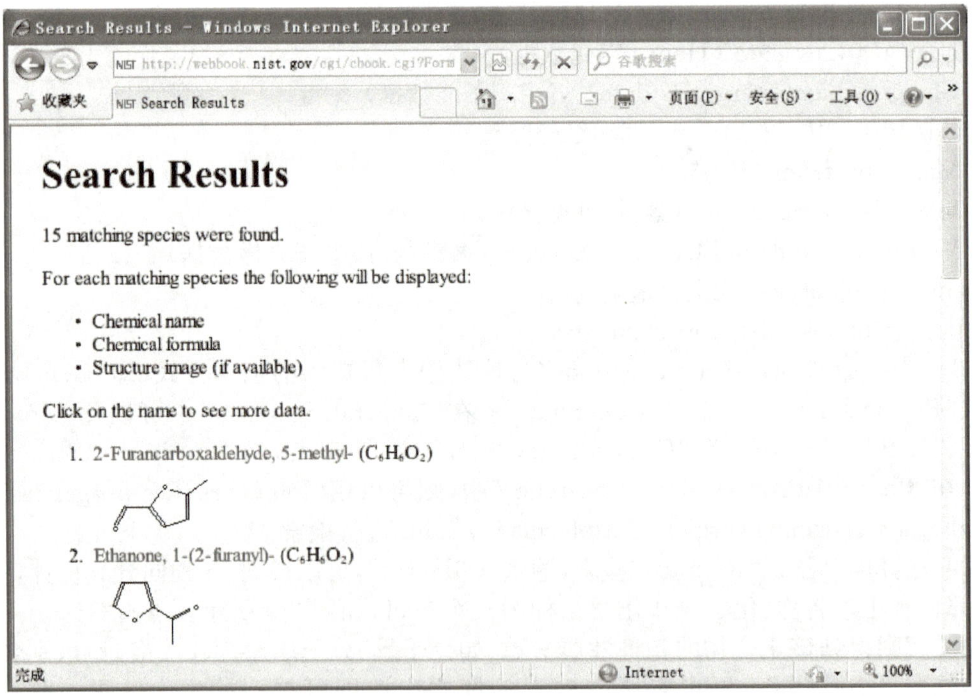

图 3-9　WebBook Chemistry 中“C6H6O2”的检索结果

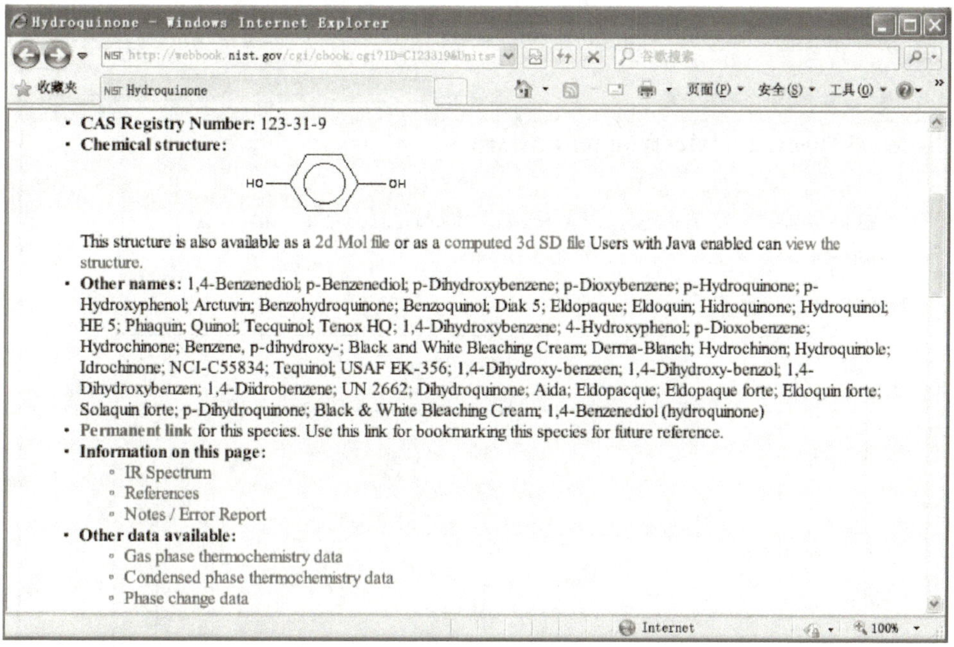

图 3-10　WebBook Chemistry 中对苯二酚的性质参数

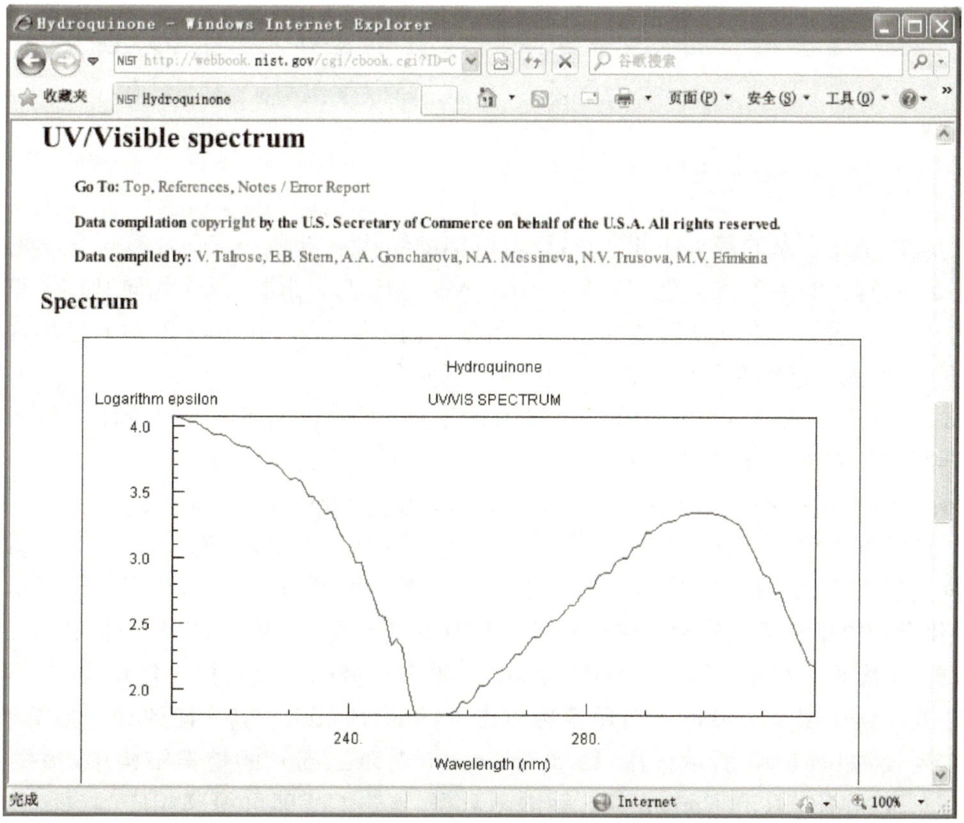

图 3-11　WebBook Chemistry 的紫外-可见光谱图示例

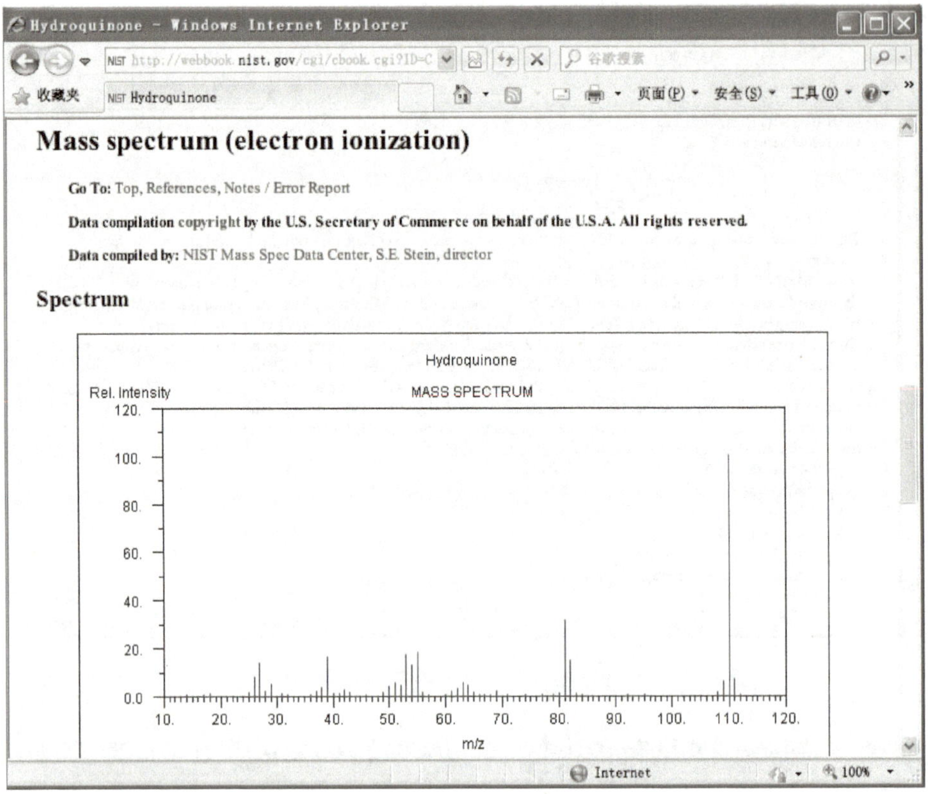

图 3-12　WebBook Chemistry 的质谱图示例

3.2.2　化合物谱图数据库

结构解析是化学家的基本任务之一，计算机辅助结构解析则一直是计算机化学的重要研究内容。结构解析的主要依据是 UV-Vis、IR、NMR、MS 四大谱图，因此如何利用计算机存储和检索化合物的谱图具有非常重要的意义。目前，在国内外的 Internet 网站上已出现了许多谱图数据库，但真正能够在科研工作中使用的还不太多。

图 3-13 为日本 National Institute of Materials and Chemical Research 制作 SDBS 有机化合物谱图库服务主页，网址如下：

http://riodb01.ibase.aist.go.jp/sdbs/cgi-bin/cre_index.cgi?lang=eng

进入该数据库后，在页面上方有 Introduction、HELP 和 FAQ 等选项，内容为该数据库的说明和使用步骤等，如图 3-14 所示。接下来为数据库的检索输入窗口，该窗口包括两种检索方法，即化合物检索和谱图检索。化合物检索包括化合物名称、化学式、分子量和 CA 登录号等关键词。谱图检索包括 MS、IR、NMR、Raman 等多种谱图。该数据库使用简单。例如，在化学分子式检索中填写“C6H6O2”，用鼠标点击下面的“Search”之后，得到符合检索条件的 8 种化合物列表，如图 3-15 所示。在“Hydroquinone(对苯二酚)”的检索结构中，提供了 MS、^{13}C-NMR、^{1}H-NMR、IR 和 Raman 共 5 种谱图数据，点击“Y”即可得到相应的谱图。图 3-16 和图 3-17 分别为检索得到的对苯二酚的红外光谱图和拉曼图。在谱图的左侧，列出了谱图的测试条件；在谱图的下方，列出了特征峰的数据信息。

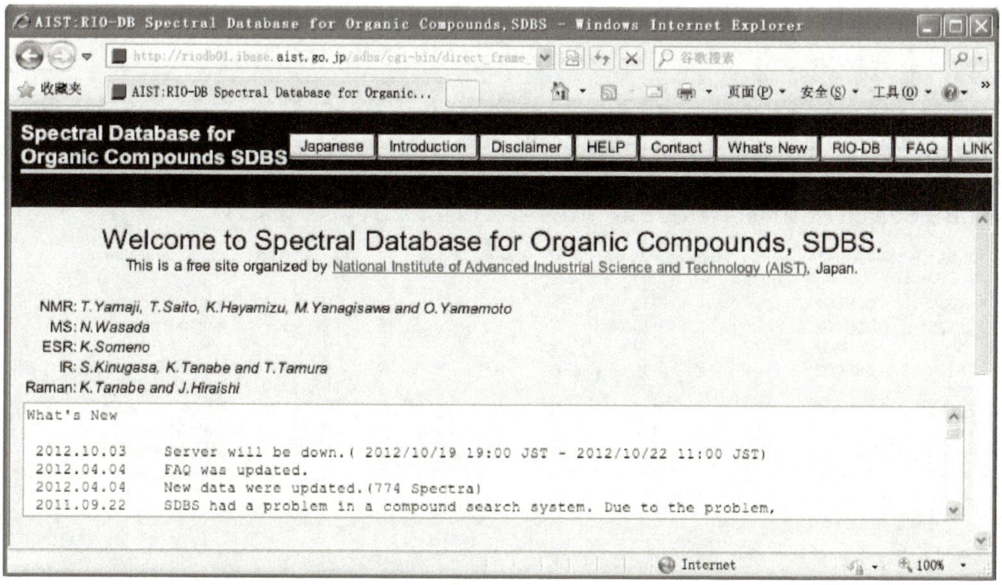

图 3-13 SDBS 有机化合物谱图库服务主页

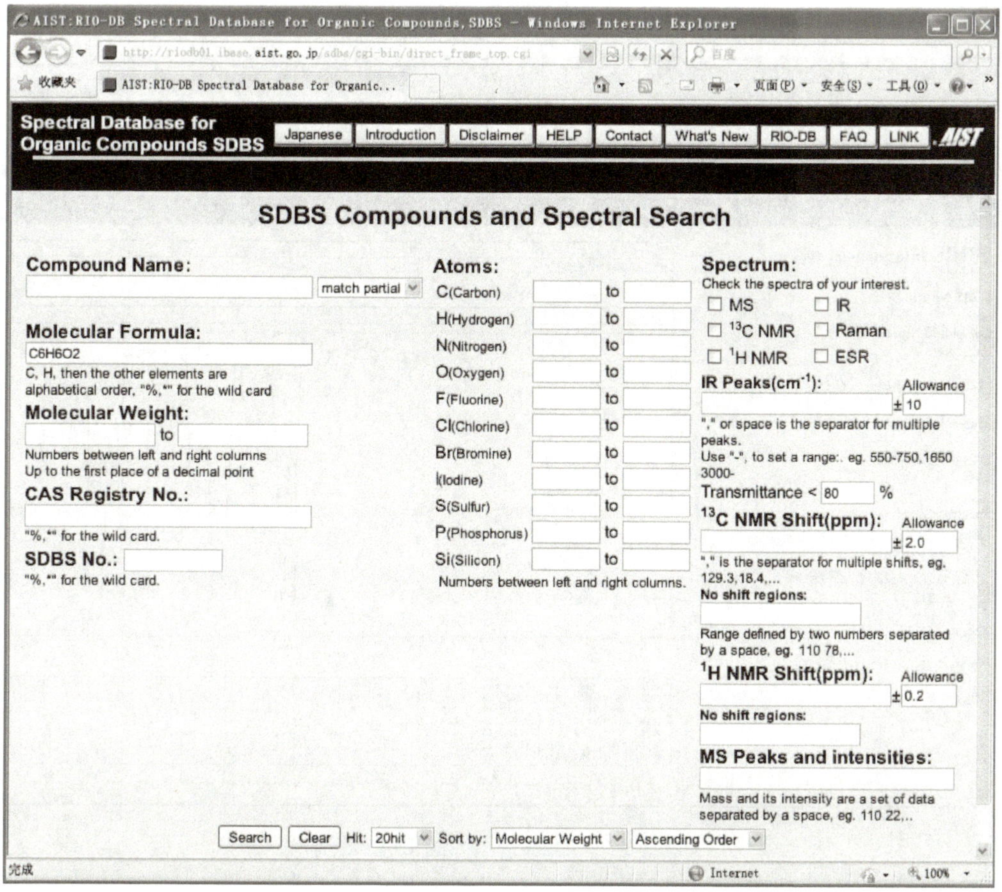

图 3-14 SDBS 谱图库的检索输入窗口

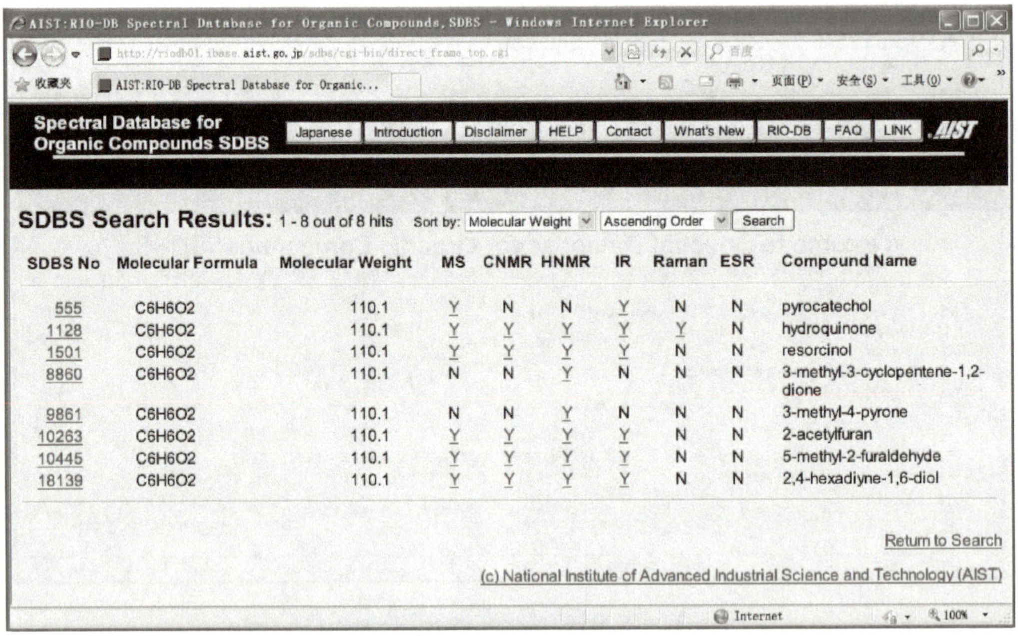

图 3-15　SDBS 谱图库的检索结果示例

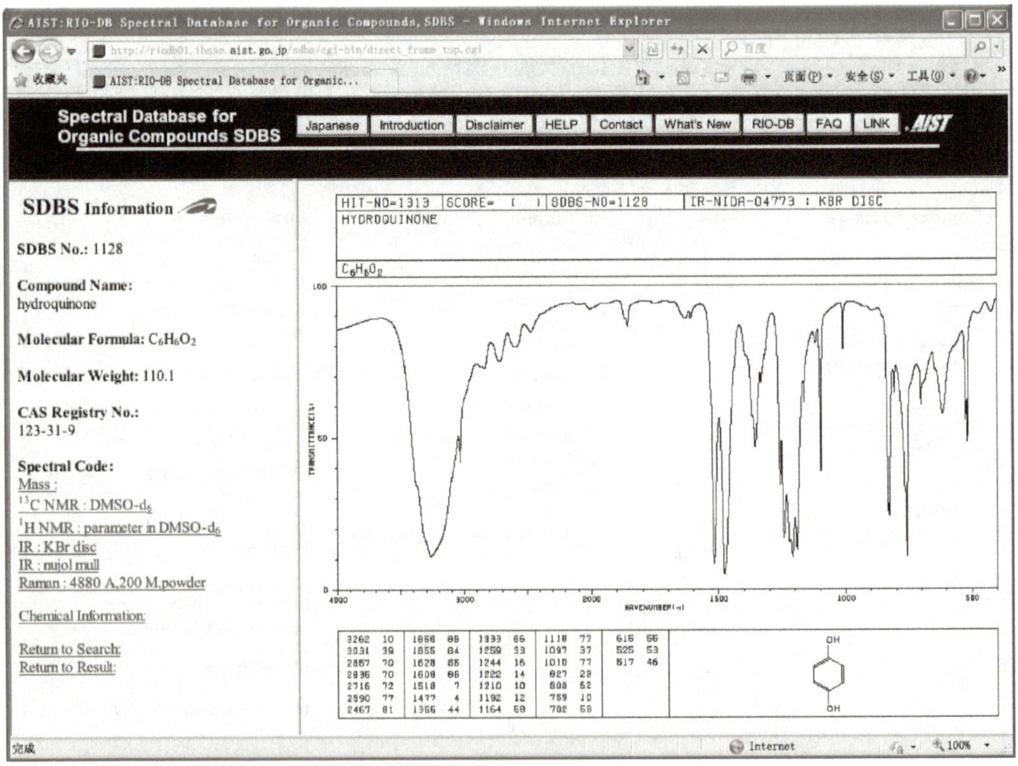

图 3-16　SDBS 谱图库的 IR 图示例

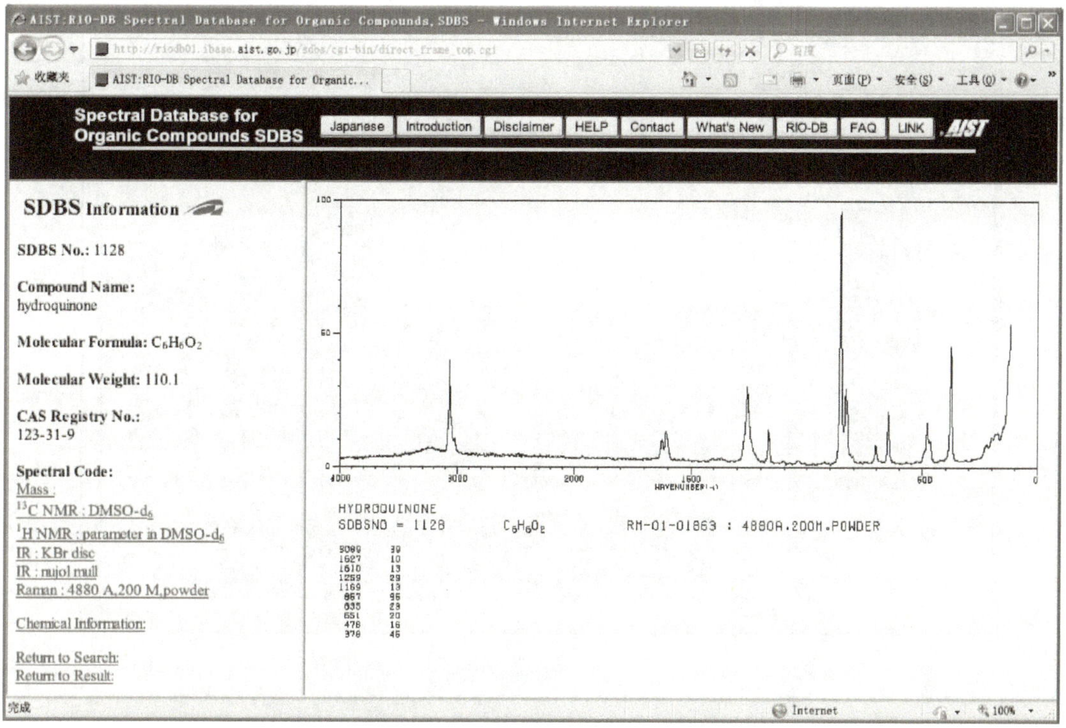

图 3-17 SDBS 谱图库的 Raman 图示例

3.3 网上化学手册

除上述介绍的数据库外，在 Internet 上还有一些提供常用数据的网站。严格地说它们并不是真正的数据库，但它们可以向化学工作者提供非常重要的常用数据，对化学工作者具有十分重要的意义。

3.3.1 化学元素周期表

化学元素周期表是化学工作者经常使用的工具，英国谢菲尔德大学化学系的 Winter 博士制作了全面而又精致的化学元素周期表，称为“WebElements”。其网址为

http://www.webelements.com

图 3-18 为“web-elements”页面。在元素周期表的元素名称上单击任何一个元素均可得到该元素的有关数据，图 3-19 为选择了“钙(Ca)”元素后的显示结果。

在图 3-19 的左侧选择关于钙元素的有关选项，相关内容将显示在屏幕的右侧。其中的选项包括：

Calcium　钙

Essential data 基本数据，包括元素符号、名称、原子序数、原子量、同位素等

History　历史资料

Uses　用途

Calcium around us 我们身边的钙

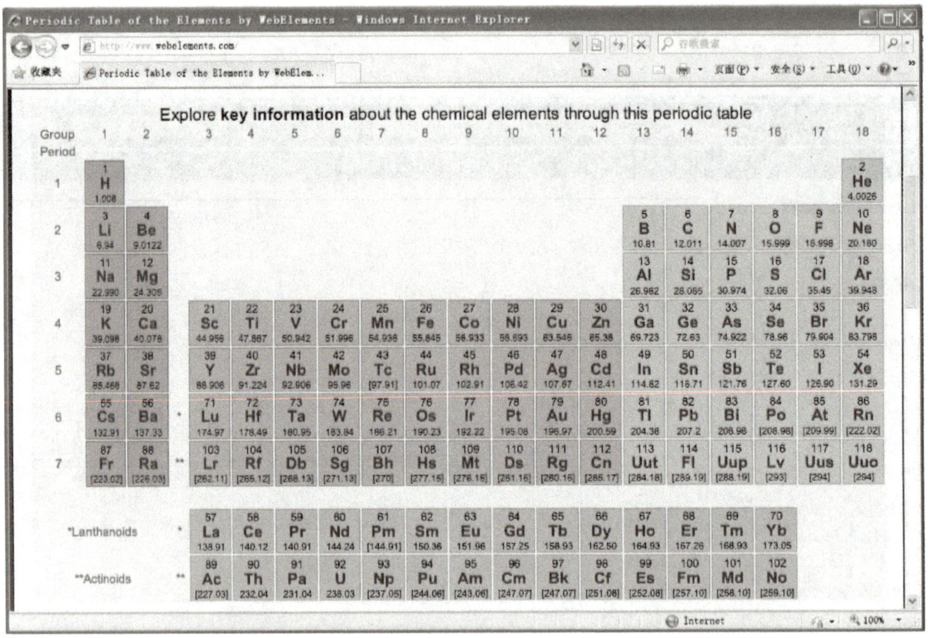

图 3-18 “web-elements”的主页画面

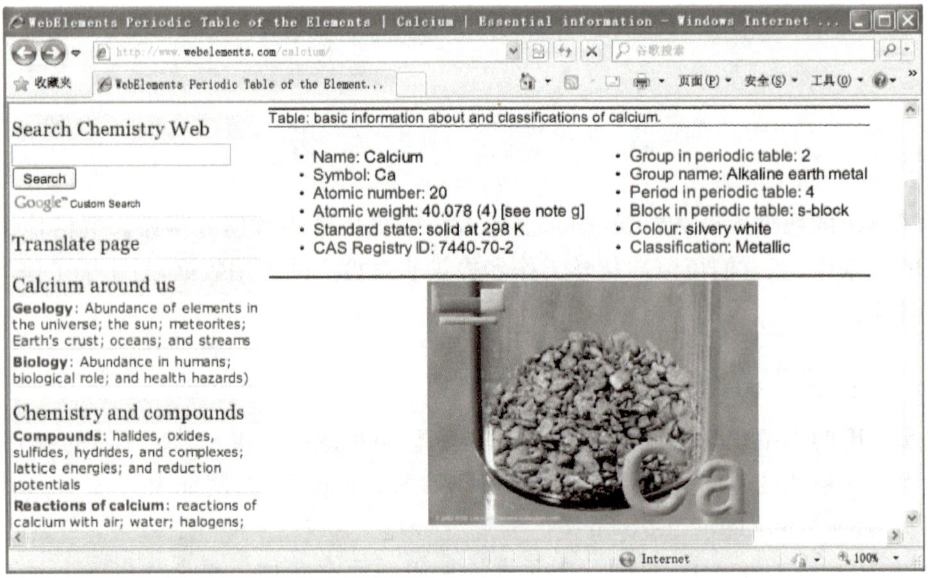

图 3-19 “钙(Ca)”元素的关键数据

Geology 地质

Biology 生物

Chemistry and compounds 化学和化合物

Compounds 化合物

Reactions of calcium 化学反应

Electronegativities 电负性

Bond enthalpies 键焓

Lattice energies 晶格能

Element properties 元素性质

Physics properties 物理性质

Crystal structure 晶体结构

Thermochemistry 热化学

Atom properties 原子性质

Electron shell properties 电子层性质

Atom sizes 原子尺寸

Atomic orbital properties 原子轨道性质

Nuclear properties 原子核性质

Isotopes 同位素

NMR properties 核磁性质

选择每一项后均可得到有关的资料，有些资料还用精美的图形表示。

3.3.2 化合物基本性质数据库

ChemBioFinder 是 CambridgeSoft 公司在 Internet 上推出的网络服务，通过该主页可以按化合物的分子式、英文名称、CA 登录号和化学结构进行查询，得到该化合物的基本性质，包括分子结构、分子量、熔点、沸点、密度、溶解度等以及该化合物的生产厂家、包装说明和购买方法。目前，该数据库的化合物接近 200 万种。

ChemBioFinder 的主页地址为

http://www.chemfinder.com/chembiofinder/default.aspx

图 3-20 为 ChemBioFinder 的服务主页，它提供了多种服务，其中化合物检索可以在文字框中填写分子式、英文名称、CA 登录号等进行检索，也可以点击结构式检索，用鼠标画出结构式输入。

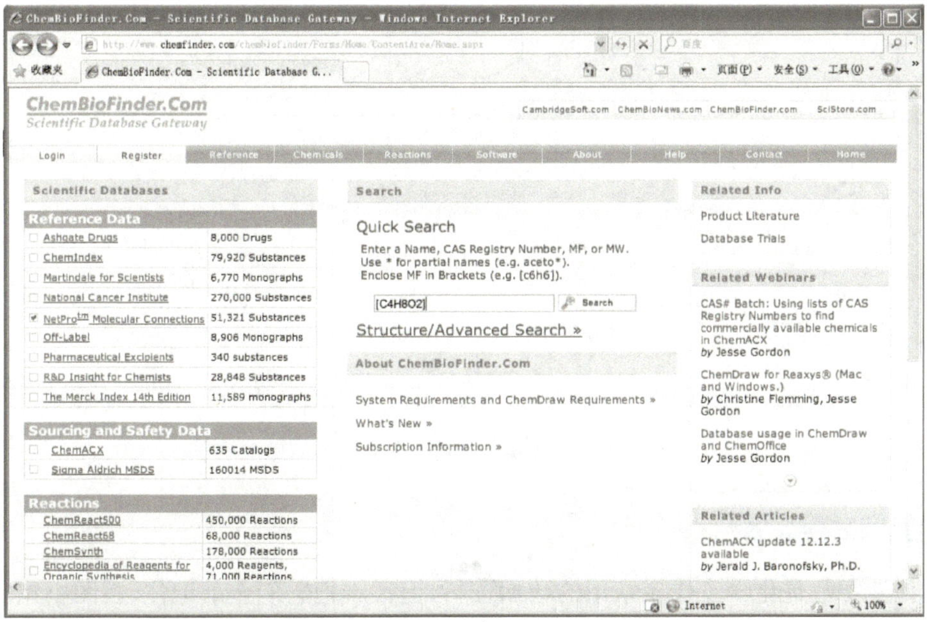

图 3-20 ChemBioFinder 的服务主页

图 3-21 为 ChemBioFinder 对分子式 $C_4H_8O_2$ 的检索结果，共检索到 293 种分子式为 $C_4H_8O_2$ 的化合物，图 3-22 为用鼠标点击检索结果中的“Ethyl acetate(乙酸乙酯)”的检索结果，包含该化合物的基本性质、生产厂家、包装说明及购买方法等信息。

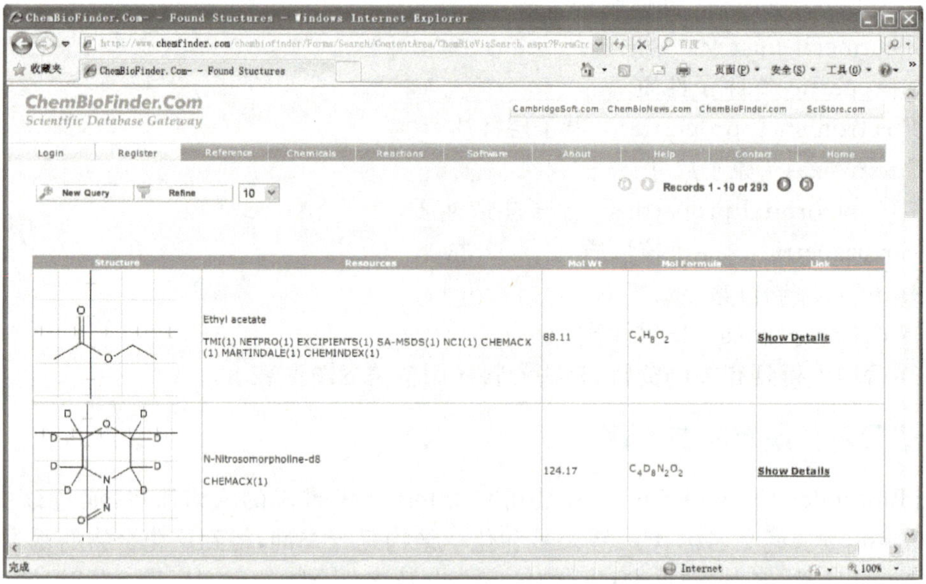

图 3-21　ChemBioFinder 对分子式 $C_4H_8O_2$ 的检索结果

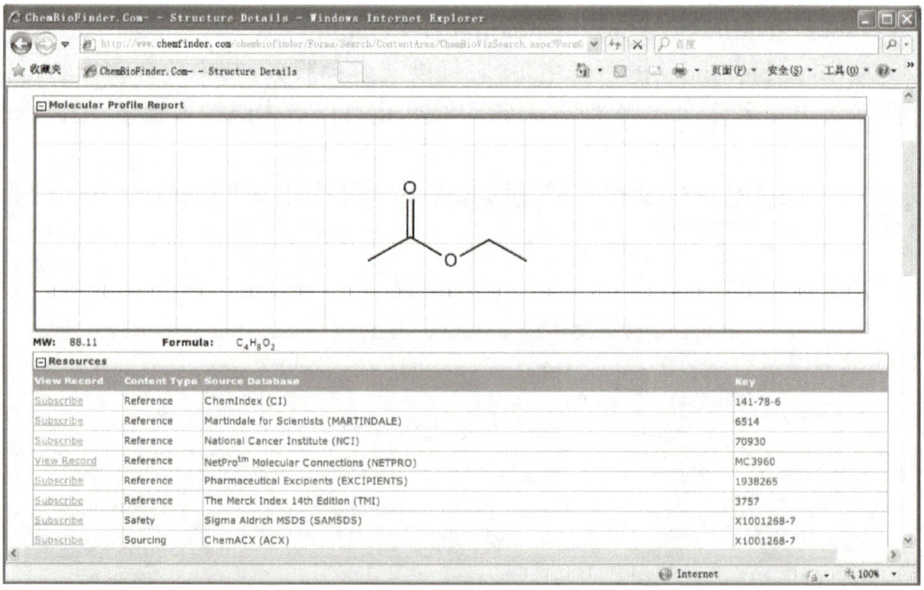

图 3-22　ChemBioFinder 中关于乙酸乙酯的检索结果

3.3.3　物理化学常数

物理化学常数是化学工作者常用的数据资料，但很难把它们全部记住，去图书馆翻阅手册是常用的方法，但是不仅费时费力而且在某些情况下是不可能的。利用网上资源是一个非常方便而又快捷的手段。以下给出几个物理化学数据资源的有关地址，读者可参考使用。在这些主页中除物理化学常数外，还可以找到国际单位制的有关知识以及单位换算的有关内容。

http://www.nist.gov/pml/index.cfm(美国国家标准和技术研究所物理实验室主页)

http://physics.nist.gov/cuu/constants/index.html(物理化学参数搜索或查找)

http://physics.nist.gov/cuu/constants/links.html(其他数据站点的链接)

http://www.chemie.fu-berlin.de/chemistry/general/constants_en.html

http://www-personal.umich.edu/~sanders/physics(在 constants.h 中提供了包含常用物理化学参数的 C 语言文件)

上机训练与习题

1. 访问本章所介绍的数据库资源，掌握它们的使用方法。
2. 通过剑桥结构数据库可以得到哪些信息？
3. 分别使用 CS ChemFinder 和 NIST Chemistry WebBook 查找某个化合物的有关参数。
4. 使用 SDBS 有机化合物谱图库查找某化合物的 UV-Vis、IR、NMR 和 MS 谱图。
5. 访问 Winter 博士制作的化学元素周期表，查找关于某元素的有关信息。
6. 利用 Internet 工具查询 Internet 中的数据库资源并进行分类和总结。

第4章　化学信息资源查询

4.1　查　　询

目前，Internet上的化学信息资源非常丰富，除前面几章介绍的网络信息资源外，还有很多其他的化学信息资源，因此找到自己需要的信息往往要花费一定的时间和精力。

化学信息资源的查询本身就是WWW服务的一部分，WWW资源的查询可以通过访问WWW服务的“搜索引擎(search engine)”获得。目前已有许多WWW搜索引擎。例如：

Yahoo!，http://www.yahoo.com

Google，http://www.google.com

Altavista，http://www.altavista.com

LookSmart，http://www.looksmart.com

Lycos，http://www.lycos.com

My Excite，http://www.excite.com

WebCrawler，http://www.webcrawler.com

百度(Baidu)，http://www.baidu.com

新浪(Sina)，http://www.sina.com.cn

网易(NetEase)，http://www.163.com

百度是全球最大的中文搜索引擎，2000年1月创立于中关村，致力于向人们提供简单、可依赖的信息获取方式。百度不断地提供基于搜索引擎的各种产品，包括以网络搜索为主的功能性搜索，以贴吧为主的社区搜索，针对各领域、行业所需的垂直搜索等。百度全面覆盖了中文网络世界所有的搜索需求。根据第三方权威数据，百度在中国的搜索份额超过70%。

目前，Google被公认为全球规模最大的搜索引擎，它提供了简单易用的免费服务。Google允许以多种语言进行查询，包括简体中文和繁体中文，主要的普通搜索服务有网页搜索、图片搜索、视频搜索、地图搜索、学术搜索、新闻搜索、博客搜索等。Google为中国用户建立了服务网站——谷歌中国(www.google.com.hk)。另外，Google在全球服务覆盖100多个国家。

Google的初始界面如图4-1所示，主要包括图标“Google”，图标会根据节假日或者著名人物的纪念日而变换。文本框用于输入关键字，点击“Google搜索”为普通查询，而智能化的“手气不错”功能提供可能最符合要求的网站。用“chemoinformatics”作为关键字进行普通查询可以找到约368 000条结果，如图4-2所示。每一条结果包括标题、链接以及内容简介等。“网页快照”功能是从Google服务器中直接取出缓存的网页，“翻译此页”功能则是利用Google自身的翻译功能将原始网页翻译为所需要的语言。

图 4-1　Google 主页（中文版本）

图 4-2　Google 查询结果示例

Google 有许多新的特色。例如，可以在关键字之后输入“filetype:pdf”来限制特定文件格式查找 PDF 文件，可以在链接前输入“link:”查询指向该网址的所有网页，可以在关键字前输入“site:”在某个特定的域或站点中进行查询。关键字的选择是得到满意查询结果的重要因素。如果查询结果要求包含某两个或者两个以上关键字，不包含某个关键字或者至少包含某个关键字，可以分别用“＋”、“－”或者“or”连接关键字来实现。例如，要求查询结果包含“化学信息学”但不包含“数据库”的信息，可以用“chemoinformatics-database”来实现。

由于 Internet 上除化学信息外还有众多的其他学科的内容，用普通的查询工具进行查询时往往很难找到合适的关键词。关键词范围稍大，会找到过多的无用信息，反之又有可能搜索不到任何信息。另外，Internet 上的化学信息还有数量增加快、动态变化快的特点。因此，化学工作者还建立了专门用于化学资源查询的搜索引擎。例如，CHEMIE. DE Information Service GmbH 建立了化学搜索引擎 CHEMIE. DE。该搜索引擎的主页地址为

http://www. chemeurope. com/en

图 4-3 为其初始页面，主要包括新闻事件、公司和科研院所、产品、科技文献、工作职位、主题和工具等，可以查询到各类与化学相关的信息。该引擎允许以德语、英语、法语和西班牙语进行查询。

图 4-3　CHEMIE. DE 主页

用“chemoinformatics”作为关键字来进行查询可以找到 1004 条结果，其中包括新闻类 5 条、辞典类 10 条、网页类 959 条、出版物类 30 条。每条结果包括标题、内容简介，关键字用红色突出(图 4-4)。

除网络资源的搜索引擎外，中国科学院过程工程研究所高性能计算与化学信息学课题组还开发了化学品数据检索引擎(ChemDB Portal)。ChemDB Portal 是一个将化学深层网数据自动提取与用户自主提交相结合的化学品数据检索引擎。用户仅需输入一次查询请求，该系统就可自动检索网络上的多个专业数据库(包括物理化学性质、化合物安全数据表 MSDS、世界主要国家法规监管化学品目录、供应商等)，把从各库检索得到结果统一返回给用户。用户

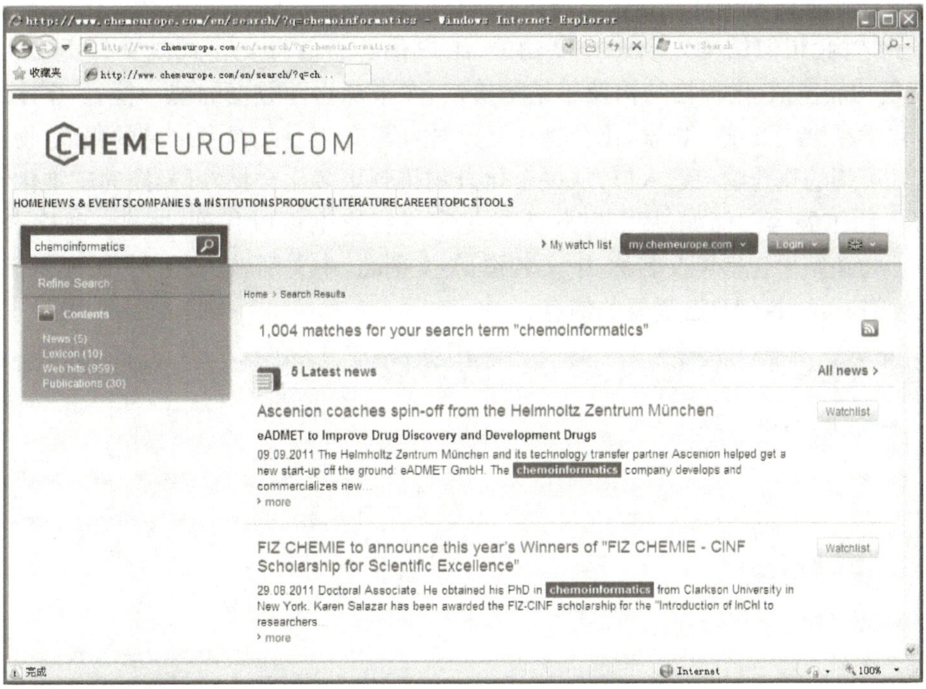

图 4-4　CHEMIE. DE 查询结果示例

免费注册后，可通过 Web 用户界面免费访问 ChemDB Portal。该搜索引擎的 URL 为 http://www.chemdb-portal.cn

图 4-5 是 ChemDB Portal 的首页页面，可选择中文和英文两个版本，也分为商业版和学术版。

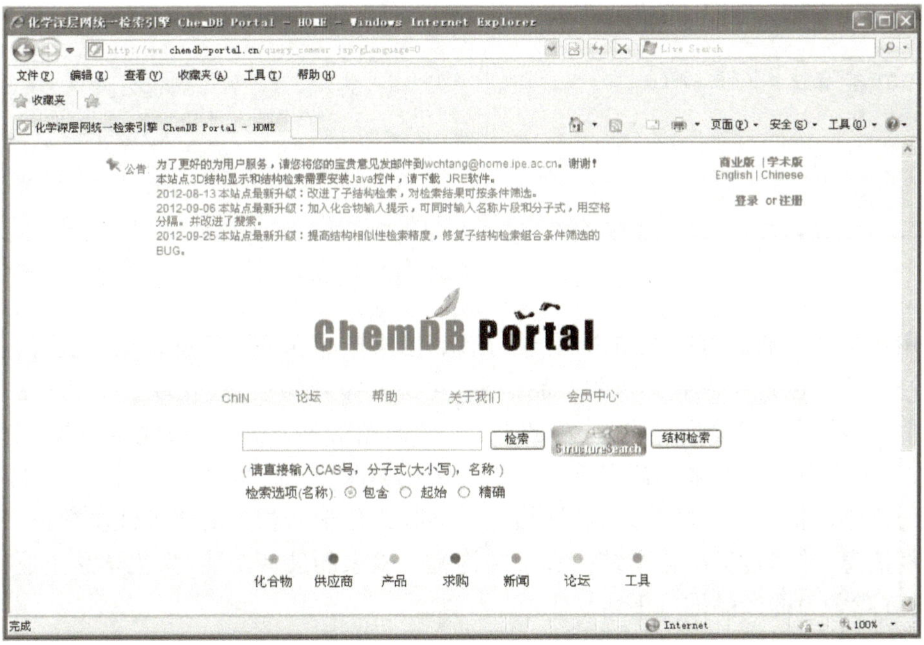

图 4-5　ChemDB Portal 的首页页面(商业中文版)

ChemDB Portal 的特色功能是检索与浏览无缝结合、按需扩展式高级检索、化学结构检索(包括全结构、子结构、相似结构)、动态排序功能、用户化学品信息交互式或文件提交。ChemDB Portal 的特色功能包括:化合物结构及子结构检索,多来源物性数据的统一检索,多来源 MSDS 统一检索,化学品供应商统一检索,化合物各类数据的集成,其他工具及信息的集成,物性数据在线预测,随处可用的化合物检索入口,从一个化合物得到更多化合物,可操控的三维化学结构显示,数据的自动扩展等。例如,用"苯"作为关键字进行查询可以找到 23 008 项检索结果,如图 4-6所示。每条结果包括英文名称、中文名称、英文别名、中文别名、CAS 号、分子式、结构式和供应商等。用户可以找到自己需要的信息。

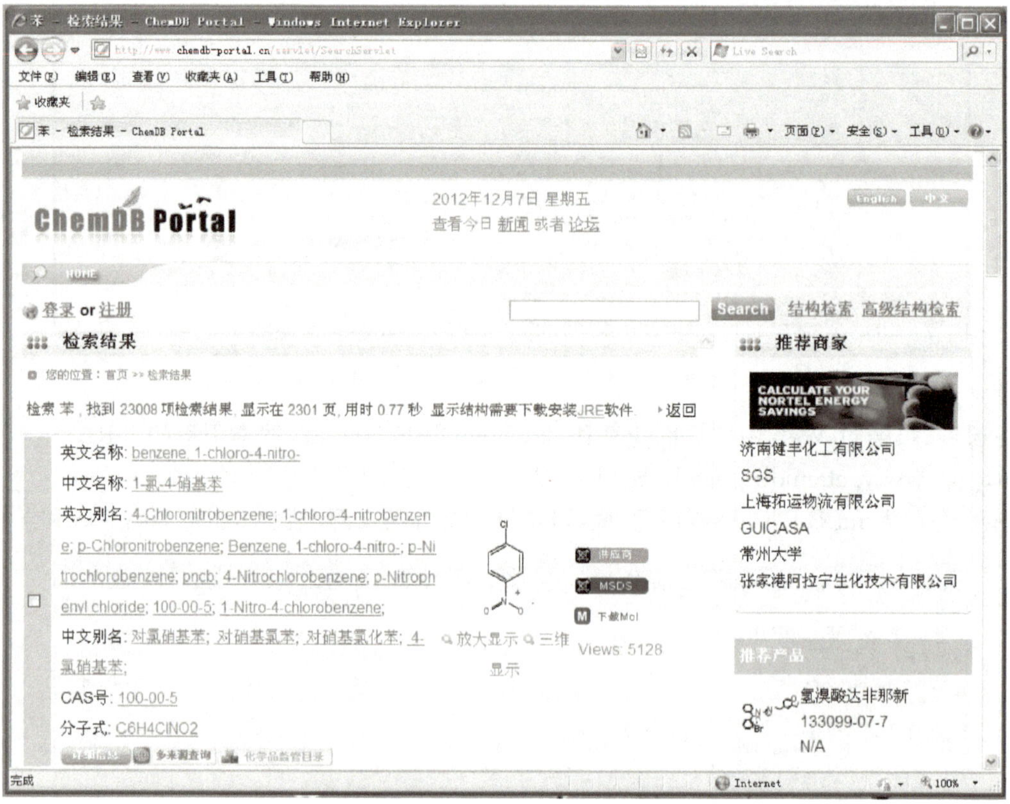

图 4-6　ChemDB Portal 的检索结果

个人用户免费注册后可以发布求购产品信息、搜索产品和公司信息、产品比价信息等。而公司用户注册后可以发布供应和求购产品信息、发布公司新闻动态、获取公司和产品关注度、编辑公司信息、购买 VIP 企业会员、广告投放、关键词竞价等。另外,该检索引擎一直不断升级,改进或者加入新的功能来不断完善。由于基于化学深层网技术,ChemDB Portal 除具备目前网络上的化学品推广平台功能外,从网络上自动收集化学品相关的物理性质数据、MSDS 化学品供应商信息,并通过提高化学结构和子结构统一检索的独特功能,为化学品企业提供了一个独特、具有竞争力的产品推广平台。

4.2 导　航

除采用查询工具进行资源查询外，还可以通过“化学信息资源指南”或“化学信息资源导航”之类的主页进行特定主题资源的查询。这些主页一般由热心的化学工作者或组织建立，一般会列出某化学主题的相关链接和简单介绍，便于化学工作者迅速找到自己所需要的信息资源。

例如，美国加州理工学院的 Roth 编辑了一个关于化学信息的 WWW 主页，用户可用 IE 等浏览器访问，从中得到非常有用的 WWW 和 Gopher 地址。它的主页地址为

http://libguides.caltech.edu/chemistry

图 4-7 为其初始画面。这个主页包括的主要内容有人物传记、化合物数据库、危险化学品/反应、物理性质数据、协会/组织/图书馆以及参考书/教学资源等几大类，每一类中又有丰富的链接和简单介绍。

(1) 人物传记。主要收集了美国国家科学院、英国皇家化学会以及美国国家工程学院等的著名化学家人物传记。

(2) 化合物数据库。主要介绍各种化合物数据库的基本内容、功能和网址。目前有 24 种数据库的介绍及链接，包括剑桥分子结构数据库和治疗靶标数据库等。

(3) 危险化学品/反应。给出了危险化学品、毒物以及反应的链接，它们是：Bretherick's Handbook of Reactive Chemical Hazards(CLAS Record)、Chemical Safety Manual(Caltech CCE)、Hazardous Substances Data Bank(HSDB)、Inert Finder、SIRI MSDS Index、TOXNET6 种清单链接。

(4) 物理性质数据。给出了 Covalent Radii and van der Waals Radii、Data & Property Calculation Websites、DIPPR 和 Finding Chemical Spectra and Spectral Data: Web Sources 等共 20 个站点的链接。

(5) 协会/组织/图书馆。共给出了 17 个协会、组织和图书馆的链接。

(6) 参考书/教学资源。列出了 6 个常用参考书/教学资源的链接。

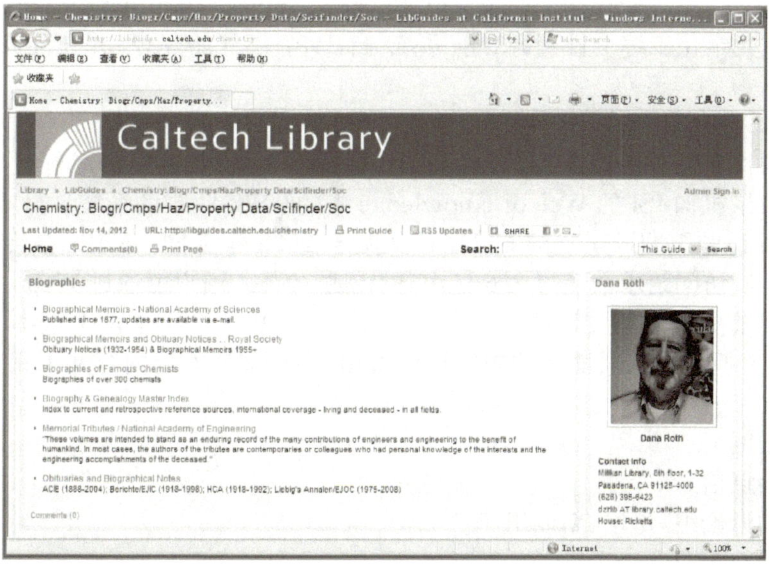

图 4-7　Dana Roth 的化学信息资源主页

关于“化学信息资源指南”或“化学信息资源导航”的主页，读者可在使用 Internet 的过程中注意搜集。以下为作者搜集到的一些有参考价值的综合性以及专业领域主页地址：

http://www.acs.org(ACS，美国化学会)

http://www.rsc.org(RCS，英国皇家化学会)

http://www.chem.ucla.edu/chempointers.html(Max Kopelevich)

http://www.intio.or.jp/patz/chem.html(Matthias Patz，日本)

http://www.liv.ac.uk/Chemistry/Links/links.html(The University of Liverpool)

http://www.chemdex.org(Mark Winter)

http://www.csir.org(Chemistry Software and Information Resources)

http://en.wikibooks.org/wiki/Chemical_Information_Sources(University of Indiana)

http://chemweb.com(化学虚拟社区，ChemWeb，Inc.)

http://www.ei.org(Engineering Information Village，Engineering Information，Inc.)

http://www.sciencemag.org/cgi/collection/nw_chemistry? display=summary(《科学》期刊网络观察栏目推荐的化学站点)

http://sciencelinks.jp(日本科学与技术门户网站)

http://dir.yahoo.com/science/chemistry(Yahoo! 的化学资源目录)

http://www.chemicalanalysis.com(分析化学：ChemicalAnalysis.com)

http://www.anachem.umu.se/jumpstation.htm(分析化学：The Analytical Chemistry Springboard)

http://www.asdlib.org(分析科学数字图书馆)

http://cheminformatics.org(化学信息学资源导航)

4.3 ChIN 简介

中国科学院化工冶金研究所高性能计算与化学信息学课题组通过多年努力研制了一个功能全面的化学化工信息导航主页，称为“ChIN(The Chemical Information Network)”。ChIN 是一个 Internet 化学化工综合性资源导航系统，自 1997 年开始建设、并在互联网上不间断服务至今。其地址为

http://chin.csdl.ac.cn

ChIN 在 2002 年后作为国家科学数字图书馆的化学学科信息门户运行。ChIN 是我国唯一被国际权威收录机构 ISI 的 Web of Knowledge 中的 CWC 收录的系统。日本丰桥技术科学大学 Takahaishi 课题组翻译建立的 ChIN 日文版于 2008 年上网。ChIN 被专业人员广泛使用，至 2008 年年底访问请求数超过 2.6 亿次，国内占 70%。用户可通过 Web 用户界面免费访问 ChIN。ChIN 有中文和英文双语种版本。新版本包括中文和英文两个版本，初始页面分别如图 4-8 和图 4-9 所示。从页面上的内容可以看出，中英文版本的内容并不完全相同，中文版本的内容包括：

化学化工新闻

化学化工会议信息

化学相关的讨论组/论坛、新闻组

化学相关的教学资源

人物、专家通讯录

招聘、求职信息

化学数据库
化学软件
化学期刊与期刊
化学相关的图书
专利信息
化学化工文章精选
化学化工图书馆
化学相关产品目录及电子商务
中国与化学有关的院系和研究所
学术研究单位
化学相关的实验室和研究小组
化学相关的公司
化学相关的学会、组织与机构
中国化学化工资源及在线服务
主要参考工具
主要的信息提供者
如何查找物性数据
针对一个具体问题的文献查询方法
用户留言
杂集(其他)

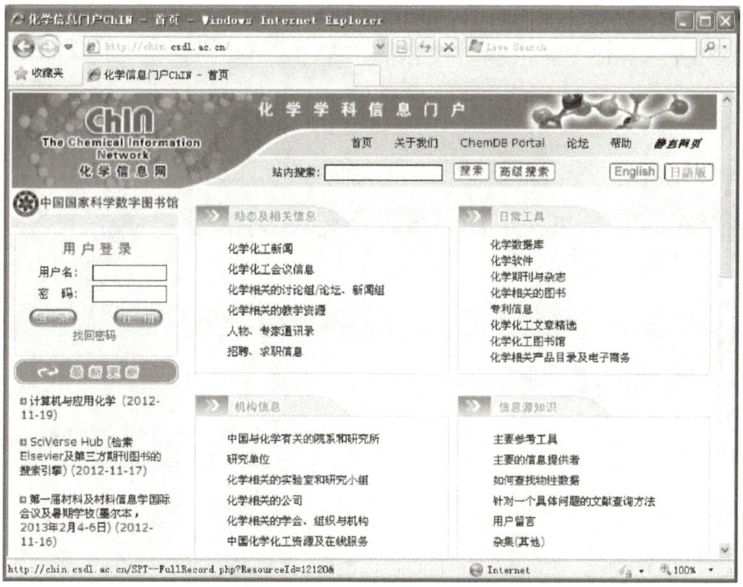

图 4-8　ChIN 主页(中文版本)

英文版本的内容包括:
Chemical Databases
Chemical Journals
Chemical Information Providers
Chemical Software

Chemistry Related Books
Patent Information
Selected Articles in Chemistry and Chemical Engineering
Libraries of Chemistry and Chemical Engineering
Chemistry Related News
Mailing List and Newsgroups
Meetings
Links To Universities and Research Institutions in China
Research Institutions
Research Labs & Groups
Organizations in Chemistry
People, Phone Books
Resources for Chemical Education
How To Find Property Data
Major Reference Sources
How to Find the Information about a Specific Problem
Search Engines for Internet Resources
Selected Chemical Resources Guides on Internet
Selected Links for Chemical Industry
Chemical Companies
Chemistry Related Products and E-commerce
Chemical Resources and Services in China
Miscellaneous Sites
Jobs
Word from Visitors

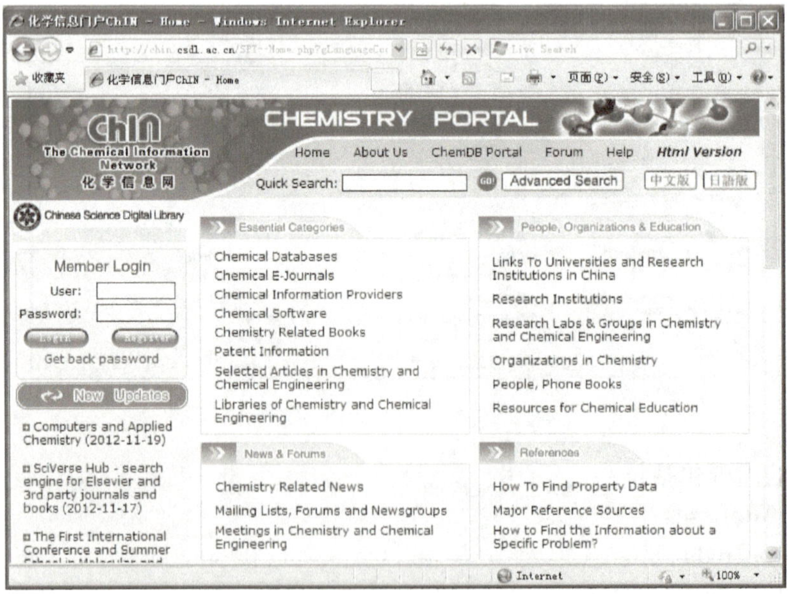

图 4-9　ChIN 主页(英文版本)

每一项内容中又包括许多相关的信息或链接，通过该主页可以得到许多有用的化学化工信息。

用"chemoinformatics"作为关键字进行站内搜索，得到 55 条结果，如图 4-10 所示。每条结果包括标题、链接和资源简介等。

图 4-10　ChIN 查询结果示例

4.4 商业信息

Internet 的发展为商业信息的传播同样提供了有力的手段，近年来越来越多的公司在Internet上申请域名、建立站点、介绍公司的产品、进行广告宣传以及进行促销活动。近几年，基于 Internet 的网上贸易(电子商务)网站也逐步建立起来。与化学有关的化学试剂公司、仪器设备公司、化学软件公司等也越来越多地利用 Internet 工具提供公司的产品介绍、产品价格、服务内容等信息。用户可以通过 Internet 对与化学工作者有关的产品进行了解。

目前，很多化学试剂公司和仪器设备公司在 Internet 建立了服务网站。例如：

陶氏化学公司(The Dow Chemical Company)，http://www.dow.com

杜邦(du Pont)公司，http://www2.dupont.com/home/en-us/index.html

铂金埃尔默(Perkin-Elmer, PE)公司，http://www.perkin-elmer.com

岛津(Shimadzu)公司，http://www.shimadzu.com

沃特世(Waters)公司，http://www.waters.com

安捷伦(Agilent)公司，http://www.home.agilent.com/agilent/home.jspx?cc=US&lc=eng

例如，通过安捷伦(Agilent)公司的产品介绍主页(图 4-11)，可以找到该公司分析化学仪器的有关介绍，了解该公司分析仪器的进展情况。

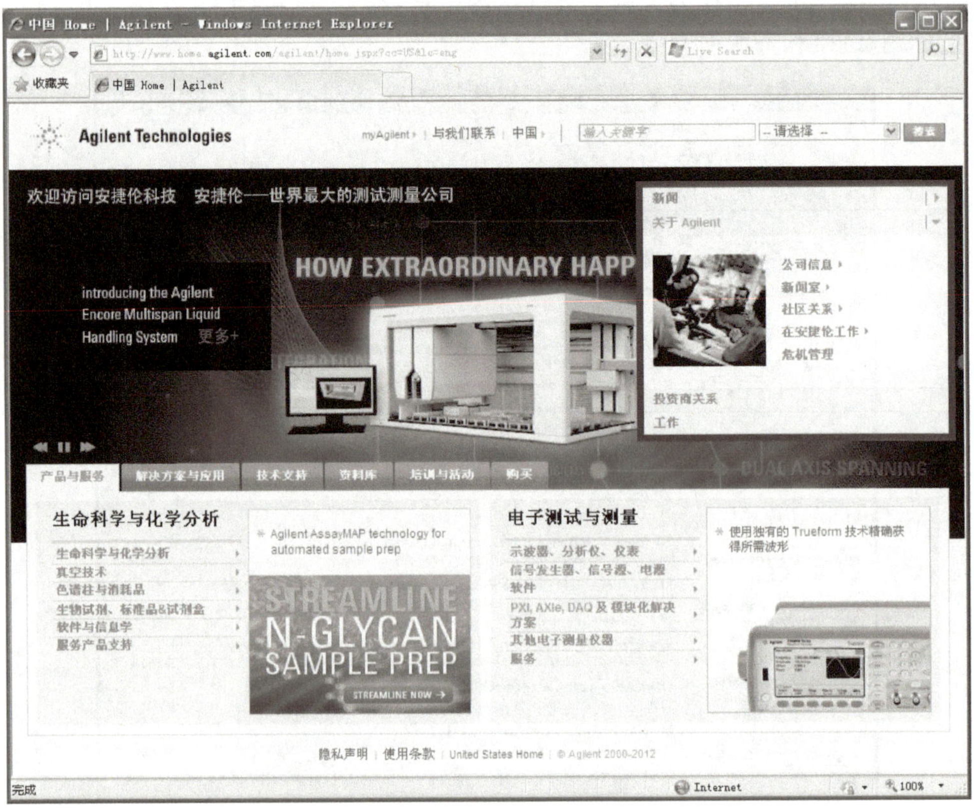

图 4-11　安捷伦(Agilent)公司主页

还可以通过一些主页在线查找或检索常用的化学试剂以及报价情况。例如：

Acros Organics，http://www.acros.be

ChemExper Chemical Directory (CCD)，http://www.chemexper.be、http://www.chemexper.com

WWW Chemicals，http://www.chem.com

Chemical Online，http://www.chemicalonline.com

Sigma-Aldrich，http://www.sigma-aldrich.com

Fisher Scientific，http://www.fishersci.com/ecomm/servlet/home? storeId=10652

中国化工网，http://www.chemnet.com.cn

仪器信息网，http://www.instrument.com.cn

中国试剂网，http://www.reagent.com.cn

Acros Organics 是比利时 ACROS 公司的主页，它提供了一个功能全面的化学试剂检索系统，可根据分子式、化学名称、注册号、分类号以及子结构查找所需试剂的生产厂家及价格情况，对有些试剂还有性质参数介绍和谱图数据。“WWW Chemicals”的主页提供了全球 500 家化学试剂生产厂家的试剂信息以及各厂家的网址，除可以进行化学试剂的检索以及了解生产厂家、价格等信息外，它还提供了关于化学试剂的各种参数(物理化学参数、危险性程度、化学反应特性、存放保存和运输方法等)和 127 000 种化学试剂的化学结构。

中国化工网是国内第一家专业化工网站,也是目前国内客户量最大、数据最丰富、访问量最高的化工网站。中国化工网建有国内最大的化工专业数据库,内含 40 多个国家和地区的 2 万多个化工站点、25 000 多家化工企业、20 多万条化工产品记录;建有包含行业内上百位权威专家的专家数据库;每天新闻资讯更新量上千条,日访问量突破 1 000 000 人次,是行业人士进行网络贸易、技术研发的首选平台。

仪器信息网是中国分析测试协会与中国仪器仪表学会分析仪器分会指定的科学仪器门户网站。仪器信息网自 1999 年成立以来,一直致力于为科学仪器行业提供专业化的信息服务和网络应用技术服务。此外,仪器信息网每年还联合相关协会、学会举办一次“中国科学仪器发展年会(ACCSI)”,并组织多个小型专业交流活动。针对仪器信息网用户,定期发行《仪器快讯周刊》等电子期刊。通过仪器信息网,个人用户可以查询提供的仪器厂商和仪器信息,随时在线给厂商留言、询价、索取资料,参观网上仪器展览;查看厂商及用户上传的仪器原理、应用、操作及维护的讲座视频,免费参加网络讲堂举办的在线讲座;参与论坛讨论,与同行交流仪器使用维护和采购经验;下载仪器样本、分析测试标准、软件;提交简历求职,报名参加仪器及分析测试行业招聘会;等等。而企业用户缴费注册后可以参加相关仪器展会进行仪器产品和耗材配件展示,发布新闻动态和广告等。截至 2011 年底,网站注册仪器厂商已达 2 万余家,个人注册会员超过 120 万名。

4.5　化学机构信息

为了促进化学信息的传播与交流,各国的化学机构(学会、协会、研究所、与化学化工有关的国家部门以及高等院校的化学学院、化学系等)也在 Internet 上建立了服务网站。例如:

http://www.most.gov.cn(中华人民共和国科学技术部)

http://www.cas.cn(中国科学院)

http://www.nsfc.gov.cn/Portal0/default152.htm(国家自然科学基金委员会)

http://www.chemsoc.org.cn(中国化学会)

http://www.iupac.org(IUPAC,国际纯粹与应用化学联合会)

http://www.nobelprize.org/nobel_organizations/nobelfoundation(The Nobel Prize,诺贝尔基金会)

http://www.nas.edu(National Academy of Sciences,美国国家科学院)

http://portal.acs.org/portal/acs/corg/content(美国化学会)

http://www.rsc.org(英国皇家化学会)

http://www.chemistry.or.jp(日本化学会)

http://www.gdch.de(德国化学会)

http://www.cheminst.ca(加拿大化学会)

http://www.goech.at(奥地利化学会)

http://www.chemdex.org/chemistry_link/european_chemical_society(欧洲化学会)

在这类主页上,一般具有本单位的介绍、下属机构介绍、学术活动通知等,如果该组织具有商业机构,还会有与之相关的产品信息。对用户最重要的是这类主页一般有通往化学资料主页的链接,可帮助我们找到有用的化学信息。例如,国际化学计量学学会北美分会(North

American Chapter of the International Chemometrics Society，NAmICS）的服务主页（http://www.namics.nysaes.cornell.edu）上，除本组织的简单介绍外，还提供了化学计量学定义及讲座、通往其他各分会的链接、会议通知、与化学计量学有关的研究室介绍、通信讨论组（ICS-Listserv）的介绍、参考文献及有关期刊介绍、公司信息以及相关的软件介绍等。

上机训练与习题

1. 通过哪些方法可以得到 Internet 中的化学信息资源？
2. 什么是化学信息导航服务？此类主页一般包括哪些内容？
3. 访问 ChIN 服务网站，查找某方面的化学信息。
4. 通过 Internet 可以得到哪些与化学有关的商业信息？
5. 访问一些化学机构的服务主页，总结此类主页所提供的服务内容。
6. 使用 Internet 查询工具查找几个常用的化学信息导航主页。

第5章　化学信息的计算机表示与建模

化学信息(chemical information)可分为两大组成部分，即化学物质的化学信息和媒体形式的化学信息。前者是利用科学的原理和方法通过测量得到的化学成分的相关信息，如物质的物理、化学性质，物质中各成分的定性、定量以及结构信息等。后者是化学信息的记录和传播手段，通过书籍、期刊、专利、数据库以及音像资料等使化学家们共享测量的原理、方法及测量结果。按照化学信息的内容和表达形式，化学信息可分为四大类，即数据信息、结构信息、化学知识和可视化信息。数据信息包括通过科学测量得到的测定结果，如原子、分子以及化学物质的性质数据、谱学数据等；结构信息用于描述原子(或分子)在空间上的分布和连接情况；化学知识即与化学相关的知识；而可视化信息一般是指计算机对化学信息的可视化表示，常以图形的方式对化学信息进行描述。本章主要讨论如何利用计算机技术对化合物的结构进行表示、可视化和数字化描述。

5.1　化合物结构编码

化合物的化学结构信息是化学信息中具有独特性质的部分，因为它需要表示的不仅是数字和符号，更多的是组成分子的原子数目、原子种类以及各原子间的相对位置和连接性(化学键)。另外，化学结构的表示还应具有唯一性和无二义性。

结构信息的计算机表示包括外部表示(化学家在计算机交互界面上的表达方式)和内部表示(分子结构在计算机内部的存储方式)。它必须满足：

(1) 简洁、易学，符合化学家的工作习惯。

(2) 能够转换为正确、无二义的计算机内部表示，并能无二义地转换成化学家可以理解的形式，即二维或三维结构图。

(3) 内部表示要便于执行化学变换操作。

(4) 结构信息表示系统应具有存储、处理、检索及显示功能。

下面以有机化合物的结构信息表示为例简单介绍结构信息的表示方法。有机结构信息的计算机表示通常采用图形表示、线型编码(linear notation，LN)、连接表(connection table，CT)、连接矩阵(connection matrix)、键-电子矩阵(BE-matrix)和逻辑谓词等。

5.1.1　线型编码

线型编码(LN)是具有一定语法规则的字符串(数字字母序列)，也是一种形式语言。LN具有两个重要特征：唯一性(unique)和单义性，单义性也称无二义性(unambiguous)。唯一性要求一个化学结构可以产生并且只能产生一个线型符号式，无二义性要求一个线型符号式必须与一个化合物并且只能与一个化合物相对应。线型编码的唯一性和无二义性是为了让计算机存储、检索和理解对应的化学结构。而在某些情况下，若只需要获取分子连接性时，就对唯一性没有要求。

人们对线型编码已开展了大量研究工作，制定了许多线型编码方法，其中较为著名的有IUPAC/Dyson编码法、WLN法、DARC法、HAYWARD法以及GREMAS片段编码等。最为流行的方法为WLN(Wiswesser Linear Notation)编码，它是由Wiswesser最早提出的，并因此得名。1968年在化学符号协会督理下，由Simith主持进行了修订，之后又作了进一步的扩充、完善和发展，编码规则多达89条，编码具有唯一性和无二义性。

WLN的编码原则是按化合物结构原子连接的基本顺序，由左至右描述，注意突出官能团。另外，WLN还引入子句，子句的功能是将结构中的环体系与非环体系分别描述，环子句和非环子句分别有自己不同的语法，但在简单的苯环衍生物中，未对苯环分开单独处理。WLN用符号表示结构单元。例如，Z表示—NH_2基，V表示 —C(=O)— 基，Q表示—OH基，结构 NH_2—CH_2—C(=O)—OH 的WLN码为Z1VQ，其中1表示饱和碳链长度；U表示双键，UU表示叁键，M表示—NH—基，R表示苯环，G表示Cl原子，结构 $CH_3CH{=}CHCH_2C{\equiv}CH$ 的WLN码为2U3UU1，其中2和3表示饱和碳链长度；结构 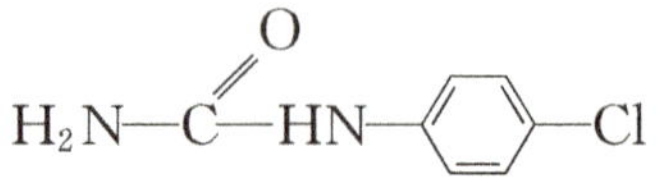 的WLN码为ZVMR DG，其中D表示取代基G在R上的位次。

图5-1给出了一些线型编码的实例，可以看出：采用编码技术可方便地表示有机化合物的化学结构。

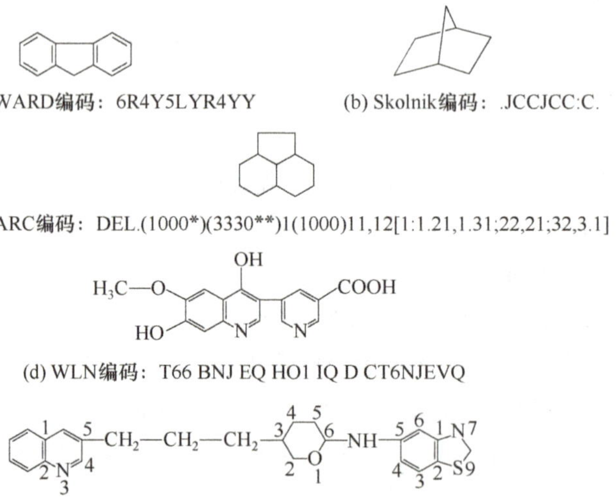

(a) HAYWARD编码：6R4Y5LYR4YY
(b) Skolnik编码：.JCCJCC:C.
(c) DARC编码：DEL.(1000*)(3330**)1(1000)11,12[1:1.21,1.31;22,21;32,3.1]
(d) WLN编码：T66 BNJ EQ HO1 IQ D CT6NJEVQ
(e) IUPAC编码：B62ZN3:5/C3:3/3A6ZQ:6N/5B65ZN7ZS9

图5-1　线型编码法举例

5.1.2　ZXLN线型编码

尽管目前存在各种编码方法，但许多为了使编码具有唯一性和无二义性而无化学意义的规定让使用者很难接受。在化学人工智能系统中，注重分子结构的无二义性描述，只要求编码的准唯一性。为此，中国科学技术大学计算化学研究室设计完成了 ZXLN 线型编码，这种编码接近化学自然语言，较多引用结构式本身的符号和合理的规则，尽可能少地定义新的符号和规则，易于掌握，是具有无二义性和简明性的线型编码。

ZXLN 线型编码的基本思想是：对树状结构用圆括号表达并列关系，用圆括号的嵌套来表达层次关系，充分体现其递归性；对网状结构，其线型式的主体采用分子图的生成树表达，然后再后缀以附加环说明序列把“割断”了的化学键重新接起来。

ZXLN 线型编码的 BNF(Backus-Naur Form)描述如下：

＜ZXLN 编码＞∷=＜主体部分＞[＜环系说明＞]

＜主体部分＞∷={结构单元}

＜结构单元＞∷=＜支链＞|(＜支链＞)＜支链重复次数＞

＜支链＞∷=＜节点＞{＜键描述符＞＜节点＞}

＜支链重复次数＞∷=＜正整数＞

＜节点＞∷=[＜手性指示符＞][＜自由电子指示符＞]＜基团符号串＞[＜电荷指示符＞]

关于键描述符、手性指示符、自由电子指示符、基团符号串和基团符号串等均为具体的符号集，不再列举。图 5-2 为 ZXLN 线型编码实例。

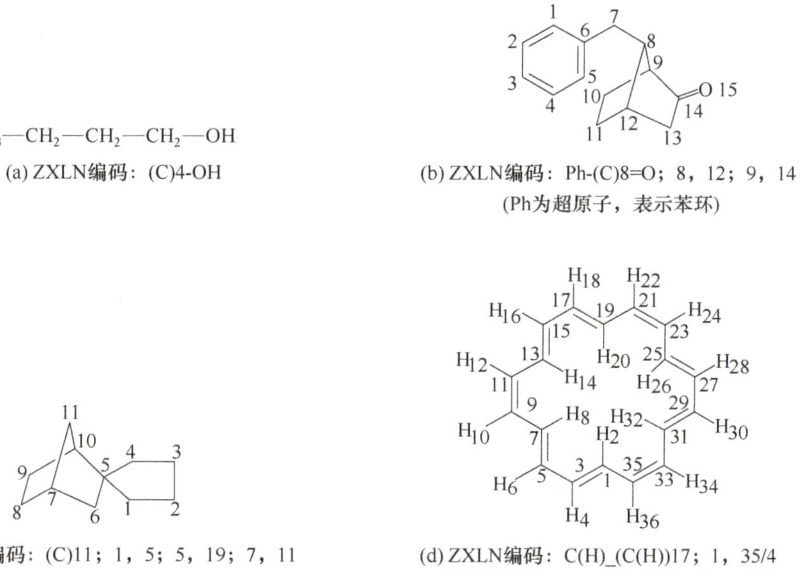

$CH_3—CH_2—CH_2—CH_2—OH$

(a) ZXLN编码：(C)4-OH

(b) ZXLN编码：Ph-(C)8=O；8，12；9，14
(Ph为超原子，表示苯环)

(c) ZXLN编码：(C)11；1，5；5，19；7，11

(d) ZXLN编码：C(H)_(C(H))17；1，35/4
(“/4”说明闭环键(1-35)为芳香键，与“_”同义)

图 5-2　ZXLN 线型编码示例

定义了线型编码以后，计算机并不能理解它所表示的化学结构信息，必须有一个配套的编译系统将线型编码转换为计算机内部表示形式。例如，ZXLN 的编译程序主要由数据初始化、结构单元编译、环系说明编译、相容性校验及生成分子宏观描述等部分组成，其中核心部分是结构单元编译，而结构单元编译的核心是支链的编译。

5.1.3　内部表示

线型编码可用于化学数据库的输入、存储和检索等，但是为了让计算机能够真正理解化学

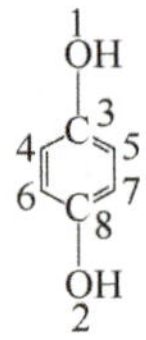

图 5-3 结构图

结构，并对所表示的结构进行化学变换和推理，就必须建立分子结构对应的计算机内部表达方式。内部表示要求：完全表达化学结构色图（点、边色性及其拓扑关系），便于建立各种操作算法、合理的时空复杂度，表达能力强（能表达立体化学信息）。

结构信息内部表示方式有连接矩阵（connection matrix）、连接表（connection table）、键-电子矩阵（BE-matrix）和逻辑谓词等。表 5-1 和表 5-2分别为图 5-3 的连接矩阵和连接表表示。

表 5-1 连接矩阵表达图 5-3 中的分子结构

原子编号	1	2	3	4	5	6	7	8
1	O	0	1	0	0	0	0	0
2	0	O	0	0	0	0	0	1
3	1	0	C	1	2	0	0	0
4	0	0	1	C	0	2	0	0
5	0	0	2	0	C	0	1	0
6	0	0	0	2	0	C	0	1
7	0	0	0	0	1	0	C	2
8	0	1	0	0	0	1	2	C

表 5-2 连接表表达图 5-3 中的分子结构

原子编号	原子类型	邻近原子	芳香性	杂化类型
1	O	3		sp^3
2	O	8		sp^3
3	C	5 1 4	AROM	sp^2
4	C	6 6 3	AROM	sp^2
5	C	7 3 3	AROM	sp^2
6	C	8 4 4	AROM	sp^2
7	C	8 8 5	AROM	sp^2
8	C	2 6 7 7	AROM	sp^2

5.2 分子图形学

结构信息可视化包括分子的二维结构、三维空间结构、分子表面及性质等的计算机图形表示。它采用了大量计算机图形学中的技术，因此成为一门新兴的边缘学科——分子图形学（molecular graphics，MG），并已成为配位化学、结晶化学、结构化学、分子反应动力学、有机化学、生物化学和医药化学等基础性研究及技术开发中常用的方法和研究手段。

分子图形学是用计算机图形技术来显示或操作分子结构和性质的一个总体，在分子图形学中有一个重要的分支就是分子建模或模建技术（molecular modeling，MM），它包括分子三维结构的生成、操作及其物理化学性质的表示。任何一个分子模型软件都需要分子图形作为交互界面，而许多分子图形系统都最终应用到分子模型软件中，它们是紧密相连的。从应用领域看，它们不仅为化学家的工作提供了便利，也为进一步深入认识三维空间中化学分子的结构和行为（尤其是复杂的生物大分子）带来了可能。

最早致力于交互式三维分子图形和分子模型软件的研究开始于 1965 年美国麻省理工学院的 MAC(mathematics and computation)计划。经过 30 多年的发展,出现了许多速度快、图形质量高、功能强且具有友好用户界面的分子图形软件,其中相当一部分可以通过 Internet 免费获取,如目前广泛使用的分子图形软件中的 WebViewer (http://www.msi.com)和 RasMol (http://www.umass.com/microbio/rasmol)等。

研究分子世界的目标之一是理解如药物和受体间相互作用等的分子间相互作用,另一个目标就是计算分子结构的几何数据。虚拟真实系统提供了解决这些问题的最简单途径,它将大量难以处理的数据集合转换成可视的能够理解的数据集合,从而使生物分子间的相互作用得以可视化,人们可以理解药物-受体对接过程中分子形状的改变。

化学家最熟悉的是分子的化学结构式,它是一种二维图形,而用于结构研究的是分子的三维结构,它是真正能够有效地表示分子空间结构的图形元素。最常见的是分子线状(line)模型和棍状(stick)模型,由点(原子)和线(键)构成,如图 5-4 所示。这种方法表示分子空间连接关系最简单,突出了分子的骨架,但缺少立体感。为此研究人员提出了一种化学家所熟悉的棍球(stick-ball)模型或称球棍模型,如图 5-5 所示。在这种模型中,"球"表示原子,"棍"表示键(消去隐含在球中的部分),常用于体现分子中原子的相对位置。在某些情况下需要了解分子中原子的拥挤程度或分子体积的概念(如一个小分子能否结合到大分子的凹腔中),为此出现了空间实填充(solid space-filling)模型,由于它第一次由 Corey、Pauling 和 Koltun 使用,所以又称为 CPK 模型,如图 5-6 所示。在这种模型中所有原子用半径为其范德华半径的实心球来表示。

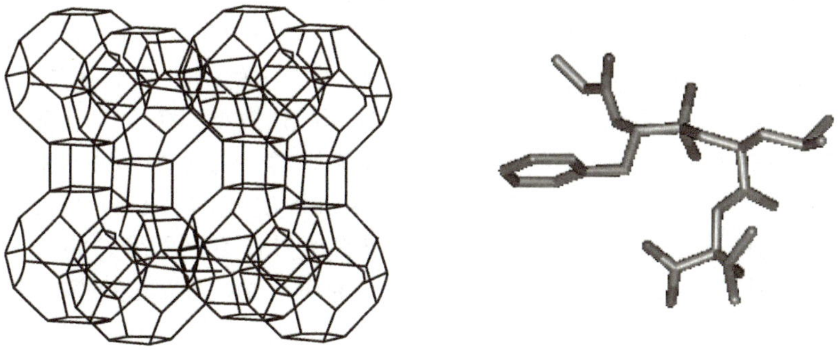

(a)　　(b)

图 5-4　沸石分子的线状模型(a)和酶底物分子(PDB:7tmn)的棍状模型(b)

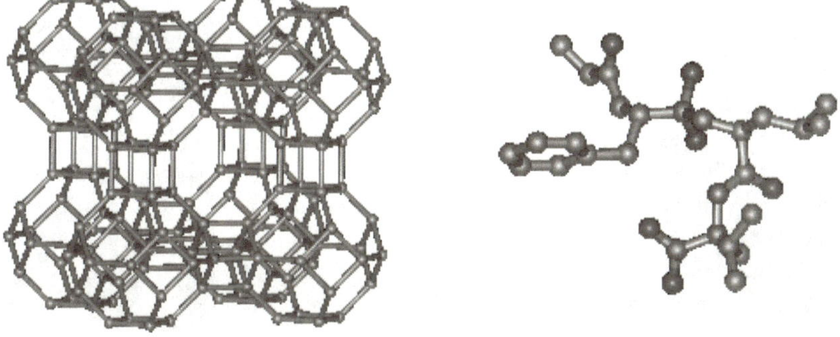

(a)　　(b)

图 5-5　沸石分子的球棍模型(a)和酶底物分子(PDB:7tmn)的球棍模型(b)

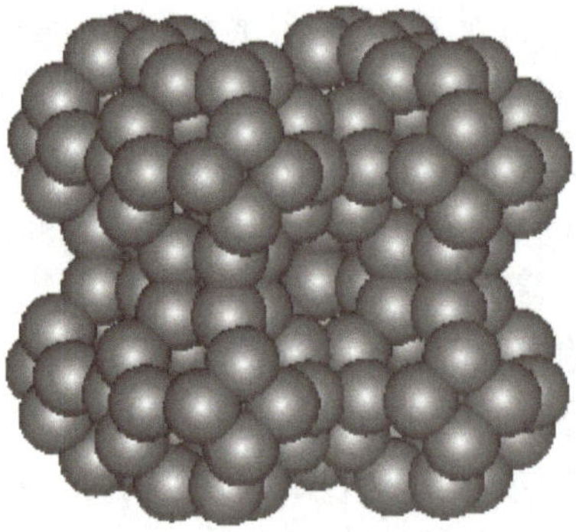

(a)

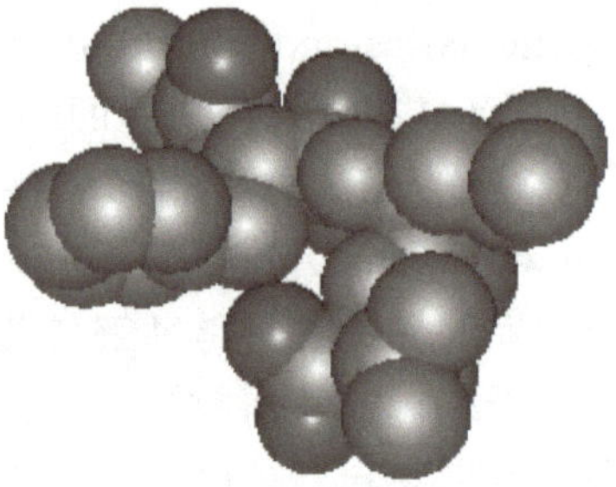

(b)

图 5-6　沸石分子的 CPK 模型(a)和酶底物分子(PDB:7tmn)的 CPK 模型(b)

绘制空间实填充模型时只需要分子中各原子的坐标，不需要原子间的连接关系。成键原子对两球部分相交，因此要消去其相交部分，不成键原子的范德华球之间存在着遮挡问题，即离观察者近的球可能会遮挡(或部分遮挡)远处的球，因此只能画出球的可见(未被遮挡)部分。由于 CPK 模型是实体模型，所以不仅要消除隐藏的面(线、点)，还要计算球表面每一点的亮度，并以相应的颜色填充，这样才能产生有真实感的 CPK 图形。因此人们关于构造 CPK 模型提出了一些不同的算法，如深度缓冲(depth-buffer)算法、扫描线深度缓冲(scanline depth-buffer)算法、区域分割算法、基于位图操作(bitmap operation)的算法、光线追踪(ray trace)算法、多处理器间动态划分的快速实填充模型生成算法等。

大分子体系和复杂分子体系(如蛋白质分子)可以从不同的层次来描述，可采用不同的模型表示。由于大分子所含原子数目较多，对分子结构进行操作时不宜用 CPK 模型(速度太慢)，而通常采用简单的线状模型。大分子的带状(ribbon)模型(图 5-7)尽管去掉了分子结构的许多细节信息，但对于体现分子中的螺旋、折叠和无规卷曲部分却是非常有用的。

构造大分子带状模型最常用的方法是由 Richardson 提出的，在 Richardson 的模型中，α 螺旋表示成实心圆柱体的螺旋，β 折叠表示成实体箭头，除此之外还有一些较好的方法，类似的方法是将 α 螺旋用实心的圆柱表示，没有内部结构，如图 5-8 所示。在 Carson 的模型中，蛋白质分子用六条大致平行的、光滑的带线表示，带线的形成是由 B-样条曲线拟合肽平面产生。所有这些模型都可用图形显示出来，无疑带状模型对识别如蛋白质中折叠的模式以及三级结构十分有用。

图 5-7　细菌视紫红蛋白的带状模型
螺旋用立体带表示

图 5-8　细菌视紫红蛋白的带状模型
螺旋用实心圆柱体表示

分子表面的表示和计算对于分子的稳定性、分子间的相互识别以及分子三维结构的预测都起着十分重要的作用。溶剂化疏水自由能以及溶剂化自由能和焓都可以通过计算溶剂可及表面积而近似得到。锁和钥匙的表面互补原理是已知蛋白质结合部位，确定其可能配体的重要依据。配体和受体间的互补性研究表明，溶剂可及表面积减少、形状和电荷分布的互补性是决定其亲和性和专一性的主要决定因素。与此类似，疏水性互补也能很好地用于建立蛋白质螺旋间的结合模型。蛋白质-蛋白质间的静电和形状互补是蛋白质识别的关键特性，而用界面元方法(BEM)计算大分子周围的静电场，也需要对分子表面进行正确估计。在蛋白质工程和蛋白质三维结构预测中，二级结构单元或折叠结构域如何结合在一起，对于建立具有蛋白质天然构象的合理模型是至关重要的。在这些研究中，人们提出了用不同的模型和算法来表示、计算和分析分子表面和形状，在此基础上表示蛋白质分子疏水表面，计算分子表面静电势，并广泛地应用于对接(docking)问题和蛋白质折叠(folding)问题。

分子表面的概念由 Lee 和 Richards 首先提出。它包括三种不同类型(图 5-9)：范德华表面(van der Waals surface)，是由一组表示原子的范德华球堆积形成的表面；Lee 和 Richards 最早提出的溶剂可及性表面(solvent-accessible surface)，为表示溶剂分子的探针球沿分子表面滚动时，其球心的运动轨迹所得到的面；以及 Richards 后来提出的分子表面(molecular surface)，某分子的分子表面如图 5-10 所示。这种分子表面由部分与溶剂探针球相切的原子的范德华表面(接触表面或凸球面)和将这些接触表面光滑地连接在一起的一组凹球面(球面三角)和马鞍形面(凹角面)组成。与范德华表面和溶剂可及表面相比，分子表面具有能体现分子间相互作用部位的形状互补性的优点。Connolly 最先提出了分子点表面、分析分子表面和三角划分表面的计算方法，后来人们又在此基础上提出了改进方法用于快速计算分子表面。我们也提出了一种新的用于生成分子光滑表面的算法，该算法从分布在一个包含整个分子表面的椭球上的三角网络开始，逐步收缩网络直到所有的三角形最佳贴近分子表面，如图 5-11 所示。

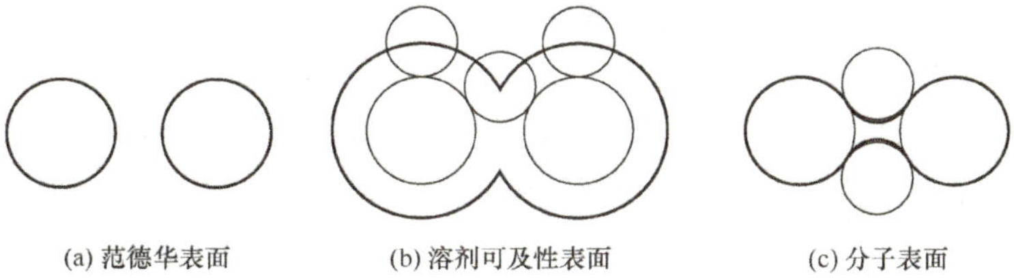

图 5-9　分子表面的三种定义

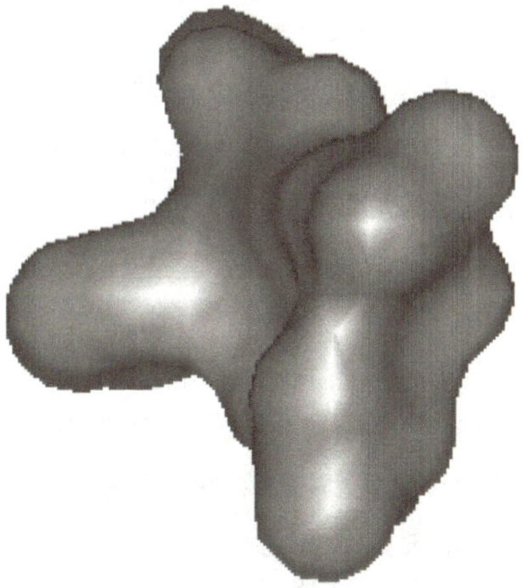

图 5-10　酶底物(PDB:7tmn)的分子表面

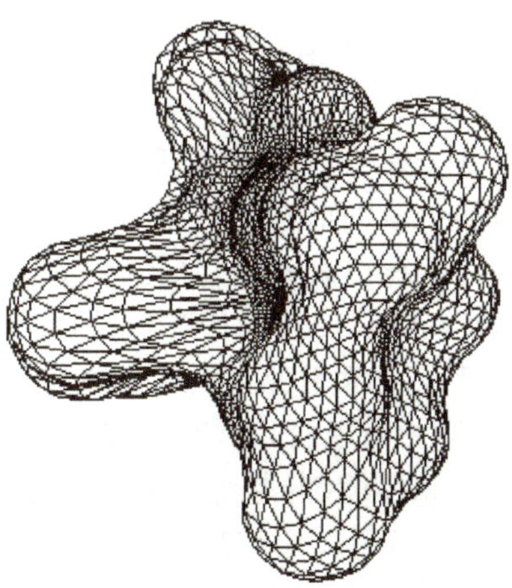

图 5-11　分子表面的三角网格表示

在以上三维分子结构和分子表面显示中所使用的图形操作技术主要有坐标变换、剪切、消隐、光照及明暗处理及动画。

分子图形学中最新的发展是科学可视化技术与虚拟真实(virtual reality,VR)或虚拟环境(virtual environment)技术的结合。科学可视化(scientific visualization)是一种利用视觉、图形来研究数值数据的技术,通过可视化复杂的数值计算和测量结果变得直观容易理解。然而,这种具有方便用户界面(由鼠标驱动菜单)的三维表示技术和交互方式依然存在一些不足:空间关系很难识别,不能直接在空间漫游(navigating)或处理图像。虚拟真实(VR)技术为交互式高质量表示和操作多维数据提供了可能。VR 技术是一种高度逼真地模拟人在自然界环境中视、听、触等行为的人机界面技术。它是限时计算和限时图形绘制技术的典型应用,兴于 20 世纪 80 年代初,目前在工程设计、军事仿真、医学技术及游戏娱乐等领域得到广泛应用。

VR 的真实性不仅在于物体的图像真实表示,更重要的是用户被浸入一组虚拟物体之中。这样想象中的世界就可以通过触觉、感觉和听觉感受到大批量数据的存在并可以对其进行直观地研究。当用户在其中活动时,这一环境则会实时地作出让用户感受到的响应。这种技术与传统的图形学技术最大的不同在于:它不是静止地将信息传递给用户,使用户十分清楚地感受到自己在界面之外,而是根据用户的不同活动以不同仿真信息及时反馈,给人一种身临其境的感觉。

VR 技术在分子图形中的应用刚刚开始,但已显示出巨大的活力。在化学世界中,分子结构信息在分子设计中是非常重要的,因此需要研究分子的三维结构,计算分子间相互作用力,估计分子对接过程中分子形状的改变。VR 技术在分子图形中的应用使化学家能够像在分子的真实世界中一样研究分子结构以及分子间的相互作用。这种用 VR 技术作为界面的分子图形系统一般具有以下功能:①分子结构和分子性质的交互式立体显示,显示设备有头盔显示(head mounted display)和双目视觉系统等;②交互式同时以六自由度操作两个多维输入设备,数据手套(data glove)用以移动观察者,空间鼠标(space mouse)用以旋转和平移分子;③大分子环境中实时作用力的生成以及相应的交互式力反馈设备,用于分子对接过程中分子间相互作用力的计算;④观察蛋白质分子结合部位的伸缩运动,以理解药物-受体对接过程中形状的改变。

例如,韩国科技学院将他们研制的交互式分子图形系统用于人体免疫系统中一种重要的蛋白质分子 MHC(major histocompatibility complex)的结合空腔与其抗原肽分子相互作用的研究。肽分子将漫游 MHC 分子系统,输入 MHC 结构数据和肽分子的模型,对接过程就开始了。首先将观察点置于肽分子的中心,通过操纵空间球使肽分子以六自由度平移旋转。当进入 MHC 分子系统时,屏幕上实时显示分子间作用力向量,并使得肽分子与 MHC 分子间没有范德华重叠。该图形系统可让用户在任何一点观察分子的运动情况(由分子模拟得到的运动轨迹文件),因此可观察结合部位的变化,从而确定漫游的肽分子是否与结合空腔匹配。

德国 Fraunhofer 的计算机图形研究所(WWW 地址:http://www.igd.fhg.de/www/igd-a4)将 VR 技术用于研究复杂的分子数据,研制的 VRMol 系统结合了虚拟环境和科学可视化技术,用户可以浸入式研究单个分子以及分子间的对接行为。该系统具有非常良好的交互界面,可同时以六自由度操作两个输入设备,数据手套用于改变观察者的位置,空间鼠标用于旋转平移分子,采用多细节层次模型技术高质量快速生成大分子图形。

由以上的例子可以看出,正是由于 VR 技术带给用户的这种身临其境的感觉,使人们对复杂问题的理解更加具有直观性和洞察力,同时也会带来一些意想不到的新问题与新发现。

5.3 分子描述符

分子描述符是指采用一系列数值对分子的结构进行定量描述，或者称为分子结构的数字化。对分子描述符的基本要求是能充分地表达化合物在某些方面的性质，以达到利用这些数据进行分子模拟或建模的目的。分子结构可分为二维结构和三维结构，前者可以反映原子间的连接顺序、连接方式及可能存在的几何异构体等信息，缺点是不能区分对映体和各种构象异构体。后者可以真实有效地表示分子的三维骨架，但有时也无法表示分子的真实空间状况。因此，分子描述符一般通过分子的二维和三维结构生成，但有时还需要分子结构以外的信息。例如，分子表面信息对研究分子的稳定性、溶剂化、分子表面的电荷分布以及分子间的相互作用等具有十分重要的作用，采用分子表面信息作为描述符可以更好地对分子的这些性质进行定量描述。

由于定量结构活性关系(quantitative structure-activity relationship, QSAR)研究的需要，分子描述符研究得到了迅速发展，利用多种方法提出了各种类型的参数来表示化合物的结构信息。目前主要的分子描述符可分为经验参数、拓扑类参数、组成类参数、几何类参数、电子类参数、量子化学参数、三维及高维参数等。

1. 经验参数

早期的 QSAR 大多使用一些经验参数来定量描述化合物的结构。这些参数需要借助一些化合物的实验性质获得。这类化合物结构参数物理意义明确，但需要消耗较多的财力和物力。典型的经验参数包括：疏水性(hydrophobic)参数；电性(electric)参数，如氢键参数、电荷转移常数、偶极矩等；立体(steric)参数，如摩尔折射率、范德华半径、分子表面积、分子体积等。

2. 拓扑类参数

拓扑指数是由化合物结构信息(如某种矩阵表示方式)经过一定的数学运算得到的没有量纲的数值。拓扑参数的优点是使其成为一种被广泛使用的化合物结构信息表示方式。例如，不受经验和实验限制，直接由化合物的分子结构信息矩阵得到；拓扑指数的衍生与分子图中的顶点编序无关，是图的不变量；能有效反映分子中键的性质、分子的支化度情况和形状等结构信息；计算方法简单且指数丰富。

拓扑指数包括 Wiener 指数、分子连接性指数、Balaban 指数、分子 ID 指数、Kier 形状指数、Kier 分子柔性指数、Am 指数、分子拓扑指数、电性拓扑态指数、分子电性距离矢量参数等，分别从不同的角度对分子的结构性质进行描述。

3. 组成类参数

组成类参数反映的是化合物的化学组成信息，是最简单的理论参数。典型的组成类参数有分子中的各种类型原子和化学键的绝对和相对数目、分子量、不同类型的环数等。这些参数计算简单，但反映分子结构信息的能力非常有限。

4. 几何类参数

几何类参数反映了分子的大小和形状，与分子构象密切相关，如键长、键角、二面角、分子体积、表面积和分子形状等。几何类参数在计算前一般先要对分子进行几何优化，从而确保构象的准确性。

5. 电子类参数

电子类参数反映了电荷在空间中的分布情况。化合物中的电荷分布与其几何结构相关，因此计算前要对化合物进行低能几何构象优化。这类描述符在研究分子间的相互作用时非常重要。

6. 量子化学参数

量子化学参数反映的是分子中原子电荷分布、分子的极性和分子反应的信息，多由量子化学计算得到，如原子电荷、分子轨道能、前沿轨道密度、超离域化度、原子-原子极化度、分子极化度、偶极矩和极性指数等。目前使用的量子化学计算方法主要有从头计算方法和各种半经验计算方法。从头计算方法的理论严格，但计算量大且非常耗时。通过忽略计算过程中的一些积分以及选择使用实验参量的方法可以大大降低计算时间，由此产生的计算方法称为半经验计算方法(如 AM1、PM3、PM5、MINDO、MNDO、INDO、CNDO、EHT 等)。大多数 QSAR 研究采用由半经验计算方法计算得到的量子化学参数建模。

7. 三维及高维参数

自 20 世纪 80 年代以来，随着定量构效关系研究和统计分析方法的进一步发展，在定量构效关系研究中，相继出现了一些考虑生物活性分子与受体结合时的三维结构研究方法，统称为三维定量构效关系(3D-QSAR)研究。三维定量构效关系研究的优点是：通过引入三维分子结构信息弥补二维定量构效关系研究不能精确反映分子的三维结构和生理活性之间关系的不足；间接地反映了化合物与生物大分子相互作用过程中的非键相互作用，含有比二维定量构效关系研究更加丰富的信息量，且具有比二维定量构效关系研究更加明确的物理意义。目前已有多种 3D-QSAR 研究方法，其中最为普遍使用的方法是 CoMFA(comparative molecular field analysis)和 CoMSIA(comparative molecular similarity index analysis)。

CoMFA 方法就是用分子场研究化合物与其受体之间的相互作用，其基本假设是在分子水平上，主要影响药物分子与生物大分子相互作用的不是经典的共价键，而是可逆性的非共价作用力，如范德华相互作用、静电相互作用、氢键相互作用和疏水相互作用等。也就是说，当一组相似化合物以同样的方式作用于同一靶点时，它们的生物活性取决于每个化合物周围分子场的差别。CoMFA 将化合物置于三维直角坐标系，将三维空间划分为立方格，并在立方格的结点上用探针(如 H^+)来测试静电能和立体能。然后，以测得的静电能和立体能为自变量，化合物的某种活性为因变量，建立 QSAR 模型。

三维拓扑图形连接性指数由 Estrada 和 Montero 提出，又称为量子(或电子)拓扑连接性指数。三维拓扑图形连接性指数由二维连接性指数拓展而来，可有效地描述分子的三维结构特征。该参数通过将化合物三维结构图中成键原子之间的键级或者化合价指数作加权处理，利用半经验的量子化学方法计算得到。量子化学计算引入的相关信息使这类描述符在反映分子三维结构信息的同时，还能反映一些与该分子和周围环境相互作用有关的电子特征，如分子中的多重键以及杂原子的信息等。三维拓扑图形连接性指数有：①键级加权化凸连接性指数(bond order weighted vertex connectivity indices)；②基于分子图形键级权重化的连接性指数;③基于电荷密度加权的连接性指数。对于异构体的识别,三维拓扑图形连接性指数比二维连接性指数更有效。例如,采用此类描述符对链状单烯烃的色谱保留指数开展 QSAR 研究,所得模型不仅对保留指数能够很好地预测,还能区分烯烃同分异构体。

高维描述符可以更精确地描述正式体系。Hopfinger 提出了四维定量构效关系研究(4D-QSAR)。4D 是指集成采样,即采用化合物各种构象和取向等的集合,用以消除进行活性构象选择时带来的误差。Vedani 提出的 Quasar(quasi-atomistic receptor models)方法也属于 4D-QSAR 方法,成功地解决了 3D-QSAR 中无法解决的分子排列和构象选择等问题。Vedani 还将配体和受体结合过程中的诱导契合作为第五维开展了 5D-QSAR 研究。由于对受体环境的准确模拟,5D-QSAR 的预测能力要强于 3D-QSAR 和 4D-QSAR。在 5D-QSAR 的基础上,通过考虑不同的溶剂化模型,Vedani 又进一步提出了 6D-QSAR。

除上述各种分子描述符外,结合结构的分形维数也可以作为分子描述符,它能反映化合物填充某一空间的能力。采用分子图形连接矩阵的特征值作为描述符可以对分子的形状进行描述。利用分子表面上的电荷分布作为描述符即可描述分子的形状也可描述分子的电子信息。尽管目前已有数千种分子描述符,发展新的描述符仍是分子模拟研究中的重要课题。

5.4　定量构效关系

5.4.1　基本方法

定量构效关系是指化合物的化学结构与其性质之间的定量关系。定量构效关系研究是将分子的各种结构参数和所研究的性质进行统计分析,建立分子结构参数和性质之间的定量关系模型。一旦建立了可靠的定量构效关系模型,就能从分子水平上理解分子的微观结构与其宏观活性之间的关系,推论化合物某些性质的影响因素,为设计、筛选或预测具有人们期望的性质的化合物提供信息,同时还可用它来预测新的或未合成出来的化合物的各种性质。定量构效关系研究的对象包括化合物的各种性质,如生物活性、毒性活性、药物的代谢动力学参数、生物利用度以及各种物理化学性质和环境行为等,研究领域涉及化学、药物以及环境等诸多学科。

定量构效关系通常称为定量结构活性关系。此处的“活性”可以是不同的性质,如生物活性、毒性、熔点、沸点等。因此,有时也称为定量结构性质关系(QSPR)。根据所研究的性质不同,也有不同的名称,如定量结构色谱保留指数关系(QSRR)、定量结构生物降解性能关系(QSBR)等。

QSAR 的核心内容是建立分子描述符与性质之间的定量模型。因此,其基本方法就是数学模型的建立方法。最常用的建模方法是多元线性回归(MLR),但根据研究目的、问题的特点以及样本数量等的不同,也会采用主成分回归(PCR)、偏最小二乘回归(PLSR)、支持向量回归(SVR)、人工神经网络(ANN)等建模方法。这些方法将在后续的章节中进行详细介绍。

除建模方法外,在 QSAR 研究中还有许多相关的技术,如变量筛选技术、信号处理技术、模型评价技术等,其中最重要和最困难的是变量筛选技术。变量筛选的重要性在于通过它可以找到对模型有重要影响的变量,即对所研究的性质有重要影响的变量。变量筛选的难度在于搜索空间的巨大,当变量数目较大时,很难采用排列组合的方式进行穷尽搜索。因此,后面章节中介绍的优化算法在变量筛选研究中将发挥重要作用。

5.4.2 应用举例

QSAR已经在很多领域中得到了应用，如疾病诊断、环境评估、化合物性质预测、药物设计等。以下通过两个具体的应用实例介绍QSAR的研究方法和研究内容。

【例5-1】 多氯代二苯并二恶英(PCDD)和多氯代二苯并呋喃(PCDF)的分子结构、环境温度和固相蒸气压之间的定量关系研究①。

多氯代二苯并二恶英(PCDDs)和多氯代二苯并呋喃(PCDFs)是环境中存在的持久有机污染物。图5-12是PCDDs和PCDFs的母体结构，每个苯环上都可以取代1～4个氯原子，从而形成众多的异构体，其中PCDDs有75种异构体，PCDFs有135种异构体。

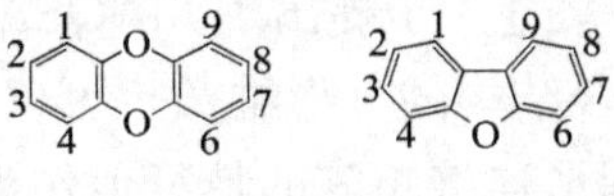

图5-12 PCDD/Fs的母体结构

PCDD/Fs主要来自城市垃圾的焚烧、氯化工工业的副产物、造纸过程中的纸浆漂白等，不仅具有较强的致畸、致癌、致突变毒性，而且具有生殖和免疫毒性，其毒性的大小与苯环上的取代氯原子的数目和位置有关。PCDD/Fs是半挥发性有机污染物，可以随大气环流和干湿沉降迁移到离污染源较远的地方，因此广泛分布于整个地球环境中。蒸气压(P)是衡量有机污染物环境行为的一个重要指标，它指在一定温度下与固态或液态纯物质达到平衡时，该物质在蒸气相或空气中所能达到的最大量，有固相蒸气压(P_s)和液相蒸气压(P_l)之分。蒸气压决定了有机污染物的挥发性，影响着有机污染物在气相和环境其他相之间的迁移和分配行为、在大气中的停留时间和远距离迁移能力等。由于蒸气压具有较强的温度依附性，建立不同PCDD/Fs衍生物与温度相关的蒸气压预测模型具有实际意义。

在本研究工作中，采用275个PCDD/Fs衍生物在不同温度时的固相蒸气压(P_s)作为校正集建立了模型分子结构、环境温度和固相蒸气压之间的定量关系模型，并采用25℃时27种PCDD/Fs的固相蒸气压对模型进行了验证。

分子描述符包括量子化学参数、分子表面参数、Kier分子对称性指数、Kier分子柔性指数、氯原子的个数。其中量子化学参数由CS Chem3D Ultra(Version 6.0)中MOPAC 2000的半经验PM3 Hamiltonian方法计算得到。Kier参数由Dragon计算得到。所采用的21种分子描述符见表5-3。同时，为了更好地描述温度对固相蒸气压的影响，使用了温度T、$\log T$、$1/T$和T^2等四个参数。

表5-3 21种分子描述符

编号	描述符	含义
1	α	偶极矩(Debye)
2	μ	平均分子极化度(原子单位)
3	ΔH_f	标准生成热(kJ)
4	TE	总能量(eV)
5	EE	电子能(eV)
6	CCR	核排斥能(eV)
7	E_{HOMO}	最高占有轨道能(eV)
8	E_{LUMO}	最低空轨道能(eV)

① Ding G H, Chen J W, Qiao X L, et al. Quantitative relationships between molecular structures, environmental temperatures and solid vapor pressures of PCDD/Fs. Chemosphere, 2006, 62: 1057.

续表

编号	描述符	含义
9	q_C^-	碳原子最负净电荷(原子电荷单位)
10	q_O^-	氧原子最负净电荷(原子电荷单位)
11	q_H^+	氢原子最正净电荷(原子电荷单位)
12	q_{Cl}^+	氯原子最正净电荷(原子电荷单位)
13	q_{max}^+	原子最正净电荷(原子电荷单位)
14	Mw	分子量(原子质量单位)
15	CAA	Connolly 可及性表面(A^2) (Connolly, 1993)
16	CMA	Connolly 分子表面(A^2) (Connolly, 1993)
17	CSEV	Connolly 溶剂排除体积(A^3) (Connolly, 1993)
18	Ov	椭圆度(Ovality),分子表面与最小分子表面的比值。最小分子表面由 CMA 和 CSEV 计算得到。
19	S0K	Kier 对称指数(Kier, 1987)
20	PHI	Kier 柔性指数(Kier, 1989)
21	n_{Cl}	氯原子个数

在研究工作中,作者采用不同方法进行了参数的筛选并建立了 QSAR 模型,其中的重点研究工作是变量的筛选。只有采用合理的参数建立的模型具有实际价值。最终所建立的最优模型是

$$\begin{aligned}\log P_s = &-26.53+3.081\times10^{-5}T^2+21.70\log T+3.651\times10^{-2}\text{S0K}\\&-7.520\times10^{-3}\text{Mw}-2.604\times10^{-2}\alpha-1.949\times10^{-1}\mu\\&+18.68q_C^- -1.323\times10^{-2}\text{CAA}-15.87\text{Ov}\end{aligned} \tag{5-1}$$

该模型的相关系数为 0.978,显著性检验 p 值小于 0.0001。从模型可以看出,温度是影响固相蒸气压的主要因素。除温度外,影响固相蒸气压的结构因素主要有 Kier 对称指数、分子量、偶极矩、平均分子极化度、碳原子最负净电荷、Connolly 可及性表面和椭圆度这些参数。图 5-13 是该模型预测结果的散点图。从图中可以看出,预测值与已知值之间具有良好的一致性,说明该模型具有一定预测能力。

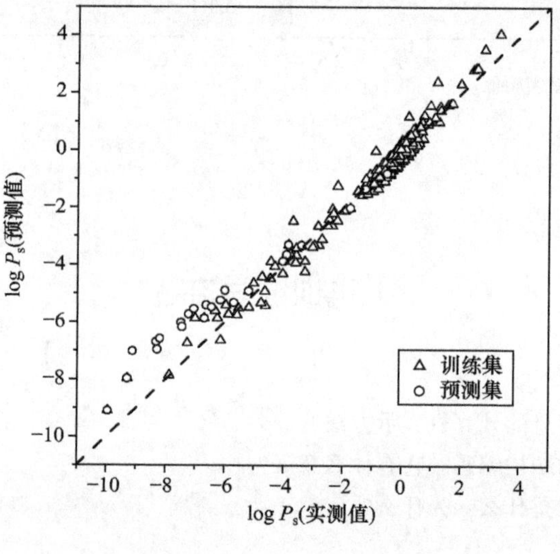

图 5-13　最优模型预测结果的散点图

【例 5-2】 杀虫剂在生物分配胶束色谱中保留行为的定量构效关系研究①。

杀虫剂在生产和生活中广泛用于抑制病虫害。这类化合物在有机相和水相中均具有一定溶解度，因此可以在各种环境介质中扩散。对杀虫剂的毒性进行有效估测具有必要性和重要的实际意义。色谱法是研究杀虫剂毒性的有效工具，该研究工作利用生物分配胶束液相色谱(biopartitioning micellar chromatography, BMC)模拟杀虫剂化合物在生物膜中的分配行为，建立了杀虫剂在生物分配胶束液相色谱中保留因子($\log k$)的预测模型。

研究中所采用的数据集为 79 个杀虫剂的实验保留因子($\log k$)。采用 63 个作为训练集建立模型，另外 16 个作为预测集用于模型的检验。保留因子采用相对保留时间计算得到。

$$k=\frac{t_{\mathrm{R}}}{t_{\mathrm{R(REF)}}}(1+k_{\mathrm{REF}})-1 \tag{5-2}$$

杀虫剂分子结构用 MOPAC 6.0 软件中的 MP3 半经验方法进行优化，然后利用优化的结构采用 CODESSA 软件生成分子描述符参数。共产生了 5 类描述符：组成参数、拓扑指数、几何参数、电性参数和量化参数。

本研究的重点是变量筛选和建模方法。用启发式方法(heuristic method)分别建立了包含 1～8 个最优参数的模型并用交叉验证对模型进行了考察。结果显示由 5 个参数构成的模型为最优模型，5 个参数分别是：HA dependent HDCA-1/TMSA、partial positive surface area、LUMO energy、relative number of O atoms 和 relative number of rings。交叉验证的相关系数(R^2)为 0.8386，预测结果的相关系数(R^2)为 0.8526。通过支持向量机(SVM)算法建立的相同参数模型得到了更好的结果：交叉验证的相关系数为 0.9963，预测结果的相关系数为 0.9755。两种建模方法所建立模型的预测结果如图 5-14 和图 5-15 所示。

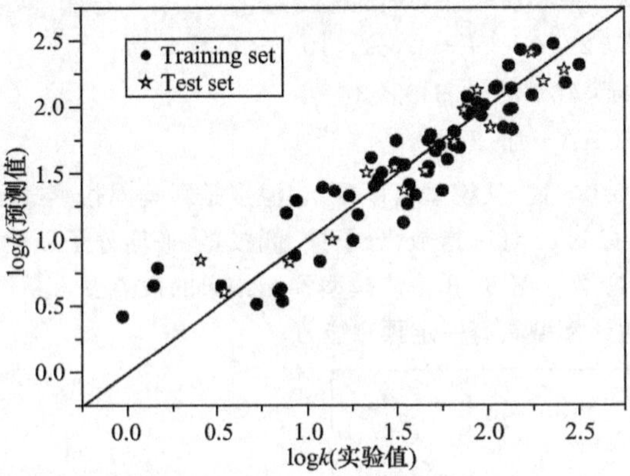

图 5-14 启发式方法最优模型预测结果的散点图

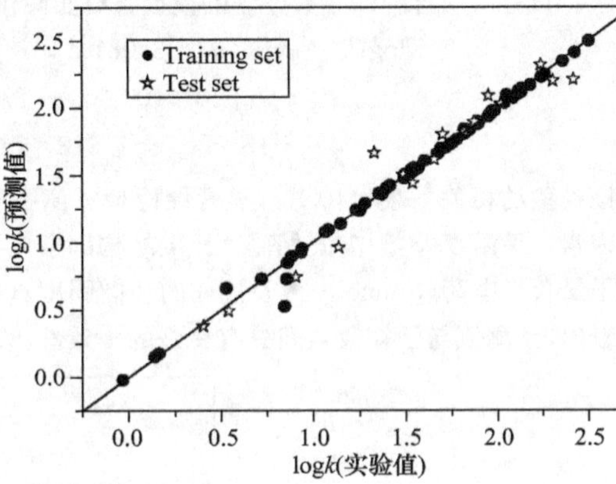

图 5-15 支持向量机算法预测结果的散点图

上机训练与习题

1. 化学信息分为几类？
2. 为什么要研究化学信息的计算机表示方法？
3. 什么是有机化合物的结构编码？它有什么意义？
4. 结构编码的基本要求是什么？为什么？

---

① Ma W P, Luan F, Zhang H X, et al. Quantitation structure-property relationships for pesticides in biopartitioning micellar chromatography. J Chomatogr A, 2006, 1113: 140.

5. 什么是分子图形学？它包括哪些内容？在化学领域的研究中有什么重要意义？
6. 为什么要研究分子描述符？
7. 分子描述符有几类？分别描述了什么信息？
8. 定量构效关系研究的重要意义是什么？
9. 简述定量构效关系研究的基本原理与方法。

第 6 章　计算机辅助结构解析与合成设计

结构解析是利用各种谱学数据推测分子结构的过程，利用计算机技术结合实验数据和数据库进行结构解析可以大大提高结构解析的效率。20 世纪 60 年代以来，化学家一直努力研究计算机辅助结构解析的各种方法。随着谱图数据库和计算机技术的发展，目前已得到广泛的应用。计算机辅助合成设计研究可追溯到 20 世纪 60 年代，化学家提出将化学反应储存于计算机中并进行检索。随后又提出了基于反应数据库的计算机辅助有机合成的概念。尽管计算机辅助合成设计仍处于研究阶段，但在材料的合成与设计、新药的设计与开发等研究中已经发挥了重要作用。

6.1　化学信息数据库

6.1.1　数据库系统的构成

数据库系统的结构可用图 6-1 描述，即一个数据库系统由计算机硬件、操作系统（OS）、数据库管理系统（DBMS）、应用程序包和应用程序五部分构成。

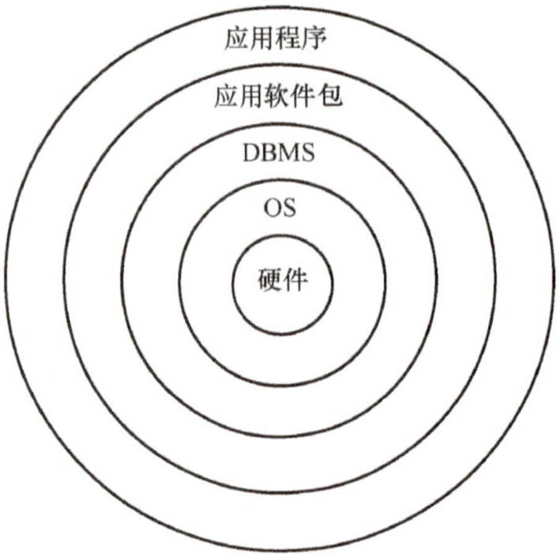

图 6-1　数据库系统的构成

数据库系统对硬件的要求是具有足够大的内存和外存用于存放操作系统、数据库管理系统、数据库的软件包和应用程序以及数据库的内容等。操作系统必须支持数据库管理系统的运行。数据库管理系统由一组软件组成，其功能与系统有关，较大的数据库系统要求管理功能必须全面和稳健。一般的数据库应具有以下功能：

（1）数据库定义功能：包括数据结构的定义、存储结构的定义、保密定义和信息格式定义。

（2）数据库管理功能：包括系统控制、数据存取以及更新管理、数据完整性和安全性控制、并发控制等。

（3）数据库创建和维护功能：包括数据库的创建、更新、再组织，数据库结构维护，数据库的恢复以及数据库的性能监视等。

（4）通信功能：包括与操作系统的信息交流、分析系统以及远程作业的输入接口等。

数据库管理系统（DBMS）通常由以下三部分组成：

(1) 数据描述语言及其翻译程序。数据描述语言(DDL)用于描述(定义)逻辑数据结构,即数据与数据之间的关系以及数据的密码、安全性、完整性等。DDL 又分为三个方面,即模式 DDL、子模式 DDL 和物理 DDL。模式 DDL 用于数据库全局逻辑数据结构的定义,包括所有数据元素的名字、特征及其相互关系。子模式 DDL 用于定义用户的应用程序所使用的局部逻辑数据结构。而物理 DDL 用于数据的物理存储方式的定义,描述数据在存储介质上的安排和存放、索引的建立以及数据的压缩等。

(2) 数据操纵(或查询)语言及其编译(或解释)程序。数据操纵语言(DML)是 DBMS 提供给应用程序员用于存储、检索、修改、删除数据库中数据的工具,有时又称为数据子语言(DSL)。

(3) 数据库管理例行程序。数据库管理例行程序可分为三大类,即系统运行控制程序、语言翻译处理程序、公用程序。它包括很多内容,如系统控制程序、数据存取程序、合法权检验程序、安全性和完整性控制程序、DDL 和 DML 翻译处理程序、终端查询语言解释程序、模式和子模式定义程序、数据库恢复程序、统计分析程序、编辑程序以及打印程序等。

6.1.2 数据模型和数据库的类型

数据库中存放着大量的数据,这些数据用于记录数据库的实体参数。相应的每一实体的数据称为记录,而每一个参数的数据称为数据项或由数据项组成的组项。实体内部的联系反映在数据上是记录内数据项之间的联系,实体间的联系反映在数据上是记录之间的联系。数据模型是指具有这种联系的数据结构形式以及有关的操作符和规则。

数据库的数据模型一般有以下四种:层次模型(hierarchical model)、网状模型(network model)、关系模型(relational model)、数据独立存取模型(data independence access model)。

采用不同的数据模型建立的数据库系统具有不同的特点,根据所采用的数据模型,数据库可分为三大类型,即层次模型数据库、网状模型数据库和关系数据库。

6.1.3 数据库的存取过程

数据库的数据存取过程可用图 6-2 表示,包括以下步骤:

(1) 用户程序向 DBMS 发出调用数据库的指令。

(2) DBMS 调用用户子模式找出有关记录的数据库描述。

(3) DBMS 取出模式,决定为了读取记录需要的数据类型和有关信息。

(4) DBMS 查看物理数据库描述决定读取哪个物理记录。

(5) DBMS 根据上一步的结果向操作系统发出寻找并读取记录的命令。

(6) 操作系统向物理设备发出读取指令。

(7) 操作系统将有关记录送向缓冲区。

(8) DBMS 根据模式和子模式决定应用程序所读取的逻辑记录。

(9) DBMS 将数据从缓冲区传送到用户工作区。

(10) DBMS 向用户提供信息。

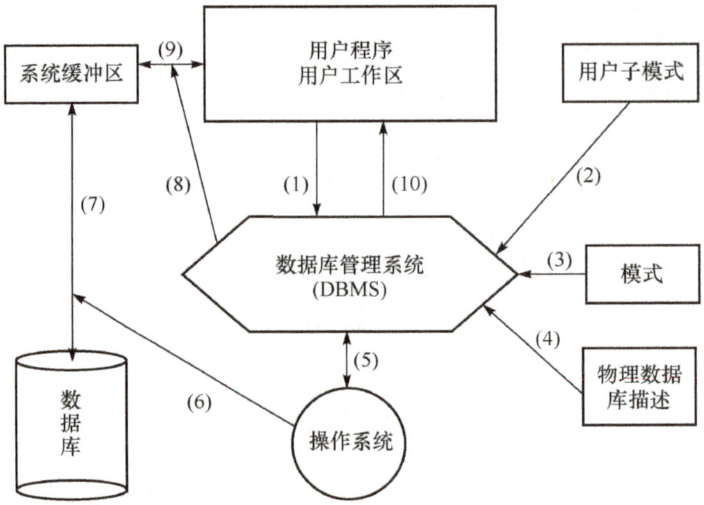

图 6-2 网状数据库系统的数据存取过程

6.1.4 化学信息数据库

目前已经有许多化学信息数据库，通过第 3 章的内容也可清楚地看出这一点，有包括各学科内容的大型综合数据库(如 NIST 数据库)，也有化学学科甚至化学学科中某一分支领域的数据库(如剑桥结构数据库、Brookhaven 蛋白质数据库、化学元素周期表、Web of Science 中 Chemistry Server 的化学反应数据库等)。在第 3 章中介绍的数据库都是上网的在线或非在线的数据库，可以通过 Internet 进行使用。还有一些没有上网的数据库，可以用光盘或磁盘安装在用户的机器上使用。有些数据库系统也可同时使用两种方式发行，以适应不同的用户，但光盘或磁盘方式的内容更新比较慢。

在化学信息数据库中，谱图库(UV、IR、NMR、MS 等)的建立与使用也是一个重要的组成部分。它可直接用于谱图的检索，也可为分析仪器的数据处理和计算机辅助结构解析服务。有综合的谱图数据库(包括 UV、IR、NMR、MS 中的两种或两种以上的谱图信息)，也有单一谱图种类的数据库，同时某些专业的工作者也建立了某化合物类别的谱图数据库，如农药谱图库、香料谱图库、天然产物谱图库等。表 6-1 为某些谱图库的简单介绍。

表 6-1 谱图数据库简介

数据库名称	内容简介
NIH/EPA/NBS	由美家国立卫生研究院(NIH)、环境保护局(EPA)和国家标准局(NBS)联合建立的质谱数据库
Wiley MS Data	由 Mclafferty 等收集组建的质谱数据库，谱图数目已超过 130 000 张
MSSS 系统	由 Heller 等在 NIH/EPA 建立的质谱数据库，它采用了单峰检索系统，是大型化学信息系统 CIS 的组成部分。该系统通过 Internet 向世界各地提供服务
PBM 系统	由美国康奈尔大学的 Mclafferty 小组研制的质谱数据库，拥有谱图 10 万张。该库提供国际查询
Masslib 系统	由德国马普学会煤炭所研制
ICMSIS 系统	由中国科学院化学研究所研制的质谱数据库，共包括六个子系统，具有很强的综合信息处理能力，可用单峰检索、全图匹配检索、标识信息(分子式、分子量、化合物名称、CAS 登录号等)自由组合检索等

续表

数据库名称	内容简介
ASES/MS 系统	由中国科学院大连化学物理研究所研制的质谱数据库，拥有 45 750 张谱图
BASF 系统	德国 BASF 公司建立的碳-13 谱图库，在 20 世纪 80 年代中期已拥有 50 000 张谱图。该系统除谱图信息外还包括与谱图对应的结构信息，它不仅具有谱图检索功能，还有结构解析的功能
NIH/EPA/CIS 系统	CIS(chemical information system)于 20 世纪 70 年代由 NIH 和 EPA 组建，它是一个综合信息系统，包括质谱、红外光谱、碳-13 谱等数据，还有 X 射线结晶学数据、化合物性质参数以及核酸序列等
DARC 系统	DARC(description, aquisition, retrieval and correction)系统是由法国巴黎第七大学研制的 NMR 谱图数据库，早在 20 世纪 70 年代已拥有 11 000 张碳-13NMR 谱图。在该系统中除一般的检索功能外，还具有基于碳-13 信息的人工智能系统
CIAC-碳-13 系统	该系统由中国科学院长春应用化学研究所研制，不仅含有文献谱图，同时收集了中草药和天然植物的碳-13 谱图，目前已拥有 16 000 张谱图
SPIR 系统	由 Jones 等研制的红外光谱图库，现由加拿大国家研究委员会科学和信息研究院等管理。SPIR 可通过网络检索
IRGO 系统	由 Craver 建立的拥有 150 000 张红外谱图的红外光谱数据库，该数据库可通过网络使用
IRIS 系统	由 Sadtler 实验室建立的红外光谱数据库，拥有 110 000 张谱图，可通过网络检索
COSMOSS 系统	由原南斯拉夫 Zupan 等研制的综合信息系统，其中红外光谱库拥有谱图 92 000 张
CISOC-IR 系统	由中国科学院上海有机化学研究所于 1979 年开始研制，1986 年拥有红外谱图 45 000 张

化学谱图库的建立需要考虑的主要问题是谱图质量的控制和谱图数据的压缩。质量控制主要指数据量和数据质量。数据量越全面越好，但对于专业数据库应注意专业内容，与专业无关的信息不应包括。数据质量主要是指数据的准确性(正确性)，仪器的不同、实验条件的不同造成的误差以及录入过程中的人为误差应由校验程序加以校正。质量评价最好采用数学模型方法，如质谱质量的评价采用了下列公式：

$$QI = \prod_{i=1}^{n} QF_i$$

式中，QI 为谱图质量指数；QF 为经验因子。例如，QF_1 为解离条件，与电离电压有关；QF_2 为高于分子离子峰的杂质峰的影响；QF_3 为不合理中性丢失；QF_4 为同位素效应；QF_5 为谱图中的谱峰数；QF_6 为低质量峰的影响；QF_7 为样品纯度。

谱图的简化和谱图数据的压缩是为了检出速度快和节省存储空间，有时还可以通过谱图简化减少谱图中的冗余信息，但同时不能降低谱图的真实性和可靠性。由于不同的谱图数据具有不同的特点，不同谱图数据的简化往往采用不同的方法。例如，对于质谱数据常采用简化下列方法。

(1) n 峰编码法：从谱图中选取 5～10 个最强峰并用某些特殊手段进行处理。这种方法不太科学但方法简单，易于实现。在此方法的基础上，Biamam 提出每间隔 14 个质量单位选取两个最强峰的方法，如在 6～19，20～33，…，区间内各取两个强峰，较好地解决了质量歧视效应。

(2) 抽取特征峰编码法：以离子裂解机理和质谱图的解析经验为依据，选择若干个峰作为谱图的表征。这种方法在考虑了中性丢失、奇偶质量离子分布等因素后可确立一系列原则由计算机实现特征峰的抽取。

（3）二进制编码法：对谱图中峰的强度限定一个阈值，以有峰为“1”，无峰为“0”，对质谱数据进行编码，用一个二进制的位串表示谱图。这种方法可节约大量的存储空间，但完全忽略了峰的强度，因此失真较大。

（4）数学编码方法：根据质谱数据的特点，采用纯数学的方法对谱图进行简化。

对于红外光谱图数据，一般采用加大采样间隔和主成分分析等方法。加大采样间隔会导致谱图分辨率的下降和谱图信息的丢失，但在一定的限度内还是可以保持信息的不变性。主成分分析是一种多元统计技术，它的原理将在后面的章节中介绍。主成分分析法是去除冗余信息，保留主要信息的良好数据简化方法。

无论是对于质谱数据库、核磁共振谱数据库还是红外光谱数据库，谱图库的检索方法均可分为两大类，即单峰(特征峰)检索和全图匹配(相似检索)。

（1）特征峰检索法。该方法首先根据子谱图-子结构具有相关性的一般原理对未知谱图的谱峰(质量数、化学位移、波数)进行检索，找出含有对应子结构的所有化合物，然后由计算机进行“交”运算，确定对应的化合物。

（2）相似检索法。特征峰检索法是一种精确、快速的检索方法，并且适用于各种谱图的检索。但在检索中往往会遇到因实验条件的不同、杂质含量不同等造成的谱图变化或要检索的谱图在库中根本不存在。这时，特征峰检索可能会失败，采用相似检索法找出相似的谱图是极为重要的。但相似检索法只能根据谱图的特点建立，不同的谱图库必须采用不同的检索方法。例如，中国科学院长春应用化学研究所许禄等提出的碳-13 核磁共振谱的相似性计算模型为

$$S=\frac{S_1}{S_2}$$

式中，S 为相似度；S_1 和 S_2 分别为

$$S_1=M_3(M_1M_2)^{1/2}$$

$$S_2=(1+1.2F)(1+0.8D)M_1M_2$$

其中

$$F=\frac{(M_1M_2-M_1M_3-M_2M_3+M_3M_3)}{M_1M_3}$$

$$D=\sum_{i=1}^{M_3}\frac{D_i^2}{(M_3^{3/2}T^2)}$$

式中，M_1 为未知化合物化学位移个数；M_2 为库中参考化合物化学位移个数；M_3 为位置谱和参考谱相同化学位移的个数；T 为给定的最大允许偏差；D_i 为位置化合物的某一化学位移与参考化合物第 i 个化学位移的差值。

可以看出，此方法将峰的个数和化学位移值两个参数作为相似度的根据。此方法中相似度 S 还取决于最大允许偏差 T，因为在 $D_i \leqslant T$ 时认为化学位移相同。同样两张谱图，T 不同时相似度有可能不同，一般来说 T 越大，S 也越大。

Zippel 提出的红外光谱匹配模型为

$$Q=0.7(Q_1Q_3)^{1/2}+0.3Q_2$$

其中

$$Q_1=1-\left(\frac{D}{2T}\right)^2$$

$$Q_2=\frac{1}{2}\left[\frac{(2S_U-N)N}{S_U^2}+\frac{(2S_L-N)N}{S_L^2}\right]$$

$$Q_3=(1-T_I)(R+T_I)$$

式中，S_U 为未知谱谱峰数；S_L 为已知谱（库中参考谱）谱峰数；T 为波数的最大允许偏差；T_I 为强度的最大允许偏差；N 为在 T 和 T_I 偏差下匹配的峰数；R 为两相应谱带的强度比；D 为所匹配信息对偶的平均距离。在此方法中 Q_1 主要表征了允许偏差下匹配信号间的距离关系；Q_2 体现了未知谱峰数和已知谱峰数与匹配峰数之间的关系；Q_3 主要描述了峰强度之间的关系；Q 的极大值为 1。

质谱图的相似检索比较复杂，一般采用两级检索方式，在一级检索（或称预检索）中采用较为简单的相似性计算公式，或采用较高强度的几个谱峰计算相似性，快速地筛选出具有一定相似性的候选化合物。然后，在二级检索（或称主检索）中，采用比较复杂但更精确的相似性计算方法从一级检索筛选的化合物中进行进一步筛选。

对于综合谱图系统，一般采用多种检索的逻辑组合。例如，首先进行质谱检索，然后进行红外光谱检索，最后保留两种检索中同时出现的化合物。另外，作为谱图数据库系统，还应该包括其他的检索功能，如化学名称检索、分子式检索、杂原子检索、分子量检索以及结构与子结构检索等。

6.2 化学人工智能与专家系统

6.2.1 人工智能

智能(intelligence)是指在给定条件下正确运用知识的能力，它是各种能力的总和。智能与知识有明显的不同，知识是一个人所积累的有用信息，而智能是一个人有目的地以较好的方式运用知识的能力。人工智能(artificial intelligence)是指用机器（计算机）模拟人类的智慧行为运用知识解决实际问题的能力。人工智能的研究内容包括自然语言理解、智能数据库、专家系统、定理自动证明、自动程序设计、机器人、感知等。

在化学研究中的人工智能称为化学人工智能，它主要研究化学知识的编码，并利用这些知识实现化学问题的自动求解，从而使化学思维过程系统化、完备化而具有更高的效率。化学人工智能在化学领域中已有许多研究并取得了良好的研究结果，如计算机辅助教学、计算机辅助结构解析、计算机辅助合成设计等。

简单地说，人工智能＝知识库＋推理方法。因此，化学人工智能的核心问题有以下几个方面：①化学知识的模型化和表示方法；②知识库的建立与搜索方法；③推理、演绎和求解方法；④程序设计语言和技术。

6.2.2 专家系统

专家系统(expert system)是人工智能的重要分支，它利用人工智能技术，根据一个或多个人类专家提供的某领域的知识和经验进行推理和判断，模拟人类专家做决定或决策的过程来解决复杂的实际问题。专家系统是一个智能程序系统，它具有大量的专家水平的某领域的知识和经验，并能利用人类专家的可用的知识和解决问题的方法来解决该领域的实际问题。

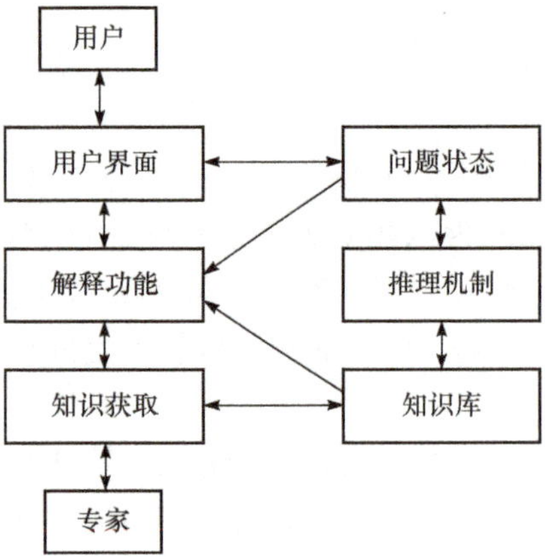

图 6-3　专家系统的基本结构

一个完整的专家系统可用图 6-3 表示。专家系统的处理对象是知识，知识存放在知识库中，知识库中知识的完整性、准确性及其存储与组织结构决定了专家系统的性能。推理机制利用知识库中的知识改变问题的状态，直到达到目标状态。专家系统的一个主要特征是知识库本身与推理机制部分相互独立，这样便于对知识库的扩充、修改和维护。另外，专家系统具有解释其推理路线的功能。

专家系统在化学中的应用极其广泛，除比较著名的计算机辅助结构解析、计算机辅助有机合成等应用外，在分离科学、分析方法的选择、仪器控制等方面也有非常成功的应用。例如，在分离科学中，专家系统应用于高效液相色谱(HPLC)的实验条件选择、淋洗剂的选择、检测器的推荐、天然化合物的分离等，效果非常显著。中国科学院长春应用化学研究所进行了卓有成效的稀土萃取分离专家系统的研究。同一样品的分析可以选用不同的分析方法，由于方法不同，所产生的效果也不同。文献中报道的专家系统主要是根据样品性质来推荐应该采用的方法，如药物的分析和各类样品的表面分析等。另外，专家系统在仪器操作性能的优化、故障的诊断和排除(如质谱仪真空系统故障的诊断、四极质谱性能的调优及电分析过程的改善)等方面的应用均有文献报道。

6.2.3　知识库

知识库是数据库的发展，它们的不同之处在于数据库把数据集中起来便于数据的查询和更新，而知识库是把解决问题的规则(具有因果关系的数据)分类集中起来，为推理机制服务。与数据库管理系统一样，数据模式决定数据库的结构，在知识库中推理模式和知识表示方式决定知识库的结构。因此，在建立知识库时，首先确定知识表示方式，定义知识表示语言并建立相应的编译程序。知识表示方式决定知识库的数据结构，知识表示语言用于知识的计算机描述，而编译程序用于知识数据的内部和外部表示的转换。

目前已有许多知识表示方法，如逻辑表示模式、过程表示模式、语义网络模式、框架表示模式、产生式表示法等。下面以逻辑表示模式对知识的表示进行简单的说明。

逻辑表示模式首先将事实用命题和谓词两种方式表示。命题指只有“真”和“假”两种可能的事实，如“某基团是甲基”、“某红外光谱在 $1719cm^{-1}$ 有吸收”等。命题可以用逻辑关系词组合成复合命题。例如，命题 P 为“某红外光谱在 $1719cm^{-1}$ 有吸收”，命题 Q 为“某红外光谱在 $2962cm^{-1}$ 有吸收”，则 P^Q 表示“某红外光谱在 $1719cm^{-1}$ 和 $2962cm^{-1}$ 有两个吸收峰”。“^”为逻辑关系词“与(合并)”。谓词用来描述实体的性质或关系。例如，“丙酮的红外光谱在 $1719cm^{-1}$ 有吸收”可用 P(acetone)表示，“b 和 c 相等”可用 $E(b,c)$表示，“$z=x+y$”可用 $A(z,x,y)$表示等。

利用上述定义可对知识进行描述。例如，若 $E(b,c)$表示“$b=c$”，则 $E(x,y)$^$E(y,z)\rightarrow E(x,z)$表示“若 $x=y$ 且 $y=z$，则 $x=z$”(“→”为逻辑关系词“蕴涵”)。大量的知识(事实或规则)描述构成了知识库。

【例 6-1】 知识库——识别 7 种动物的知识库。

规则 1

如果:动物有毛发

则:该动物为哺乳动物。

规则 2

如果:动物有奶

则:该动物为哺乳动物。

规则 3

如果:动物有羽毛

则:该动物为鸟。

规则 4

如果:动物会飞且会下蛋

则: 该动物是鸟。

规则 5

如果:动物吃肉

则: 该动物是食肉动物。

规则 6

如果:动物有犬齿且有爪且眼盯前方

则: 该动物是食肉动物。

规则 7

如果:动物是哺乳动物且有蹄

则: 该动物是有蹄类动物。

规则 8

如果:动物是哺乳动物且是反刍动物

则: 该动物是有蹄类动物。

规则 9

如果:动物是哺乳动物且是食肉动物且是黄褐色的且有暗斑点

则: 该动物是豹。

规则 10

如果:动物是黄褐色的且是哺乳动物且是食肉动物且有黑条纹

则: 该动物是虎。

规则 11

如果:动物有暗斑点且有长腿且有长脖子且是有蹄类动物

则: 该动物是长颈鹿。

规则 12

如果:动物有黑条纹且显有蹄类动物

则: 该动物是斑马。

规则 13

如果:动物有长腿且长脖子且是黑白色的且是鸟且不会飞

则: 该动物是鸵鸟。

规则 14

如果:动物是鸟且不会飞且是黑白色的且会游泳

则:该动物是企鹅。

规则 15

如果：动物是鸟且善飞

则：该动物是信天翁。

【例 6-2】 知识库——USTC 计算机辅助有机合成系统 DOSP(design of organic synthetic pathways)中知识库的构成。

基于知识库的计算机辅助有机合成系统是利用预先存放在知识库中的有机化学反应知识进行推理得出合理的合成路线。为了处理有机合成反应知识，针对有机合成反应的特点与一般规律，在 DOSP 系统中定义了一种用于描述合成反应知识的形式语言——反应知识描述语言(reaction knowledge describe language, RKDL)。它包括以下信息：

RULE NAME	规则名
REACTION TYPE	反应类型
KEYNODE	关键节点集合
SUBSTRUCTURE	关键子结构
FORBIDDENT	禁阻条件
PRESENCE	必须存在条件
COEXIST	共存条件
PROPOSAL	权重修改
TOPOLOGICAL OPERANDS	拓扑操作
YIELD	产率
RANK	初始权重
CONDITION	反应条件
CF	参考文献

DOSP 系统采用的是反向推理机制，有机合成反应知识是以变换的形式表示的，即知识的前提部分为关键子结构，结论为其前体。每一规则(变换)代表一类通用的合成反应，通过对这一类反应进行归纳、整理，提出一种能表达这类反应一般规律的通用模式。以下是 Diels-Alder 反应合成具有环己烯环的 RKDL 描述：

```
RULE NAME:DIELS-ALDER
REACTION TYPE:CYC
KEYNODE:C=C
SUBSTRUCTURE:C=C(C)4;1,6
FORBIDDENT:4-OH! NH2! O-C
5-OH! NH2! O-C
END
PRESENCE:
END
COEXIST:
END
PROPOSAL:4-C(=O)-O-C! C=O! C#N! NO2> 50&5-C(=O)-O-C! C=O! C#N! NO2> 50
1-C> -50&2-C> -50&1-OH! NH2! 50
END
TOPOLOGICAL OPERANDS:
CUT:3,4&5,6             {切断键 3-4 和 5-6}
SINGL:1,2               {键 1-2 改为单键}
```

```
 DOUBLE:1,6&2,3&4,5    {键 1-6,2-3,4-5 改为双键}
END
YIELD:90
RANK:100
CONDITION:IN THE PRESENCE OF LIGHT OR HEAT
CONDITION:THIS REACTION IS STEREO SELECTIVE
CF:S.WARREN,"DESIGNING ORGANIC SYNTHESIS",1978.
CF:M.ORCHIN ET AL,"THE VOCABULARY OF ORGANIC CHEMISTRY",1980.
```

这条规则所代表的化学意义如图 6-4 所示。它表示如果目标分子中含有子结构 A,则利用 Diels-Alder 变换规则对目标分子进行拓扑变换后,子结构 A 变为 B 和 C 两部分,目标分子的其他部分不变,而实际上是由 B、C 反应生成 A。

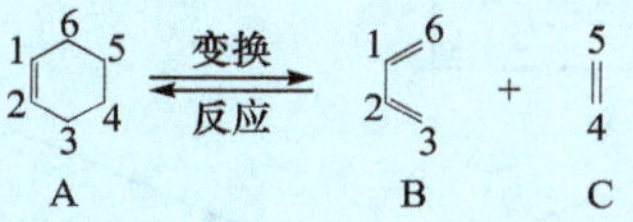

图 6-4　Diels-Alder 变换规则的化学意义

6.2.4　推理方法

在人工智能方法中负责推理的程序称为"推理机",它的任务是模拟人脑的行为,即根据用户提供的事实利用知识库中的知识通过推理得到问题的答案。推理方法可分为两类,即正向推理和反向推理。在实际工作中,某些问题可能采用正向推理或反向推理较为理想,但对于复杂问题往往两者都要使用。

正向推理的过程可用图 6-5 描述,其主要过程如下:

(1) 根据用户提供的事实,建立推理数据库。

(2) 推理机用推理数据库中的事实与知识库中的规则的前提进行匹配。

(3) 把匹配成功的规则的结论部分作为新的事实加入推理数据库中。

(4) 再用更新后的推理数据库中的所有事实重复第(2)和第(3)步,直到得出结论或不再有新的事实加入数据库中。

反向推理的过程可用图 6-6 描述,其主要过程如下:

(1) 由用户或系统提出一批假设。

(2) 查看假设是否存在于数据库中,若存在则假设成功,推理结束或进行下一个假设的验证,否则进行下一步。

(3) 判断这些假设是否是证据节点,若是,系统提问用户,否则进行下一步。

(4) 找出结论部分包含此假设的规则,把这些规则的所有前提作为新的假设。

(5) 重复第(2)、(3)、(4)步。

根据推理的准确性,推理方法又分为精确推理和不精确推理。在精确推理中,领域知识表示成必然的因果关系和逻辑关系,推理的结论或是肯定的或是否定的,或根据某一设定的阈值得到肯定或否定的结论。但在某些推理中,证据不一定是肯定的,推理的规则也不是肯定的,只能给出肯定(或否定)的可能性大小,多个证据和规则的可能性的组合构成的结果也只能是一个表明可能性的值。这种推理称为不精确推理。

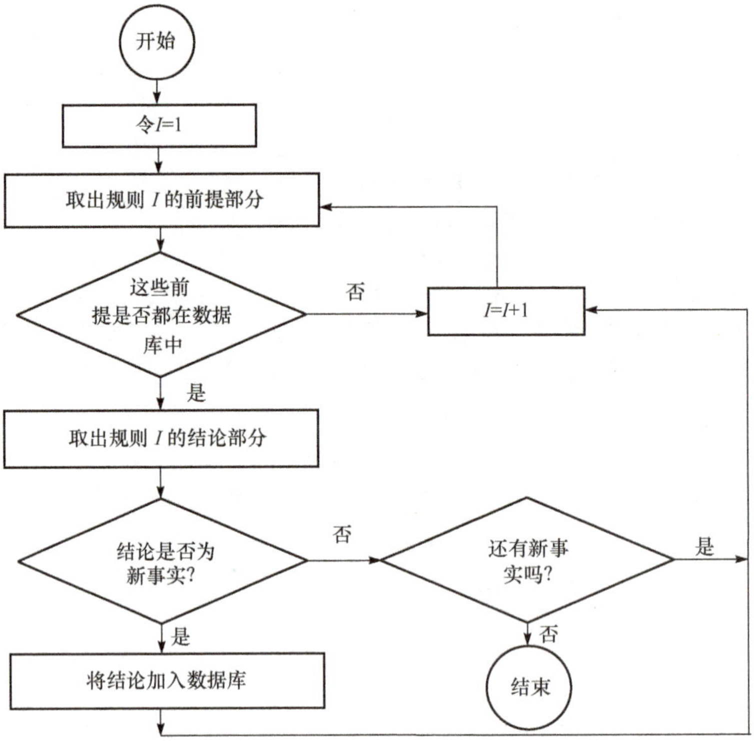

图 6-5　正向推理的过程

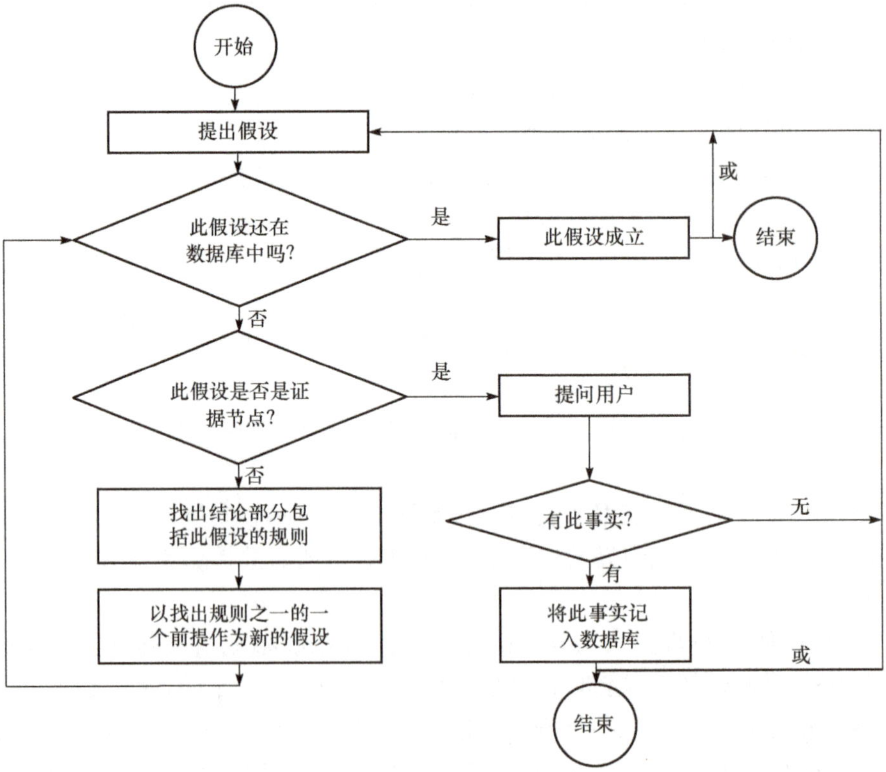

图 6-6　反向推理的过程

6.3　计算机辅助结构解析

世界上第一个专家系统诞生于化学领域，即著名的 DENDRAL 系统（由美国斯坦福大学开发）。该系统利用低分辨率质谱和核磁共振谱进行有机化合物的结构解析，是一个结构解析专家系统。日本佐佐木慎一等研制的 CHEMICS 系统也是较著名的有机结构解析系统。几十年来，在这一领域涌现出一大批专家系统（表 6-2）。

表 6-2　有机化合物结构解析专家系统

系统	作者	国别	谱图信息
DENDRAL	J. Lederberg	美国	MS, ^{13}C-NMR
CHEMICS	佐佐木慎一等	日本	MS, ^{13}C-NMR, ^{1}H-NMR, IR
CASE	M. E. Munk 等	美国	IR, ^{13}C-NMR
PAIRS	H. Woodruff 等	美国	IR
STREO	L. A. Gribov 等	原苏联	MS, ^{13}C-NMR, ^{1}H-NMR, UV
CARBON	J. Zuoan 等	原南斯拉夫	^{13}C-NMR
ESESOC	许禄等	中国	^{13}C-NMR

6.3.1　结构解析系统的构成

较全面的结构解析专家系统应有如图 6-7 所示的基本组件，其中知识库和结构发生器是最重要的核心组件。

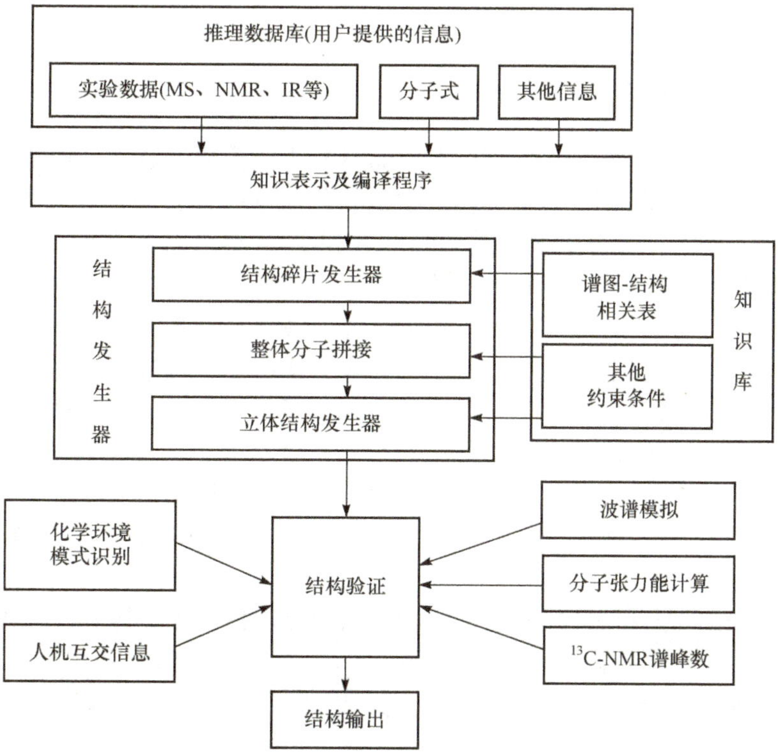

图 6-7　结构解析专家系统的框图

知识库的主体内容为由谱图-结构的相关性所产生的约束条件，谱图信息包括 MS、^{13}C-NMR、^{1}H-NMR、^{2}D-NMR、IR、UV 等。化学反应信息、化合物的结构信息等有时也被加入知识库中。知识库的作用是指导(或约束)结构发生器结构碎片集的产生和整体结构的拼接。

结构发生器的作用是根据用户提供的事实和知识库中的约束条件(或规则)产生一系列的结构碎片并进行整体组装，有时需要产生立体结构异构体。

6.3.2 结构解析的工作过程

从图 6-7 可以看出，结构解析主要分为以下几个步骤：

(1) 实验数据和其他已知条件的输入。用知识表示语言表示实验数据和其他已知条件并由编译程序翻译为系统可读的内部表示形式。

(2) 候选化合物的生成。该过程包括三个步骤：①根据输入的信息(实验数据、其他已知条件)和知识库中的规则(谱图-结构相关规则)产生结构碎片集；②在结构碎片集的基础上再利用知识库中其他约束条件进行分子结构的整体拼接，生成完整的候选化合物分子；③在某些情况下，再根据候选化合物的分子结构及知识库中的约束条件产生立体异构体。

(3) 候选化合物的结构验证。由第(2)步产生的候选化合物往往不是唯一的，通常为一组化合物。结构验证就是利用各种手段，如波谱模拟、分子张力能以及人机交互信息等，从候选化合物中排除不合理结构，选出最符合输入条件的合理的结构。

6.3.3 结构解析中的有关技术

在计算机辅助结构解析中有许多关键技术需要解决、如知识库如何建立、如何划分结构碎片(子结构或亚结构)、如何进行子结构-子光谱的相关性统计、如何由子结构拼接为整体分子以及结构验证的方法等。

1. 子结构的定义及编码

子结构的定义和编码对数据库的建立和检索具有十分重要的意义。例如，在^{13}C-NMR 库中，研究子结构(也称亚结构)与^{13}C-NMR 化学位移相关性的首要问题是对子结构进行定义。其中有两个因素要考虑：一是子结构要尽可能地大和全，才能包含更多更全面的信息；二是子结构要便于计算机存储和管理。这两个因素是相互矛盾的。

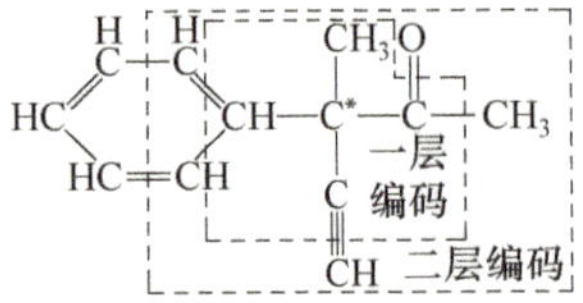

图 6-8　一层和二层子结构示意图

图 6-8 为一层和二层子结构编码的说明。标记“*”的原子为任取的中心原子，很显然，一层子结构化学环境的描述没有二层子结构充分，但是一层子结构的集合比二层子结构的集合小得多。这是因为，若子结构小到元素时，有机化合物中常见的有 C、H、O、N、P、S、F、Cl、Br、I 等十余种。随着子结构的增大，其子结构的数量将会迅速增长。

例如，在 ESESOC 系统中采用一层编码和二层编码两种方法。其中一层编码采用了下列方案：

(1) 碳原子：碳原子分为五类，sp^3、sp^2、sp、芳香碳、端基碳(甲基)碳原子分别表示为 CC、CD、CT、AC 和—CH_3。

(2) 氮原子：和碳原子相类似，sp^3、sp^2、sp、芳香氮原子，分别表示为 N、ND、NT 和 AN。

(3) 其他原子的键属性。

(4) 若一官能团与中心原子邻接，则把它作为一个整体考虑，即为一种化学环境。

(5) 对所选子结构，按一定规则，以一串字符线型表示。

运用上述规则，图 6-8 中 C* 原子及其近邻化学环境所构成的子结构为

$$CC(—CO)(—AC)(—CT)(—CH_3)$$

在 ESESOC 系统中，精选 4000 多个有机化合物中常见的一层编码的子结构，并以数据文件形式存入计算机，以构成子结构表。

子结构在计算机中可以顺序存储，即形成原始顺序文件。为了检索和统计上的需要，则应将子结构进行数值编码，并以这些码值作为关键字去形成关键字索引文件，以利于计算和管理。对于该类子结构数值编码的要求是唯一性要好，即不同的子结构应对应不同的码值，为此，在 ESESOC 系统中采用一套加权处理的码值计算方法。

(1) 原子码值的确定。将周期表中的元素符号按字母顺序排列，则每一元素得一个 ID#。ID# 乘以 1000，并且加上所赋予它的权数即为一原子的码值。

(2) 加权处理。对同一原子的不同键属性采用加权处理：①对碳原子的五种成键类型，即—CH_3、CC、CD、CT、AC 序列进行加权处理，首先选定权数，之后取比前一个权值大 3 倍的最小奇数作为当前权数，基数选取为 5。②对氮原子不同键属性序列 N、ND、NT、AN 采用与碳原子同样的加权方法，但基数选定为 2；③其他原子，由于在有机化合物中的成键类型较少，所以权数均定为 13。

按上述规则，有机化合物中 10 种常见元素及 C、N 的成键序列的权数和码值如下：

元素	H	O	P	S	F	Cl	Br	I	C	N
序号	38	64	66	81	31	20	14	44	15	56
权数	13	13	13	13	13	13	13	13		
码值	38 013	64 013	66 013	81 013	31 012	20 013	14 013	44 013		

碳序列	—CH_3	CC	CD	CT	AC
权数	5	17	53	161	485
码值	15 005	15 017	15 013	15161	15 485

氮序列	N	ND	NT	AN
权数	2	7	23	71
码值	56 002	56 007	56 023	56 071

(3) 子结构码值的计算公式为

$$F(i)=\sum_{j=1}^{6}[C(i)+N(i,j)]\times B(i,j)$$

式中，$F(i)$为第 i 个子结构的码值；$C(i)$为第 i 个子结构的中心的码值；$N(i,j)$为与第 i 个子结构的中心相连的第 j 个化学环境的码值；$B(i,j)$为第 j 个化学环境之间的连接键。连接键的数值为：单键，1；双键，3；叁键，5；芳香键，7。若与中心原子相连的子结构为一官能团，则首先计算其码值。图 6-8 中以 C* 为中心的子结构，CC(—CO)(—AC)(—CT)(—CH_3)的码值

计算过程为：由于与 C* 紧邻化学环境中有一个官能团—CO，所以需要首先计算其码值（设在结构中编号为 1）$N(1,1)=(15\ 053+64\ 013)\times3=237\ 198$，该子结构的码值 $F(1)=(15\ 017+237\ 198)\times1+(15\ 017+15\ 485)\times1+(15\ 017+15\ 161)\times1+(15\ 017+15\ 005)\times1=342\ 917$。

2. 子结构-子光谱相关性统计

在知识库的波谱数据库中存储着两类信息，其中一类为化合物的谱图信息，另一类为化合物的结构信息，这两类信息中的化合物一一对应。以 ^{13}C-NMR 数据库为例，化合物中的任一碳原子均有指定的化学位移与之相对应。由这些信息可对每一子结构进行化学位移的统计，从而得到相应于某子结构化学位移的最大值、最小值、平均值及其方差等，即子结构-子谱图相关表。对于一未知化合物，由其相关表进行检索，可得一子结构集。该集合可用于此未知物结构片段生成和整体结构对接过程中的约束条件。

3. 结构碎片发生器

结构碎片（子结构）的生成有许多方法，不过一般都是由分子式（可由质谱得到）出发，运用一定的算法和编码规则生成结构碎片集，再结合子结构-子谱图相关表以及其他一些约束条件，确定可能存在的结构碎片。

4. 整体结构拼接

整体结构拼接（或对接），即由结构碎片演绎出一个完整的化合物结构式，是结构解析专家系统的核心部分。一般来说整体结构拼接应满足四项要求：①穷举性；②非冗余性；③有效性；④能够接受各种规则（包括人机交互所提供的信息）的约束。整体结构拼接的具体做法一般是根据结构碎片排列组合再根据一定的约束条件排除不合理的结构。

5. 结构验证

由结构发生器所得到的整体结构，即候选化合物一般不是唯一的，通常为一组化合物。对候选化合物进行诸种处理，以期得到各候选化合物与已知条件的一致性评估，即为候选化合物的确证。

关于候选化合物的确证并无固定的方法。原则上讲，凡是对候选化合物确认有效的方法均可采用。例如，在中国科学院长春应用化学研究所许禄等建立的系统中主要采用了图 6-7 中的方法，即碳-13 谱峰数、碳-13 波谱模拟、分子的应力指数计算和人机交互信息。

6.4 计算机辅助合成设计

6.4.1 计算机辅助有机合成

1. 有机合成专家系统介绍

有机合成设计是一项需要高度智慧的工作，它要求化学家不仅具有极其丰富的化学结构知识、化学反应知识，还要具有极其灵活而巧妙地运用这些知识的能力，因此，常称有机合成是一门艺术，而它从艺术到科学的发展经历了 30 多年。1964 年化学家 Corey 将人工智能中的通用问题求解方法应用于合成路线的分析，即合成子法（synthon），建立了反向分析合成设计的逻辑体系，并在他的主持下，在美国哈佛大学建立了第一个，后来成为著名的计算机辅助合成设计系统 LHASA，将人们从凭自己的经验和直觉来进行有机合成设计的原始方式推到用逻辑和启发的方式进行合成分析的阶段。当然它发展的动力来源于以下几个因素：基本有机反应类型的机理已弄清，立体化学及构象分析日益成熟，结构分析技术的提高，色谱及分离技术的完善，新的合成试剂大量出现。

由于计算机辅助有机合成在分子设计和药物设计方面具有十分重要的意义，从 20 世纪 60 年代开始就陆续有科学家、化学公司和药物公司从事此方面的研究工作，并已逐渐发展成为一种软件产业，即分子设计和化学设计。在国际上，领导这一软件产业潮流的有三家实力雄厚的公司，即英国的 Chemical Design Ltd、美国的 Molecular Design Co. 和 Tripos Associates。目前已有许多著名的合成路线设计专家系统，见表 6-3。除表中所列的系统外，文献上还报道过许多类似系统，表 6-4 列出了一些合成设计系统的名称及系统名称的扩展。中国科学技术大学计算化学研究室于 1986 年开始提出并初步实现了 USTC 计划，其中包括有机合成设计系统(DOSP)，作者曾参加了这项研究。

表 6-3　合成路线设计专家系统介绍

系统名称	主要设计者	主要特征
SOS	R. Barone	重点是有机杂环化合物分子的合成路线设计，结构以连接表表示
TORONTO	M. Bersohn	多步合成系统，结构以连接表表示，反应表示为对连接表的操作
CAMEO	W. L. Jorgensen	采用正向推理，主要用于反应机理的预测
CICLOPS，EROS，ASSOR，IGOR	I. Ugi，J. Gasteiger	分子以 ***BE*** 矩阵表示，矩阵的差别表示反应，利用数学进行推理，也可进行反应性能预测
OCSS，LHASA	E. J. Corey	一步合成系统，是目前较完善的系统之一，已得到广泛应用
PASCOP	F. Choplin	与 SECS 类似，重点对象是有机磷化学
SCANMAT		
SCANSYNTH	Z. Hippe	采用正、反双向推理，该系统还可作为反应检索系统
SECS	W. T. Wipke	与 LHASA 类似，但强调了立体化学
SYNCHEM	H. L. Gelernter	一步合成系统，分子以连接表与 WLN 表示，可进行双向推理
SYNCHEM2		
SYNGEN	J. B. Hendrickson	利用“半反应”表示反应，对合成反应进行归纳，并作了特殊分类

表 6-4　有机合成设计系统名称

系统名称	系统名称扩展
CADOS	computer assisted design for organic synthesis
CAMEO	computer assisted mechanistic evaluation of organic synthesis
CASP	computer aided synthesis planning
CHAOS	computerization and heuristics applied to organic synthesis
CHIRON	chiral synthons
COMPASS	computer-assisted synthesis
COSYMA	conception de syntheses par une methode analogique
EROS	elaboration of reactions for organic synthesis
GENSEQ	generation of symbolic equations
GRAMS	generateur de reseaux pour l'apprentissage de methodes de synthese
ICAR	investigation of carbocationic rearrangements

续表

系统名称	系统名称扩展
LHASA	logical heuristics applied to synthesis analysis
MADOR	mechanistic approach to design of organic reactions
PASCOP	programme d'aide a la synthese en chimie organique et organophosphoree
PETRA	parameter estimation for treating reactivity applications
POLCYC	polycyclics
RAIN	reaction and Intermediates network
RDSS	reaction design by syntron substitution
RICON	description of ring conformations
SECS	simulation and evaluation of chemical synthesis
SOS	synthese organique simulee
SPARC	synthesis pathways for aromatic compounds
SST	starting material selection strategies
SYNCHEM	synthetic chemistry
SYNGEN	synthesis generator
TOPSYM	topological symmetry
TOSCA	topological synthesis design by computer application
WODCA	workbench for the organization of data for chemical applications

2. 合成设计系统的分类

有机合成系统可分为如图 6-9 所示的几种类型。根据系统推理机制的差异可分为两类：反合成型(retrosynthetic)与合成型(synthetic)，也称为反向型与正向型。反向型系统从目标分子(target molecule，TM)出发，利用知识库中的反应对 TM 进行变换，得出其前体，然后将前体化合物当成新的 TM，得出前体的前体，直到前体是可以获得的原料为止。这类系统是基于 Corey 教授所提出的合成子(synthon)法。正向型系统由起始原料(starting material)出发，得出合成路线，CAMEO 系统属于正向推理型。还有另一类系统，可进行双向推理。例如，SYNCHEM 系统，其正向推理的产物成为反向推理的起始原料，而反向推理的前体化合物则是正向推理的目标分子，采用双向推理可以更快地得出合成路线。

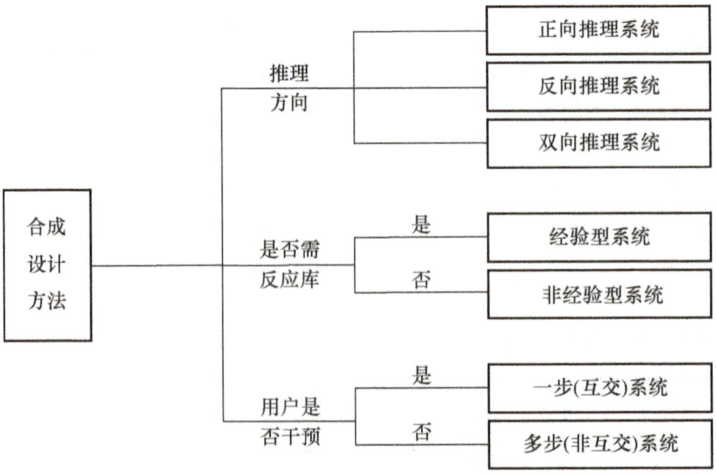

图 6-9　有机合成路线设计方法的分类

根据合成设计系统是否需要用到已知反应知识库，可分为经验型(empirical)与非经验型(nonempirical)两类，经验型系统应用已知反应知识库，又称为基于知识的合成设计系统，经验型系统的代表有 LHASA、SECS、SYNCHEM 等；而非经验型系统无需已知反应知识库，它们基于物理参数，对有机反应进行纯数学的处理，因此又称为基于物理参数的合成设计系统，如 CICLOPS、EROS、SYNGEN 系统。目前，经验型系统比较完善、实用；而非经验型系统目前只有理论上的意义，很少有实用价值，因为它所给出的反应可能性太多，筛选困难，但有可能发现新的反应或化学家难以考虑到的反应。

根据程序运行过程中是否需要用户的干预，又可分为一步(one step)与多步(multi-step)程序。一步合成程序运行时，由用户确定合成策略并选择对何种前体进行进一步研究，最有代表性的是 LHASA 系统。多步合成程序运行时无需用户干预。用户只需输入目标分子，程序自动完成合成设计，如 SYNCHEM 系统等属于这种类型。一步合成系统灵活性大，随时可以将用户的想法告诉计算机。多步合成系统还需发展更为有效的、评价反应优劣的“评价函数”。一步合成系统又称为人机交互式(interactive)系统，而多步合成系统又称为非人机交互式(non-interactive)系统。

3. 有机合成设计系统的工作原理

1) 经验型合成设计系统

LHASA 是这类系统的典型代表，知识库中存放的反应是以变换(transform)形式表达的。知识库中的一个规则(变换)表示一类通用的合成反应，这些变换是以一种化学家容易看懂的形式书写的，LHASA 系统的知识表示语言称为 CHMTRN(chemistry translator)。每一个变换包括以下信息：①名称；②为实施此变换，目标分子中必须存在的关键子结构；③此反应的应用范围与局限性，并强调反应中心邻近基团的影响；④初始权重、反应条件与参考文献；⑤产生前体化合物所必需的结构变换语句等。为此，研究者设计了将这种知识表示语言翻译成机器可读形式的程序，并将这些信息存入反应知识库中。

程序运行时，从知识库中找出关键子结构能与目标分子 TM 匹配的变换，如果匹配成功，即可对 TM 实施此变换，产生一个或多个与此变换对应的前体化合物，而这些前体化合物就成为下一步合成设计的目标分子。在每一步合成中，可能有一个以上的变换符合要求，即变换所要求的关键子结构与 TM 匹配，因而必须确定下一步合成选择何种前体化合物。在 LHASA 与 SECS 系统中，由用户自己选择有希望的前体化合物作为下一步合成的 TM，即一步合成系统。而在 SYNCHEM 系统中，前体化合物的选择是由程序本身完成的，选择前体的标准包括反应产率与权重以及由原料合成此前体(正向合成的 TM)的可行性大小。SYNCHEM 系统有一个很大的原料库，来源于 Aldrich 的商品目录。SYNCHEM 的新版本，SYNCHEM2 系统不用原料目录，而是定义了一系列终止合成设计的标准。SYNCHEM2 系统实现了多重匹配算法，可同时对一个 TM 的不同部位实行同一变换，系统在运行时不需要用户干预，因而是多步合成系统。

系统的运行结果以合成树(synthesis tree)的形式表示，如图 6-10 所示。树的根节点代表目标分子，其他节点均代表一个由系统产生的前体化合物，无后代的节点代表原料，节点间的连接关系代表合成路径，合成树中的节点号是以深度优先(depth first)方法进行编号。LHASA 与 SECS 可在程序进行的任何阶段显示合成树，而 SYNCHEM 只能在程序处理结束后才能显示合成树。

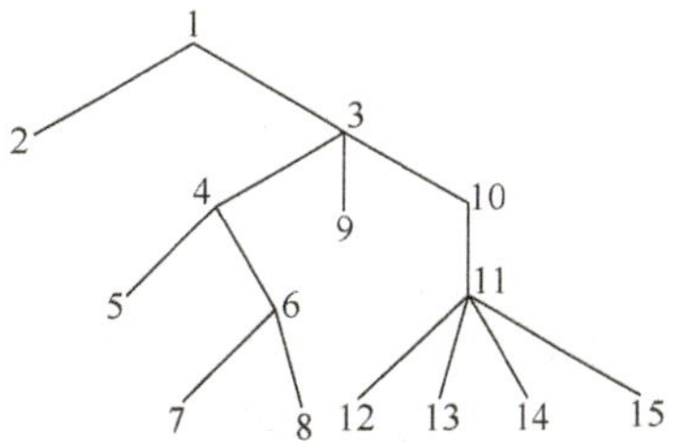

图 6-10　合成树示意图

2）非经验型合成设计系统

由 Ugi 和 Gasteiger 等开发的 CICLOPS、EROS、ASSOR 和 IGOR 程序以及由 Hendrickson 等开发的 SYNGEN 程序均属于非经验型程序。

Ugi 等采用了一套独特的方法处理合成设计问题。他们用 ***BE*** 矩阵（bond-electron matrix）表示反应物与产物分子结构，矩阵每一行与每一列代表一个原子，如果一个分子共有 n 个原子，则分子由一个 $n\times n$ 方阵代表。化学反应可用数学式表示为 $\boldsymbol{B}+\boldsymbol{R}=\boldsymbol{E}$，$\boldsymbol{R}$ 称为反应矩阵（reaction matrix），是一个对称矩阵，对角元素表示第 i 号原子自由电子数的变化，而非对角元素 r_{ij} 表示第 i，j 两原子间的断键(-1)与成键(1)情况。对于 ***R*** 矩阵，有一系列分类标准，如图 6-11 所示。***R*** 矩阵是无须用已知反应库来实现的，因而所产生的合成路线可能与已知的合成反应相吻合，也可能是尚未被发现但又是可能的反应，另一些反应则可能是根本不可能的反应。EROS 发展了一整套评价与预测反应的标准，如利用热化学数据计算由前体合成目标分子所需的能量。这个系统还可用于研究反应机理、预测反应产物（因为 EROS 系统可进行双向推理），对反应进行分类与检索，并可研究结构与反应性能之间的相关关系。

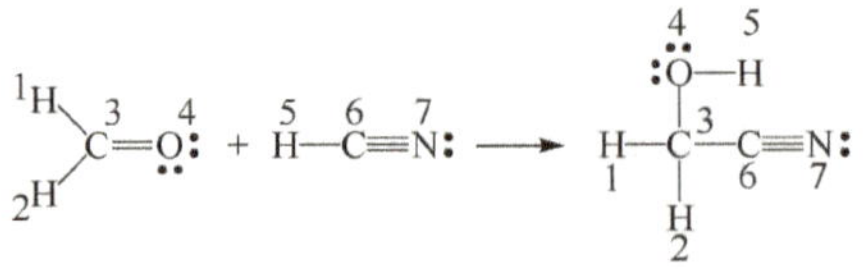

起始原料A　　起始原料B　　产物

$$
\begin{bmatrix}
0 & 0 & 1 & 0 & 0 & 0 & 0\\
0 & 0 & 1 & 0 & 0 & 0 & 0\\
1 & 1 & 0 & 2 & 0 & 0 & 0\\
0 & 0 & 2 & 4 & 0 & 0 & 0\\
0 & 0 & 0 & 0 & 0 & 1 & 0\\
0 & 0 & 0 & 0 & 1 & 0 & 3\\
0 & 0 & 0 & 0 & 0 & 3 & 2
\end{bmatrix}
+
\begin{bmatrix}
0 & 0 & 0 & 0 & 0 & 0 & 0\\
0 & 0 & 0 & 0 & 0 & 0 & 0\\
0 & 0 & 0 & -1 & 0 & 1 & 0\\
0 & 0 & -1 & 0 & 1 & 0 & 0\\
0 & 0 & 0 & 1 & 0 & -1 & 0\\
0 & 0 & 1 & 0 & -1 & 0 & 0\\
0 & 0 & 0 & 0 & 0 & 0 & 0
\end{bmatrix}
\rightarrow
\begin{bmatrix}
0 & 0 & 1 & 0 & 0 & 0 & 0\\
0 & 0 & 1 & 0 & 0 & 0 & 0\\
1 & 1 & 0 & 1 & 0 & 1 & 0\\
0 & 0 & 1 & 4 & 1 & 0 & 0\\
0 & 0 & 0 & 1 & 0 & 0 & 0\\
0 & 0 & 1 & 0 & 0 & 0 & 3\\
0 & 0 & 0 & 0 & 0 & 3 & 2
\end{bmatrix}
$$

BE 矩阵　　***R*** 矩阵　　***BE*** 矩阵

图 6-11　EROS 结构和反应表示

Hendrickson 等开发的 SYNGEN 系统是基于对有机合成反应的一种特殊分类方法，并且基于这样一种理论，化学反应主要是由小分子连接成大分子的过程。因而，系统评价合成路线的标准是：由起始原料合成目标分子的最佳路线是中间步骤最少的反应路线。每一化学反应是由两个半反应表示的。

非经验型系统离实际应用还有很大距离，远不及 LHASA、SECS 及 SYNCHEM 等经验型系统成熟。

4. 有机合成专家系统中的有关技术

有机合成专家系统包括知识表示方式、知识库和推理模式三大部分。在合成设计系统中，知识库中要存储大量通用特性的化学反应规则，因此需要一种形式语言来向计算机描述每一条化学反应规则，著名的合成设计如 LHASA、SECS 系统都有自己的反应知识表示语言。知识表示语言定义好后，应建立一个解释过程将所描述的知识翻译成机器的内部表示，存放于知识库中，而且这一过程应是可逆的，即内部表示转换成知识表示语言，以便修改陈旧或不完善的知识。知识库是把解决问题的规则分类集中起来管理，它是为推理机制服务的，如数据的查询模式决定数据库的结构，推理模式及知识表示方式将决定知识库的结构。所以，知识库的设计是在推理模型建立之后。

1）反应知识表示

有机反应规则是用通式来描述的，然而通式只能作为化学结构变换规则的前提部分，当所有的前提条件都已满足时，要求机器执行对目标分子结构的实际拓扑变换，如切割、添加、修改边色性、键色性等。因此，像 LHASA、SECS 的知识表示语言一样，USTC 计划的知识表示语言 RKDL 还包括拓扑操作语句、反应条件以及其他文献援引信息。

描述通式的较严格的自然语言是 Markush 结构式，Markush 结构表达的不是单个分子结构，而是具有某些共同性质的一类结构。其特征是：它有固定的部分和可变的部分。固定部分严格地规定了属于此类分子所必须具备的框架结构，是前提必要条件，但非充分必要条件。可变部分规定了框架结构中某些取代子结构之间的某些约束。在 RKDL 语言中框架结构被描述为关键子结构，框架结构的约束条件被分别描述为禁阻条件、必须存在条件和共存条件。

为了实现化学结构变换，知识表示中还应包括相应的变换类型。例如，在 RKDL 中另一项重要内容就是拓扑操作序列，这些拓扑操作序列将被译为计算机执行对结构变换的代码命令。RKDL 中的拓扑操作集包括切割化学键、添加子结构、改变边色值、修改节点色、连接化学键等。RKDL 知识描述语言用于反应规则的描述示例可参见例 6-2。

2）反应知识制导的结构变换

在反向合成系统中，问题的求解过程就是计算机利用知识库中的反应知识，对目标结构进行结构变换，推导出其前体分子的过程。为了利用规则（获取知识）实施变换一般需要进行以下几个步骤：①判断目标分子 TM 是否含有规则的关键子结构-子结构匹配过程；②判断 TM 中是否有反应知识描述语言所列举的禁阻条件存在；③判断 TM 是否满足反应知识描述语言中给出的必须存在条件；④判断 TM 是否满足反应知识描述语言中给出的共存条件；⑤如果上述条件均满足则执行相应的拓扑操作语句，产生相应的前体化合物。

图 6-12 为利用知识库中的 Diels-Alder 反应规则（例 6-2 中 Diels-Alder 变换规则）对目标结构 TM1 进行变换的详细过程。

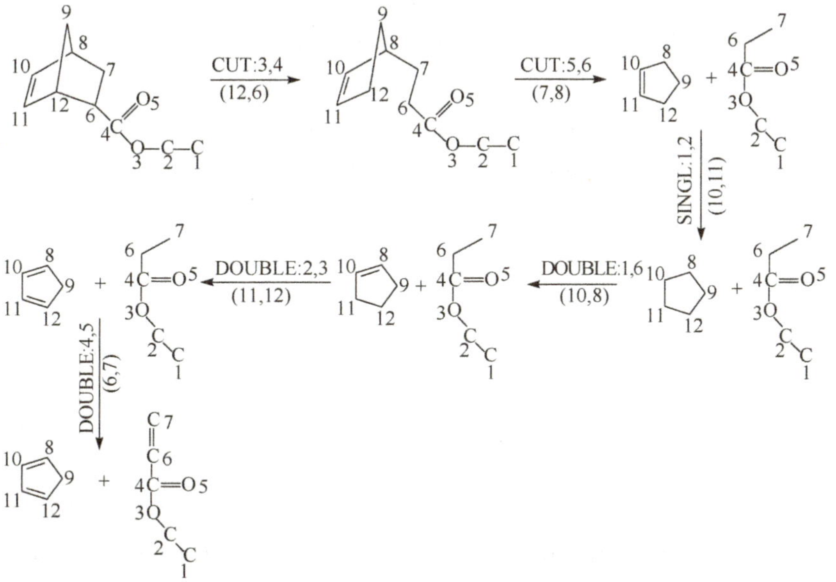

图 6-12　对 TM1 进行结构变换的详细过程

3）子结构匹配

如前所述，推理机制有正向推理和反向推理，不管采用哪种推理机制，推理的实现一般都分为两个步骤，即对前提条件的检测以及决定下一步的行动或下结论。前提的检测可以是一维字符串处理，也可以是复杂的二维表处理。在化学人工智能中许多情况下前提部分是分子结构，所以条件的检测为同态匹配，即两结构是否相同或为子结构关系。因此，结构的同态匹配或子结构匹配问题是有机合成专家系统首先要解决的问题。

子结构匹配算法即图的同态算法，同构（两结构相同）可视为同态（子结构）的特例。过去常把同态和同构算法分开来处理，是因为同构算法可以想办法用规范化的方法将图 S 和 S′处理成归一化的一维序列，然后通过串比较的方法来决定 S 与 S′是否同构。同态算法则复杂得多，就好像老鼠走迷宫，从迷宫入口寻找另一出口时经常碰壁。不过好在走到死胡同之后就折返到最近的路口处，并做好标记，以备下次探试时不走入曾失败的岔道上。当错误犯足后，正确的道路自然寻得了。这就是探试-回溯算法。除此之外，Ullmann 算法也是常用的子结构匹配算法，该算法搜索路径进行了改进，从而节省了计算时间。近年来也有人提出用遗传算法进行子结构匹配，也得到了较好的结果。

4）结构感知技术

无论是选择规则对结构进行变换，还是选择变换的策略（如何选择规则），计算机都必须能识别特定的子结构，这就是计算机对结构的感知问题。另外，为了根据目标分子的结构特点选择化学变换规则，还需要对化学结构的对称性、手征性、基本环集、拓扑变换结果进行感知。而结构感知的核心算法是子结构匹配算法。

5）求解过程中的收敛技术

以反向合成为例，对目标分子进行若干次结构变换，得到它的中间体的所有可能的集合，最后产生了所有可能的前体集合，这些集合形成了目标分子的反向合成分析树（简称反向合成树）。反向合成树的“组合爆炸”发展极快，若不加以限制，就会导致问题解空间极大而无法搜索或死机，因此任何一个合成设计软件系统都要发展收敛合成树的技术。这种技术主要是关于选择最合适的变换操作的知识，称为策略（strategies）。策略性知识是有机合成的战略性问题，具有跳跃的思维特性，由计算机实现较为困难，必须由人进行总结，作为启发性知识让计算机利用。策略的使用使计算机智能合成设计系统的问题求解工作得以有目的地、在较小的问题空间中进行。因此，在合成设计系统中居重要位置。

5. USTC 系统简介

从 1986 年开始，中国科学技术大学计算化学研究室开展了一项有机化学专家系统的研究计划——USTC（University of Science and Technology of China）计划，旨在设计一个对化学、药物、材料工作者有益的完整的化学专家系统。图 6-13 是 USTC 系统的整体示意图。分子图形学模块是系统的基础，提供形象的人机交互界面，可以显示二维和三维分子图形，包括线状模型、球棍模型与实填充模型；QSAR（QSPR）模块进行分子的定向设计，即设计具有预期性能的分子；然后由合成路线设计（DOSP）模块进行合成路线设计，并在实验室中进行验证、合成；由各种谱图信息（MS、NMR、IR 等）确证合成产物的分子结构，而各种谱图的解析由结构解析模块完成。

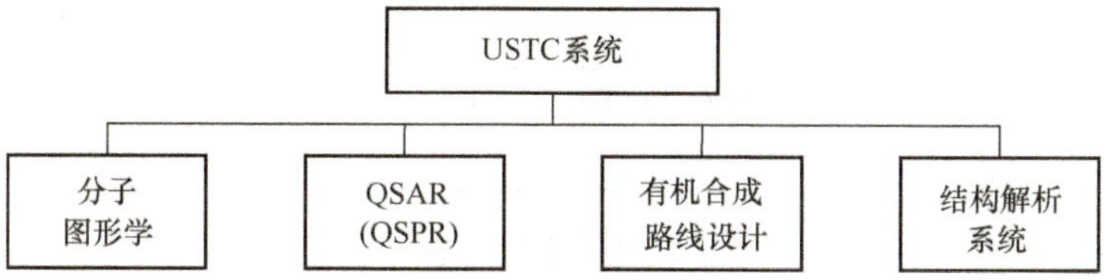

图 6-13　USTC 系统示意图

其中，USTC 计划的合成设计系统 USTC-DOSP 属于基于经验的交互式合成设计系统。采取反向合成推理方式。分子结构用 ZXLN 线型编码表示，反应知识用反应知识描述语言 RKDL 描述(如前所述)。

USTC 计划是一项长远的研究计划，分子图形学与合成路线设计模块已日趋完善，QSAR (QSPR)与结构解析部分的工作也已经开始。USTC 系统的主要工作是在美国 DEC 公司生产的 VAX 11/785 超级小型计算机上完成的，绝大部分程序是用 VAX Pascal 语言书写的，但分子力学程序是用 Fortran 语言书写的。USTC 系统已有约 30 000 行 Pascal 语句，目前仍在不断发展中。

6.4.2　计算机辅助分子设计

计算机辅助分子设计(computer-assisted molecular design，CAMD)是指利用计算机手段根据有关知识设计具有特定功能的分子，如医药、农药、蛋白质、高分子、催化剂等。其中计算机辅助药物分子的设计是目前最热门的研究课题之一，因为药物的开发具有十分重要的意义，但开发的过程却非常漫长、昂贵和艰难。根据有关资料介绍，通过筛选法开发药物时的筛选成功率约为 1∶15 000。利用计算机辅助手段根据结构-活性关系设计某种具有特定药效的分子或以已知活性和结构的先导物为起点进行有目的的结构修饰再测定药物的活性将可以大大加快开发速度、降低开发成本和提高成功的可能性。下面以药物分子设计为例简单介绍分子设计中常用的方法及计算机辅助分子设计的相关技术。

1. 药物分子设计的基本方法

1) 先导物-SAR/QSAR 方法

先导物-SAR(structure-activity relationship)/QSAR 方法以一个或多个已知活性与结构的先导物为起点，然后对其结构进行有目的的修饰，同时测定其活性变化，以获得这类化合物的 SAR 或 QSAR 关系，再由这种关系设计出更好的活性化合物作为候选药物。候选药物能否最终成为新药物还需再经过一系列测试。这种传统的药物设计方法的基础是假设药物的活性与其化学结构之间本质上存在着某种定性或定量的关系，因此 SAR 或 QSAR 是本方法成败的关键。

2) 合理药物设计

随着生物化学、分子生物学、分子图形学和蛋白质结构测定技术等的飞速发展，出现了合理药物设计方法，并且已初步显示了其潜在的优越性，使药物设计进入了一个新的阶段。合理药物设计是基于受体结构的药物设计(structure-based drug design)，它是依据生物化学、酶学、分子生物学及遗传学等生命科学的研究成果所揭示的包括酶、受体、离子通道及核酸等潜在的药物作用靶位，再参考其内源性配体或天然底物的化学结构特征设计新化合物，以发现选择性作用于靶位的新的药物。例如,以蛋白质为受体的合理药物设计可用图 6-14 表示。

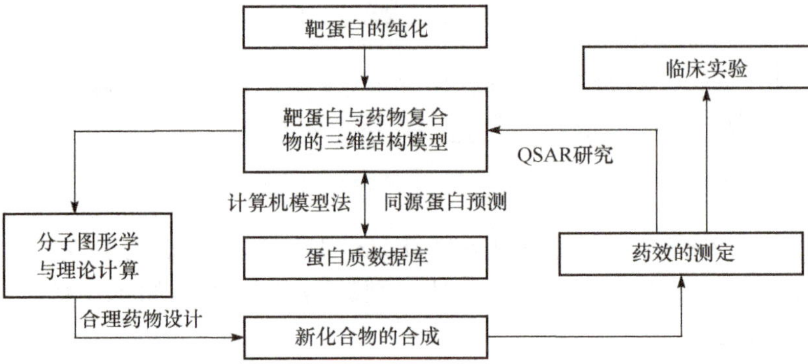

图 6-14 以蛋白质为受体的合理药物设计过程

合理药物设计的基本假设是药物-受体的相互作用本质上是一种化学作用或化学反应,因此可以用描述化学作用或化学反应的各种参数和模式来描述药物-受体间的相互作用。它的起点是受体内的分子靶位而非药物,它不仅充分考虑配体与受体活性部位之间的形状互补性,而且充分考虑二者之间的性质互补性,如静电作用、氢键作用、疏水作用、范德华作用、轨道作用等。这些作用十分复杂,理论和实际的成功例子都表明可把这种作用近似分解为便于用物理和化学方法研究的各种简单作用的协同作用。

根据所掌握的受体结构知识的多少,合理药物设计可分为三种情况:①受体结构已知,通过结构测定技术(X 射线晶体学、多维核磁共振等)得到了受体或受体-配体复合物的三维结构,这样可在受体活性部位直接进行药物设计;②受体的一级序列已知,但三维结构未知,可根据同源蛋白建模等方法预测其三维结构,然后根据预测出来的模型结构进行药物设计;③受体结构完全未知,只有根据已知配体(药物)的结构反推受体的结构模型再进行合理药物设计或利用已知配体的三维结构与活性的关系进行药物设计。

3）基于受体结构模型的全新药物设计

由于合理药物设计是基于研究已知药物与受体的相互作用,或者本身就已知的作用于该受体的药物,或者由与该受体相关的蛋白质或其他生物分子的抑制剂转推而得到的物质,因此往往受已知药物模式的限制,难以实现突破而发现全新型的药物。如何突破现有药物框架的限制为基于受体结构模型的合理药物设计提出了一个挑战性问题。由于药物与受体空间结构及其物理化学性质上的互补性,一种合理的设想就是如何从受体的三维结构反推出药物的形状及化学式来。由于算法上的困难,目前成功的方法并不多,但也进行了不少有益的尝试,并建立了有意义的药物设计方法,如晶体结构数据库算法、化学数据库算法(碎片连接法)以及自动定位药物设计等。晶体结构数据库法是基于晶体结构数据库(如剑桥结构数据库,CSD)等提供的小分子晶体结构数据逐一与受体进行匹配试验,从而筛选出几何形状较好的系列分子,再进行物理化学性质改造;化学数据库算法(又称碎片连接算法)是将受体结合所需要的分子识别环境(如形状、疏水性、氢键以及静电性质等)划分为若干区域,找出符合区域要求的分子碎片,然后再将碎片连接成有意义的化合物;自动定位药物设计的过程为:首先根据受体的结构和性质找出受体表面的结合点,再根据结合点构成的空间(目前仅局限于二维)构造分子模板,然后根据分子模板再设计出具有实际意义的分子结构。基于蛋白质结构知识的全新药物设计已经成为新药设计中一个极有前途和应用价值的研究方向。

2. 计算机辅助分子设计中的有关技术

分子设计是一个复杂过程，涉及许多领域的知识和技术，如 SAR、QSAR、数据库、人工智能、分子模型、分子图形学等。以下简单介绍其中的几项有关技术。

1) 结构-活性关系(SAR/QSAR)

采用先导物-SAR/QSAR 方法进行药物设计时，SAR 或 QSAR 是一个关键问题。因此，传统的药物设计中就有许多关于 SAR/QSAR 的研究。SAR/QSAR 研究的关键是如何产生表征分子结构特征和分子描述符(结构参数)。近年来，化学家一直在寻找表征化学结构变化的参数。这些参数大体上分为以下三类：

(1) 基团取代基参数。它是使用最早和最广泛的结构描述参数，并积累了大量的可用数据和许多成功的实例。

(2) 随着理论化学和计算机的飞速发展与普及，使得由量子化学、分子力学等计算方法得到的有关化合物分子的电子性质、能量、轨道等指数成为方便易得的分子描述符。并且化合物的生物活性从本质上来说是与它分子结构中的电子性质、能量、几何特征等密切相关的，因此这类描述符号常能较好地与生物活性相关联。

(3) 从分子的二维(拓扑)结构演绎出来的各种参数如拓扑指数、分子连接性指数等，只要知道分子的结构就能获得，使 QSAR 研究总能进行，而不像前两种参数，有时会因找不到(或无法计算到)相应参数而不得不从样本中删去某几个化合物，因此也得到了广泛的使用。

有了分子描述符和测得的化合物的生物活性数据后，便可采用各种的数学方法分析数据，经典的 QSAR 一般采用多元回归分析的数学方法。人工智能方法、模式识别、聚类方法、因子分析、偏最小二乘法及其他多元统计方法都已普遍应用于 QSAR 研究中。这些方法通常都能得到一个比线性回归更合理的模型。近年来，人工神经网络较多地被应用到药物分子设计的 QSAR 研究中。人工神经网络具有许多优良的特性，这些特性决定了神经网络模型可以智能化地解决高信息量的非线性(动力学)问题，由于非线性特性正是生物体系的重要特性，因而它是 QSAR 中的一个重要方法。迄今为止，神经网络模型已有几十种，如著名的 Hopfield 模型、玻尔兹曼(Boltzmann)机、BSB 模型、反传(BP)模型等。近年来，国内外的一些学者已将此方法用于解决一些具体的化学问题，取得了较好的结果，神经网络在预测蛋白质的三维结构和对化合物活性的分类方面取得的成功，预示了它的应用前景。

2) 三维构效关系研究

三维构效关系研究(3D-QSAR)对药物设计具有重要意义。从药物与受体相互作用的研究可以知道药物的作用是依赖于其空间形状的，且与受体的作用一般为非共价性质。虽然在三维构效关系研究无法进行常规意义上的合理药物设计，但可以在对已知药物研究的基础上进行受体形状推测，将与药物本身形状有关的参数引入定量构效关系(QSAR)中，称为 3D-QSAR。3D-QSAR 有分子形状分析、距离几何方法、分子场比较分析(CoMFA)等。

3) 三维结构检索

三维(3D)结构检索是目前找出某个特定药效团的活性化合物的最常用方法。三维结构检索是指在三维结构数据库中，利用模式识别技术来寻找能与受体靶点相结合的具有特定三维结构形状的分子片段，即药效团。近年来，随着化合物三维结构自动生成技术和三维结构检索技术的不断完善，三维化学结构的存储、检索和处理技术已从初级阶段发展成为使用工具，并出现了许多商品软件。这些软件可以从三维结构库中找到具有某种生物活性的结构骨架和结构模式。三维结构检索寻找新药的过程可概述为：①从已知结构的具有相同活性的化合物中，利用计算机方法找出它们的三维共同结构碎片，获得药效团；②以药效团为提问子结构，在三维结构数据库中找出全部含有该药效团的化合物(称为命中化合物)；③将命中化合物中具有活性的化合物挑选出来，根据它们的结构和活性对原来的药效团进行优化；再以优化的药效团为提问子结构重复第②和③步骤，直到找出有意义的先导化合物。

由于三维结构检索辅助药物设计的速度快，所以国外许多大的医药公司都相继使用了该项技术，并不断扩充三维结构数据库的数据量。利用三维结构检索辅助药物设计能加快药物开发速度的主要原因有两点：①计算机可以快速地搜索所有可能得到的结构数据，就目前的计算机速度，对于几十万的结构数据库，可在数月内完成；②采用三维结构检索得到的药物分子有时不需要再去合成，可直接拿到样品测定其药效情况。

4) 受体-配体间相互作用的计算机模拟

对于药物与受体间相互作用的理解和研究是合理药物设计中一个必不可少的步骤。大分子复合物晶体结构的测定表明，在相互作用的两个分子之间存在相当显著的空间及电荷的互补性。药物与受体的对接(docking)在实际应用中往往是在计算机图像上利用有关软件人工进行的，特别是在受体的作用机制，结合口袋等研究得较为清楚的情况下，可以直观地考察药物与受体结合部位空间上的互补性，并同时计算在各个取向时药物与受体之间的相互作用能量，包括氢键、静电、疏水作用等，还可以局部调整药物或受体作用部位的构象，从而选出最佳的作用取向。

由于对接过程对于研究两个分子之间(药物-受体、蛋白质-抑制剂、蛋白质-DNA、蛋白质-多糖等)相互作用的重要性，特别是在不知道结合位点的情况下，到目前为止已经发展了多种对接的理论算法。最早的是 Wodak 和 Janin 1978 年提出的氨基酸残基球形近似的简化算法。药物与受体对接最基本的方法是假定药物与受体在作用前后构象不发生变化，以药物为探针在受体表面搜索，寻找几何形状上互补的区域，有几何算法、蒙特卡罗模拟退火算法、遗传算法等。实际上药物与受体结合时二者的构象均会发生变化，只是在一般情况下变化很小，但在某些情况下这种变化大到不能忽略不计。Jiang 及 Kim(1991 年)报道了一种在互补的两个表面上打上空间格点后进行搜索的方法，可以部分考虑药物与受体分子结合时构象所发生的变化，另外计算速度也大大加快。Bacon 及 Moult 等(1992 年)发展了一种利用最小二乘拟合表面模式的算法，首先在表面上建立包括静电等性质的模式点，然后将两个表面按模式点叠合并进行最小二乘拟合。这使得两个表面相互接触，可以很好地判断局部叠合的好坏，也可以在某种程度上考虑结合时构象所发生的变化。另外在实现了几何及能量上的匹配后，还可以利用量子化学的方法进一步研究两个分子间的相互作用方式以及可能的反应过程。

上机训练与习题

1. 简述数据库的系统构成和工作原理。
2. 建立化学谱图数据库时为什么要进行谱图简化？有哪些简化方法？
3. 化学谱图数据库有哪两类检索方法？简要说明检索的方法。
4. 什么是化学人工智能？
5. 什么是知识库？它是如何构成的？
6. 人工智能中有哪两类推理方法？简单介绍其推理过程。

7. 什么是专家系统？主要由哪几部分构成？
8. 简述计算机辅助结构解析系统的构成及工作过程。
9. 简述计算机辅助有机合成系统的分类及工作原理。
10. 什么是结构变换、结构感知和子结构匹配？
11. 什么是计算机辅助分子设计？
12. 简述计算机辅助药物设计的基本方法及有关技术。

第7章 分子模拟

模拟是利用计算机研究各领域问题的重要手段，化学、化工及生物化学等领域的计算模拟研究是随着计算机化学的发展而发展起来的一项重要研究内容，是化学信息学的重要组成部分之一。利用计算机技术对化学物质的性质、化学反应、化学过程等进行模拟，可以实现某些用实验手段难以完成或无法完成的任务，对于理论化学研究、某些费用高难度大的复杂化学过程研究等具有重要意义。

化学领域的计算模拟研究已涉及化学研究的各个方面，如化学反应的动力学模拟、电化学过程模拟、色谱过程模拟、化学波谱模拟、分子模拟等。分子模拟是随着计算机科学的发展逐步形成的一个学术领域，目前分子模拟的内容已非常广泛，如量子力学计算、分子图形学、分子力场、动力学模拟、热力学模拟、构象分析、能量极小化以及自由能、溶剂化能等参数的计算。

本章主要介绍分子模拟中的基本概念和基本方法，并通过应用实例介绍说明分子模拟在化学研究中的作用和意义。

7.1 量子力学

7.1.1 基本理论

1. 量子力学基本概念

量子力学(quantum mechanics，QM)的基本模型是将原子核和电子看成在势场中运动的粒子，而运动粒子的状态采用波函数 ψ 进行描述，通过一系列简化近似方法求解薛定谔(Schrödinger)方程

$$\boldsymbol{H}\psi(t)=E\psi(t) \tag{7-1}$$

或

$$\left(-\frac{\hbar^2}{2m}\nabla^2+V\right)\psi(r)=E\psi(r) \tag{7-2}$$

其中

$$\boldsymbol{H}=-\frac{\hbar^2}{2m}\nabla^2+V \tag{7-3}$$

$$\nabla^2=\frac{\partial^2}{\partial x^2}+\frac{\partial^2}{\partial y^2}+\frac{\partial^2}{\partial z^2} \tag{7-4}$$

得到能量 E 和波函数 ψ，从而得到分子的电子结构(包括静电势、电子云密度分布等)，而电子结构决定了分子的化学性质。

实际上，可以精确求解的体系仅限于氢原子和类氢原子离子(如 He^+)。这类体系只涉及两个相互作用的粒子，即原子核(不考虑核的结构)和电子，因而是可以精确求解其波函数的。

而对于更为复杂的体系，如多电子体系甚至是多原子核体系，这种多体问题无论是经典力学还是量子力学都无法精确求得其解析解，只能采用近似的方法求解。

2. 量子化学基本方法

为了近似求解多电子体系的波函数，首先将分子体系中原子核的运动与电子的运动分离。由于原子核的质量比电子大得多，因而核的运动也就比电子缓慢得多，从而将这两者的运动可以分别独立描述，即体系的波函数可以表达为核的波函数与电子的波函数两部分的乘积，这一近似称为玻恩-奥本海默近似(Born-Oppenheimer approximation)。这一近似使得电子和原子核之间不发生能量交换，因而也称为绝热近似。

从化学研究的角度而言，物质的化学性质只取决于其内部的电子结构，而原子核的运动本身比电子缓慢得多，因而相对于电子的快速的变化，原子核在空间中的位移运动是可以忽略不计的。原子核对物质性质的影响体现在其空间位置的变化导致电子所受到的势场发生变化，从而电子结构发生变化，宏观表现为物质的化学性质的变化。将核视作固定的，从而简化薛定谔方程的求解，这一近似称为 Hartree-Fock 近似，也称固定核近似。当然，从化学研究的角度考虑，电子的高速飞行运动不是我们所关心的问题，因此，由高速运动所产生的相对论效应也就相应地不再考虑。这一步处理称为非相对论近似。

量子力学在化学中的应用，或称为量子化学，就是基于量子力学的五大基本假设和上述三大近似实现的，它们奠定了利用量子力学规律研究分子体系性质的理论方法框架，即从头计算法(*ab initio*)。尽管采用了多种近似，但从头计算法在理论和方法上都比较严格，是目前最精确的量子化学计算方法。同时，即便基于以上的近似，求解分子体系的薛定谔方程依然非常困难。特别对于多电子体系，其多体问题的本质并没有改变。变分法为求解多电子体系的薛定谔方程的近似解提供了一个可行的途径。

变分法的基本原理可简单地描述为：设体系的真实的波函数为 ψ，而任意多个可描述该体系某种状态的波函数线性组合 $\psi' = \sum c_i\varphi_i$ ，则可以从数学上严格证明，$E(\psi) \leqslant E(\psi')$。那么通过选取合适的基函数，并调整其组合系数，使 $E(\psi')$ 的值最低，则可以用这样的波函数 ψ' 代替真实的波函数 ψ。这样，就可以避开求解薛定谔方程的步骤，直接计算体系的物理化学性质。为了求解使波函数能量最低的组合系数，采用迭代计算的方法，即自洽场(self-consistent field, SCF)方法。

对氢原子体系的成功处理，人们成功获得了一系列对应不同能级的电子波函数，即人们所熟知的 s、p、d、f 等电子轨道。借用氢原子轨道表达式的形式，很容易对多电子的原子体系进行成功的处理，解决了多电子原子体系的波函数的问题。对于分子体系的波函数，则利用变分法原理，以各个原子轨道的波函数为基进行线性组合，从而得到分子体系的波函数，这就是分子轨道(molecular orbital, MO)理论的基本原理。

与分子轨道理论同时期出现的还有价键理论(valence bond theory)。与分子轨道理论直接取各原子的波函数为基进行线性组合不同，价键理论先对每个原子的轨道进行线性组合，这些线性组合的结果就是杂化轨道。以不同原子的杂化轨道为基进行线性组合，从而得到分子的波函数。价键理论要求先求出各个原子的电子轨道的可能的线性组合，这对于简单对称的分子而言十分方便，可以依据其结构特征方便地求出可能的线性组合。但随着分子变得更为复杂，价键理论的计算量就变得极其庞大，因而限制了这一理论的应用。

求解薛定谔方程的另一近似方法是微扰法。微扰法可以看成类似于函数的级数展开的方法，只是这里是对算符按某个参量进行级数展开。利用级数的一致收敛条件，从而可以求解体系的波函数。二阶微扰方法较为常用，有着比较令人满意的计算精度。更高阶的微扰，如四阶微扰方法，可以得到更为精确的数据，但计算量大得多，而且往往在自洽迭代的计算中无法收敛。

从头计算法是一种精确的计算方法，但其缺点是计算量大，以至于一般的计算机无法完成，其应用范围受到了限制。因此，量子化学工作者不得不寻求进一步的近似计算方法，即分子轨道的半经验计算法。通过引入实验中测定的一些参数或其他人为设定的合理的经验参数，省略从头计算法中的一些步骤，从而在大大精简计算开销的同时，对特定的体系又能获得较为满意的结果。目前已有许多半经验计算方法，如 ZDO(zero differential overlap method)、CNDO(complete neglect of differential overlap method)、INDO(intermediate neglect of differential overlap model)、MINDO(modified intermediate neglect of differential overlap model)、NDDO(neglect of diatomic differential overlap model)、MNDO(modified neglect of diatomic overlap model)、AM1(austin model)、PM3、SAM1(semi-*ab-initio* model)等。

上述经典的量子化学从头计算法和半经验计算法虽然取得了较大的成功，但却存在一个重大的缺陷，即在能量计算中忽略了电子相关项。它们对于电子之间相互作用的处理，仅仅是把电子的相互作用考虑为内层电子对外层电子的电场屏蔽效应。而电子相关项的忽略使计算结果不可避免地出现较大的误差。

但如果显式地考虑电子的相互作用，那么问题又重新转化为了不可解的多体问题。密度泛函理论(density functional theory, DFT)则从另一个角度出发，较好地处理了电子相关的问题。

密度泛函理论起源于 Thomas-Fermi 模型，这个模型将原子的总动能表达为电子密度的泛函，这成为了后来的密度泛函理论的滥觞。量子化学中的密度泛函理论的理论基础是 Hohenberg-Kohn定理，这个定理严格证明了体系基态的能量仅是电子密度的泛函，基态能量与电子密度分布之间存在一一对应的关系。与从复杂的多电子波函数开始求解体系能量的方法不同，密度泛函理论提供了一条从电子密度出发的路径。

密度泛函理论可以在相对较少的计算开销的基础上，得到较高计算精度的结果，因而被迅速采用并快速发展。但密度泛函理论的一个显著的局限性在于，它只能较好地处理基态的能量问题，对于激发态的处理就不那么令人满意了。

从头计算法、半经验计算法、密度泛函理论是量子化学计算中最常见的三类方法。为了满足研究的需要和更高计算精度的需求，其他新的方法也在不断发展中，在此不再赘述。

3. 基组

量子化学的计算就是应用各种方法来处理体系的电子波函数，从而计算得到体系的物理化学性质。变分法原理指出，分子体系的波函数可以由各个原子的电子波函数的线性组合来近似表达。但实际上，直接采用原子的电子波函数，计算将会变得非常复杂。因此，针对波函数的形式作一些合理的近似处理就十分有必要了，这就是基组(basis set)。基组就是一套可以拟合原子轨道波函数，并且便于计算的函数。基组的设计既要考虑计算的简便，也要易于计算机编程处理。

实际应用最广泛的一类基组称为劈裂价键基组，这类基组考虑到原子在构成分子时，主要受影响的是其价键电子，因而将原子的电子轨道分为两部分，采用不同的策略来表示。内层电子轨道统一采用一定数量的高斯函数的线性组合而成的一个基函数表示，而价层电子轨道则分为几个基函数，分别用高斯函数的线性组合表示。常见的劈裂价键基组如 6-31G，表示内层电子轨道由 6 个高斯函数的线性组合表示，而价层电子轨道则劈裂为两部分，分别用 3 个和 1 个高斯函数表示；类似地，6-311G 基组，内层电子轨道用 6 个高斯函数的线性组合表示，而价层电子轨道则分成三部分，分别采用 3 个、1 个、1 个高斯函数表示。

为了处理电子云在外电场作用下形变，即极化的现象，在劈裂价键基组的基础上添加高角动量函数，就构成了极化基组。例如，6-31G(d)，或记作 6-31G*，表示在 6-31G 基组的基础上对重原子(指氢原子以外的原子)添加一个 d 型极化基函数；6-31G(d,p)，或记作 6-31G**，表示除了对重原子添加 d 型极化基函数，还对轻原子(氢原子)添加一个 p 型极化基函数。更复杂地，如 6-31G(3df,3pd)表示对重原子添加 3 个 d 型极化基函数和 1 个 f 型极化基函数，对氢原子添加 3 个 p 型极化基函数和 1 个 d 型极化基函数。

在处理远程的相互作用时，需要用到弥散基组。弥散基组是在劈裂价键基组的基础上添加弥散函数，使得原子轨道的电子云可以扩散到更大的空间范围，从而可以计算远程的相互作用，如氢键相互作用和范德华相互作用等。弥散函数的表示形式如 3-21+G、6-31+G* 等。带有一个“+”号，如 6-31+G*，表示对重原子采用更大的 p 轨道函数；带有两个“+”号，如 6-31++G*，则表示除了对重原子采用更大的 p 轨道函数外，还对轻原子采用较大的 s 轨道函数。

针对更高的计算精度的要求，可以在极化基组的基础上添加更高能级原子轨道的基函数，即构成高角动量基组。在此不再详细叙述，感兴趣的读者可以查阅相关的资料。

7.1.2 Gaussian 软件

量子化学的计算涉及大量的积分，其数量之大远远超过人力的计算能力。随着计算机水平的不断发展进步，人们可以通过计算机软件实现各种复杂的量子化学计算。在现行的多种量子化学软件中，Gaussian 软件的应用最为广泛。限于篇幅，对 Gaussian 软件的使用只进行简单的介绍。详细的使用方法可以参阅 Gaussian 软件使用说明书 *Exploring Chemistry with Electronic Structure Methods*。

图 7-1 是 Windows 版 Gaussian 软件的操作界面。

图 7-1 Gaussian 软件的操作界面

“File”菜单里可以进行 Gaussian 软件输入文件的创建和编辑工作，即“New”、“Open”、“Modify”三个选项。输入文件的编辑也可以使用文件编辑器独立完成，再使用 Gaussian 软件打开即可。“Preference”选项可以设定程序运行的一项默认选项和环境变量。

“Process”菜单提供程序运行中的选项，包括暂停(“Pause”)、恢复(“Resume”)、中止(“Kill”)等选项。

“Utilities”菜单提供了 Gaussian 软件的一些其他的有用的功能，如对 Checkpoint 文件的格式化程序 FormChk、生成分子轨道图形的 CubeGen 程序等。具体使用请参阅 Gaussian 软件的使用说明。

下面以优化乙烷分子结构的计算任务说明 Gaussian 软件的基本使用方法，如图 7-2 所示。

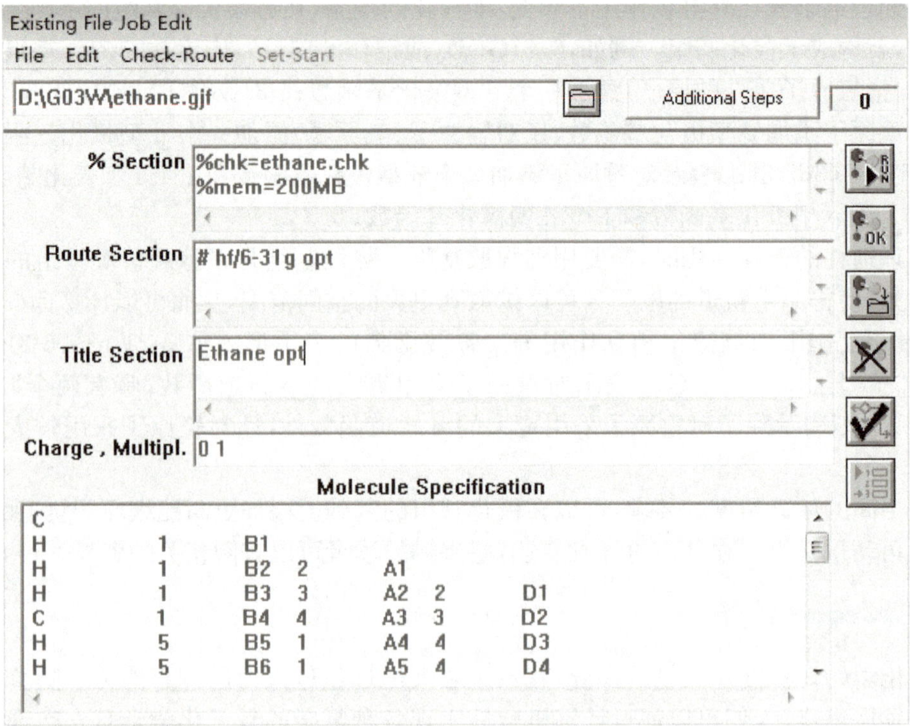

图 7-2 Gaussian 软件任务编辑界面

在“%Section”部分，要指定计算中的 checkpoint 文件、分配的内存大小、使用的并行计算核心数等基本计算设置。“Route Section”则是对计算任务进行具体的说明。以“#”号开始，这里要指定使用的方法和基组以及计算的目的，如单点能计算(sp)、结构优化计算(opt)、振动频率分析(freq)等。“Title Section”指定计算作业的名称，并不影响作业本身。“Charge, Multipl.”部分指定要计算的体系的电荷和自旋多重度。“Molecular Specification”部分用于输入分子的结构。

图 7-2 中所示计算任务的完整的输入文件如下：

```
%chk=Ethane.chk
%mem=200MB
#hf/6-31g opt

Ethane opt
```

```
0 1
C
H  1  B1
H  1  B2  2  A1
H  1  B3  3  A2  2  D1
C  1  B4  4  A3  3  D2
H  5  B5  1  A4  4  D3
H  5  B6  1  A5  4  D4
H  5  B7  1  A6  4  D5

B1        1.07000000
B2        1.07000000
B3        1.07000000
B4        1.54000000
B5        1.07000000
B6        1.07000000
B7        1.07000000
A1      109.47120255
A2      109.47121829
A3      109.47121829
A4      109.47120255
A5      109.47120255
A6      109.47123134
D1     -120.00000060
D2      120.00003407
D3      157.39997105
D4      -82.60001416
D5       37.39997845
```

Gaussian软件对输入文件的格式要求非常严格。文件开始依次书写“%Section”和“Route Section”的选项，其间不可有空行。“%Section”可以书写多行，“%chk=ethane. chk”指定了Checkpoint文件的名称为ethane. chk，注意不写明文件路径时，这个文件将被存放于默认的Scratch目录下。Scratch目录可以在File→Preference里面查看并设置。“%mem=200MB”指定分配200MB的系统内存。Gaussian的内存单位可以使用KB、MB、GB，还有MW与GW。MW、MB和GW之间的换算关系为1MW=8MB、1GW=8GB。“Route Section”部分指定了这个计算任务使用HF方法，采用6-31G基组，“opt”表示要进行分子结构的优化的计算。

完成了%Section和Route Section的输入后，要空一行，表示进行Title Section的输入。Title Section的内容可以为空，但不能没有这一行，否则Gaussian软件程序将会报错。Title Section输入完成后应再加一空行，然后指定体系的电荷和自旋多重度。对于乙烷分子，净电荷为零，也没有成单的电子，因此自旋多重度为1。

在指定电荷和自旋多重度的下一行开始输入分子结构。Gaussian 软件接受笛卡儿(Cartesian)坐标输入，也接受内坐标输入。

内坐标输入通过指定键长、键角、二面角等数据完成分子结构的输入。上面的文件则是按内坐标输入的分子结构。

使用内坐标输入分子结构的步骤如下：首先写上第一个原子，这里是 C 原子；下一行“H 1 B1”表示第二个原子为氢原子，与第一个原子的距离为 B1，Gaussian 软件内坐标输入可以使用变量，这里第二个原子到第一个原子的距离的变量名指定为 B1，也可以直接输入一个浮点数值。第三行“H 1 B2 2 A1”指定了第三个原子为 H 原子，与第一个原子的距离为 B2，而第一个原子与该原子和第二个原子的连线所形成的角度为 A1。如果上述的距离关系恰好与成键关系对应，那么这里所讲的距离和角度就是键长和键角。可以看出，两个原子的体系只需要指定距离就可以确定其结构，而三个原子的体系则需要额外指定第三个原子与前两个原子所构成的角度关系，才得以确定分子的结构。从第四个原子开始，就需要指定二面角关系，才能确定分子结构了。第四行“H 1 B3 3 A2 2 D1”表示第四个原子是 H 原子，与第一个原子之间的距离(键长)为 B3，键角 4(H)-1(C)-3(H)的值为 A2，二面角 4(H)-1(C)-3(H)-2(H)的值为 D1。注意二面角的值是分正负的。在这里，正方向可以使用右手螺旋定则来定义：对于 A-B-C-D 四个原子构成的二面角，大拇指指向 B→C 方向时，其余四指所指的旋转方向为正方向。

按内坐标格式输入分子结构后，空一行再进行变量的赋值，赋值按照“变量 变量值”的格式进行。Gaussian 软件也可以指定某些量为常量。在完成变量的赋值后，再空一行，表示对常量赋值，常量的赋值格式与变量赋值相同。

使用笛卡儿坐标输入分子结构，就是直接写明每个原子在空间中的三维坐标。上面的乙烷分子的笛卡儿坐标可以这样写：

```
C    0.00000000     0.00000000     0.00000000
H    0.00000000     0.00000000     1.07000000
H    1.00880579     0.00000000    -0.35666635
H   -0.50440269    -0.87365135    -0.35666686
C   -0.72596337     1.25740469    -0.51333287
H   -0.49703159     2.08633060     0.12335549
H   -0.40313406     1.47360707    -1.51029715
H   -1.78212741     1.08592731    -0.50972316
```

实际计算中，即使分子结构是按笛卡儿坐标输入的，Gaussian 软件也会先将其转化为内坐标再进行计算。

完成了输入文件的编辑，点击编辑界面的按钮或点击程序主界面的按钮就可以执行计算程序。

有许多软件可以直接进行分子结构的绘制，从而为 Gaussian 软件的分子结构输入提供了极大的便利。与 Gaussian 软件配套的 GaussView 软件可以进行分子结构的绘制，并提供设置 Gaussian 软件计算任务的图形化界面，可以大大地方便 Gaussian 软件作业的提交。图 7-3 为 GaussView 软件的程序界面和绘图界面。

现在计算机绘图能力已经非常强大，也有许多软件可以提供非常便捷的分子图形绘制功能，用户可以根据自己的喜好选择不同的绘制软件。

Gaussian 软件计算的结果都记录在其输出文件中。通过输出文件，可以根据计算任务设

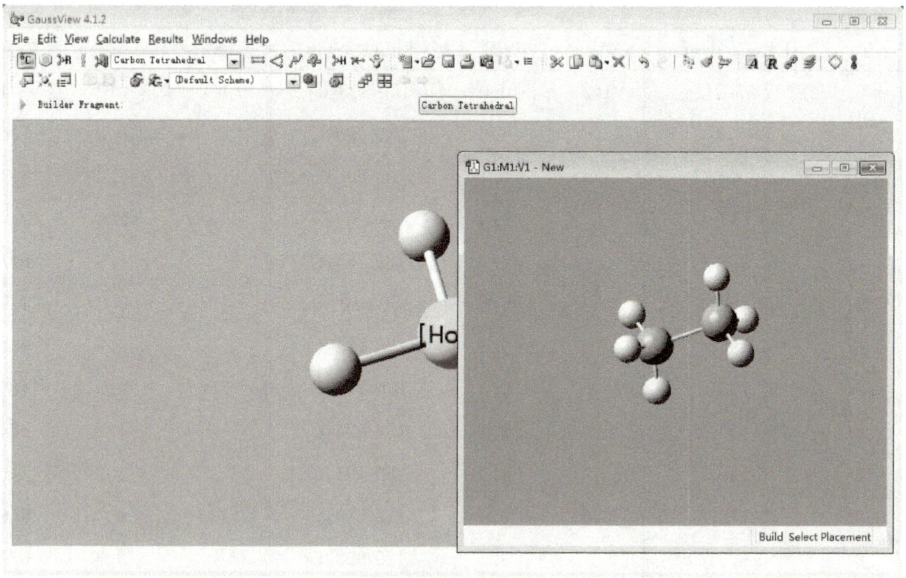

图 7-3 GaussView 程序界面和绘图界面

置的不同，分析分子的优化结构、能量、电子的轨道排布、电荷分布、振动频率（需要进行频率分析计算）等有用的信息。

GaussView 软件也可以帮助用户方便地读取输出文件中的信息，并直观地显示出来。

7.1.3 应用举例

1. 大富勒烯 C_{132}～C_{160}的结构和稳定性研究

对于大富勒烯，由于它们的溶解度很小并且拥有数目庞大的异构体，实验数据非常少，所以理论研究一直是富勒烯研究领域中的一个重要的组成部分。但是由于富勒烯的异构体数目过于庞大，如 C_{140}有 121 354 个异构体，而 C_{160}有 836 497 个，因此，要预测其稳定结构并非易事，需要一种有效的预筛选方法。Cioslowski 等将富勒烯的拓扑结构看成由 30 种不同的结构图形组成，根据异构体中所含 30 种不同结构图形的数目，提出了一个近似公式以计算其标准生成焓。这种方法不需要复杂的能量计算，速度快适合于富勒烯异构体的快速预筛选。

采用的方法是：首先，利用富勒烯生成程序 CaGe 产生满足五元环分离规则（isolated pentagon rule，IPR）的所有 C_{132}～C_{160}异构体；根据 Cioslowski 的拓扑方法计算每一异构体的标准生成焓，根据标准生成焓对所有异构体进行初步筛选，选出 1000 个候选异构体；然后使用半经验的 PM3 和 TB 势方法对这 1000 个候选异构体进行优化；最后，对所得到的 PM3 和 TB 势的前 10 个低能量异构体进行 B3LYP/6-31G* //B3LYP/3-21G 水平上的进一步计算，以预测 C_{132}～C_{160}的稳定异构体。密度泛函理论 B3LYP/6-31G* 是富勒烯研究中的一种应用广泛的理论方法，它的可靠性已经为许多文献报道所证实。

表 7-1 为先采用密度泛函理论 B3LYP/3-21G 对 C_{132}～C_{160}的前 10 个半经验低能异构体进行进一步优化，然后在 B3LYP/6-31G* 水平上计算其单点能，最后得到前 5 个稳定异构体的 B3LYP/6-31G* 能量，其中最低能量异构体的结构如图 7-4 所示。

表 7-1　在 B3LYP/6-31G* //B3LYP/3-21G 理论水平上计算得到的 C_{132}～C_{160} 前 5 个低能异构体

N^a	ΔE^b	Label[c]:Sym.	N^a	ΔE^b	Label[c]:Sym.	N^a	ΔE^b	Label[c]:Sym.
132	0.0	17 030:D_{3h}	142	0.0	150 303:C_{2v}	152	0.0	404 667:T_h
	0.1	49 717:T		4.0	150 096:C_2		0.2	404 666:D_3
	1.1	49 700:C_2		9.4	95 964:C_1		8.2	400 802:C_2
	1.8	49 732:D_2		9.5	94 182:C_1		8.3	400 768:C_{2v}
	3.8	38 208:C_2		9.9	139 765:C_s		8.8	400 767:C_{2v}
134	0.0	62 358:C_2	144	0.0	186 610:D_{3d}	154	0.0	489 609:C_2
	2.6	62 195:C_1		0.6	185 774:C_2		0.3	489 646:C_2
	2.9	62 153:C_2		0.9	186 609:D_2		0.3	489 608:C_s
	3.3	60 365:C_1		2.1	184 524:C_2		1.0	484 167:C_1
	3.8	46 125:C_2		4.2	185 191:C_1		2.2	93 408:C_1
136	0.0	79 178:D_2	146	0.0	222 515:C_2	156	0.0	586 176:D_2
	1.8	55 909:C_1		3.1	129 993:C_2		2.3	570 444:C_1
	2.1	79 048:C_3		4.2	223 909:D_2		2.6	275 610:C_1
	2.8	55 720:C_1		4.3	222 140:C_1		2.6	578 122:C_2
	4.6	79 166:C_2		4.7	222 982:C_1		5.3	570 108:C_2
138	0.0	98 289:C_2	148	0.0	276 111:D_2	158	0.0	689 318:C_2
	0.6	95 755:C_1		3.2	273 861:C_2		2.1	611 414:C_1
	1.4	98 080:C_2		4.6	276 085:C_1		2.4	697 600:D_2
	2.0	66 755:D_2		4.8	273 294:C_1		2.6	689 332:C_1
	3.3	93 276:C_1		5.6	273 860:C_1		2.8	689 333:C_1
140	0.0	121 354:T	150	0.0	333 052:D_{5h}	160	0.0	819 709:C_s
	4.5	120 660:D_2		3.0	335 569:D_2		5.5	820 406:C_2
	5.4	118 073:C_2		5.8	331 494:C_s		6.5	836 497:D_2
	6.9	120 556:C_2		9.9	335 566:D_5		7.1	836 211:C_1
	7.0	120 408:C_2		11.6	335 564:C_2		7.2	810 630:C_2

a. 碳原子数；b. ΔE 相对于最低能量异构体的能量，单位 kcal/mol；c. 富勒烯规范的环螺旋编码，与异构体一一对应。

由表 7-1 可以看出，许多富勒烯的稳定异构体的能量差别很小，在 3 kcal/mol 之内。例如，C_{154} 前四个稳定异构体的能量差别小于 1 kcal/mol。可见，对于大富勒烯来说，多个异构体共存是很常见的现象。表中列出的 75 个稳定异构体共有 13 种不同的对称性[C_1(22)、C_2(26)、C_3(1)、C_s(4)、C_{2v}(3)、D_2(11)、D_3(1)、D_5(1)、D_{3h}(1)、D_{3d}(1)、D_{5h}(1)、T (2)、T_h(1)]，其中低对称性异构体占大多数；而 C_{132}～C_{160} 的最低能量异构体共有 9 种不同的对称性[C_2(5)、C_s(1)、C_{2v}(1)、D_2(3)、D_{3h}(1)、D_{5h}(1)、D_{3d}(1)、T (1)、T_h(1)]，其中低对称性仍处于主导地位。这说明大富勒烯的稳定异构体一般趋向于较低的对称性。

2. C_{132}～C_{160} 最低能量异构体的电子性质研究

在相同的理论水平(B3LYP/6-31G* //B3LYP/3-21G)上计算了上述 C_{132}～C_{160} 最低能量异构体的电离能(ionization energy, IE)、电子亲和势(electron affinity, EA)和 HOMO-LU-

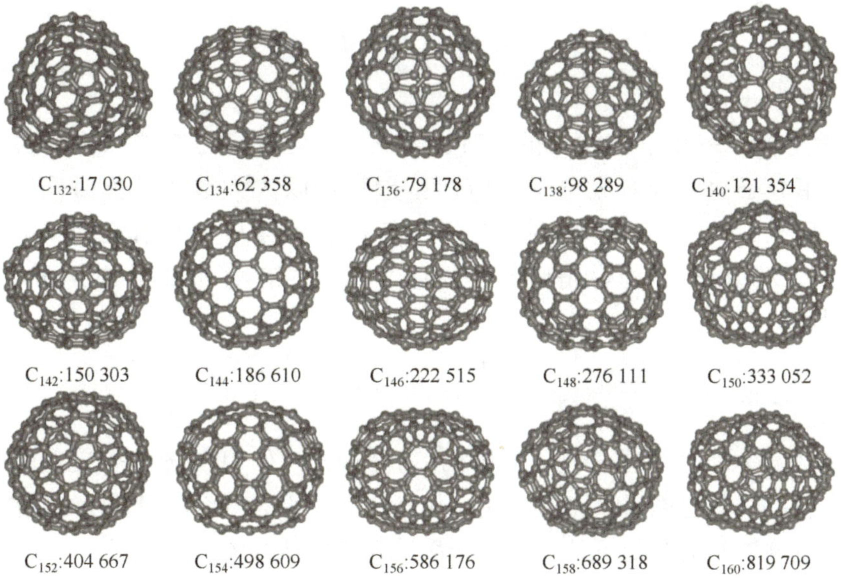

图 7-4 C_{132}～C_{160}在 B3LYP/6-31G* //B3LYP/3-21G 理论水平上的最稳定结构
C_{xxx}：*yyy* 中，*xxx* 为碳原子数；*yyy* 为异构体所对应的环螺旋编码

MO 能隙。电离能指的是阳离子和相应的中性分子之间的能量差；而电子亲和势指的是中性分子和相应阴离子之间的能量差。对富勒烯的阳离子和阴离子进行了几何构型优化，得到了富勒烯的绝热电离能和电子亲和势，计算得到的 C_{132}～C_{160}最低能量异构体的电离能、电子亲和势、HOMO-LUMO 能隙和碳原子数之间的关系如图 7-5(a)所示。从图中可以看出，对于 C_{132}～C_{160}这一段富勒烯，最低能量异构体的电离能和电子亲和势的变化都不大，和碳原子数之间并没有显著的依赖关系，HOMO-LUMO 能隙和碳原子数之间也没有显著的依赖关系。富勒烯的电离能和电子亲和势之差(IE－EA)和相应的 B3LYP/6-31G* HOMO-LUMO 能隙的关系如图 7-5(b)所示。显然，IE－EA 和 HOMO-LUMO 能隙之间有一个很好的线性关系。因此，IE－EA 可以用来评估 HOMO-LUMO 能隙的大小。例如，在图 7-5(a)中，C_{132}和 C_{150}拥有较高的电离能和较低的电子亲和势，使得它们的 HOMO-LUMO 能隙值较大，这也预示着相对其他富勒烯来说，实验中这两个富勒烯的产量可能会大一些。

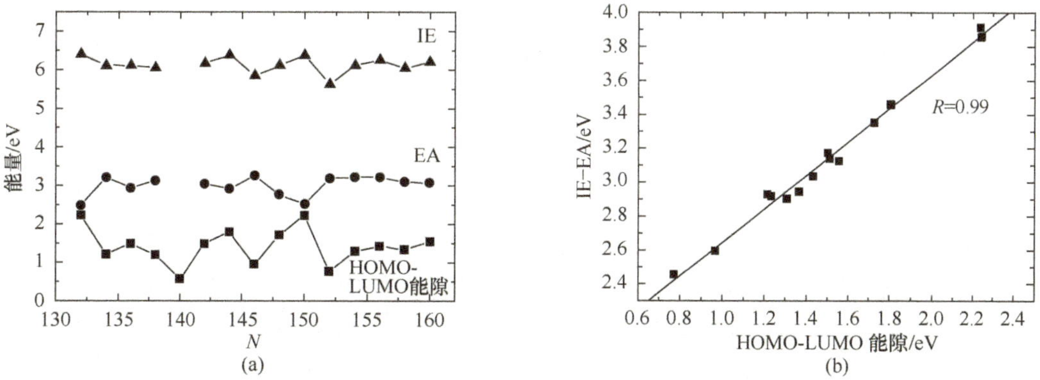

图 7-5 C_{132}～C_{160}在 B3LYP/6-31G* //B3LYP/3-21 水平上最稳定结构的 IE、EA 和 HOMO-LUMO 能隙随碳原子数 *N* 的变化(a)和 IE－EA 与 HOMO-LUMO 能隙的线性关系(相关系数 $R=0.99$)(b)

7.2 分子力学

分子力学是近年来化学家常用的一种计算方法，与量子力学的从头计算法和半经验计算法相比，用分子力学计算大分子几何构型参数可以大大节省计算时间，而且，在大多数情况下，用分子力学方法计算得到的分子几何构型参数与实验值之间的差值可在实验误差范围之内。所以，分子力学是研究生物化学体系的有效和可行的手段。分子力学的核心是分子力场。

7.2.1 分子力场

分子力学的基本理论就是一个分子力场由分子内相互作用和分子间相互作用两大部分构成，分别对应键伸缩、角弯曲、扭转运动、偶合相互作用以及范德华（VDW）相互作用和静电相互作用。力场的参数和力常数可从一个分子移植到相似结构的另一分子。

1. 分子力场的构成

一个分子力场一般包括以下几项能量表达式。

1）键伸缩

根据简谐力场的模型，成键原子可以视为由一根弹簧连接的两个小球，相应的势能函数 E_b 可以写成

$$E_b=\frac{1}{2}k(b-b_0)^2$$

式中，k 为键伸缩力常数；b 为键长；b_0 为键长的参考值。如果考虑得更精确一点，可以在上式中加上高次方项，即写成

$$E_b=\frac{1}{2}k(b-b_0)^2[1-k_1(b-b_0)-k_2(b-b_0)^2-k_3(b-b_0)^3\cdots]$$

另一种比较好的描写由键伸缩引起的能量改变的函数形式是莫尔斯(Morse)函数。

$$E_b=D_e\{1-\exp[-\alpha(b-b_0)]\}^2$$

式中，D_e 为解离能，即势能的最小值；$\alpha=\omega\sqrt{\frac{\mu}{2D_e}}$，$\omega$ 为化学键的振动频率，μ 表示折合质量，如果力常数为 k，则 $\omega=\sqrt{\frac{k}{\mu}}$。

需要说明的是，参考值并不是某个特定分子的平衡键长（个别情况例外）。这是一个很容易产生错觉的地方。确实有些 b_0 取自键长的实验值，但并不总是如此。事实上，b_0 是一个未受干扰的假想的键的长度，它不受任何外加力的影响。在任何一个真实分子中，分子中的其他原子总是对成键原子有这样或那样的作用力，从而使得实际键长总是偏离参考键长。一般来说，一个分子的内部张力越大，其平衡构型的键长偏离参考键长的程度就越大。表 7-2 为利用 MM2 计算的几种化学键的 b_0 值。

表 7-2 几种化学键的伸缩力常数和键长参考值

化学键	参考值 b_0/Å	力常数 k/[kcal/(mol·Å^2)]
$C_{sp^3}—C_{sp^3}$	1.523	317
$C_{sp^3}—C_{sp^2}$	1.497	317
$C_{sp^2}═C_{sp^2}$	1.337	690
$C_{sp^2}═O$	1.208	777
$C_{sp^3}—N_{sp^3}$	1.438	367
C—N(酰胺)	1.345	719

2）角弯曲

如果分子是一个无张力的开链结构，则可以用简单的谐振模型作近似处理，这时

$$E_\theta=\frac{1}{2}H(\theta-\theta_0)^2$$

一般情况下，用上式就足以描写 10°左右的键角弯曲引起的能量变化。但实际上，对直链烷烃这类简单分子，都必须考虑高次方项，即

$$E_\theta=\frac{1}{2}H(\theta-\theta_0)^2[1-H_1(\theta-\theta_0)-H_2(\theta-\theta_0)^2-H_3(\theta-\theta_0)^3\cdots]$$

式中，θ_0 是参考值，对它的理解与 b_0 类似。表 7-3 为几种化学键的 θ_0 值。

表 7-3 几种化学键的角弯曲力常数和 θ_0 参考值

化学键	θ_0	k/[kcal/(mol·deg^2)]
$C_{sp^3}—C_{sp^3}—C_{sp^3}$	109.47	0.0099
$C_{sp^3}—C_{sp^3}—H$	109.47	0.0079
$H—C_{sp^3}—H$	109.47	0.0070
$C_{sp^3}—C_{sp^2}—C_{sp^3}$	117.2	0.0099
$C_{sp^3}—C_{sp^2}═C_{sp^2}$	121.4	0.0121
$C_{sp^3}—C_{sp^2}═O$	122.5	0.0101

3）扭转能

分子内部绕轴（化学键）旋转不是自由的，同样需要一定的能量称为扭转能（torsional energy）。如果 ϕ 表示扭转角，则扭转角可以表示为三项傅里叶级数展开式。

$$E_{tor}=V_1[1-\cos(\phi-\phi_1^0)]+V_2[1-\cos(2\phi-\phi_2^0)]+V_3[1-\cos(3\phi-\phi_3^0)]$$

或者表示为

$$E_{tor}=\sum_{n=0}^{N}H_\phi[1-s\cos(n\phi)]$$

$$E_{tor}=\sum_{n=0}^{N}C_n\cos(\phi)^n$$

式中，s 为相因子；展开式的项数 N 随扭转角的类型及力场的不同而不同。

4）面外弯曲

普通的含有双键或 sp^2 杂化原子的三角形平面分子沿分子平面发生上下位移称为面外弯曲。通常可以把这种运动看成谐振运动，所以相应的势能可以简单地表示为

$$E_\chi=K_\chi\chi^2$$

式中，χ 为面外角。

按照通常的定义，面外弯曲也可以看成非真扭动，面外角看成构成三角形平面的原子绕平面上某一个键扭动的扭动角。根据这种定义，也可以用下式来描述这种运动：

$$E_{\chi}=K_{\chi}(1-\cos 2\chi)$$

以上四种能量都是描述简单的单一运动，分子中的各种键、角都看成孤立存在时所引起分子内部的能量变化情况。但实际上分子内键长及键角的变化受到相邻键、角的影响。为了得到比较精确的力场，还必须考虑键、角之间的偶合(coupling)，偶合作用的能量在力场中称为交叉项(cross terms)，一般这些函数都采用谐振势能形式，但不同的力场采用的函数形式不尽相同。

5）键-键偶合

$$E_{bb'}=F_{bb'}(b-b_0)(b'-b_0')$$

式中，b_0 和 $b_0{}'$分别代表两个相互作用键的参考键长。

6）键-角偶合

$$E_{b\theta}=F_{b\theta}(b-b_0)(\theta-\theta_0)$$

7）角-角偶合

$$E_{\theta\theta'}=F_{\theta\theta'}(\theta-\theta_0)(\theta-\theta_0{}')$$

8）键-扭转偶合

$$E_{b\phi}=(b-b_0)(V_1\cos\phi+V_2\cos 2\phi+V_3\cos 3\phi)$$

9）角-扭转偶合

$$E_{\theta\varphi}=(\theta-\theta_0)(V_1\cos\phi+V_2\cos 2\phi+V_3\cos 3\phi)$$

10）角-角-扭转偶合

$$E_{\theta\theta\phi}=K_{\theta\theta\phi}\cos\phi(\theta-\theta_0)(\theta'-\theta_0{}')$$

分子力场与光谱力场的最大区别在于分子力场的势能函数表达式中显含静电相互作用和范德华相互作用，通称为非键相互作用。

11）静电相互作用

在分子力学计算中，静电相互作用项有不同的模型和各种不同的数学表达式，早期采用的是偶极-偶极相互作用。

$$E_{\text{dipol}}=\frac{\mu_i\mu_j}{\varepsilon r_{ij}^3}(\cos\chi-3\cos\alpha_i\cos\alpha_j)$$

式中，ε 为溶剂的有效介电常数；χ为两个偶极 μ_i 和 μ_j 之间的夹角；α 为偶极和两个偶极端点连线的夹角。如果用分子力学计算有多个极性键的较大分子，采用上式就太费时间。一种简单的处理就是把电荷放在原子核上，这样就可以用库仑定律来表示静电相互作用。

$$E_{\text{charge}}=\frac{q_iq_j}{\varepsilon r_{ij}}$$

实际上该公式是经典静电学理论中计算静电相互作用时所采用多级展开式的第一项，该公式的展开形式比较复杂。

在静电相互作用的计算时，往往要模拟溶剂介电常数 ε 的影响，一种简单的方法是采用距离相关模型(distance-dependent dielectric model)，将上述公式简写为

$$E_{\text{charge}}=\frac{q_iq_j}{r_{ij}^2}$$

12）范德华相互作用

在分子力场中，一般将范德华作用分为吸引力(dispersive interactions)和排斥力(repulsive contribution)两部分，吸引力为远程作用，而排斥力为短程作用。因此，一般采用两项的表达式描述范德华作用。原则上可以用很多公式描述范德华相互作用，但 Lennard-Jones(简称 L-J)公式应用得最为广泛。它的一般表达式是

$$E_{\mathrm{VDW}}=\frac{n\varepsilon}{n-m}\left[\frac{m}{n}\left(\frac{r_0}{r}\right)^n-\left(\frac{r_0}{r}\right)^m\right]$$

几乎所有的研究表明，吸引势能的指数 m 应取为 6，而对排斥势能的指数 n 的取值没有形成比较一致的看法。为了数学处理方便起见，通常把 n 取为 12，这就是经常看到的(L-J 12-6)势能。它的数学表达式为

$$E_{\mathrm{VDW}}=\varepsilon\left[\left(\frac{r_0}{r}\right)^{12}-2\left(\frac{r_0}{r}\right)^6\right]$$

式中，r_0 为范德华势能处于最小值时相关原子之间的距离，又称范德华半径；ε 为势能阱深。

研究表明，12-6 势能曲线中的排斥部分在描述有机分子原子之间的相互作用时在比较宽的范围内显得太陡，采用 9 或 10 代替 12 更适合有机分子，这就是(L-J 9-6)势能。

$$E_{\mathrm{VDW}}=\varepsilon\left[\left(\frac{r_0}{r}\right)^9-2\left(\frac{r_0}{r}\right)^6\right]$$

L-J 公式也经常简写为

$$E_{\mathrm{VDW}}=\frac{A}{r^{12}}-\frac{B}{r^6}$$

$$E_{\mathrm{VDW}}=\frac{A}{r^9}-\frac{B}{r^6}$$

式中，$A=\varepsilon r_0^{12}$ 或 $A=\varepsilon r_0^9$；$B=2\varepsilon r_0^6$。

另一种常用的函数形式是用指数函数描述排斥部分，如

$$E_{\mathrm{VDW}}=\varepsilon\left[\frac{6}{\alpha-6}\mathrm{e}^{-\alpha\left(\frac{r}{r_0}-1\right)}-\frac{6}{\alpha-6}\left(\frac{r_0}{r}\right)^6\right]\qquad \alpha=14\sim15$$

$$E_{\mathrm{VDW}}=2.90\times10^5\varepsilon\exp\left(-12.50\,\frac{r_0}{r}\right)-2.25\varepsilon\left(\frac{r_0}{r}\right)^6$$

$$E_{\mathrm{VDW}}=8.28\times10^5\varepsilon\exp\left(-\frac{r}{0.0736r_0}\right)-2.25\varepsilon\left(\frac{r_0}{r}\right)^6$$

在计算多原子分子间的范德华作用时，需要计算每一个原子对之间的相互作用，而计算不同类型原子间的相互作用就需要每一种原子的有关参数，如 ε、r_0 等。计算这些参数往往需要大量的计算。因此，在实际计算中一般采用简单的混合规则(mixing rule)进行计算，如不同原子之间的碰撞直径 σ_{AB}、势能阱深 $\varepsilon_{\mathrm{AB}}$ 和 $r_{0\mathrm{AB}}$ 一般采用下列公式进行计算：

$$\sigma_{\mathrm{AB}}=\frac{1}{2}(\sigma_{\mathrm{AA}}+\sigma_{\mathrm{BB}})$$

$$\varepsilon_{\mathrm{AB}}=\sqrt{\varepsilon_{\mathrm{AA}}\varepsilon_{\mathrm{BB}}}$$

$$r_{0\mathrm{AB}}=\frac{1}{2}(r_{0\mathrm{AA}}+r_{0\mathrm{BB}})$$

13) 氢键相互作用

在很多力场中没有单独考虑氢键的相互作用，但有些力场专门用一个函数描述氢键中氢原子和受体原子之间的相互作用。常用的函数形式是 L-J 12-10，即

$$E_{\text{H-Bond}}=\frac{A}{r_{ij}^{12}}-\frac{B}{r_{ij}^{10}}$$

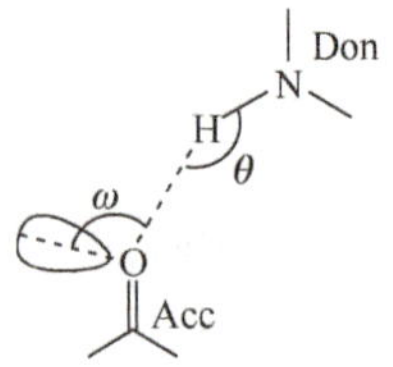

图 7-6　θ 和 ω 的定义

式中，A 和 B 的含义同上。

在某些力场中还考虑了形成氢键的原子间的相对夹角，采用下列公式：

$$E_{\text{H-Bond}}=\left(\frac{A}{r_{\text{H-Acc}}^{12}}-\frac{B}{r_{\text{H}\cdots\text{Acc}}^{10}}\right)\cos^2\theta\cos^4\omega$$

式中，θ 和 ω 的定义如图 7-6 所示。

2. 分子力场的参数化

在选定了分子力场的解析形式后，接下来的问题是确定参数，即力场的参数化。一般通过两种途径计算力场的有关参数。

传统的方法是通过拟合实验数据来优化参数，所以往往把分子力学称为经验力场计算(empirical force field calculation)。拟合所需的实验数据包括几何结构、构象能、生成热、光谱数据等。分子内相互作用参数的拟合主要采用分子结构方面的实验数据。常用的实验方法有用于气体检测的微波谱法、电子衍射法；用于晶体检测的 X 射线衍射、中子散射、红外及拉曼光谱分析；扭转势能参数则来自于 NMR 谱带和弛豫时间；构象能可以从光谱及热化学数据得到；非键参数主要由晶格参数和液体的物理性质数据拟合得到。拟合的常用方法有两种：最小二乘法和试探法。可用的实验数据越多，用试探法优化参数就越困难，而最小二乘法就显得更实用。在实际应用中，往往把两种方法结合起来。在分子力场发展的过程中面临的最大困难莫过于实验数据的缺乏。这样就会在势能函数的参数化时遇到麻烦。

得到力场参数的第二种途径是通过量子化学的从头计算法。很显然，要准确地拟合势能面就需要有足够多的计算点分布在整个势能面上，结果就会使计算量变得非常大。但从头计算不仅可以得到能量和原子电荷，还可以得到能量对坐标的一阶导数(原子所受的力)和能量对坐标的二阶导数(Hessian 矩阵元)。这些结果和构成力场的基本要素(力常数、电荷等)是密切相关的。这样通过一次计算就可以得到用于拟合势能面的多个数据。拟合从头计算数据得到力常数后，还必须用实验值进行校正，因为从头计算得出的力常数一般要比相应的实验值大 10%～20%。所以，要用一套标定因子(通常取 0.75～0.90)对从头计算力常数进行标定后，才能与实验结果比较一致。这样得到的力场就是最近几年才发展起来的量子力学力场(quantum mechanical force field，QMFF)。

3. 常用的分子力场简介

较早出现的分子力场是 Allinger 等于 1973 年提出的 MMI 和 MMP，前者用于计算非共轭体系的有机分子，后者用于共轭体系的分子。后来的 MM2 力场为 MMP 的改进，适用于含有离域的 π 电子体系。随着计算机科学的迅速发展，分子力场也得到很大的发展。总的来说，早期的第一代力场，如 MM2、AMBER、CVFF 等，势能函数形式一般比较简单，并且势能参数主要来源于实验数据的拟合；而后来的第二代力场，如 CFF91-95、MM3 等，则一般函数形式比较复杂，参数的确定也采用了较多的量子力学计算。

目前比较流行的分子力场可根据其函数形式的复杂程度和适用范围大致分为以下三类：

(1) 函数形式简单，适用的范围广，能比较合理地预测分子结构，如 ESFF(extensible sys-

temitic force field)、CVFF(consistent valence force field)等。

例如,CVFF 的函数形式为

$$\begin{aligned}E_{\mathrm{CVFF}} = &\sum_b D_b[1-\mathrm{e}^{-\alpha(b-b_0)}]+\sum_\theta H_\theta(\theta-\theta_0)^2+\sum_\phi H_\phi[1+s\cos(n\phi)]\\&+\sum_\chi H_\chi\chi^2+\sum_b\sum_{b'}F_{bb'}(b-b_0)(b'-b_0')+\sum_\theta\sum_{\theta'}F_{\theta\theta'}(\theta-\theta_0)(\theta'-\theta_0')\\&+\sum_b\sum_\theta F_{b\theta}(b-b_0)(\theta-\theta_0)+\sum_\phi F_{\phi\theta\theta'}\cos\phi(\theta-\theta_0)(\theta'-\theta_0')+\sum_\chi\sum_{\chi'}F_{\chi\chi'}\chi\chi'\\&+\sum\varepsilon\left[\left(\frac{r_0}{r}\right)^{12}-2\left(\frac{r_0}{r}\right)^6\right]+\sum\frac{q_iq_j}{\varepsilon r_{ij}}\end{aligned}$$

式中,第一项至第四项分别表示键伸缩、角弯曲、扭转运动和面外弯曲引起的势能变化,其中表示键伸缩能的是莫尔斯函数;第五项至第九项是交叉项,如第五项描述相邻的键伸缩之间产生的偶合,第十项和第十一项表示非键相互作用。

(2) 函数形式简单,应用的范围比较特定(大部分适合于生物分子),优化力场参数的方法比较多,结果也比较好,能合理地预测分子结构、构象性质、凝聚态性质,如 AMBER、OPLS/AMBER、CHARMM 等。

例如,AMBER 的函数形式为

$$\begin{aligned}E_{\mathrm{AMBER}} = &\sum_b K_2(b-b_0)^2+\sum_\theta H_\theta(\theta-\theta_0)^2+\sum_\phi\frac{V_n}{2}[1+\cos(n\phi-\phi_0)]\\&+\sum\varepsilon\left[\left(\frac{r_0}{r}\right)^{12}-2\left(\frac{r_0}{r}\right)^6\right]+\sum\frac{q_iq_j}{\varepsilon_{ij}r_{ij}}+\sum\left(\frac{C_{ij}}{r_{ij}^{12}}-\frac{D_{ij}}{r_{ij}^{10}}\right)\end{aligned}$$

式中,前三项分别表示键、角、二面角的变化引起的势能改变值;第四项表示范德华相互作用;第五项表示静电相互作用;最后一项表示氢键相互作用。

(3) 函数形式较复杂,适用范围宽,优化得到的力场参数较合理,能较好地预测分子结构、振动频率、构象性质,如 CFF91-95(consistent force field)、MM3/MM4、MMFF 等。

例如,CFF91 的函数形式为

$$\begin{aligned}E_{\mathrm{CFF91}} = &\sum_b[K_2(b-b_0)^2+K_3(b-b_0)^3+K_4(b-b_0)^4]\\&+\sum_\theta[H_2(\theta-\theta_0)^2+H_3(\theta-\theta_0)^3+H_4(\theta-\theta_0)^4]\\&+\sum_\phi[V_1[1-\cos(\phi-\phi_1^0)]+V_2[1-\cos(2\phi-\phi_2^0)]+V_3[1-\cos(3\phi-\phi_3^0)]]\\&+\sum_\chi K_\chi\chi^2+\sum_b\sum_{b'}F_{bb'}(b-b_0)(b'-b'_0)+\sum_\theta\sum_{\theta'}F_{\theta\theta'}(\theta-\theta_0)(\theta'-\theta'_0)\\&+\sum_b\sum_\theta F_{b\theta}(b-b_0)(\theta-\theta_0)+\sum_b\sum_\phi(b-b_0)(V_1\cos\phi+V_2\cos2\phi+V_3\cos3\phi)\\&+\sum_{b'}\sum_\phi(b'-b'_0)(V_1\cos\phi+V_2\cos2\phi+V_3\cos3\phi)\\&+\sum_\theta\sum_\phi(\theta-\theta_0)(V_1\cos\phi+V_2\cos2\phi+V_3\cos3\phi)\\&+\sum_\phi\sum_\theta\sum_{\theta'}K_{\phi\theta\theta'}\cos\phi(\theta-\theta_0)(\theta'-\theta'_0)+\sum_{i>j}\frac{q_iq_j}{\varepsilon r_{ij}}+\sum_{i>j}\left(\frac{A_{ij}}{r_{ij}^9}-\frac{B_{ij}}{r_{ij}^6}\right)\end{aligned}$$

式中,第一项至第四项表示内坐标的变化引起的势能改变;第五项至第十一项表示偶合项;第十二项至十三项表示非键相互作用。

也有文献将分子力场分为传统力场、第二代力场和通用力场。传统力场包括 AMBER 力场、CHARMM 力场、CVFF 力场、MMX(MM2 和 MM3)力场。第二代力场比传统力场更精确，但函数形式比传统力场更复杂，涉及的力场参数更多，计算量也更大，如 CFF 力场(包括了 CFF91、PCFF、CFF95 等)、COMPASS 力场、MMFF94 力场等。通用力场也称基于规则的力场，它所应用的力场参数是基于原子性质计算所得，用户可以通过自主设定一系列分子作为训练集来生成合用的力场参数，如 ESFF 力场、UFF 力场、Dreiding 力场等。

函数形式是一个分子力场的重要组成部分，除此之外分子力场还包括以下内容：①原子类型的表达规则；②原子类型表；③原子电荷表(有时包括在原子类型表中)；④能量函数中各项的参数表；⑤计算没有明确定义的力场参数的规则(某些力场)；⑥确定能量函数形式与有关参数的方式(某些力场)。

一般来说，每一种分子力场都有对应的原子类型表以及各种相关的参数表。如果使用软件进行计算，读者无需知道这些表格的具体内容。如果读者要建立自己的计算程序或软件，这些表格的内容需要通过查阅相关资料获取。

7.2.2 应用举例

近年来，随着现代技术的发展和应用，特别是计算机技术的发展，分子力学方法已不仅能处理一般的中小分子，也能对大分子、超分子体系进行处理，在生物化学、药物设计、配位化学等研究中都有广泛的应用。以下举例说明分子力学的使用方法与在化学研究中的意义和作用。

1. 团簇优化

原子簇与分子簇的结构优化是目前分子模拟中的热门研究方向之一，可作为研究原子/分子簇结构变化规律和结构预测的有力手段。在结构优化中一般采用一定的势函数作为判据搜索能量最低的稳定结构，不同的原子/分子簇采用不同的势能函数。但某些原子的原子簇，如惰性气体原子簇，可以采用 Lennard-Jones 公式作为势函数，所以称为 Lennard-Jones 原子簇或简称 L-J 原子簇。许多奇妙的模拟结果可以通过网络资源进行浏览，以下为作者利用优化算法对氩原子簇结构进行优化的过程和结果。

对于 N 个原子的原子簇优化，如果固定一个原子的位置，其他原子的位置用(x_i, y_i, z_i)表示，则该优化问题可以归结为求 $f(x_i, y_i, z_i)$的极小值，其中 f 为能量函数。本模拟中采用了 L-J 公式的另一种形式，即

$$V(r) = 4\varepsilon \sum_{i=1}^{N} \sum_{j>i}^{N} \left[\left(\frac{\sigma}{r_{ij}} \right)^{12} - \left(\frac{\sigma}{r_{ij}} \right)^{6} \right]$$

式中，r 为各原子之间的距离；ε 和 σ 分别为 0.012eV 和 3.36Å。

原则上讲，任何优化方法都可以用于原子簇的优化，本模拟中采用了修正的退火演化算法。表 7-4 为 N=2～15的氩原子簇的能量极小值，图 7-7(a)、图 7-7(b)和图 7-7(c)分别为 N=7、13、19 的氩原子簇的优化结果，更大原子簇的优化结果可以查阅有关文献或网络资源获得，如 http://brian.ch.cam.ac.uk/CCD.html。

表 7-4　氩原子簇的能量优化结果(单位：0.012eV)

原子数	参考值*	优化结果	原子数	参考值*	优化结果
2	−1.000	−1.000	5	−9.104	−9.104
3	−3.000	−3.000	6	−12.712	−12.712
4	−6.000	−6.000	7	−16.505	−16.505

续表

原子数	参考值*	优化结果	原子数	参考值*	优化结果
8	−19.822	−19.822	12	−37.968	−37.968
9	−24.113	−24.113	13	−44.327	−44.327
10	−28.423	−28.423	14	−47.845	−47.845
11	−32.766	−32.766	15	−52.323	−52.323

* Gregurick S K，Alexander M H，Hartke B. J Chem Phys，1996，104：2684。

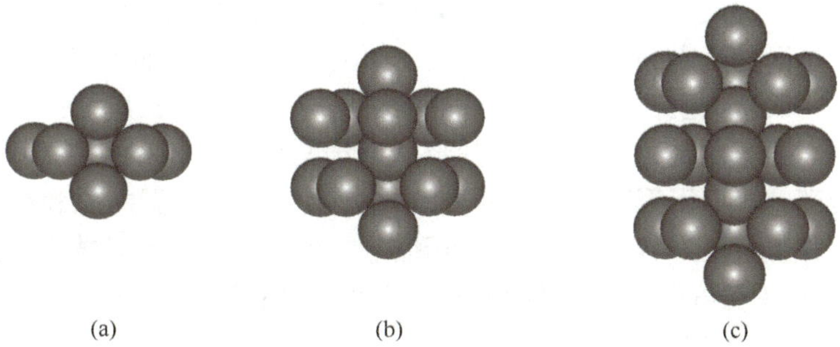

图 7-7　7 个氩原子组成的原子簇(a)、13 个氩原子组成的原子簇(b)和 19 个氩原子组成的原子簇(c)

2. 遗传算法用于 α-环糊精包结物的分子对接研究

环糊精(cyclodextrin，CD)是指由 6 个或更多的吡喃葡萄糖分子形成的环状低聚糖的总称，由环糊精葡萄糖基转移酶作用于淀粉所产生。常见的环糊精有 α-环糊精、β-环糊精和 γ-环糊精，分别由 6、7、8 个吡喃葡萄糖构成。环糊精的分子形状如同轮胎，分大口端和小口端，分别连有羟基，分子的内部为一个呈 V 字形的疏水性空穴，内径大小为 0.5～1.0nm，可对很多小分子进行包接形成复合物。环糊精类化合物具有外亲水、内疏水的特点，因此广泛用于食品、香料、医药、化合物拆分等，也用于模拟酶研究。

为了模拟环糊精与小分子的包接行为，一般采用环糊精作为主体分子，小分子作为客体分子开展主客体系的对接研究。在研究工作中，固定环糊精的位置，在势能函数的评价下优化小分子的相对位置，即 x、y、z、θ、ψ、ϕ。本书作者曾采用遗传算法优化了 α-环糊精与 43 种对二取代苯小分子($X—C_6H_4—Y$)的包接复合物，得到了它们的最优结构。优化过程中采用了三个能量项，即范德华作用能、静电作用能和疏水相互作用能。在遗传算法中，三个位置参数分别控制在[−2.8，2.8](Å)，三个角度参数中的其中两个控制在[0，2π]，另一个控制在[0，π]。图 7-8(a)是对碘苯胺($X=I$、$Y=NH_2$)的优化结果，与图 7-8(b)中的实验结果基本一致。优化

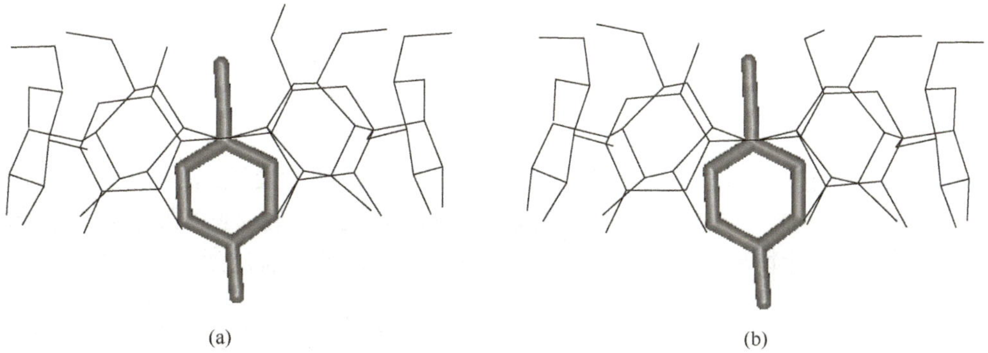

图 7-8　α-环糊精与 $I—C_6H_4—NH_2$ 的优化结果(a)与实验结果(b)

结果中主客分子的中心距离为 1.58Å，相对角度为 2.92°，实验结果中两分子的中心距离为 1.50Å，相对角度为 3.38°。两个结果中小分子间各原子坐标的均方根偏差仅为 0.31Å。这充分说明了优化结果的正确性。

3. 遗传算法用于蛋白质-配体的分子识别研究

蛋白质与配体之间的分子识别对研究病理、药物的作用机理以及分析化学中的传感器设计等均具有重要意义。分子识别的实质是两分子之间的相互作用，其分子模拟研究与主-客体系的研究一样，也是两分子之间相对位置的优化。但是，在模拟不同体系时评价函数（相互作用能）有所不同。一般认为蛋白质与配体之间的相互作用包括范德华作用、氢键作用以及疏水作用等，但空间上的要求尤其重要，即配体的形状必须与作用位点的空腔相匹配。因此，在我们的工作中，开展了基于分子形状的对接研究。首先建立了一套蛋白质和配体形状的描述函数，然后使用遗传算法进行形状的匹配。评价函数是两分子分子表面描述函数中系数的差异（最小），待优化参数是配体分子的旋转角度。图 7-9(a)和图 7-9(b)分别是蛋白质 5hvp 和 1ajx 与其配体之间相对位置的优化结果。

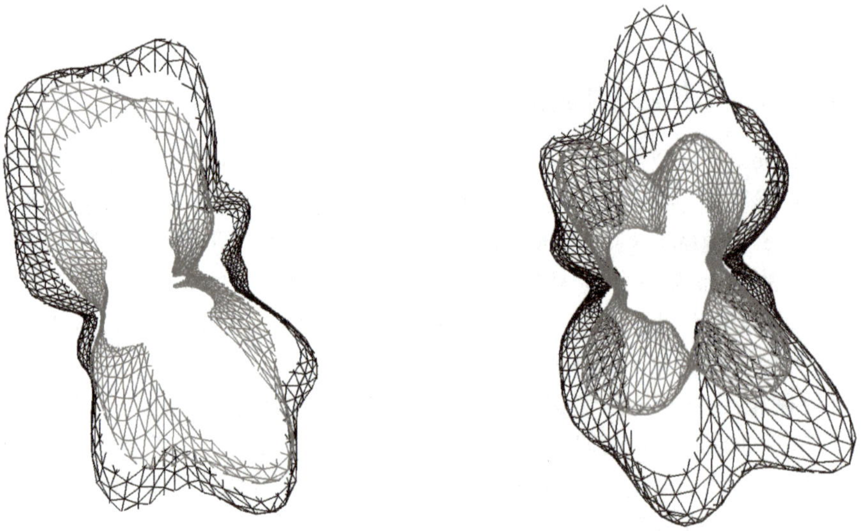

(a)　　(b)

图 7-9　蛋白质 5hvp(a)和 1ajx(b)与其配体之间相对位置的优化结果

7.3　分子动力学

7.3.1　基本方法

分子力学方法能够得到分子的最低能量构象，而在此基础上发展起来的分子动力学（molecular dynamics，MD）模拟方法可以得到最低能量构象附近的一系列合理构象。分子动力学模拟是一种重要的统计物理方法，其基本思想是将分子中的原子看成运动中的粒子，以某起始状态为起点，根据每个粒子的受力情况依据牛顿第二定律（$\boldsymbol{F}=m\boldsymbol{a}$ 或 $\frac{\mathrm{d}^2 x_i}{\mathrm{d}t^2}=\frac{F_{x_i}}{m_i}$）计算每个粒子的运动轨迹。因此，分子动力学的实质是求解所有原子的运动方程组

$$\frac{d^2\boldsymbol{r}_i}{dt^2}=\frac{\boldsymbol{F}_i(\boldsymbol{r}_1,\boldsymbol{r}_2,\cdots,\boldsymbol{r}_n)}{m_i} \tag{7-5}$$

式中，$\boldsymbol{r}_i$ 为各原子的移动矢量；m_i 为第 i 个原子的质量；$\boldsymbol{F}_i$ 为第 i 个原子所受的作用力，由采用的分子力场决定。

分子动力学模拟是基于各态遍历的基本假设，即只要模拟足够长的时间，模拟体系必将能够经历所有可能的微观状态，从而通过计算体系的时间平均，便可获得体系的统计平均。因此，分子动力学模拟需要大量的计算，其中涉及的主要参数是分子力场、温度和时间步长。分子力场描述了体系中粒子之间的相互作用，其准确程度直接影响模拟结果的好坏。因此，在进行分子动力学模拟之前要根据模拟体系选择合适的分子力场。例如，目前流行的CHARMM、AMBER和GROMACS力场主要针对蛋白质、核酸和细胞膜等体系。温度的高低一般根据模拟的目的确定。例如，从温度为300K时的原子运动轨迹可以观察分子的柔性，哪一部分容易变形，并且可以得到构象的变换过程；而从温度为1000K的原子运动轨迹可以进行构象空间的搜索。时间步长可以理解为分子运动轨迹中的采样间隔，适当地选取时间步长对模拟结果的统计计算至关重要。时间步长太大，会忽略粒子运动的某些细节，模拟精准性降低；时间步长太小，会降低构象空间中的搜索能力，计算量增大，因此通常采用飞秒(fs，10^{-15} s)级的时间步长进行计算。根据目前的计算机条件，分子动力学模拟的时间尺度一般为纳秒(ns，10^{-9} s)至微秒(μs，10^{-6} s)级。

分子动力学模拟不仅考虑了体系运动轨迹中的势能变化，而且考虑了运动轨迹中的动能变化。然而，恰恰是由于动能项的引入，分子动力学模拟并不能提供模拟体系的最低能量构象。因此，分子动力学模拟通常结合分子力学方法使用，即在进行分子动力学模拟之前，先采用分子力学计算得到模拟体系的最低能量构象，以此构象为初始状态再开始分子动力学模拟，从而大大降低了体系到达平衡状态所需的模拟时间。

与量子力学相比，分子动力学模拟采用了经典力学的近似，忽略了电子的行为，极大地简化了计算模型和步骤，从而能够处理含有几万至几十万粒子的分子体系。目前，采用分子动力学模拟方法研究的最大体系为含有百万粒子的病毒结构。然而，分子动力学模拟的计算精度不及量子力学，难以描述电子效应，尤其是无法应用到涉及化学键生成和断裂的化学反应中。尽管如此，分子动力学模拟在分子识别、分子自组装和蛋白质折叠等领域仍具有广泛的应用，并且结合自由能计算方法已经成为目前分子模拟最常用的方法之一。

7.3.2 软件

分子动力学模拟可以通过编写程序实现，也可以借助已有的软件完成。目前，流行的分子动力学软件主要有GROMACS、AMBER和NAMD。其中，NAMD的程序设计水平高，并行计算效率高，具有良好的兼容性。同时，还提供了功能强大的轨迹可视化和分析软件VMD以及一系列丰富的模拟结果统计工具。更为难得的是，NAMD是完全免费的开源软件。因此，本节将详细介绍NAMD的使用和功能。

NAMD(NAnoscale Molecular Dynamics)是由美国伊利诺斯大学Klaus课题组于1995年开发的主要针对生物大体系模拟的高性能并行分子动力学代码。该软件基于C++编程语言和Charm++并行对象，能够有效并行上千个处理器，是目前并行效率最高的分子动力学软件。此外，NAMD在小型计算集群和单机上的运行速度也很快。NAMD的WWW主页为

http://www. ks. uiuc. edu/Research/namd/

该主页提供了使用手册、教程和大量的实例。用户只需简单注册即可下载NAMD。NAMD

支持 windows、linux 等多个系统和平台，用户可以选择免安装版本，也可以下载源代码进行编译安装。目前，NAMD 的版本号为 2.9。

NAMD 的配置和使用较为简单，只需要四个输入文件即可进行普通的分子动力学模拟，即力场参数文件、结构文件、三维坐标文件和配置文件。NAMD 支持多种分子力场，包括经典的全原子力场(CHARMM、AMBER、GROMACS)、粗粒化力场(MARTINI)以及隐性溶剂模型(Generalized Born)。其中，CHARMM 力场的兼容性最好，应用也最为广泛。结构文件描述了模拟体系的拓扑结构，即原子类型、质量、电荷及键连信息等，严格地对应分子力场中的各项函数，从而使力场参数能够准确地描述体系中粒子间的相互作用。三维坐标文件定义了模拟体系的初始位置，一般可采用晶体数据库(如 RCSB 蛋白质数据库)中的晶体结构或者手工搭建。配置文件包含了分子动力学模拟所需的所有参数，如温度、时间步长和模拟时间等。如果需要特殊的功能，只需修改或者添加配置文件中的相应的模拟参数。

NAMD 只负责运动方程组的求解计算，输出文件可认为是模拟体系的运动轨迹，并不提供建模、轨迹可视化及分析的功能。因此，NAMD 通常结合软件 VMD 使用。VMD(Visual Molecular Dynamics)由同一课题组设计开发，具有丰富的结构可视化方式，并且能输出多种格式的精美图片，经常作为科技期刊的封面。图 7-10 为 VMD 对 β-环糊精结构的显示画面。VMD 不仅能够播放 NAMD 输出的运动轨迹，同时还提供了多种轨迹分析工具，如氢键分析、能量分析等。VMD 最为强大的功能在于插件的扩展，用户可以根据自身的需要编写具有一定功能的插件，兼容到软件中，从而供全球用户使用，极大地方便了模拟轨迹的处理过程。由于 VMD 几乎支持目前所有分子动力学模拟软件输出的轨迹文件格式，因此，VMD 已经成为应用最为广泛的模拟轨迹可视化软件之一。与 NAMD 一样，VMD 也具有 GPU 加速功能，并支持多个系统和平台，安装简单，使用方便。VMD 的 WWW 主页为

http://www.ks.uiuc.edu/Research/vmd/

该主页同样提供了详细的帮助文件和相关实例。目前，VMD 的版本号为 1.9.1。

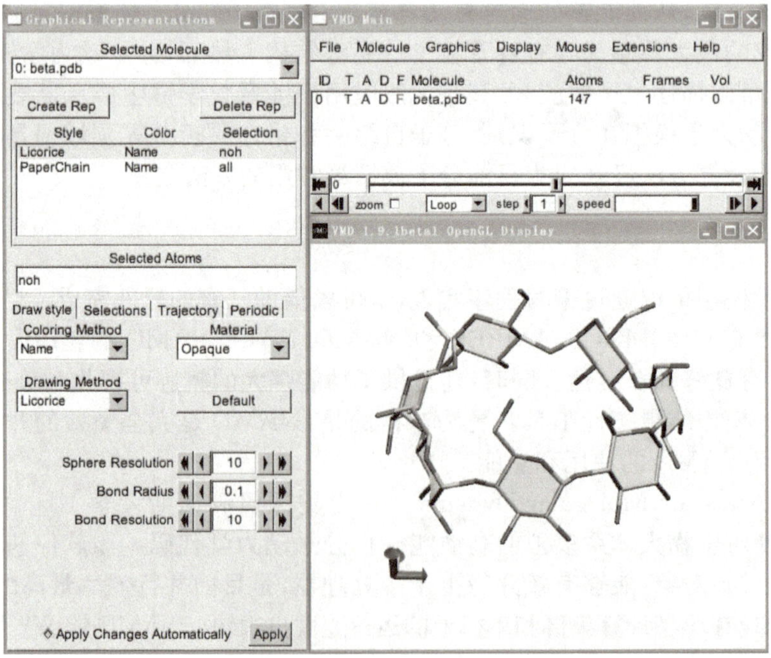

图 7-10　VMD 软件界面示例

除了经典的分子动力学模拟，NAMD 还支持新兴的副本交换分子动力学（replica exchange molecular dynamics，REMD）模拟。当模拟体系的柔性较大、自由度较多时，体系容易陷入势能面的局部极小点，并且在一般的模拟时间尺度内（数百纳秒）难以跳出。此时，体系的构象处于亚稳定状态。由于构象空间不能被完全地探索，这将对模拟体系平衡性质的统计平均带来极大的偏差。REMD 则能有效地克服这一缺陷。简单来说，REMD 构建了一系列的独立副本，对每个副本设置不同的初始温度，从而覆盖了从低温到高温较宽的温度范围。同时对每个副本进行独立的经典分子动力学模拟，每经过一定的时间间隔，根据 Metropolis 判据，相邻的副本之间尝试交换温度。因此，高温的副本能够克服能垒，跳出局部极小点，极大地增加了构象空间的采用。但是，REMD 的缺点也显而易见，由于使用了多个副本，需要的计算量非常大。目前，REMD 方法已经成功应用于蛋白质折叠路径研究。

NAMD 不仅支持平衡动力学模拟，也支持非平衡动力学模拟。生物体系一些重要生理功能的实现常涉及从一个平衡态到另一个平衡态的过渡，如配体的结合或解离。然而，这需要跨越较高的能垒，很难在当前的模拟时间尺度内重现。拉伸分子动力学（steered molecular dyanmics，SMD）模拟通过对体系中某一原子或基团沿某一过渡路径施加恒定的外力或者速度，增加体系在这一路径上的采样，从而加速该过程，极大地节省了计算时间。此外，NAMD 结合 VMD 能够交互式地施加外力（interactive molecular dynamics，IMD）。通过外接的力反馈触觉设备，用户可以据 VMD 显示的体系结构实时地对某一感兴趣的基团手动施加外力，研究体系在非平衡状态下的结构和力学性质等。在拉伸分子动力学模拟中，根据 Jarzynski 等式可求得拉伸过程的自由能变化，Jarzynski 等式为

$$e^{-\Delta G/k_B T}=\langle e^{-W/k_B T}\rangle \tag{7-6}$$

式中，ΔG 为自由能变化；W 为拉伸过程所做的功；k_B 为玻耳兹曼常量；T 为热力学温度；$\langle\rangle$ 为轨迹平均。式(7-6)当且仅当拉伸过程为准静态时成立。因此，拉伸的外力和速度不能太大。此外，Jarzynski 等式为指数形式，即等式右边的平均值对 W 的变化非常敏感，需要大量的运动轨迹才能准确地估计自由能的变化，计算量非常大且自由能曲线不易收敛。为此，NAMD 提供了另外两种自由能计算方法，即自由能微扰（free energy perturbation，FEP）方法和自适应偏置力（adaptive biasing force，ABF）方法。

FEP 方法的基本思想是从模拟体系的参考态出发，经过一系列的微小变化步骤转变到目标态，对每一个变化步骤进行分子动力学模拟，得到相邻变化步骤的自由能变化，目标态与参考态的自由能变化为各步骤自由能变化之和。为了保证计算的精度，变化步骤应足够小。然而，在实际应用过程中难以实现，尤其是在参考态和目标态相差较大时。因此，通常需要设计热力学循环计算相对自由能。例如，要计算配体 A 与受体 S 的结合自由能，可设计如图 7-11 所示的热力学循环图，通过将配体 A 突变到配体 B 得到 ΔG_3 和 ΔG_4，则相对自由能 $\Delta G=\Delta G_1-\Delta G_2=\Delta G_3-\Delta G_4$，即两个结合能的差值。配体 A 与 B 结构相差越小，则计算精度越高。使用 NAMD 进行 FEP 计算时，需要在结构文件和三维坐标文件中标记出参考态和目标态，同时，在配置文件中添加相关的参数。自由能微扰方法作为经典的自由能计算方法，原理严格且计算精确，但是只能得到自由能变化的数值，无法描述体系从参考态沿某一反应路径过渡到目标态的自由能变化过程。

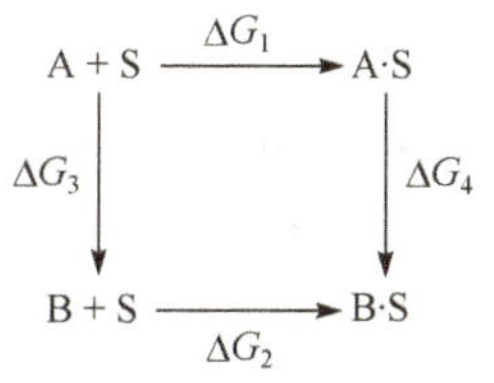

图 7-11 计算相对自由能的热力学循环图

ABF 方法是基于热力学积分方法的基础发展起来的。热力学积分方法的基本思想是体系从一个状态 a 出发，沿某一反应路径 ζ 逐渐转变到另一状态 b，自由能随 ζ 的变化可由反应路径上每一段 $\Delta\zeta$ 内的平均力 F_ζ 积分得到

$$\Delta G_{a\to b} = -\int_{\zeta_a}^{\zeta_b} F_\zeta \mathrm{d}\zeta \tag{7-7}$$

然而，该方法的缺陷是采样不够均匀。偏置力的引入能够保证体系在每一个 $\Delta\zeta$ 范围内，沿着反应坐标方向上的外力在一定时间内平均值为零，从而解决了在能垒处采样偏少的问题。因此，ABF 方法极大降低了计算结果的统计误差，并且提高了自由能的收敛性。使用 NAMD 进行 ABF 计算时，需要在配置文件中设置相关的参数，如反应路径范围、反应坐标等。

在自由能计算中，选取合适的反应路径往往能够简化计算，从而更利于研究体系的自由能变化过程。目前，大部分分子动力学软件支持的反应坐标较少，通常为距离、角度等几何坐标。NAMD 中的 ColVar(collective variable)模块提供了丰富的集体变量，如距离、角度、配位数、氢键、回旋半径和 α 螺旋等。集体变量是指将模拟体系中高维的自由度通过与笛卡儿坐标相关的函数按照一定规则组合成低维的变量。用户可以选取任一集体变量或者将几个集体变量组合成一个整体作为反应坐标，从而用于自由能计算之中。用户使用 ColVar 模块时，只需在 NAMD 的配置文件中添加相关的参数。

上述功能为 NAMD 提供的主要标准内置功能，如果用户在进行分子动力学模拟时，需要一些特殊的设置，如施加特定形式的外力，用户可以参照 NAMD 的代码格式，采用 tcl 编程语言自行编写相关功能。此外，NAMD 还提供了外加电场等功能。总之，NAMD 套件具有高效的计算速度、丰富的功能及完善的管理维护，已经成为目前分子模拟领域最受欢迎的软件之一。

7.3.3 应用举例

分子动力学模拟能够从原子水平上揭示体系的能量、结构、相互作用机制等微观细节，极大地解释或补充了相关实验现象。本节以环糊精为例，具体说明分子动力学模拟的应用。

环糊精的结构呈截顶圆锥状，其 2,3-位仲羟基均处于空腔的大口端，6-位伯羟基则处于空腔的小口端，如图 7-12 所示。环糊精的空腔具有内疏水、外亲水的结构特性，在分子识别、分析分离、药物载体及超分子构筑等方面得到了广泛应用。

分子动力学模拟得到的计算结果只是运动轨迹，许多与体系相关的性质需要根据运动轨迹提供的三维坐标进行提取与分析。利用分子动力学的运动轨迹可以得到以下信息。

1. 热力学性质

分子动力学模拟借助统计热力学方法把体系的微观状态与热力学性质(如温度、能量等)联系起来。根据分子力场提供的能量函数，可以得到运动轨迹中感兴趣的能量项。例如，天然环糊精能够形成二聚体结构，但是由于环糊精截顶圆锥状的结构特性，两个环糊精之间的相对取向存在三种可能：大口端-大口端(head-to-head, HH)、大口端-小口端(head-to-tail, HT)以及小口端-小口端(tail-to-tail, TT)。作者构建了 β-环糊精的上述三种体系，并分别进行了 5ns 分子动力学模拟，得到了两个环糊精之间的非键作用的能量曲线。如图 7-13 所示，在三种可能的取向中，静电相互作用均占主导作用。对于 HH 取向，范德华作用能和静电作用能曲线在整个运动轨迹过程中都呈平稳状态，表明该取向是稳定的。对于 HT 取向，范德华作用能

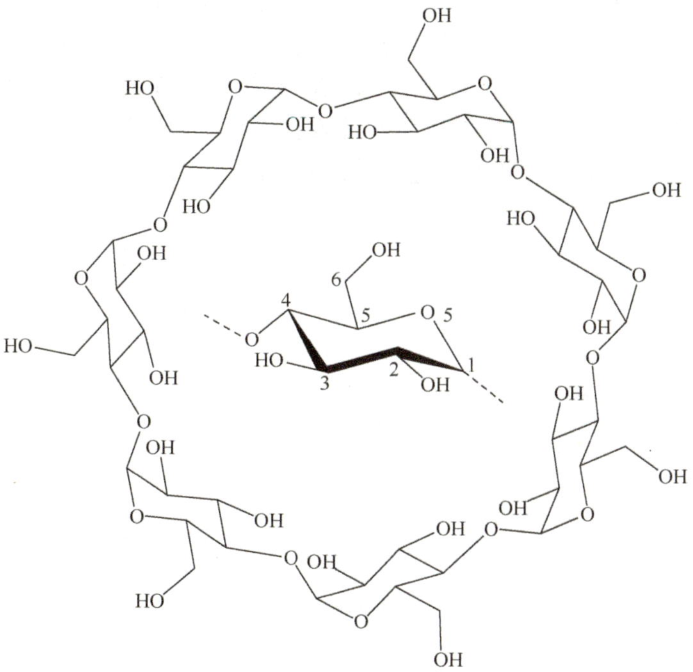

图 7-12 β-环糊精结构及糖单元原子标号

和静电作用能曲线在初始 1ns 的模拟时间内均发生了剧烈的波动，随后的模拟时间内一直呈平稳状态，说明该取向经历了较大的结构变化，轨迹显示该取向完全翻转为 HH 取向。对于 TT 取向，相互作用能曲线一直处于波动状态，表明该取向的结合是不稳定的。由此可知，真空中 β-环糊精的二聚体的结合取向主要为 HH 取向。

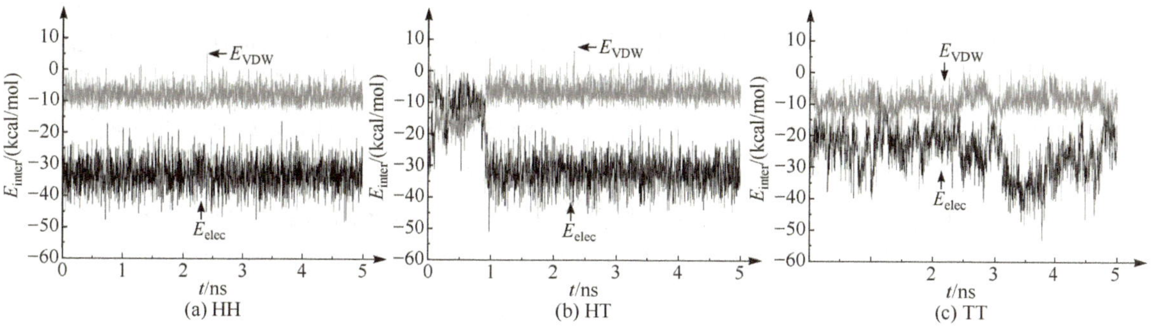

图 7-13 β-环糊精二聚体在真空中的范德华作用能 E_{VDW} 和静电作用能 E_{elec} 随模拟时间的演化

2. 扩散系数

环糊精在溶液中的扩散行为可由扩散系数表征，扩散系数可根据爱因斯坦扩散定律求得

$$\lim_{t\to\infty}\langle|\boldsymbol{r}(t)-\boldsymbol{r}(0)|^2\rangle=6Dt \tag{7-8}$$

式中，$\boldsymbol{r}(t)$ 为粒子在 t 时刻的位置；$\boldsymbol{r}(0)$ 为粒子在初始时刻的位置；$\langle|\boldsymbol{r}(t)-\boldsymbol{r}(0)|^2\rangle$ 称为均方位移(mean square displacement，MSD)，此处的平均为时间尺度上的平均，即任意时刻均可当成时间零点，D 则为扩散系数，数值越大表示粒子扩散速度越快，反之亦然。图 7-14 为 α-、β-

和 γ-环糊精的均方位移 R 随模拟时间 t 的演化图，扩散系数则为直线斜率的 1/6。经过多条轨迹平均，所得 α-、β-和 γ-环糊精的扩散系数分别为 2.516±0.046、2.252±0.154 和 2.219 ± 0.057，与 NMR 测得的数据 2.292 ± 0.025、2.168 ± 0.015 和 2.097 ± 0.017 非常接近。需要注意的是，扩散系数对所采用的溶剂模型非常敏感。因此，可以根据扩散系数与实验值的吻合程度选取合适的溶剂模型进行分子动力学模拟研究。

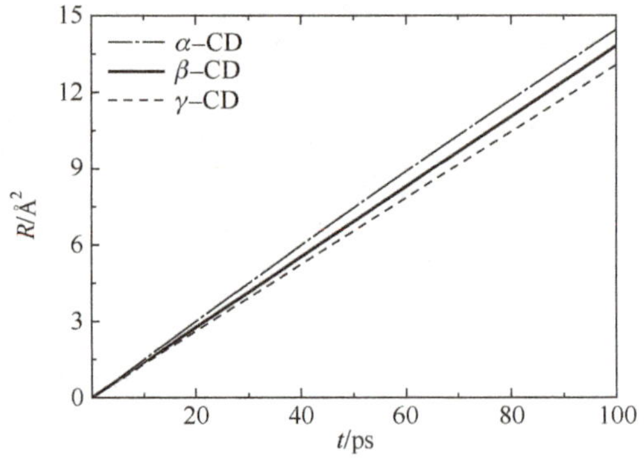

图 7-14　环糊精的均方位移示例

3. 结构变化

运动轨迹提供的最直观的信息就是体系结构的变化，均方根偏差(root mean square deviation，RMSD)则可以定量地表示这种变化，其定义如下：

$$\text{RMSD}(t)=\frac{1}{N}\sqrt{\sum_{i=1}^{N}[\boldsymbol{r}_i(t)-\boldsymbol{r}_i(0)]^2} \tag{7-9}$$

式中，N 为体系粒子数目；$\boldsymbol{r}_i(t)$ 为粒子 i 在 t 时刻的位置；$\boldsymbol{r}_i(0)$ 为粒子在初始时刻的位置。RMSD 可以认为是体系 t 时刻的结构相对于初始结构的变化，RMSD 数值越大，则变化程度越大，即柔性较大，反之亦然。一般在计算 RMSD 时，需要去除体系的平动和转动，从而只反映体系的内部运动状态。为了分析 α-、β-和 γ-环糊精骨架的结构刚性，作者统计了环糊精中所有非氢原子的 RMSD。为了方便比较，定义了 RMSD 时间相关函数[$\langle \text{RMSD}(t_0,\ t_0+t)\rangle$]，指 t_0 和 t_0+t 两个时刻的 RMSD 平均变化。如图 7-15 所示，三种环糊精的 RMSD 曲线均先上升然后处于平稳状态，其中，β-环糊精的 RMSD 曲线最先达到平稳状态，表明 β-环糊精所需的弛

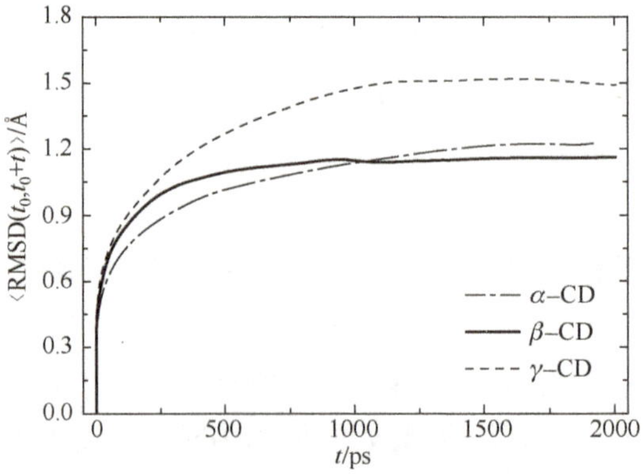

图 7-15　RMSD 时间相关函数

豫时间最短。同时，其 RMSD 值相对较小，说明 β-环糊精的骨架刚性较强。相比之下，γ-环糊精骨架的柔性最强。

此外，RMSD 也常用来判断模拟体系是否达到平衡，当 RMSD 长时间呈平稳状态时，则可认为体系已经达到平衡。RMSD 中的初始结构也可以采用整个运动轨迹中的平均结构，此时，RMSD 为相对于平均结构的结构变化程度。

4. 径向分布函数

径向分布函数(radial distribution function，RDF)反映粒子在空间的分布概率，其定义如下：

$$g(r)=\frac{\mathrm{d}N}{4\pi r^2\,\mathrm{d}r\rho} \tag{7-10}$$

式中，r 为体系中其他粒子与参考粒子的距离；$\mathrm{d}N$ 为与参考粒子距离在 r 和 $r+\mathrm{d}r$ 之内的其他粒子数目；ρ 为平均密度。径向分布函数可以理解为体系的局部密度与平均密度的比值。显然，参考粒子附近的局部密度不同于平均密度，但远离参考粒子时的局部密度应与平均密度相同，即当 r 较大时，$g(r)$接近于 1。图 7-16 为溶剂水分子对 α-、β-和 γ-环糊精质心的径向分布函数。对于任何一种环糊精，RDF 曲线均有两个尖峰，分别描述了水分子在腔内和腔外的分布情况，由于三种环糊精的空腔尺寸不同，尖峰的位置也有所不同。腔内尖峰中水分子的密度随空腔尺寸减小而增加，而腔外尖峰中水分子的密度几乎不受空腔尺寸影响。另外，也可以计算环糊精周围水分子的空间分布密度。通过等值面的显示方式，并结合环糊精分子结构图，能够提供更加直观的视觉效果，如图 7-17 所示。

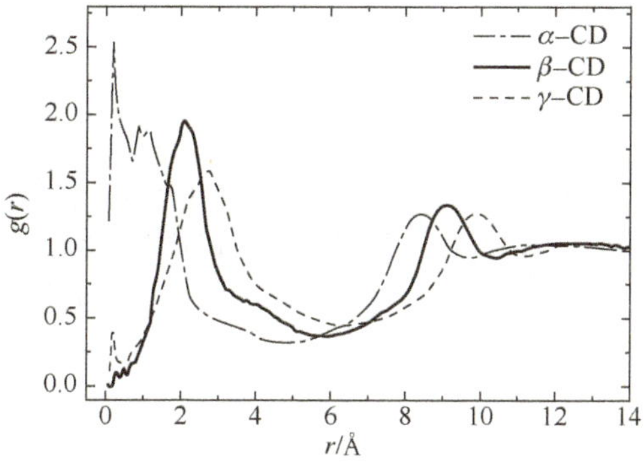

图 7-16 水分子对环糊精质心的径向分布函数

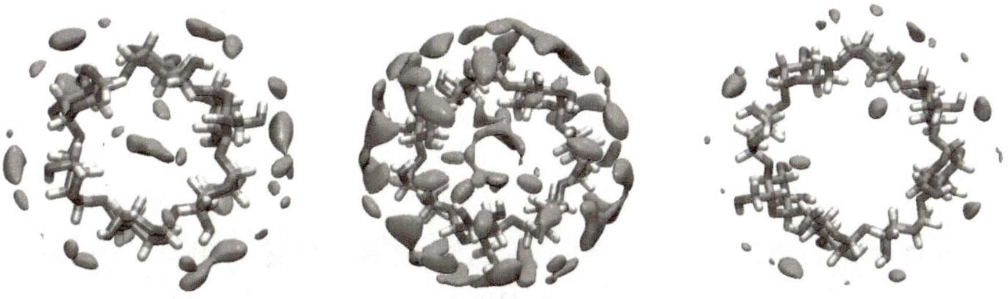

(a) α-环糊精 (b) β-环糊精 (c) γ-环糊精

图 7-17 环糊精周围水分子的空间分布密度图

5. 氢键

经典的分子力场通常都没有对氢键这一重要的弱相互作用进行特殊的处理，因此，在分子动力学模拟中往往采用简单的几何判据来判断氢键的形成。以环糊精的分子内氢键为例，几何判据一般为：O—H…O 键角大于 135°并且 O…O 键长小于 3.5Å。图 7-18 显示了三种环糊精大口端上O2…O3分子内氢键两种模式所占的比例。对于β-环糊精，两种模式的氢键比例大体相同，因此能够相互转换，使 O2、O3 原子不容易受到溶剂分子的直接影响，从而保护了分子内氢键网络。

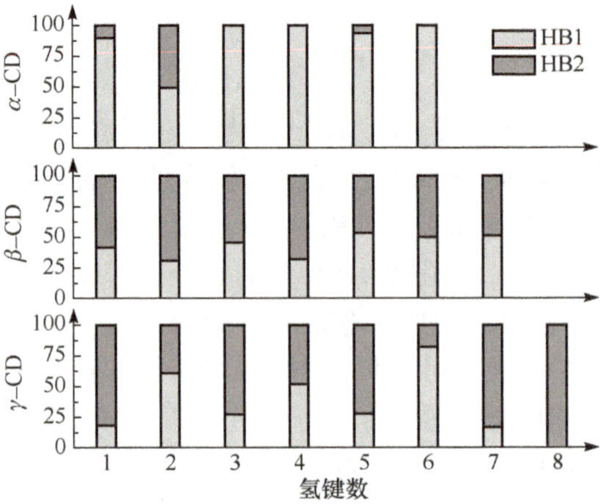

图 7-18 环糊精 O2…O3 分子内氢键所占比例
HB1 和 HB2 分别代表 O3—H…O2 和 O2—H…O3 模式

6. FEP 方法

经典分子动力学模拟常结合自由能计算使用，不仅能够提供模拟体系的结构、能量等微观信息，还可以给出体系的自由能变化，能够与实验数值比较，因此对解释和预测相关实验现象具有重要意义。

轮烷是指由环状分子通过非共价作用穿在线形分子上形成的超分子体系，线形分子两端用大基团封端，以防止环状分子从线形分子上滑脱。由于在分子机器方面的潜力，近年来 α-环糊精-聚乙二醇已经成为研究热点。环糊精在聚乙二醇上的排列取向对解释轮烷分子的性质具有重要的作用，然而，实验方法只能给出取向的宏观平均信息。为此，作者设计了如图 7-19所示的热力学循环，比较了三种可能取向的自由能大小。结果表明，大口端-大口端的取向自由能最低，说明结合模式最为稳定。

7. ABF 方法

FEP 方法只能给出自由能的数值，而 ABF 方法能够提供体系沿某一路径的自由能变化曲线。氢化可的松(hydrocortisone，Hyc)、黄体酮(progesterone，Pro)和睾丸激素(testosterone，Tes)是一类含有相同四环骨架结构的药物，但是由于溶解度较低，在医药方面的应用受到了极大地限制。β-环糊精包结这三种药物能够有效地克服这一缺陷。作者利用 ABF 方法

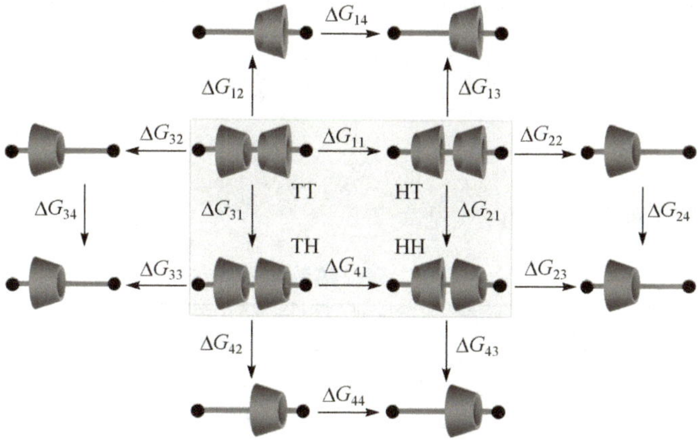

图 7-19 α-环糊精-聚乙二醇轮烷的热力学循环

计算了三种药物从 β-环糊精大口端穿越过程的自由能曲线，如图 7-20(a)所示。结果表明，三种药物在环糊精空腔中均有两个有利的结合位点。其中，三种药物的自由能第一极小点数值基本相同，而在自由能第二极小点上存在明显不同。另外，从运动轨迹中还能得到稳定的包结结构，如图 7-20(b)所示 。

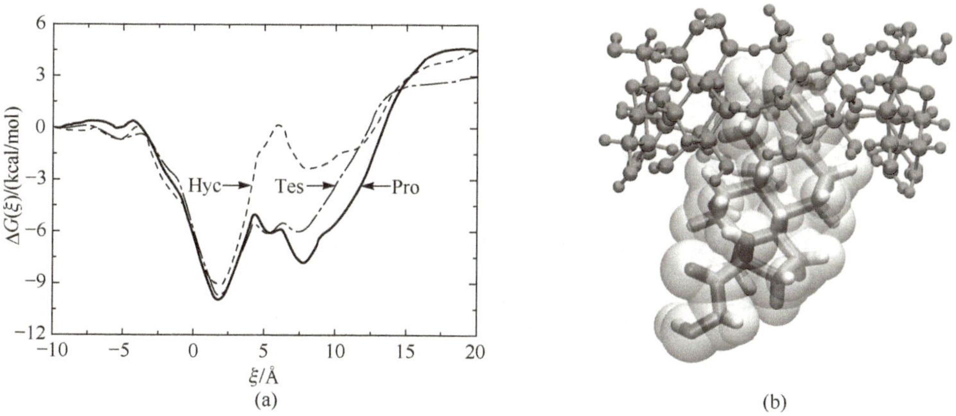

图 7-20 甾类化合物与环糊精形成包结物过程中自由能随反应坐标 ξ 的变化曲线(a)和自由能曲线第一极小点对应的 Hyc-β-CD 结构(b)

7.4 波谱模拟

7.4.1 ^{1}H-NMR 谱的量子化学模拟

量子化学计算的基本原理是通过各种简化方法计算薛定谔方程 $\boldsymbol{H}\psi=E\psi$ 的特征值 E 和特征向量 ψ。$\boldsymbol{H}$ 为哈密顿算符，ψ 表示轨道的波函数，E 表示轨道的能量。对于质子的自旋体系，ψ 为每个质子自旋波函数的各种线性组合，E 为相应的每个状态的能量。

下面以 ABC 体系(如 CH_2CHCN)的模拟过程为例说明量化模拟的计算过程。ABC 体系具有三种磁不等价的质子，可由六个参数决定，即三个化学位移 ν_A、ν_B、ν_C 和三个偶合常数 J_{AB}、J_{AC}、J_{BC}。

令 I_Z 表示质子的核磁矩的 Z 分量，I_Z 可取两个值，以 α 和 β 表示

$$I_Z=+\frac{1}{2} \qquad (\alpha)$$

$$I_Z=-\frac{1}{2} \qquad (\beta)$$

三种质子的核自旋有 8 种可能的组合，见表 7-5。

表 7-5 ABC 核的自旋态

状态	自旋函数	总自旋	状态	自旋函数	总自旋
1	$\alpha\alpha\alpha$	+3/2	5	$\alpha\beta\beta$	−1/2
2	$\alpha\alpha\beta$	+1/2	6	$\beta\alpha\beta$	−1/2
3	$\alpha\beta\alpha$	+1/2	7	$\beta\beta\alpha$	−1/2
4	$\beta\alpha\alpha$	+1/2	8	$\beta\beta\beta$	−3/2

因此，薛定谔方程中的哈密顿算符 $\boldsymbol{H}$ 为 8×8 的矩阵，其中 $\boldsymbol{H}$ 的对角元素为

$$\boldsymbol{H}_{mm}=\sum_{i=1}^{3}\nu_i I_{Zi}+\sum_{i=1}^{3}\sum_{j=i+1}^{3}J_{ij}J_{Zi}J_{Zj} \qquad (m=1,2,\cdots,8)$$

即

$$\boldsymbol{H}_{11}=\frac{1}{2}(\nu_1+\nu_2+\nu_3)+\frac{1}{4}(J_{12}+J_{13}+J_{23})$$

$$\boldsymbol{H}_{22}=\frac{1}{2}(\nu_1+\nu_2-\nu_3)+\frac{1}{4}(J_{12}-J_{13}-J_{23})$$

$$\boldsymbol{H}_{33}=\frac{1}{2}(\nu_1-\nu_2+\nu_3)+\frac{1}{4}(J_{12}-J_{13}-J_{23})$$

$$\boldsymbol{H}_{44}=\frac{1}{2}(-\nu_1+\nu_2+\nu_3)+\frac{1}{4}(-J_{12}-J_{13}+J_{23})$$

$$\boldsymbol{H}_{55}=\frac{1}{2}(\nu_1-\nu_2-\nu_3)+\frac{1}{4}(-J_{12}-J_{13}+J_{23})$$

$$\boldsymbol{H}_{66}=\frac{1}{2}(-\nu_1+\nu_2-\nu_3)+\frac{1}{4}(-J_{12}+J_{13}-J_{23})$$

$$\boldsymbol{H}_{77}=\frac{1}{2}(-\nu_1-\nu_2+\nu_3)+\frac{1}{4}(J_{12}-J_{13}-J_{23})$$

$$\boldsymbol{H}_{88}=\frac{1}{2}(-\nu_1-\nu_2-\nu_3)+\frac{1}{4}(J_{12}+J_{13}+J_{23})$$

$\boldsymbol{H}$ 的非对角元素为

$$\boldsymbol{H}_{mn}=Q_{ij}J_{ij} \qquad (m,n=1,2,\cdots,8)$$

式中，Q_{ij} 的值由 m 和 n 状态自旋函数的区别确定。如果 m 和 n 状态自旋函数的区别仅在于 i 和 j 的自旋态交换，则 $Q_{ij}=1/2$，否则 $Q_{ij}=0$。例如，状态 2 和 4 对应的是 $\alpha\alpha\beta$ 和 $\beta\alpha\alpha$ 的 1 和 3 的交换，$Q_{ij}=1/2$；而状态 1 和 2 对应的是 $\alpha\alpha\alpha$ 和 $\alpha\alpha\beta$，第 3 个质子的自旋不同，故 $Q_{ij}=0$。因此，完整的哈密顿算符 $\boldsymbol{H}$ 为

$$
\boldsymbol{H}=\begin{bmatrix}
H_{11} & 0 & 0 & 0 & 0 & 0 & 0 & 0 \\
0 & H_{22} & \frac{J_{23}}{2} & \frac{J_{13}}{2} & 0 & 0 & 0 & 0 \\
0 & \frac{J_{23}}{2} & H_{33} & \frac{J_{12}}{2} & 0 & 0 & 0 & 0 \\
0 & \frac{J_{13}}{2} & \frac{J_{12}}{2} & H_{44} & 0 & 0 & 0 & 0 \\
0 & 0 & 0 & 0 & H_{55} & \frac{J_{12}}{2} & \frac{J_{13}}{2} & 0 \\
0 & 0 & 0 & 0 & \frac{J_{12}}{2} & H_{66} & \frac{J_{23}}{2} & 0 \\
0 & 0 & 0 & 0 & \frac{J_{13}}{2} & \frac{J_{23}}{2} & H_{77} & 0 \\
0 & 0 & 0 & 0 & 0 & 0 & 0 & H_{88}
\end{bmatrix}
$$

如果已知 ABC 自旋系统的各参数分别为

$$
\nu_1=15\text{Hz} \quad \nu_2=25\text{Hz} \quad \nu_3=50\text{Hz}
$$

$$
J_{12}=7.5\text{Hz} \quad J_{13}=2.0\text{Hz} \quad J_{23}=4.5\text{Hz}
$$

则上述矩阵为

$$
\boldsymbol{H}=\begin{bmatrix}
48.5 & 0 & 0 & 0 & 0 & 0 & 0 & 0 \\
0 & -4.75 & 2.25 & 1.00 & 0 & 0 & 0 & 0 \\
0 & 2.25 & 17.5 & 3.75 & 0 & 0 & 0 & 0 \\
0 & 1.00 & 3.75 & 28.75 & 0 & 0 & 0 & 0 \\
0 & 0 & 0 & 0 & -31.25 & 3.75 & 1.00 & 0 \\
0 & 0 & 0 & 0 & 3.75 & -22.5 & 2.25 & 0 \\
0 & 0 & 0 & 0 & 1.00 & 2.25 & 5.25 & 0 \\
0 & 0 & 0 & 0 & 0 & 0 & 0 & -41.5
\end{bmatrix}
$$

求解上述矩阵的特征值和特征向量得到如表 7-6 所示的结果。

表 7-6 特征值和特征向量的求解结果

状态	1	2	3	4	5	6	7	8
特征值	48.50	29.96	16.53	−4.987	5.478	−21.34	−32.64	−41.50
特征向量	1	0	0	0	0	0	0	0
	0	0.0865	0.0865	0.9952	0	0	0	0
	0	0.296	0.950	−0.0964	0	0	0	0
	0	0.954	−0.299	−0.0188	0	0	0	0
	0	0	0	0	0.0358	0.0344	0.938	0
	0	0	0	0	0.0849	0.934	−0.346	0
	0	0	0	0	0.966	−0.092	−0.0012	0
	0	0	0	0	0	0	0	1

根据核自旋跃迁规则 $\Delta F_Z=\pm1$ 可确定允许的跃迁(共 15 种),并根据特征值计算跃迁的频率。例如,状态 2→1 的跃迁,$\Delta F_Z=\pm1\times(3/2-1/2)$,跃迁频率为

$$
\Delta\nu=\nu_1-\nu_2=48.50-29.96=18.54(\text{Hz})
$$

最后，由特征向量计算跃迁的强度

$$I_{lm}=(\sum_{i=1}^{8}\sum_{j=1}^{8}C_{il}x_{ij}C_{jm})^2$$

式中，C_{il} 和 C_{jm} 分别为 l 和 m 特征向量的系数；x_{ij} 由跃迁的两个状态的自旋态决定，即如果只有一个自旋态不同，$x_{ij}=1$，否则 $x_{ij}=0$，如 $x_{52}=1$、$x_{53}=1$、$x_{54}=0$、$x_{63}=0$。

有了跃迁频率和跃迁强度，即可模拟出质子的 NMR 谱图，图 7-21 为用洛仑兹曲线绘制的 CH_2CHCN 的 NMR 谱图。经比较表明此模拟结果与在 60MHz 核磁共振仪上测定的 NMR 谱图相当吻合。

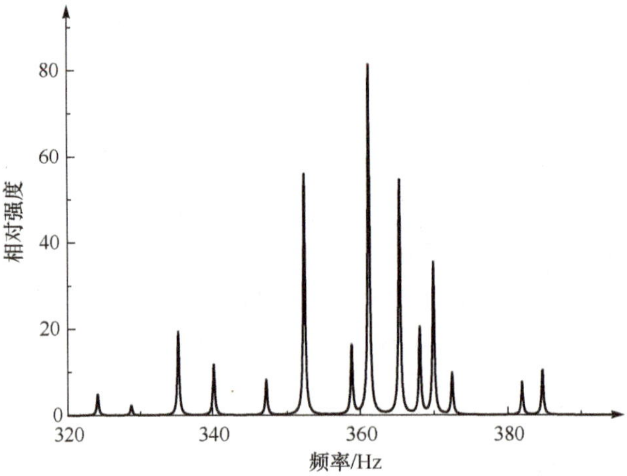

图 7-21 CH_2CHCN 的 NMR 模拟谱图

7.4.2 ^{13}C-NMR 谱的计算机模拟

除上述的量子化学模拟方法外，NMR 谱的另一种模拟方法是基于取代官能团对中心原子的化学位移的影响具有一定的规律。根据已知的化学位移和化学环境进行统计，总结出经验公式来预测具有一定化学环境的中心原子的化学位移。下面以^{13}C-NMR 谱的模拟为例简单说明模拟的基本方法和基本过程。

^{13}C-NMR 谱的模拟最早于 20 世纪 60 年代提出，对已知化学位移的某一类化合物，如链烃类、取代苯类、吡啶类等，进行规律总结再用于同一类化合物的化学位移预测。80 年代以后，采用多元线性回归等手段，使此类方法的应用范围得到了进一步的扩充。其基本过程可描述如下：①选取一组已知化学位移的化合物，一般称为训练集；②从训练集化合物的结构中提取所需要的结构特征；③对训练集化合物中的共振碳原子进行化学环境分类；④按照化学环境的分类建立化学位移和结构特征之间的数学模型；⑤根据未知化合物的结构特征预测其化学位移。

由于化学位移依赖于共振碳原子的化学环境，因此待预测的未知化合物与训练集化合物的结构相似程度对该方法的结果具有较大的影响。

1. 分子结构特征的提取

分子结构的特征可分为三种类型，即简单拓扑特征、拓扑电子特征、结构的几何特征。三种特征的基本内容分别列于表 7-7、表 7-8 和表 7-9。

表 7-7　简单拓扑特征

性质	类型(t)	功能(f)	特征
最邻近计数	原子	1～5 键	从共振原子起在 f 个键内类型为 t 的原子数
价态计数	取代	1～5 键	从共振原子起在 f 个键内取代 t 的原子数目
分子连接性指数(CI)	单值	1～5 键	从共振原子起距离为 f 个键长的 CI
	平均值	1～5 键	CI 被键数 f 除
	总值		将 1～ f 个键长的所有 CI 相加
校正的分子连接性指数	单值	1～5 键	f 个键长的校正 CI
	平均值	1～5 键	校正 CI 被键数 f 除
	总值		将 1～f 个键长的所有校正 CI 相加

表 7-8　拓扑电子指数

性质	类型(t)	功能(f)	特征
碳电荷	电荷	σ 键	在共振碳原子上的 σ 电荷
分步电荷	平均	1～5 键	由共振碳原子起 f 键内原子的平均 σ 电荷
	纯电荷	1～5 键	由共振碳原子起 f 键内原子的 σ 电荷加和
	总值	1～5 键	由共振碳原子起 f 键内原子的 σ 电荷绝对值加和
	最正电荷	1～5 键	由共振碳原子起 f 键内的原子中最正 σ 电荷
	最负电荷	1～5 键	由共振碳原子起 f 键内的原子中最负 σ 电荷

表 7-9　几何特征

性质	类型(t)	功能(f)	特征
层计数	重原子	层 1～4	f 层内的重原子数（层的界级由经验确定）
氢层计数	氢原子	层 1～5	f 层内的氢原子数（层的界级由经验确定）
径向距离	1～3 次方	1～5 键	由共振碳起 f 个键内到重原子空间距离的 t 次方倒数的加和
氢径向距离	1～3 次方	1～5 键	f 个键内到与原子相连氢原子空间距离的 t 次方倒数的加和
杂原子距离	原子	1～3 次方	到最近杂原子 t 距离的 f 次方的倒数
扭角作用	角度		包括共振碳原子在内的角度为 f 的扭角数
范德华能	H—H 能		与共振碳相连所有氢原子间的范德华能
	H—X 能		与共振碳相连所有氢原子和重原子之间的相互作用能
	总 H		与共振碳相连所有氢原子的总范德华能
	C—X 能		共振碳原子与其他重原子相互作用的范德华能
	C—H 能		共振碳原子与其他所有氢相互作用的范德华能
杂原子拉伸	总 C		共振碳总范德华能
α-氢距离	原子	1～3 次方	类型 t 杂原子范德华能被该杂原子到共振碳的距离除
	H—H	3～6 键	与共振碳相连氢原子在 f 个键内与其他氢原子间距离倒数加和
	H—X	3～6 键	与共振碳相连氢原子在 f 个键内与其他重原子间距离倒数加和
	H—H 总	3～6 键	与共振碳相连氢原子在 3 f 个键内与其他氢原子间距离倒数加和
	H—X 总	3～6 键	与共振碳相连氢原子在 3f 个键内与其他重原子间距离倒数加和

分子的简单拓扑特征主要用于描述共振碳原子化学连接环境，其中分子连接性指数(connection index,CI),又称为分子连接度指数,主要描述共振碳原子的价态及其连接情况,而校正的分子连接性指数是指为了区分不同的杂原子而对连接性指数所作的一些修正。分子连接性指数一般用$^{m}\chi_{p}^{\nu}$表示,其中 m 表示通道的阶数,即通道的化学键数,p 和 ν 分别表示通道型指数和价态型指数。$^{m}\chi_{p}^{\nu}$ 的计算公式分别为

$$^{m}\chi_{p} = \sum (\delta_1\delta_2\cdots\delta_m)^{-\frac{1}{2}}$$

$$^{m}\chi^{\nu} = \sum (\delta_1{}^{\nu}\delta_2{}^{\nu}\cdots\delta_m{}^{\nu})^{-\frac{1}{2}}$$

式中,δ_i 和 δ_i^{ν} 分别表示第 i 个节点的支化度和价态值。

电子拓扑特征一般用电子拓扑指数进行描述,电子拓扑指数可通过简单的量子力学计算得到。其中,原子的 σ 电荷主要用于标识饱和分子中电荷的分布情况。为了建立^{13}C-NMR 化学位移的数学模型,这些电荷的分布对于区分不同的原子非常重要。此类参数仅依赖于分子的拓扑性质,因此在计算它们之前不需要对分子进行构象优化。

分子的几何特征是指分子的空间结构特征,用于描述共振碳原子的空间环境,有关参数一般可通过分子力学计算得到。当共振原子所处的环境为静态时,这些几何特征对研究化合物的局部构象非常有用,但当化学环境为动态时,模拟的结果误差较大。

除以上各特征参数外,还有很多用于分子结构特征表达的指数,如分子子图指数(VMSG)、分子路径指数(VPM)、分子距边矢量(MDE)、原子电距矢量(VAED)等。这些指数也是根据分子的结构提取该分子几何与电子特征。例如,4-甲基-1-己烯(分子碳骨架结构如图 7-22 所示)分子距边矢量计算方法如下:

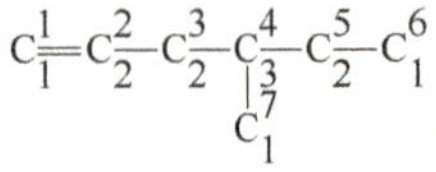

图 7-22　4-甲基-1-己烯的碳骨架结构

(1) 分子中各碳原子的分类与编号。如图 7-22 所示,将各碳原子按与之相连的碳原子数分为四类,记为 C_1、C_2、C_3、C_4,分别表示与 1、2、3 和 4 个碳原子相连,并对骨架图中各碳原子进行编号(以上标表示),则第 k 个属于 i 类的碳原子表示为 C_{ki}。

(2) 计算每两类(包括同类)碳原子之间的距离。用 $D_{ij}=\{d_{ij}^{kl}\}$表示两个碳原子 C_{ki} 与 C_{lj} 之间的距离。设单键相对键长为 1,由于双键键长是单键键长的 0.864 倍(单键键长为 1.54nm,双键键长为 1.33nm),所以双键相对键长为 0.864。考虑到一般情况下,相隔 4 个及 4 个以上碳原子的两个碳原子之间的相互作用可以忽略不计,则上述烯烃的每两类(包括同类)碳原子 C_i 和 C_j 之间的所有距离 D_{ij} 如下:$D_{11}=(3.864,3)$,$D_{12}=(0.864,1.864,3.864,2,2,3,1,3,4)$,$D_{13}=(2.864,1,2)$,$D_{22}=(1,3,2)$,$D_{23}=(1,2,1)$,其余各项为 0。

(3) 求两类原子间的相互作用。两类原子间的相互作用与各原子间的距离平方的倒数和成正比。把上述 D_{ij} 各项距离平方后求倒数和,即可得到两类(包括同类)碳原子之间的相互作用的相对大小 M_{ij}。

$$M_{ij} = \sum_{i}^{n_{ij}} \sum_{j \geqslant i}^{n_{ij}} \left(\frac{1}{d_{ij}}\right)^2$$

式中,n_{ij} 为 D_{ij} 中的距离项数,称为作用项数。例如,D_{12} 有 9 个距离,$n_{12}=9$;而 D_{13} 有 3 项,$n_{13}=3$。M_{ij} 中总计有 10 个元素:m_{11}、m_{12}、m_{13}、m_{14}、m_{22}、m_{23}、m_{24}、m_{33}、m_{34}、m_{44},将其组合成矢量即得表征该烯烃结构的 MDE 矢量,其元素对应为(0.1781,3.4791,1.3719,0,1.3611,2.2500,0.0,0.0,0.0,0.0)。

又如,原子电距矢量是基于"化学位移取决于周围电子云的分布,与各键合原子的电负性

和距离的 6 次方密切相关"而提出的结构参数矢量。它首先以碳原子的电负性定义了其他非氢原子(O、S、N 等)的相对电负性 $q_j = x_j / x_c$，x_j 为非氢原子的电负性，x_c 为碳原子的电负性。如果以鲍林电负性为标准，则 O、S、N 的相对电负性分别为 $q^{O} = \frac{3.44}{2.55} = 1.3490$，$q^{S} = \frac{2.58}{2.55} = 1.0118$，$q^{N} = \frac{3.04}{2.55} = 1.1922$。然后，定义原子电距矢量为 VAED=$\{a_{ik}\}$。

$$a_{ik} = \sum_{j=1}^{n_k} \frac{q_j}{d_{ij}^6}$$

式中，i 为共振碳原子的编号；j 为第 k 类原子的编号；$k \in (1、2、3、4)$为原子类型，分别表示与 1、2、3 和 4 个原子相连；n_k 为第 k 类原子的总数。例如，亮氨酸(分子碳骨架结构如图 7-23 所示)有 5 个磁等价共振碳原子($i=1,2,3,4,5$)，其中第 1 个碳原子的 VAED 矢量为

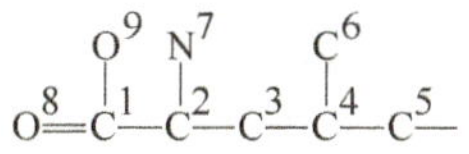

图 7-23 亮氨酸的分子骨架结构

$$a_{11} = \frac{1}{4^6} + \frac{1}{4^6} + \frac{1.1922}{2^6} + \frac{1.3490}{1^6} = 1.3679$$

$$a_{12} = \frac{1}{2^6} + \frac{1.3490}{1^6} = 1.3646$$

$$a_{13} = \frac{1}{1^6} + \frac{1}{3^6} = 1.0014$$

$$a_{14} = 0$$

2. 化学环境相似度的计算

由所提取的化合物结构特征对每一类化学环境相似的共振碳原子的化学位移拟合一个多元回归方程(或利用其他方法和数学模型)即可对未知化合物的化学位移进行预测，但对于化学环境不同的共振碳原子，则必须采用不同的数学模型来表征，如用于饱和烃共振碳的多元回归方程就不能用于芳香类共振碳化学位移的预测。因此，按照化学环境对共振碳进行分类，即对结构的相似性进行定量描述。计算化学环境相似度的原理是根据所提取的结构特征进行聚类分析，具体的计算方法有很多，但比较复杂，这里不再一一介绍。

3. 数学模型的确定

在^{13}C-NMR 谱图模拟的过程中有两个步骤需要确定所需要的数学模型。一是对共振碳原子进行分类以后需要确定采用什么模型进行统计。一般采用多元回归模型，对每一类共振碳原子进行统计，并根据已知的化学位移建立化学位移与结构特征参数之间的关系。近几年，人们更偏重于采用人工神经网络进行化学位移预测，即利用已知的化学位移与相应分子的结构特征参数进行网络训练来获得两者之间的关系。二是预测时根据要预测的共振碳原子的化学环境选择合适的模型进行预测。

在数学模型的选择过程中，检验所选模型是否合适是十分关键和必要的。建立模型时的检验比较方便，而预测时的模型检验一般采用 F 检验、交互检验(cross validation)等，其中 F 检验时的 F 值可由下式计算：

$$F = \left[\frac{(n+1)-p}{p-1}\right]\left(\frac{1-\boldsymbol{\Lambda}}{\boldsymbol{\Lambda}}\right)$$

其中

$$\boldsymbol{\Lambda}=\frac{\det \boldsymbol{C}}{\det \boldsymbol{C}^*}$$

$$\boldsymbol{C}=(\boldsymbol{E}-\boldsymbol{M})^{\mathrm{T}}(\boldsymbol{E}-\boldsymbol{M})$$

$$\boldsymbol{C}^*=\boldsymbol{C}+(\boldsymbol{e}^*-\boldsymbol{m})^{\mathrm{T}}(\boldsymbol{e}^*-\boldsymbol{m})$$

式中，$\boldsymbol{E}$ 为 n 个碳原子的 p 个化学环境矢量，大小为 $n\times p$；$\boldsymbol{M}$ 为 $n\times p$ 的矩阵，矩阵元为 $\boldsymbol{E}$ 之列的均值；$\boldsymbol{m}$ 为矩阵 $\boldsymbol{E}$ 的列均值矢量，大小为 $1\times p$；$\boldsymbol{C}$ 为 $\boldsymbol{E}$ 的协方差矩阵；$\boldsymbol{C}^*$ 为 $\boldsymbol{E}$ 增加一行 $\boldsymbol{e}^*$ 后的协方差矩阵；$\boldsymbol{e}^*$ 为大小为 $1\times p$ 的测试碳原子的化学环境矢量；det 表示特征值的积。

4. 波谱模拟举例

图 7-24 为 5(α)-雄甾烷的骨架结构，5(α)-胆甾烷在 17-位上有一个 8 碳烷基链。表 7-10 列出的 43 种甾类化合物中，编号为 1～31 的 31 个羟基甾类化合物的^{13}C-NMR 已精确测定，试根据这些已知的谱图预测其余 12 种(编号 32～43)化合物的^{13}C-NMR 谱图。

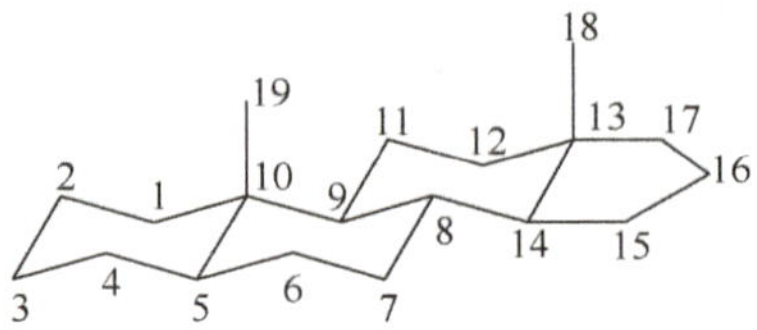

图 7-24　5(α)-雄甾烷的骨架结构

表 7-10　43 个甾类化合物

序号	化合物名称	序号	化合物名称	序号	化合物名称
1	5(α)-雄甾烷-1(α)醇	16	5(α)-雄甾烷-16(α)醇	31	5(α)-胆甾烷-15(α)醇
2	5(α)-雄甾烷-1(β)醇	17	5(α)-雄甾烷-16(β)醇	32	反式-10-甲基癸基-1(α)醇
3	5(α)-雄甾烷-2(α)醇	18	5(α)-雄甾烷-17(α)醇	33	反式-10-甲基癸基-1(β)醇
4	5(α)-雄甾烷-2(β)醇	19	5(α)-雄甾烷-17(β)醇	34	反式-10-甲基癸基-2(α)醇
5	5(α)-雄甾烷-3(α)醇	20	5(α)-胆甾烷-1(α)醇	35	反式-10-甲基癸基-2(β)醇
6	5(α)-雄甾烷-3(β)醇	21	5(α)-胆甾烷-1(β)醇	36	反式-10-甲基癸基-3(α)醇
7	5(α)-雄甾烷-4(α)醇	22	5(α)-胆甾烷-2(α)醇	37	反式-10-甲基癸基-3(β)醇
8	5(α)-雄甾烷-5(β)醇	23	5(α)-胆甾烷-3(α)醇	38	反式-10-甲基癸基-4(α)醇
9	5(α)-雄甾烷-6(β)醇	24	5(α)-胆甾烷-3(β)醇	39	反式-10-甲基癸基-4(β)醇
10	5(α)-雄甾烷-11(α)醇	25	5(α)-胆甾烷-4(α)醇	40	5(α)-雄甾烷
11	5(α)-雄甾烷-11(β)醇	26	5(α)-胆甾烷-4(β)醇	41	5(α)-雄甾烷-3(α),17(β)-二醇
12	5(α)-雄甾烷-12(α)醇	27	5(α)-胆甾烷-5(α)醇	42	5(α)-雄甾烷-3(β),17(β)-二醇
13	5(α)-雄甾烷-12(β)醇	28	5(α)-胆甾烷-6(α)醇	43	5(α)-胆甾烷
14	5(α)-雄甾烷-15(α)醇	29	5(α)-胆甾烷-7(α)醇		
15	5(α)-雄甾烷-15(β)醇	30	5(α)-胆甾烷-7(β)醇		

除烷基链外，化合物 1～31 含有 589 个共振碳原子，每一个共振碳原子的化学环境可以用 5 阶分子连接性指数的一个五维矢量来描述。通过分子连接性指数矢量的比较可以得到化学

环境完全相同的共振碳原子。将相同的碳原子去除后，共振碳原子总数为470个。然后运用主成分分析法可得到线性投影图，进而得到碳原子的分类情况。结果表明：470个碳原子可以清楚地划分为五类，即伯碳(48个)、仲碳(224个)、叔碳(120个)、与羟基相连接的叔碳(25个)、季碳(53个)。

利用已知的化学位移分别对上述五类碳原子进行回归可得到五个回归方程用于预测，五个回归方程的相关系数 r 分别为0.973、0.990、0.994、0.966和0.970。其中仲碳的回归方程为

$$
\begin{aligned}
s= & 147.8\times(\pm5.72)x_1-89.81\times(\pm3.74)x_2+64.82\times(\pm5.29)x_3+6.66\times(\pm0.66)x_4 \\
& +1.45\times(\pm0.21)x_5+0.78\times(\pm0.11)x_6-7.28\times(\pm1.35)x_7+14.81
\end{aligned}
$$

式中，$x_1 \sim x_7$ 分别为共振碳原子上氢在二键范围内与重原子距离立方倒数加和的平均值、共振碳原子上氢在三键范围内与重原子距离立方倒数加和的平均值、共振碳原子上氢在四键范围内与重原子距离立方倒数加和的平均值、共振碳原子的总范德华能、与共振碳原子直接相连的叔碳个数、从共振碳原子在3.2～3.6Å的氢原子数、共振碳原子与其他重原子相互作用的范德华能。

另外，利用原子电距矢量、分子子图指数、分子路径指数等参数也可进行同样的研究，读者可参阅有关文献得到许多成功的应用实例。

上机训练与习题

1. 简要说明三种分子模拟基本方法的核心思想。
2. 熟悉Gaussian软件的使用方法。
3. 量子化学计算能得到哪些分子信息？
4. 分子力场一般由哪些基本内容构成？
5. 分子力场的能量函数中一般包括哪些能量项？分别说明它们的计算方法。
6. 利用Lennard-Jones函数编程实现某种原子簇的能量与结构优化。
7. 熟悉分子动力学的计算软件。
8. 举例说明分子动力学在化学研究中的作用和意义。
9. 已知ABC自旋体系具有三种磁不等价的质子，它们的化学位移参数 ν_A、ν_B、ν_C 分别为15Hz、25Hz、50Hz，偶合常数 J_{AB}、J_{AC}、J_{BC} 分别为7.5Hz、2.0Hz、4.5Hz，试用量子化学模拟的方法模拟该自旋体系的 ^{1}H-NMR谱图。
10. 简要说明 ^{13}C-NMR谱模拟的基本步骤。

第 8 章　进化计算与优化算法

进化算法(evolutionary algorithm, EA)是指模拟自然进化过程建立起来的一类算法。这类算法通过模拟生物进化过程与机制求解问题,因此具有自组织、自适应、高度并行、可解决非线性问题等特点。进化算法包括基于生命和生物过程的模拟而发展起来的人工神经网络、遗传算法、免疫算法以及人工生命算法等,同时也包括基于对生物行为或自然现象的模拟建立起来的蚁群算法、粒子群算法、模拟退火算法等。

8.1　人工神经网络

人工神经网络(artificial neural network,ANN),有时简称神经网络,是在现代生物学研究人脑组织所取得成果的基础上提出的,它利用大量简单的处理单元广泛连接组成的复杂网络模拟人类大脑的神经网络结构和行为。它的研究成果显示了人工神经网络具有人脑功能的基本特征:学习、记忆、概括、归纳和抽取等,从而解决了人工智能研究中的某些局限性。它不同于以前人工智能领域中普遍采用的基于逻辑和符号处理的理论和方法,开辟了崭新的途径。

8.1.1　模型

人类大脑的活动是一个非常复杂的过程,为了形象地说明大脑的活动过程,一般用图 8-1 来描述。当视觉、听觉、触觉等接受了外来的刺激信号后,经延迟、分析和提取特征进行联想操作,再由命令神经元指挥运动原系统,经脊髓使肌肉作出相应的反应。目前大部分人工神经网络都是基于这种人脑组织和活动模型的模拟而构造。

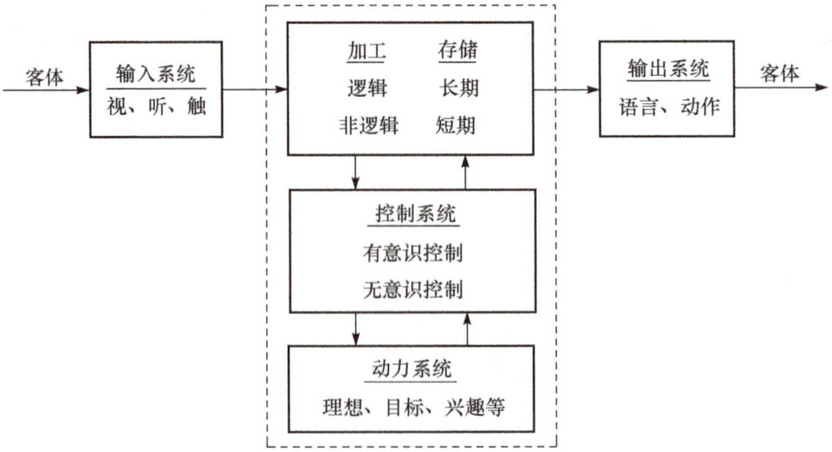

图 8-1　大脑活动的概念结构

根据人脑的原理，可以设计一个神经网络模拟人脑神经网络的特征。典型的一种形式称为连接模型，它由称为神经元的独立处理单元与连接弧连接成的网络组成，网络可划分成若干层。输入信息的神经元组成输入层，这些神经元不具有输入连接弧；输出信息的神经元组成输出层，它不具有输出连接弧；其余神经元为中间层，其神经元称为中间神经元。中间层又称为隐含层。

图 8-2 是一个典型的由三层神经元构成的反向传播网络模型。$x_1, x_2, \cdots, x_n$ 为输入神经元，x''_1，$x''_2, \cdots, x''_p$ 为中间神经元，$x'_1, x'_2, \cdots, x'_m$ 为输出神经元。每一连接弧连接着两个神经元，并附有一个数值 w_{ij} 作为权值（又称连接强度或记忆强度），作为神经元 x_i 对 x''_i 或 x''_i 对 x'_i 的影响。正的权值表示影响的增加，负的权值表示影响的减弱。

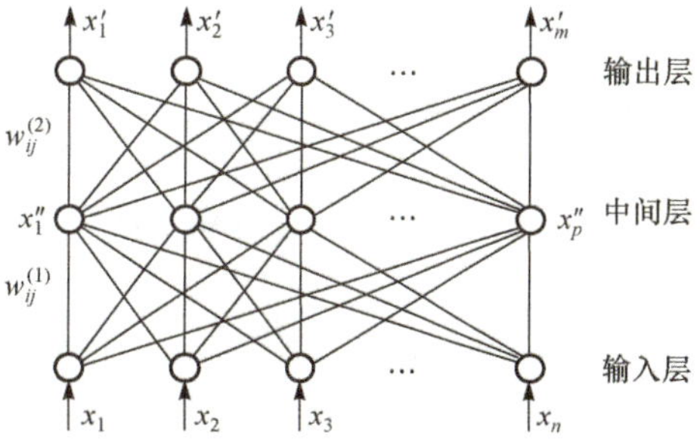

图 8-2 典型的连接模型

神经元是神经网络的基本单元，它同时具有从输入层到输出层传递信息的功能和接受反馈信息的功能。一个典型的神经元一般具有如图 8-3 所示的结构，它接受输入层的输入信息并向输出层传递输出信息。由输入到输出的过程一般是先加和所有的输入信息再用一个传递函数产生相应的输出，即

$$X_i = \sum w_{ij} x_j + s_i \tag{8-1}$$

$$x'_i = F(X_i + \theta_i) \tag{8-2}$$

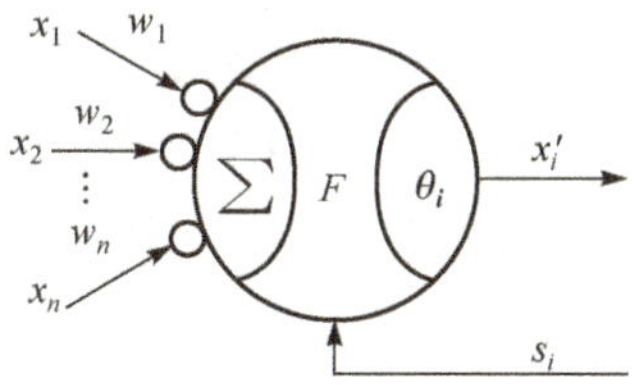

图 8-3 神经元的典型结构

式中，w_{ij} 为由 j 神经元向 i 神经元的连接权重；x_j 为由 j 神经元向 i 神经元的输入；s_i 为反馈信息。

传递函数有不同的形式，读者可参阅有关书籍或文献。以下为常用的几种特征传递函数。

1）线性特征函数

$$x'_i = kX_i$$

式中，k 为常数。

2）阈值特征函数

$$x'_i = \begin{cases} 1 & \text{当 } X_i \geqslant \theta_i \\ 0 & \text{当 } X_i < \theta_i \end{cases}$$

3）S 形逻辑特征函数

$$x'_i = \frac{1}{1+\mathrm{e}^{-X_i}}$$

这类特性函数常用来表示输入输出的 S 形曲线关系，反映神经元“压缩”或“饱和”特性，即把神经元定义为具有非线性增益特性的电子系统，用它来解决噪声饱和问题。当输入弱小信号时，仍要求产生有效的输出信号，网络要有高增益。但若在强大信号时，仍产生高增益，将放大噪声输出或使强大信号本身引起饱和，又将消除任何有效的输出。S 形特性函数具有中间高增益区，适应弱小信号，两端低增益区适应强大信号的性能（图 8-4）。

4）双曲正切特征函数

$$x'_i = \mathrm{th} X_i$$

此函数常被生物学家用作描述生物神经元活动的数学模型(图 8-5)。

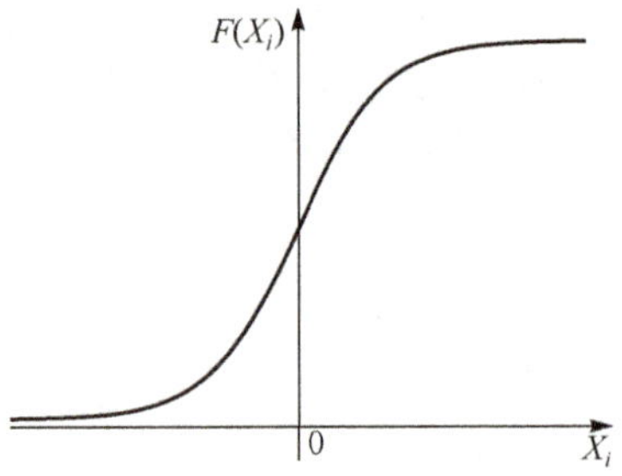

图 8-4　S 形逻辑特征函数

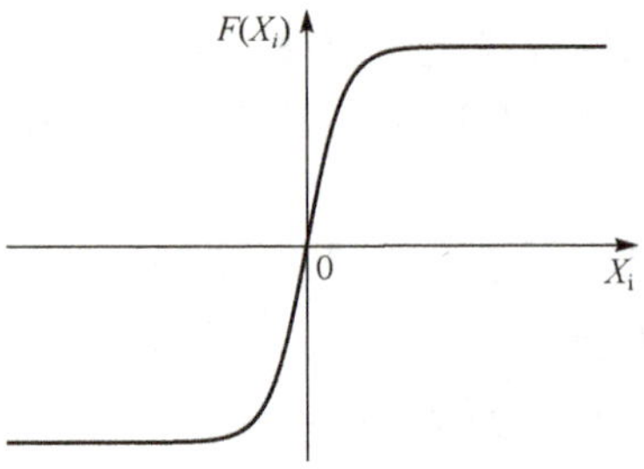

图 8-5　双曲正切特征函数

8.1.2　学习算法

由于网络的连接模型、输入信息的离散性或连续性、有无监督训练等不同,相应的学习算法也各不相同。首先,按不同类型的输入可分为二进制值输入和连续值输入网络;其次,按有无监督训练,又可分为有监督训练和无监督训练网络。有监督训练的网络,如反向传播网络(BP 网络)、统计网络和 Hopfield 网络等;无监督训练网络,如自适应共振理论网络(ART 网络)、自组织特征映射网络(Kohonen 网络)等。以下对最常见的 BP 网络的训练过程和学习算法进行简单介绍。

反向传播算法(back propagation algorithm),简称 BP 算法,它是 Rumelhart 等提出的一种监督训练多层神经网络算法,每一个训练范例在网络中经过两遍传递计算:一遍向前传播计算,称为正向传播,从输入层开始传递到各层并经过处理后产生一个输出,得到该实际输出和所需输出的误差矢量;一遍向后传播计算,称为反向传播,从输出层至输入层,利用误差矢量对权值进行逐层修改。BP 算法有很强的数学基础,戏剧性地扩展了神经网络的使用范围,产生了许多成功的应用实例。

1. 网络结构

BP 网络采用了如图 8-2 所示的典型网络结构,但网络的层数可以改变,不过一般采用三层的网络结构,即输入层、中间层和输出层。BP 网络的学习算法要求神经元的传递函数是可微分的,因此有许多函数可满足它的要求,一般采用上述的 S 形特征函数,它的偏导数为

$$\frac{\partial x'_j}{\partial X_j}=x'_j(1-x'_j)$$

2. 训练过程

训练的目的是对网络的连接弧权值进行调整,使得在应用一输入矢量时,网络能产生一所需的输出矢量。训练的范围是由一输入矢量与所需输出的目标矢量配对组成。两者一起被称为训练对或样本。训练网络需要许多训练对。例如,一训练对的输入矢量是一英文字母,输出的目标矢量是该字母在字母表中的序号,或者输入矢量是一中文字,而输出的目标矢量是该中文字的发音。如果需要训练一个网络能区分 26 个英文字母,至少要 26 个训练对,这些训练对称为训练范例集,具有这类性质的网络往往称为分类神经网络或识别神经网络。

在开始训练时,网络的全部权值必须初始化,一般设置为小的随机数,这可保证不因权值

取最大值而使网络饱和或出现反常情况。BP 算法的训练步骤可描述如下：①从训练范例集中取一训练对，把输入矢量作为网络的输入；②计算网络输出矢量；③计算网络输出矢量与训练对中目标矢量间的误差；④从输出层反向计算到第一中间层，向减少误差方向调整网络权值；⑤对训练范例集中每一范例重复上述①～④步，直至整个训练集的误差最小。

上述①、②步计算同训练后神经网络用于识别时一样，逐层执行计算。学习结束是指实际输出矢量与目标矢量间误差已减少到可接受的值，权值已不再调整。因此学习后网络进行识别时，仅用第①、②步。第③、④步是从输出层开始，使用迭代方法，一直反向计算到第一中间层为止，其中权值的调整采用式(8-3)。

$$w_{ij}(n)=w_{ij}(n-1)+\Delta w_{ij}(n) \tag{8-3}$$

式中，$w_{ij}(n)$为神经元 i 至神经元 j 的第 n 次变更的权值。

上述算法第④步是一个关键，决定如何向减小误差的方向调整权值。BP 算法采用的是考察误差的平方和，即

$$E=\frac{1}{2}\sum_{j}(x'_j-\bar{x}_j)^2 \tag{8-4}$$

在学习过程中以尽可能快地减小 E 的方式进行。一般它取决于在权值空间中是否沿梯度方向搜索。另外，假设权值调整是在训练范例集中训练对顺序执行的条件下进行。因此，为了整个训练集的误差最小，应有全网络平均误差平方和，即

$$E_{总}=\frac{1}{2p}\sum_{p}\sum_{j}(x'_j-\bar{x}_j)^2 \tag{8-5}$$

最小。式中，p 为训练范例集中训练对的个数。

这个学习过程在生物神经网络中是不可想象的，然而这种调整的方法对人工神经网络却是可行的。为改进权值或阈值使之最终达到收敛，按一定比例$-\frac{\partial E}{\partial w_{ij}}$来调整权值 w_{ij}、w_{ij} 的变化量，并用 Δw_{ij} 表示。

$$\Delta w_{ij}=-\eta\frac{\partial E}{\partial w_{ij}} \tag{8-6}$$

式中，η 为学习速率常数。

因误差平方和由输出 x'_j 表示，而 x'_j 又由神经元的非线性输出表示，偏导数$\frac{\partial E}{\partial w_{ij}}$可用式(8-7)计算。

$$\frac{\partial E}{\partial w_{ij}}=\frac{\partial E}{\partial X_j}\frac{\partial X_j}{\partial w_{ij}} \tag{8-7}$$

又 $X_j=\sum_{i}w_{ij}x_i$，故有

$$\frac{\partial X_j}{\partial w_{ij}}=\frac{\partial}{\partial w_{ij}}\sum_{i}w_{ij}x_i=x_i \tag{8-8}$$

若定义

$$\delta_j=-\frac{\partial E}{\partial X_j} \tag{8-9}$$

δ_j 为神经元 j 的差值，则

$$\Delta w_{ij}=\eta\delta_j x_i \tag{8-10}$$

现计算 $\delta_j=-\frac{\partial E}{\partial X_j}=-\frac{\partial E}{\partial x'_j}\frac{\partial x'_j}{\partial X_j}$。

当 j 层是输出层时，由式(8-4)和特征函数得 $\frac{\partial E}{\partial x'_j}=-(x'_j-\bar{x}_j)$ 和 $\frac{\partial x'_j}{\partial X_j}=f'(X_j)$，输出层 j 有公式

$$\delta_j=-(x'_j-\bar{x}_j)f'(X_j) \tag{8-11}$$

当 j 为中间层时

$$\begin{aligned}\frac{\partial E}{\partial x'_j}&=-\sum_k\frac{\partial E}{\partial X_k}\frac{\partial X_k}{\partial x'_j}=\sum_k\frac{\partial E}{\partial X_k}\left(\frac{\partial}{\partial x'_j}\sum_m w_{mk}x_m\right)\\&=\sum_k\left(\frac{\partial E}{\partial X_k}\right)w_{jk}=\sum_k\delta_k w_{jk}\end{aligned} \tag{8-12}$$

此时

$$\delta_j=-\left(\sum_k\delta_k w_{jk}\right)f'(X_j) \tag{8-13}$$

这说明对中间层的神经元的调整要依据上一层的结果。因此，最高层输出层开始，用式(8-11)计算，然后往下用式(8-13)传播计算，直至底层。

具体地说，当神经元特性函数采用公式S形特征函数时

$$\frac{\partial x'_j}{\partial X_j}=f'(x_j)=x'_j(1-x'_j) \tag{8-14}$$

在BP算法中 δ_j 的计算可用下列公式表示：

输出层，即 x_j 为输出神经元时

$$\delta_j=-(x'_j-\bar{x}_j)x'_j(1-x'_j) \tag{8-15}$$

中间层，即 x_j 为中间神经元时

$$\delta_j=-\left(\sum_k\delta_k w_{jk}\right)x'_j(1-x'_j) \tag{8-16}$$

式中，下标 k 指神经元 j 的上一层全部神经元下标范围。

有了式(8-11)，现可用式(8-3)首先调整输出层连接弧权值，然后再用此权值与连接输出层神经元的 δ 值向下传播回去，用式(8-13)计算每一中间层 δ 值。有了这 δ 值，逐次用式(8-3)调整中间层数值，直至输入层。因此，BP算法是向前扫描与向后扫描相结合的过程。

3. 算法的改进

Rumelhart、Hinton和Williams于1986年介绍了一个BP算法改进训练时间的方法，这个方法在式(8-3)上增加了一项称为动量的调整项，调整公式改为

$$\begin{aligned}\Delta w_{ij}(n)&=\Delta w_{ij}(n)+\alpha[w_{ij}(n-1)-w_{ij}(n-2)]\\&=\Delta w_{ij}(n)+\alpha(\Delta w_{ij}(n-1))\end{aligned} \tag{8-17}$$

式中，α 为动量常数，$0<\alpha<1$，通常在0.9左右。

1987年又有研究者描述了一种基于指数平滑的类似方法，在某些应用领域中已证明是优越的。该方法计算 Δw_{ij} 的公式为

$$\Delta w_{ij}(n)=\alpha\Delta w_{ij}(n-1)+(1-\alpha)\Delta w_{ij}(n) \tag{8-18}$$

$$w_{ij}(n)=w_{ij}(n-1)+\eta\Delta w_{ij}(n) \tag{8-19}$$

这里的 α 为0～1的平滑指数。如果 $\alpha=0$，平滑度最小，整个计算与一般的网络相同；如果 $\alpha=$

1，则相当于保持原来的 Δw_{ij} 值。

对S形特性函数，还可用以下形式的特性函数：

$$x'_j=1/\{1+\exp[-(x_j+\theta_j)/\theta_0]\} \tag{8-20}$$

式中，参数 θ_j 是阈值，一个正的 θ_j 使特性函数沿水平轴右移，θ_0 的作用则是改变S形的形状，小的 θ_0 使S形函数具有阈值逻辑函数的特点，大的 θ_0 使得特性曲线变得更缓和，其效果如图8-6所示。

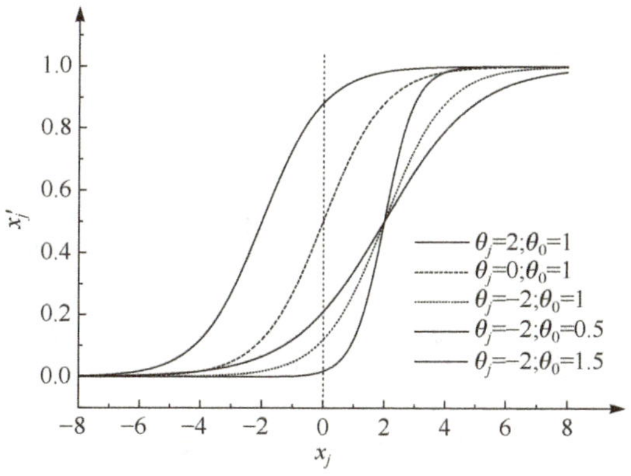

图8-6 变化的S形函数

还应指出的是，阈值 θ_j 的调整可与权值调整方式一样，把 θ_j 设想为一神经元权值。此外，还有若干问题需要注意，如如何选取 η，大的 η 对应着快速学习，但结果可能振荡。用动量方法可保持其变化速率为一定值，抑制振荡，但可能降低学习速率。

8.1.3 应用举例

人工神经网络具有许多传统的人工智能方法无法比拟的优点，因此它在许多领域中均得到了成功的应用，如基于人工神经网络的专家系统、语音的识别与合成、故障的判断、模式识别与分类等。在化学以及相关领域(如医疗、制药、食品、环境化学、纺织、材料科学、考古、石油等)中，人工神经网络的应用实例也数不胜数，如定量分析、波谱解析、化学模式识别、定量构效关系(QSAR)等。以下为神经网络用于原子半径和电子亲和能预测的一个应用实例。

原子的核外电子排布、原子半径、原子的电离能、电子亲和能等是最基本的化学参数，它们与原子的核外电子结构有密切的关系。根据它们之间的关系和一些已知的测量数据建立人工神经网络的模型并加以训练即可对未知的参数进行预测，从而完善由于实验技术的不足而未能测量的基本参数。有文献报道，采用原子的第一电离能和核外电子结构——原子核及核外电子排布(s、p、d、f电子数)为输入参数，原子半径(范德华半径、金属半径、共价半径)为输出参数，利用已知的原子半径为训练样本的输出进行网络训练，可以预测1～86号全部元素的原子半径，包括共价半径、金属半径以及范德华半径。这些预测值具有一定的参考价值和实际意义。例如，对于稀有气体元素，文献上一般只给出它们的范德华半径，这就给许多需要使用元素共价半径或金属半径数据才能够开展的系统性或比较性的研究带来困难。预报的稀有气体元素的共价半径与金属半径可以看成稀有气体原子在这两种半径标度下的相对大小，能够满足某些研究的需要。范德华半径是用于建立分子三维模型(如CPK模型)的主要参数，对于研究分子的大小和形状、分子的性质和空间位阻以及分子堆积成晶体的方式等十分重要。但是文献能够给出的范德华半径很少，因而在实际应用中常遇到麻烦。利用预报的范德华半径数据，可以弥补这一不足。利用同样的原理，也有文献报道了电子亲和能的预测研究。图 8-7为采用原子第一电离能和核外电子结构为输入参数的网络模型对 1～86 号元素电子亲和能的预测结果。可以看出，预测结果呈现了明显的周期性，与元素周期表的规律具有高度的一致性。

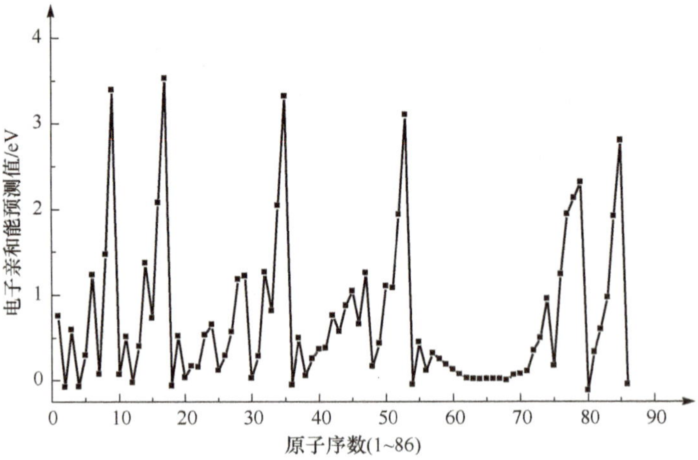

图 8-7　电子亲和能的预测结果

人工神经网络已经得到了非常广泛的应用，如语音的识别与合成、故障的判断、模式识别与分类等，在医疗、制药、食品、环境化学、纺织、材料科学、考古、石油等研究领域均有成功的应用实例。在化学研究领域，人工神经网络在多组分定量分析、波谱解析、定量构效关系等研究中也得到了成功应用。人工神经网络特有的非线性适应性信息处理能力，克服了传统人工智能方法在信息处理方面的缺陷，使之在神经专家系统、模式识别、智能控制、组合优化、预测等领域得到成功应用。人工神经网络与其他传统方法相结合，将推动人工智能和信息处理技术不断发展。近年来，人工神经网络正向模拟人类认知的道路上深入发展，成为人工智能的一个重要方向，将在实际应用中得到发展。

8.2　遗传算法

遗传算法(genetic algorithm，GA)是 20 世纪 70 年代初兴起的一门新兴学科，它基于对生物界自然选择和自然遗传机制的模拟来解决实际问题，是一种具有高度的并行、随机和自适应性的搜索方法。因此，遗传算法又称为模拟进化方法(simulated evolution method)或进化计算方法(evolutionary computation)。它主要用于处理最优化问题和机器学习，特别适合处理高度复杂的高维搜索问题。

遗传算法作为优化、搜索算法在不同领域中的应用研究兴起于 20 世纪 80 年代后期。第一届遗传算法国际会议于 1985 年举行，第一本教科书出版于 1989 年。许多应用表明，遗传算法对于解决优化问题(如条件选择、参数拟合等)具有许多优势：①搜索效率高，可用于参数空间大的优化问题；②响应平面连续，搜索具有鲁棒性(robustness)；③可有效地避免局部优化；

④适合多变量、非线性优化；⑤搜索具有探索性或启发性(heuristics)等。因此，遗传算法尤其适合处理传统搜索方法不宜解决的复杂和非线性问题。

8.2.1 自然进化与遗传算法

关于生物的进化，达尔文曾作过精辟的论述：设计精美的生物是从由机遇而存在的、足够简单的、最原始的实体一步一步地进化而来的。在进化过程中，每一步由随机产生的前辈到自身的产生都足够简单。但当考虑从初始点到最终产物的整个过程的复杂性时，一步一步的演变过程构成的绝非是一个纯机遇过程。演变过程受到每一步的幸存者的控制。大多数生物体是通过自然选择和有性生殖这两个基本过程进行演化的。自然选择决定了群体中哪些个体能够存活并繁殖，有性生殖保证了后代基因中的混合和重组。遗传算法解决问题的步骤就是模拟了这一进化过程。首先，随机产生进化的原始对象，然后这些原始对象经过竞争选择父辈，通过染色体上的基因重组和变异产生新的进化对象，并取代已达寿命年龄的原始对象。产生新的进化对象是给前辈的对象以半随机的变化(基因重组和变异)，使新的进化对象更适于生存。

20 世纪 60 年代，密歇根大学的 Holland 教授最早受到达尔文进化论的启发，并将这一思想用于机器学习的研究中，后来发展成为一个新的研究领域，即遗传算法。它采用特殊的编码技术将问题的解编码为串(string)，称为染色体，然后模拟由这些串组成的群体的进化过程。遗传算法是一类随机算法，但它不是简单的随机过程，而是有效地利用已有信息搜索那些有希望改善解质量的串。类似于自然进化，遗传算法通过作用于染色体上的基因，寻找好的染色体来求解问题。与自然界相似，遗传算法对求解问题的本身一无所知，它所需要的仅是对算法所产生的每个染色体进行评价，并基于适应值来选择染色体，使适应性好的染色体比适应性差的染色体有更多的繁殖机会。

遗传算法利用非常简单的编码技术和繁殖机制来表现复杂的现象，从而解决非常困难的问题。特别是由于它不受搜索空间的限制性假设的约束，不必要求诸如连续性、导数存在和单峰等假设，以及其固有的并行性，因此遗传算法目前已经在最优化、机器学习和并行处理等领域得到了越来越广泛的应用。遗传算法、神经网络以及模拟退火都是对自然界的有效类比，并从自然现象中抽象出来，但这些抽象的概念并没有对原有的学科产生很大的影响，而已经成为沿自身的道路发展下去的学科，它们距离给它们以启示的学科越来越远。遗传算法中的生物学概念不一定十分准确，只是生物学概念的简单“借用”，遗传算法的常用术语与群体遗传学的对应关系可用表 8-1 表示。

表 8-1 遗传算法与遗传学的对应关系

问题	遗传算法	遗传学
参数向量集	串数组(array of strings)	群体(population)
参数向量	串(string)	染色体(chromosome)
参数(parameter)	子串(substring)	等位基因(allele)
	位(bit)	基因(gene)
目标函数(objective function)	评价(evaluation)	适合度(fitness)
参数优化	进化:遗传、变异	进化:遗传、变异

问题的参数一般用二进制数串来表示，有时也采用整数串、实数串或字符串等，图 8-8 为遗传算法最常用的二进制数串表示方法，X_1、X_2、X_3 和 X_4 分别表示问题的四个参数。问题的参数集对应于遗传学中的染色体，串中的一个位（bit，0 或 1）对应于遗传学中的一个基因，表示问题参数集中的某一个参数的一部分（有时也表示某一参数）。等位基因在生物学中是表征个体（individual）某些性质的基因序列，在遗传算法中表现为串中的某一部分，用来表示参数集中的某一个参数。基因的轨迹在遗传算法中则表现为某一位在串中的位置，有时它可用来表示参数的某些性质。

1 1 0 0	1 0 1 1	0 0 1 0	0 1 1 0
X_1	X_2	X_3	X_4

图 8-8　参数的二进制数串表示方法

8.2.2　基本过程

遗传算法的基本过程包括群体的初始化、评价、选择、遗传（基因交换）和变异等操作。整个过程可用图 8-9的框图来表示。遗传变异循环过程的终止条件有两种：一是最优解已是问题的最佳解或满意解；二是控制遗传代数。

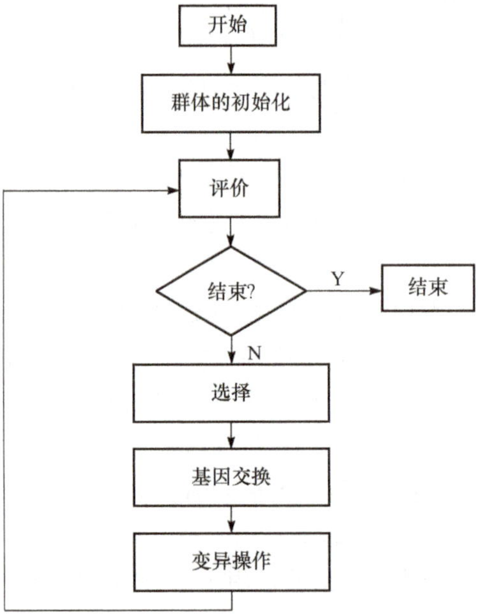

图 8-9　遗传算法的基本过程

1. 群体初始化

遗传算法首先随机产生一个给定大小的初始群体（population）。群体中的每一个染色体长度为表示每个问题参数所需要的位数之和。每个参数的表示方法由具体问题确定。对于某些问题，也可以不采用随机产生的方法，根据一定的限制条件来产生初始群体。群体的大小（population size）一般采用 30～100，根据参数的多少及染色体的长度选定。

2. 评价——符合度或评价值的计算

评价过程主要包括两个内容，即首先对染色体进行解码（decoding），把二进制数串表示的参数集转换成十进制的参数值；然后将各参数值代入评价函数中，计算每个串的符合度。在遗传算法的整个过程中，只有这个步骤与具体的问题有关，其他步骤都“感觉不到”它要解决的问题。所以，评价函数的确定是非常关键也是非常困难的一个问题。评价函数的好坏直接影响解决问题的成功和失败。另外，在遗传算法的计算过程中，这一步骤也是最费机时的步骤，评价函数的优劣也是解决问题速度的关键。

3. 选择

此步骤又称为利用（exploitation），利用是指遗传过程中父辈信息的保留，具体地说就是根据目前的群体中每个个体的评价值(fitness)进行选择,选择那些被保留的对象。评价值越高者被选中的概率越高,而评价值越低者被淘汰的概率越高。例如,对于优化问题,当前群体中的每个个体均表示问题的一个候选解,而每个个体接近问题真实解的程度不同。接近真实解的程度高者被选为产生下一代群体的父辈的概率就高。

4. 基因交换

基因交换(recombination 或 crossover)过程也就是遗传过程,该过程将从已被选择为父辈的群体中随机选择两个个体,按照一定的规则和概率进行串的位交换。基因交换的目的是在继承父辈有用信息的基础上开发更好的个体。当然,也可能产生更差的个体。

基因交换主要有四种方式:单点交换(single crossover, 1X)、两点交换(two-points crossover, 2X)、均匀多点交换(uniform multi-points crossover, UX) 和环形交换(circular crossover)。它们的交换方式如图 8-10 所示。

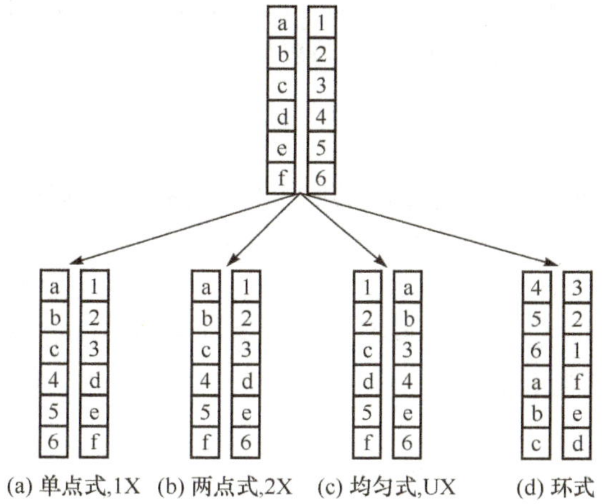

图 8-10 遗传算法中的基因交换方式

一般来说,对于参数较少、基因串较短的情况,选择单点交换就足够了;当参数较多、基因串较长时,可选择两点交换或多点交换。环形只有非常特殊的情况下才使用。基因交换的百分数由基因交换概率参数(P_x)控制,P_x 一般在 0.5~0.95 选择。

5. 变异

变异(mutation)操作是随机对参数串的位进行强制变化,对于二进制数串的位即为 .NOT. 操作。其目的主要是改变搜索方向、扩大搜索空间。图 8-11 为图 8-8 所示的参数串的变异操作示例。首先根据随机数确定要变异的位,然后进行 .NOT. 操作。变异的多少由

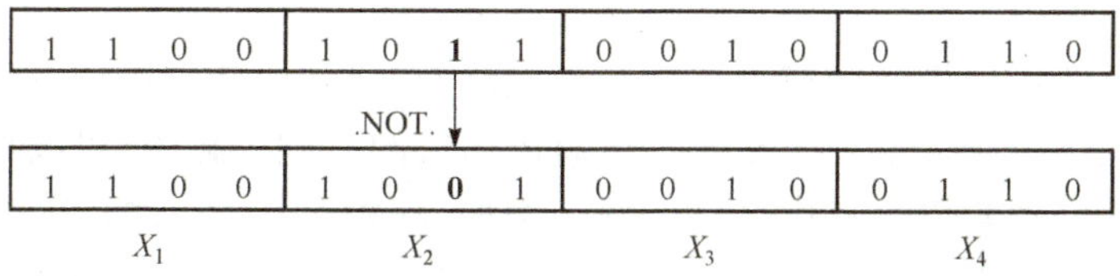

图 8-11 二进表示的参数串的变异操作示例

变异概率参数(P_m)控制,一般在 0.001～0.1 选择。

上述基因交换和变异两步操作又可称为开发(exploration),即开发新的基因组或个体。

8.2.3 遗传算法的发展

8.2.2 小节中所介绍的是遗传算法的最基本过程。20 世纪 80 年代以来,无论是问题的表示方法还是进化过程的策略都有很大进展,主要表现在以下几个方面。

1. 问题参数的编码

对于参数为整数或可表示为整数的问题用二进制串表示非常方便,并且理论研究表明用二进制串表示参数的遗传算法搜索效率最高。但对于参数为实数的问题,用二进制串表示往往会非常麻烦,每次评价都要将二进制串转化为参数的实数值。所以对某些问题可以直接采用实数或基大于 2 的字符串来表示。另外,也可采用基于知识的表示方法。关于参数的表示,总的原则是评价方便。一般是根据具体的问题来确定表示的方式。

2. 选择策略

选择操作对遗传算法的进化起着关键作用。尽管选择的原则是依据评价值的大小,但也可根据具体问题的不同而采用不同的选择方法。尽管基于赌轮机制的选择策略是最常用也是最接近自然进化机制的方法,但在解决实际问题时不一定是最有效的方法。因此,在很多遗传算法的程序中都增加了人为的控制,如根据评价值的排序进行选择、根据调整过的评价值进行选择、在选择时增加相似性检查等。

3. 基因交换与变异方式

遗传算法所采用的基因交换方式基本上为前面介绍的四种方式。从总体上讲,对父辈群体和子代群体差异的影响程度随交换点数的增多而增大,1X<2X<UX。实践表明,对于大部分问题,父子群体差异越大,优化速度越快,即 UX 被认为是较好的交换方式,但对于参数较少的问题采用 1X 或 2X 方式就足够了。

对于实数编码的基因串,基因交换的方法可以采用与二进制数串表示时相同的方法,也可以采用不同的方法。例如,数值交叉算子法采用了两个个体的线性组合来产生子代个体,即个体 p 和个体 q 的基因交换结果为

$$
\begin{aligned}
p' &= k \cdot p + (1-k) \cdot q \\
q' &= k \cdot q + (1-k) \cdot p
\end{aligned} \tag{8-21}
$$

式中,k 为 0～1 的控制参数,可以采用随机数,也可以采用与进化过程有关的数值。实践证明,该方法对于实数编码的遗传算法具有较好的效果。

如前所述,变异的作用是改变搜索方法和扩大搜索空间,但变异操作也可能导致整个群体的退化,变异概率是一个非常重要的参数。在遗传算法的进化过程中,可以采用固定的变异概率,但更理想的方法是随着进化过程进行调整。例如,根据一定的判据,当遗传算法进化很慢时,可以适当增大变异概率。另外,适当地增加变异概率还有利于避免局部优化问题。

采用实数编码时,变异操作不像二进制数串表示时那样方便,一般采用非一致变异算子,即随着进化的过程进行调整。例如,对个体 $p=(p_1,\cdots,p_k,\cdots,p_n)$进行变异操作产生 $p=$

$(p_1, \cdots, p_k, \cdots, p_n)$时可采用式(8-22)。

$$p_k' = \begin{cases} p_k + \Delta(t, UB - p_k) & r \leqslant 0.5 \\ p_k - \Delta(t, p_k - LB) & r > 0.5 \end{cases} \tag{8-22}$$

式中，UB 和 LB 分别为 p_k 的上边界和下边界；r 为 0～1 的随机数；t 为进化代数；$\Delta(t,y)$定义为

$$\Delta(t,y) = y\left[1 - r^{\left(1-\frac{t}{T}\right)^b}\right] \tag{8-23}$$

式中，T 为最大进化代数；b 为控制非一致性的参数，一般取 0.8 左右。这样，$\Delta(t,y)$为 0～y 的数，随着 t 的增加逐渐趋向于 0。

4. 相似性检查

与生物进化过程一样，在遗传算法中近亲交配将不会使整个群体进化，有时还会引起退化。如何防止群体中个体之间的相似性，增加个体之间的差异是遗传算法必须考虑的问题。常用的方法是采用每个个体与其他个体的相似性对评价值进行调整，使相似性较高的个体评价值降低，从而使其从父辈中消失。也有人采用随机配对的方法选择父辈，再判断子代和父辈之间的相似性；如果相似性太大，则使其消失。相似性一般通过统计学方法对群体中的基因串进行统计得到。当然，提高变异概率也可减少近亲交配的概率。

5. 动态遗传算法

遗传算法在采用了不同的编码方式、基因交换方式及相似性检查等一系列措施之后，仍存在着一些问题。如何加快运行速度、如何平衡“利用”与“开发”之间的关系、如何避免局部优化问题等都仍是需要考虑的问题。在理想的情况下，遗传算法在进化的初始阶段应利用较短的时间使群体中的个体之间尽可能地具有较大的差异；在中间阶段，应尽可能大地搜索问题的解空间，保持高的“开发”效率；而在后期阶段，则应该适当降低“开发”效率，使搜索局限于较小的空间范围，尽快地找到最优解。基因交换概率(P_{x})和变异概率(P_{m})是控制遗传算法进化的两个重要参数，“利用”主要与 P_{x} 有关，而“开发”主要与 P_{m} 有关。如果这两个参数能够随着遗传算法的进化过程动态地发生变化，则可能提高遗传算法的搜索效率。因此提出了动态遗传算法(dynamic GA)的方案，该算法采用统计学方法监控群体的当前状态，并根据进化的程度动态地调整 P_{x} 和 P_{m} 的变化。

6. 免疫遗传算法

免疫遗传算法(immune genetic algorithm，IGA)其实是模拟免疫系统的原理进行群体相似性控制的一种遗传算法。在 IGA 中，首先对当前群体进行识别和分析，浓度高的抗体(子串)被抑制，浓度低的抗体被促进，然后再进行基因交换和变异操作。同时，在 IGA 中适应度高的个体将被放入记忆单元。其中抗体 i 的浓度 c_i 定义为与抗体 i 有较大亲和力的抗体数占抗体总数的比例，而抗体 u 和 v 之间的亲和力定义为

$$A_{u,v} = \frac{1}{1 + H(2)} \tag{8-24}$$

其中

$$H(N) = \frac{1}{M}\sum_{j=1}^{M} H_j(N) \tag{8-25}$$

$$H_j(N) = \sum_{i=1}^{S} -P_{ij}\log P_{ij} \tag{8-26}$$

式中，P_{ij} 为第 i 个符号出现在位置 j 上的概率；N 为抗体总数；M 为抗体的长度；S 为符号集大小。

7. 遗传算法与人工神经网络的联合算法

人工神经网络的基本原理是使用一定的学习算法，如 BP 算法，对网络的权重进行修正，遗传算法也可用于人工神经网络的权重优化。其基本过程可用图 8-12 来描述，即首先随机产生神经网络的连接权重矩阵并表示为遗传算法的基因串，然后根据实际输出和期望输出对目前的权重进行评价，计算评价值，再进行遗传算法的基因交换和变异操作，产生新的权重，直到实际输出与期望输出之间的误差达到满意的结果。

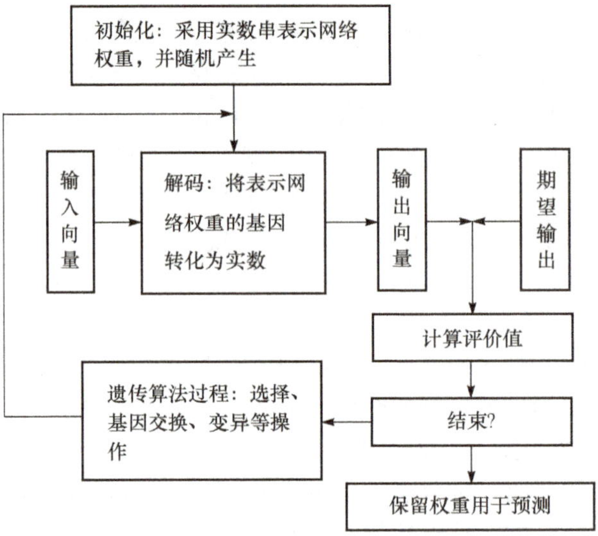

图 8-12 遗传算法与人工神经网络的结合

8. 并行遗传算法

并行计算技术在计算机领域中已经非常成熟，利用并行计算技术可大大提高对于复杂问题的求解效率。遗传算法的并行化处理特别简单，可采用以下三种方式：

(1) 同步主从式。该方式的传统模式是通过一个运行在主控机(master)上的主过程调控 n 个运行在从控机(slave)上的从过程，主过程控制选择、基因交换和变异的执行，从过程只执行评价值计算。这种并行方式最简单，特别容易实现，但效率并不很高。该方式的另一种实现方法是在从过程中也进行选择、基因交换和变异操作，主进程只负责整体的控制和各从过程之间的信息交流。这种遗传算法又称为扩展分布式遗传算法。

(2) 异步同时式。该方式是通过存取一个共享的存储器，n 个同样的处理机彼此无关地执行遗传算法的所有计算，包括选择、基因交换、变异和评价值计算。这种方式比较难以实现，但具有较好的性能。

(3) 网络式。在该方式中，n 个同样的处理机也是彼此无关地执行遗传算法的所有计算，所使用的存储器也是相互独立的。但在运行的过程中，各子群体在每一代中发现的最好个体将通过网络传送到其他子群体中。该方式也可改为定期(每隔一定的进化代数)传送、按照顺序(将个节点编号)传送或随机选择传送的方式。这种遗传算法又称为迁移式并行遗传算法。

8.2.4 应用举例

遗传算法的应用已非常广泛，如图像处理、参数计算、模式识别、网络设计、气象分析、组合优化等。关于遗传算法在分析化学中的应用，文献曾作过总结并列举了很多应用的例子，如参数优化、光谱模拟和光谱解析、多变量分析、分子构象分析等。以下为遗传算法在化学中应用的几个具体实例。

1. 多组分成分分析波长选择

多组分同时测定是分析化学中常遇到的问题，Lucasius 和 Kateman 报道了紫外光度法同时测定几种核苷酸时的波长选择。由 36 个波长下的光度值选择 6 个波长进行测定。对于这样一个问题，其搜索空间约 10^{11}。他们用 36 位的二进制串表示了 36 个波长，1 表示该波长被选择，0 表示不被选择。评价函数为条件数（condition number），反比于多组分体系的选择性（selectivity）。采用 $P_x=0.9$，$P_m=0.008$，群体数量 $N_P=100$，进化到 30 代时即可得到满意的结果。对程序的多次运算还表明，每次运行的结果并不完全一致，但都能符合测定的要求。由此还可看出，用遗传算法解决此类问题，可以得到一组选择，并不是一个选择，当其他条件对某选择有限制时，可方便地使用其他选择进行测定。

2. 近红外光谱校正数据的优化

现代分析仪器可以给出多维信息，大大提高了分析工作的效力。对于多变量、多维、多样品构成的校正数据集（calibration data set）往往需要进行优化处理，除去人为或仪器带来的误差，保留尽可能多的校正信息，即对校正数据的压缩和优化。将遗传算法用于红外反射光谱数据的优化，获得了巨大的成功。将 28 个样品、19 个波长点的近红外光谱数据矩阵优化为 8 个样品、10 个波长点。将两个组分的 46 条光谱、40 个波长点的 DAD 数据优化为 13 条光谱、20 个波长点，结果均表明：优化后的数据具有与原数据相同的预测能力。

3. 实验条件的优化设计

在复杂分子的高分辨 NMR 图像分析中，如何激发处于某一或某些频带的自旋系统是一个复杂的问题。其主要原因在于，当近似的傅里叶变换关系不存在时（如大翻转角等），对已知的目标频域激发模式不能计算出相应的脉冲序列。从脉冲序列到频域激发谱进行 Bloeh 方程的数字化求解可以完成上述任务。神经网络和模拟退火已在脉冲设计中进行了许多工作，但遗传算法可以更快地进行脉冲设计。染色体可由傅里叶系数或脉冲波形函数构成。

原子发射光谱的实验条件优化可认为是一个多变量优化问题，即多变量函数$(y_1, y_2, \cdots, y_m)=f(x_1, x_2, \cdots, x_k)$，$(y_1, y_2, \cdots, y_m)$对应于 m 个组分的 m 个波长，$x_1, x_2, \cdots, x_k$ 对应于 k 个实验条件，选择一组 $x_1, x_2, \cdots, x_k$ 使 $y_1, y_2, \cdots, y_m$ 的组合最优。Wienke 等将遗传算法用于发射光谱实验条件的选择，同时测定高纯铝粉中的 Cu、Ni、Cr、Mu、Fe、Si，取得了满意的结果。

4. 二维分子图形的优化

分子图形的计算机显示是分子图形学研究内容之一。采用遗传算法可以对分子结构的平面图形进行优化。首先输入分子的连接性，包括原子的类型与编号、化学键的连接情况等。将平面键角(0～2π)离散化，用编号代替其角度。然后，用二进制数串表示离散化键角的编号进行遗传算法的基因编码。最后，根据分子的连接性，随机生成各原子之间的平面连接图，用原子之间的距离为评价函数优化各化学键之间的平面角。如果优化各化学键之间的二面角，也可以作为三维分子图形的优化工具。

5. 同分异构体的产生

有机化合物的同分异构体产生是一个非常困难的问题，属于组合优化问题，采用遗传算法可解决这一问题。首先，根据有机化合物的分子式将原子进行编号，用整数表示的基因串表示化学结构，用化学结构的合理性为评价函数进行优化，可产生合理的化学结构式，从而实现有机化合物同分异构体的产生。但由于遗传算法为不确定性算法，对于原子数目较大的有机分子来说还难以产生全部的同分异构体，在实际应用中还必须结合其他技术。

6. 参数拟合

参数拟合是化学研究领域中具有普遍意义。作者曾采用遗传算法对 EXAFS(扩展 X 射线精细结构)实验信号进行了拟合，采用下列理论公式拟合如图 8-13 所示的图形：

$$\chi(k)=\sum_{j}\frac{N_j}{kr_j^2}|f_j(k)|e^{-2k^2\sigma_j^2}e^{-2r_j/\lambda}\sin[2kr_j+\varphi(k)+0.2625r_j\Delta E_0/k] \tag{8-27}$$

式中，r_j、N_j、σ_j 和 λ 分别为第 j 配位层距离、配位数、Debye-Waller 因子和电子平均自由程；$\varphi(k)$为散射相移；ΔE_0 为校正项，用于校正由于化学环境的变化导致的相移变化；$|f_j(k)|$为散射振幅。

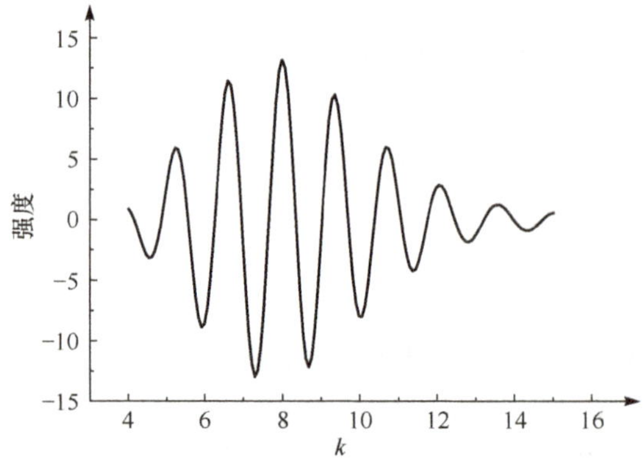

图 8-13 EXAFS 信号示例

在遗传算法中，采用二进制数串对 r_j、N_j、σ_j、λ 和 ΔE_0 等 5 个参数进行编码，采用实验值和拟合值差值的平方和作为评价值，得到了满意的结果，5 个参数的优化结果均明显优于采用最小二乘法的商业软件。

7. 子结构的同态匹配

二维分子结构图的同态匹配又称为子结构匹配，是一个公认的 NP-完全问题。子结构的同态匹配在计算机辅助有机合成路线设计等领域中具有重要意义。可以通过遗传算法对目标结构和查询结构中节点的映射关系进行优化实现二维分子结构图的同态匹配。采用整数串进行编码,长度为查询结构的节点数,染色体中的每个基因表示目标结构中一个节点的编号,该节点映射查询结构中编号为其所在位置的节点。评价函数采用目标结构和查询结构相匹配的边数。实践证明,该方法是一种非常有效的方法。例如,使用查询结构[图 8-14(b)]查询目标结构[图 8-14(a)]中的子结构,10 次运行的平均成功查询代数仅为 15。利用该算法可同时实现多重匹配,如使用查询结构[图 8-14(d)]查询目标结构[图 8-14(c)]中的子结构,结果为两重匹配。

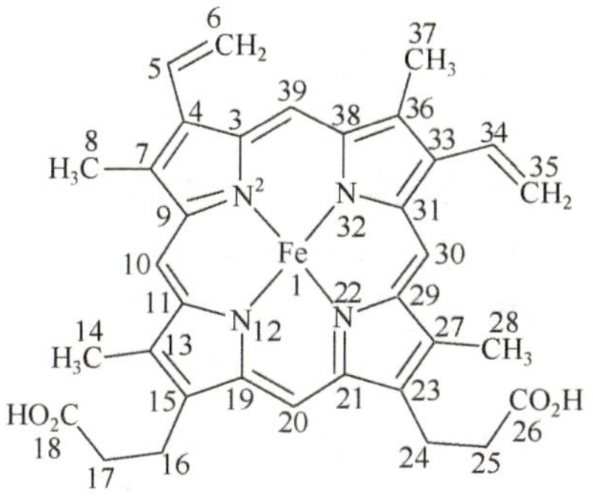
(a) 目标结构1

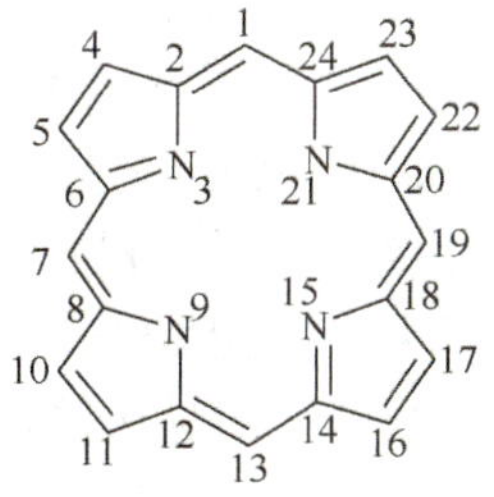
(b) 查询结构1

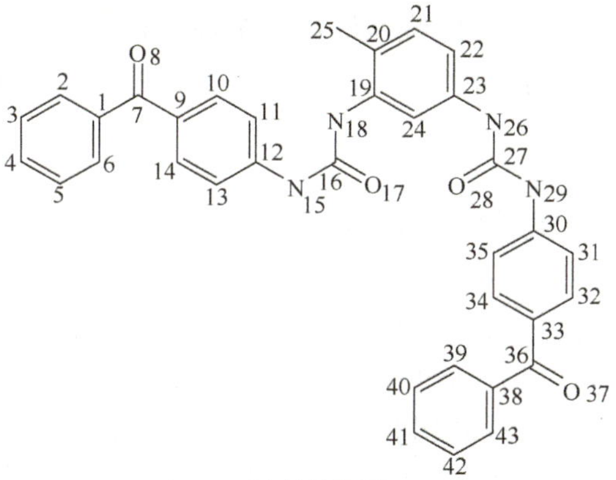
(c) 目标结构2

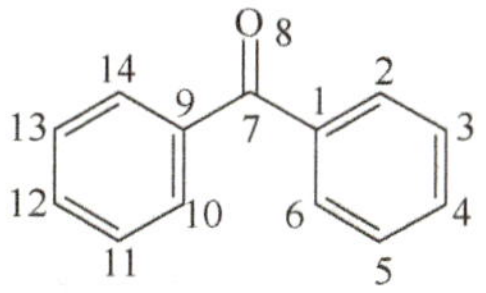
(d) 查询结构2

图 8-14　子结构匹配中的查询结构和目标结构示例

8. 分子间的相互作用研究

分子间的相互作用研究是分子模拟研究的重要内容,对分子间相互作用的作用力分析、了解受体-配体之间的作用机制以及超分子的形成机制等均具有重要意义。遗传算法与分子力学相结合可以非常方便地进行分子间相互作用的研究,即将相对位置参数(x, y, z)和相对方向参数(α, β, γ)编码为基因串,利用分子力场公式计算分子间的相互作用能量作用评价值。此方面的研究工作已非常深入,读者可以通过文献调研找到很多成功的实例。例如,许多分子对接的商业软件都是基于遗传算法发展起来的。

9. 有机和生物分子的构象分析

构象分析对了解有机和生物分子的性质具有重要意义。构象分析的实质就是寻找具有不同能量的分子构象,如何产生足够多的构象是本研究的关键问题。遗传算法从随机产生构象群体出发，逐步搜索低能量的构象，并且在搜索过程中通过基因交换和变异操作不断开发新的低能量构象。既保证了构象的多样性，又能保证能量的逐步降低。因此，遗传算法是构象分析的良好工具，目前已经有相当广泛的报道。

在实际工作中还存在许多困难，如响应平面存在许多局部极大，有时遗传算法也难以解决，许多二面角之间具有相关性，必须在考虑参数表示和基因交换方式时加以注意。

10. 原子簇和分子簇的结构优化

由于大量局部最小值的存在，分子簇、原子簇的结构优化成为计算化学中一项艰巨的任务。随着体系中分子或原子数的增长，局部最优点呈指数趋势增长，从而使结构优化问题成为一个 NP 难题。近几年，遗传算法在原子簇和分子簇的结构优化方面的报道越来越多。采用遗传算法解决结构优化问题的实质在于能量最小点的搜索，将各原子或分子坐标进行基因编码，采用分子力学的能量公式进行评价。但由于纯粹的遗传算法对原子簇的优化效率很不理想，许多文献报道了对遗传算法的各种改进。例如，有文献提出了用于优化$(Ar)_N$和$B(Ar)_N$原子簇结构的确定——随机遗传算法(DS-GA)，使用完全随机搜索的 DS-GA 可以得到最大原子个数为 20 的氩原子簇的最优结构。作者曾提出了一种改进的遗传算法(MGALM)，使用实数串编码并对基因交换和变异操作进行了改进，该算法可有效地优化 N 为 2～7 的苯分子簇体系。另一种方法是采用并行计算技术，应用并行计算机系统提高遗传算法的计算效率。最近，作者提出了一种结合智能搜索策略的并行遗传算法(IS-GA)，并采用扩展分布式遗传算法(EDGA)的并行模型将 IS-GA 并行化，成功地预测了 N 为 2～30 的 Lennard-Jones 原子簇。

8.3 模拟退火算法

模拟退火算法(simulated annealing algorithm, SAA)是一种适合解决大规模组合优化问题，特别是 NP 完全类问题的通用有效近似算法。与以往的近似算法相比，它具有描述简单、使用灵活、运用广泛、运行效率高和较少受初始条件限制等优点，而且特别适合并行计算。模拟退火算法的特点可概括为高效、健壮、通用、灵活。与局部搜索算法相比，模拟退火算法可望在较短时间里求得更优近似解。模拟退火算法与遗传算法一样，采用随机的初始解为起点，因此大大降低了求解组合优化问题的前期工作量。模拟退火算法的解和 CPU 时间均随问题规模的增大而趋于稳定，且不受初始解和随机数序列的影响，其性能不因问题的不同而蜕变。模拟退火算法可用于多种组合优化问题，为一个问题编制的程序可以有效地用于其他问题。模拟退火算法解的质量与 CPU 时间呈反向关系，针对不同的实例以及不同的解质要求，适当调整控制参数值可使算法获得最佳效果。由于模拟退火算法的以上特性，已被广泛应用于组合优化、连续优化和非线性优化等问题中，并已取得了很好的结果。

8.3.1 固体退火与模拟退火算法

模拟退火算法源于对固体退火过程的模拟，采用 Metropolis 准则，并用一组称为冷却进度表的参数控制算法的进程，使算法在多项式时间里可给出一个近似最优解。

1. 固体的退火过程

固体退火是先将固体加热至熔化，再徐徐冷却使之凝固成规整晶体的热力学过程，属于热力学与统计物理研究的范畴。热力学研究宏观量之间的联系以及宏观量的变化规律;而统计物理学要解决的是同一宏观状态的系统,处于某微观状态或某微观状态附近的概率是多少。

在加热固体时,固体粒子的热运动不断增强,随着温度的升高,粒子与其平衡位置的偏离越来越大。当温度升至熔化温度后,固体的规则性被彻底破坏,固体熔化为液体,粒子排列从较有序的结晶态转变为无序的液态,这个过程称为熔化。熔化过程的目的是消除系统中原先可能存在的非均匀状态,使随后进行的冷却过程以某一平衡态为始点。熔化过程与系统的熵增过程相联系,系统能量也随温度升高而增大。

冷却时,液体粒子的热运动逐渐减弱,随着温度徐徐降低,粒子运动渐趋有序。当温度降至结晶温度后,粒子运动变为晶体格点的微小振动,液体凝固成固体的晶态,这个过程称为退火。退火过程之所以必须徐徐进行,是为了使系统在每一温度下都达到平衡态,最终达到固体的基态。退火过程中系统的熵值不断减小,系统能量也随着温度降低趋于最小值。冷却时,若急剧降低温度,则将引起淬火效应,即固体只能冷却为非均匀的亚稳态,系统能量也不会达到最小值。

退火过程中系统在每一温度下达到平衡态的过程遵循应用于热平衡封闭系统的热力学定律——自由能减小定律,即系统状态的自发变化总是朝着自由能减小的方向进行,当自由能达到最小时,系统达到平衡。系统自由能变化为 $\Delta F=\Delta E-T\Delta S$,应有 $\Delta F<0$,显然,能量减少($\Delta E<0$)与熵增加($\Delta S>0$)有利于自发变化。因此任一恒定温度下,系统状态从非平衡态自发变化到平衡态,都是能量和熵竞争的结果,温度决定着这两个因素的相对权重。在高温下,熵占统治地位,有利于变化的方向就是熵增加的方向,因而显示出粒子的无序状态;而低温对应于低熵,低温下能量占优势,能量减小的方向有利于自发变化,因而得到有序(低熵)和低能的晶体结构。

系统平衡时,宏观状态已经确定,但组成系统的粒子的动力学状态却在不断变化,即系统的微观状态不断变化。根据统计物理学原理,对于某确定的宏观状态系统来说,处于某微观状态或其附近的概率分布为

$$P_i=\frac{1}{Z}\exp\left(\frac{-E_i}{kT}\right) \tag{8-28}$$

式中,$\exp\left(\frac{-E_i}{kT}\right)$称为玻耳兹曼因子;$T$ 为热力学温度;k 为玻耳兹曼常量。

式(8-28)的分布称为吉布斯正则分布。这种分布给出温度 T 时固体处于能量为 E_i 的微观态 i 的概率。显然,固体处于能量较低的微观态的概率大。在温度降低时,那些能量相对较低的微观态最有可能出现。当温度趋于零时,固体只能处于能量为最小值的基态上。

2. Metropolis 准则

1953 年,Metropolis 等提出了重要性采样法,用于模拟固体在恒定温度下达到热平衡的过程。其基本思想是从物理系统倾向于能量较低的状态,而热运动又妨碍它准确落入最低态的基本思想出发,采样时着重取那些具有重要贡献的状态,则可以较快地达到较好的结果。他们用下述方法产生固体状态序列:

先给定以粒子相对位置表征的初始状态 i 作为固体的当前状态,该状态的能量是 E_i。然后用摄动装置使随机选取的某个粒子的位移随机地产生一个微小变化,得到一个新状态 j,新状态的能量是 E_j。如果 $E_j<E_i$,则该新状态就作为重要状态。如果 $E_j>E_i$,则考虑到热运动

的影响，该新状态是否为重要状态，要依据固体处于该状态的概率来判断。由式(8-28)可知，固体处于状态 i 和 j 的概率的比值等于相应玻耳兹曼因子的比值，即

$$r=\exp\left(\frac{E_i-E_j}{kT}\right) \tag{8-29}$$

因此，$r\in[0,1]$越大，新状态 j 是重要状态的概率就越大。若新状态 j 是重要状态，就以 j 取代 i 成为当前状态，否则仍以 i 为当前状态。再重复以上新状态的产生过程。在大量迁移(固体状态的变换称为迁移)后，系统趋于能量较低的平衡状态，固体状态的概率分布趋于式(8-28)的吉布斯正则分布。

由式(8-29)可知，高温下可接受与当前状态能差较大的新状态为重要状态，而在低温下只能接受与当前状态能差较小的新状态为重要状态。这与不同温度下热运动的影响完全一致。在温度趋于零时，不接受任何 $E_j>E_i$ 的新状态。

上述接受新状态的准则称为 Metropolis 准则，相应的算法称为 Metropolis 算法。这种算法的计算量显著减小。

3. 模拟退火算法的提出

1982 年，Kirkpatrick 等受固体退火过程研究的启示，首先意识到固体退火过程与组合优化问题之间的类似性，并把 Metropolis 准则引入优化过程中，发展了基于 Metropolis 算法进行迭代的组合优化算法。该算法以随机产生的初始解为起点，采用 Metropolis 准则确定是否接受随机产生的新解，并采用温度作为整个进程的主要控制参数。

由于这种算法模拟了固体的退火过程，因此称为模拟退火算法。模拟退火算法一经提出，不仅在组合优化问题，而且在连续和非线性优化问题中均取得了较大的成功。

8.3.2 基本过程

设优化问题的一个解 i 及其目标函数 $f(i)$分别与固体的一个微观状态 i 及其能量 E_i 等价，令随算法进程递减的控制参数 t 与固体退火过程中的温度 T 相对应，则对于控制参数 t 的每一步取值，算法持续进行“产生新解—判断—接受/舍弃”的迭代过程就对应着固体在某一恒定温度下趋于热平衡的过程，也就是执行了一次 Metropolis 算法。与 Metropolis 算法从某初始状态出发通过计算系统的时间演化过程求出系统最终达到的状态相似，模拟退火算法从某个初始解出发经过大量解的变换后可以求出给定控制参数值时优化问题的相对最优解。然后减小控制参数 t 的值，重复执行 Metropolis 算法，就可以在控制参数 t 趋于零时，最终求得优化问题的整体最优解。固体退火必须徐徐降温才能使固体在每一温度下都达到热平衡，最终趋于能量最小的基态，控制参数的值也必须缓慢衰减，才能确保模拟退火算法最终趋于问题的整体最优解。

模拟退火算法用 Metropolis 算法产生优化问题解的序列，并由与 Metropolis 准则对应的转移概率 P_t

$$P_t=\begin{cases}1 & \text{当 } f(j)\leqslant f(i)\\ \exp\left[\dfrac{f(i)-f(j)}{t}\right] & \text{否则}\end{cases} \tag{8-30}$$

确定是否接受从当前解 i 到新解 j 的转移。式(8-30)中的 $t\in\mathbf{R}^+$ 表示控制参数。开始让 t 取较大的值(与固体的熔化温度相对应)，在进行足够多的转移后，缓慢减小 t 的值(与徐徐降温

相对应），如此重复，直至满足某个停止准则时算法终止。因此，模拟退火算法可视为递减控制参数时 Metropolis 算法的迭代，计算过程可用图 8-15 表示。

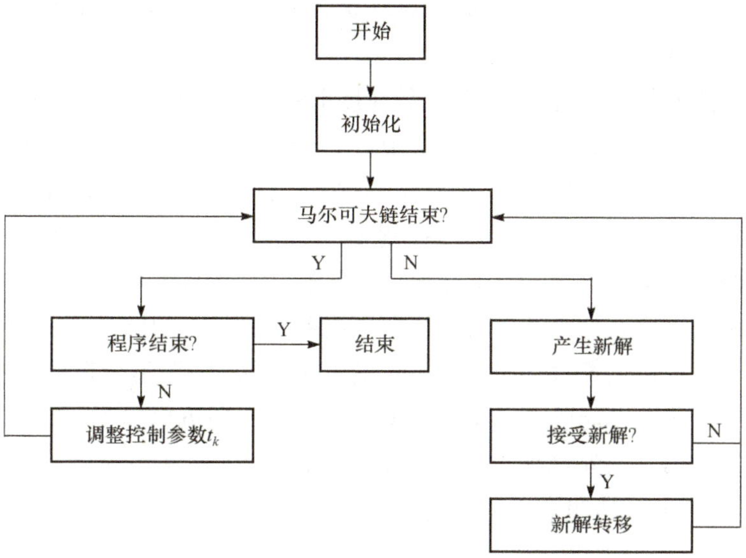

图 8-15　模拟退火算法的基本过程

1. 初始化

模拟退火算法的第一步是初始化，主要包括初始温度 t_0 的确定和初始解的随机产生。由于模拟退火一般采用实数向量表示问题的参数，本步骤的唯一任务就是随机产生问题的实数解。具体方法是在对应的各参数范围（[LB，UB]）内产生随机数。

2. 产生新解与转移

新解的产生有不同的策略，最简单的方法是采用初始解的产生办法，但这种方法效率太低。一般采用的方法是以当前解为基础产生新解，即

$$\begin{aligned} x_j &= x_i + \Delta x \\ \Delta x &= y \cdot (UB - LB) \end{aligned} \tag{8-31}$$

式中，y 为零两侧对称分布的随机数，随机数的分布由概率密度函数 $g(x)$ 决定。在这种方法中 y 的范围也可随控制参数 t 的降低逐渐减小。

新解产生后，首先要计算其评价值并与当前解的评价值进行比较，按照 Metropolis 准则判断是否接受为当前解。对 t 为 $t_k(k=0,1,2,\cdots)$ 时进行的所有迭代过程称为一个马尔可夫（Марков）链，一般采用 L_k 表示第 k 次迭代时马尔可夫链的长度（变换次数）。

模拟退火依据 Metropolis 准则接受新解，因此除接受优化解外，还在一个限定范围内接受恶化解，这正是模拟退火算法与局部搜索算法的本质区别所在。在开始时 t 值大，可能接受较差的恶化解；随着 t 值的减小，只能接受较好的恶化解；最后在 t 值趋于零时，就不再接受任何恶化解了。这就使模拟退火算法既可以从局部优化的陷阱中跳出，更有可能求得优化问题的整体最优解，又不失简单性和通用性。因此对大多数问题而言，模拟退火算法要优于局部搜索算法。

3. 控制参数调整

当一个马尔可夫链结束后，首先要判断程序是否结束。如果未达到结束条件，则计算新的控制参数 t_k，即降低温度。

从模拟退火算法的基本过程可知，其收敛速度取决于参数 t_k 和 $L_k(k=0,1,2,\cdots)$的选择。因此如何合理地选取一组控制算法进程的参数，用于逼近模拟退火算法的渐近收敛状态，使算法在有限时间内返回一个近似最优解，是算法的关键。这样一组控制参数一般称为冷却进度表(cooling schedule)，它包括以下参数：①控制参数 t 的初始值 t_0；②控制参数 t 的衰减函数 $t_k=f(k)$；③控制参数 t 的终值 t_f(停止准则)；④马尔可夫链的长度 L_k。

任何有效的冷却进度表都必须妥善解决两个问题。第一个问题是算法的收敛性问题。虽然理论上已经证明模拟退火算法在一定条件下的渐近收敛性，但不合理的冷却进度表仍然会使算法在某些解间振荡而不能收敛于某一近似解。这个问题可以通过 t_k、L_k 以及停止准则的合理选取加以解决。第二个问题是模拟退火算法的效率问题。算法的效率一般用两个指标来衡量：平均情况下最终解的质量和 CPU 时间。但是，模拟退火算法最终解的质量与相应 CPU 时间呈反向关系，很难两全其美。

冷却进度表对模拟退火算法效率的影响是所有参数整体作用的结果，而随着各参数取值的不同，各因素与交互作用的影响时而上升至举足轻重，时而消减到默默无闻，因而具有动态特性。除此之外，算法效率还与其他因素有关，因此合理的冷却进度表只能有限度地改进算法性能。另外，最优冷却进度表的选取不仅依赖于丰富的实践经验，还有待于理论研究的深化。

8.3.3 模拟退火算法的发展

模拟退火算法是对固体退火过程的简单模拟，算法的思路清晰、原理简单、使用灵活，可应用于许多优化问题，特别是在一些理论方法难以解决的问题上取得了很好的效果。但是由于模拟的直接性和简单化，算法也存在一些不足。例如，t_0 值的人为确定；马尔可夫过程的“健忘性”；算法不能保证最终解是最优的；控制参数 t 值衰减到充分小时，解难以从当前的局部最优陷阱中跳离；算法采用单点迭代，难以利用整个搜索空间的信息。这些都使算法的应用及性能受到一定的局限和影响。为此人们提出了多种改进措施。

(1) 加温过程：在退火前先加温，用于生成控制参数 t 的初始值 t_0，并调整初始解，减小使用纯随机解带来的盲目性。

(2) 记忆功能：在退火过程中记住当前最优解，使模拟退火算法具有一定的智能，保证优化过程不会退化。

(3) 回火功能：在退火过程中反复增大控制参数 t 的数值，即回火，此方案的目的是解决局部优化问题。当控制参数很低时，模拟退火算法很难再跳出局部优化结果，这时如果重新提高控制参数，增加接受恶化解的概率，将有助于跳出局部优化状态。

(4) 演化策略：基于遗传算法的群体和选择的思想，通过变异和选择不断改善一个解的群体，以使算法从过去搜索的结果中得到有关整个搜索空间的一些信息来指导搜索过程。

(5) 与局部搜索算法结合：退火算法结束后对最终解再实施一次局部搜索过程，以确保最终解是局部最优的。局部搜索和全局搜索相结合是复杂问题求解的发展方向之一，许多研究表明，结合了局部搜索的随机搜索算法具有较高的效率。

(6) 并行退火算法：与遗传算法一样，并行计算技术可以帮助模拟退火算法进一步提高搜索效率。并行模拟退火算法可以大幅度地提高效率。

上述各种功能可在不同程度上提高解的质量，但解的质量与 CPU 时间仍然是一对矛盾，在解决实际问题时，最好再结合所解决的问题做进一步的改进。

8.3.4 退火演化算法

退火演化算法(annealing evolutionary algorithm, AEA)是模拟退火与遗传算法结合的产物，在模拟退火的基础上增加了群体的概念，以群体进化策略代替了单点迭代策略，但这种改进增加了搜索过程的计算量。1989 年 Ingber 发展了一种自适应模拟退火(adaptive simulated annealing, ASA)算法，其中采用一种称为特快速退火(very fast annealing, VFA)的技术，可大大提高模拟退火的速度。

以下分别对退火演化算法、特快速退火算法以及基于这两种技术发展起来的快速退火演化算法(fast annealing evolutionary algorithm, FAEA)进行简单介绍。

1. AEA

退火演化算法的计算过程可用下列伪代码进行描述：

```
initialization
while (! stop)
  for i= 1, popsize
    SA: 马尔可夫链(产生新解、Metropolis 准则)
  end
  GA: selection
    crossover
    mutation
  SA: annealing
end of while
```

首先对群体进行初始化，然后进入主循环。主循环由三部分构成，即对每个个体的模拟退火计算，遗传算法的选择、基因交换和变异操作，以及模拟退火的降温过程。

2. VFA 算法

关于 VFA 算法的详细资料可参考 Ingber 提供的网络资料(http://www.ingber.com)。VFA 算法的关键技术在于他提出了一种用于控制产生新解的随机数产生概率密度函数和控制参数 t 的衰减函数。以下为传统的 SA 算法、快速 SA 算法和特快速 SA 算法中所使用的概率密度函数和衰减函数的比较。

三种算法中所采用的概率密度函数分别为

传统的 SA 算法 $G(\Delta x)=(2\pi t)^{-D/2}\exp[-\Delta x^2/(2t)]$

快速 SA 算法 $G(\Delta x)=\dfrac{t}{(\Delta x^2+t^2)^{\frac{D+1}{2}}}$

特快速 SA 算法 $G(y)=\prod_{i=1}^{D}\dfrac{1}{2(|y|+t)\ln(1+1/t)}$

$$\Delta x=y\times(B-A)$$

式中，D 为问题的参数个数；t 为控制参数；y 为随机数；Δx 所产生的新解与当前解的偏移量；A 和 B 分别为参数的上界和下界。$D=1$ 时，三种密度函数的分布如图 8-16 所示。

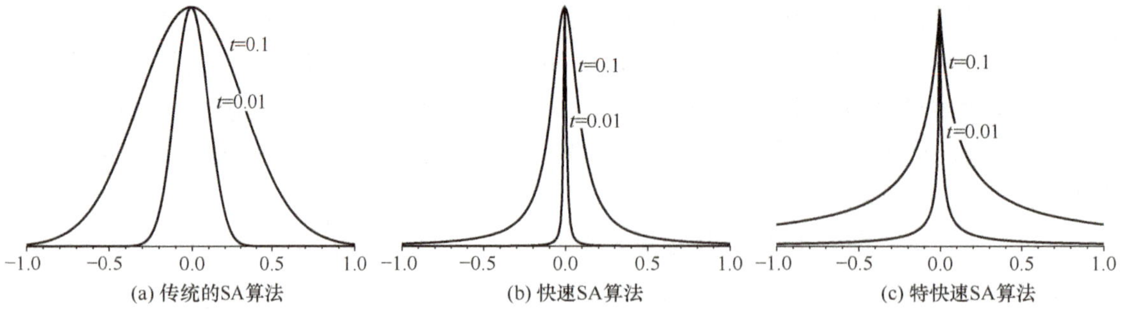

图 8-16 三种密度函数的分布

比较图 8-16 中三种密度函数的分布情况可以看出，三种概率密度函数都产生关于零对称的 Δx 分布，这保证了所产生的新解在当前解左右分布相等。从传统 SA 算法和快速 SA 算法的概率密度函数可以看出，随控制参数 t 的下降所产生的 Δx 范围逐渐缩小，快速 SA 算法比传统 SA 算法的分布随 t 的变化更快。这个性质表明，控制参数高时，新解在较大范围内产生，而随着控制参数的逐渐降低，产生的新解也越来越靠近当前解，这就保证了模拟退火算法的逐步收敛，但新解的产生范围收缩太快时会导致局部优化现象的出现。特快速 SA 算法所使用的概率密度函数比较特殊，随着控制参数的降低，较小 Δx 的产生概率逐步增加，较大 Δx 的产生概率逐步减小，但 Δx 的产生范围始终没有变化，即较大 Δx 的产生概率始终不会为零。这就保证了该方法既具有传统 SA 算法的收敛性质，又不会导致局部优化现象的发生。

三种算法中所采用的控制参数 t 的衰减函数分别为

传统的 SA 算法 $t(k)=\dfrac{t_0}{\ln(k)}$

快速 SA 算法 $t(k)=\dfrac{t_0}{k}$

特快速 SA 算法 $t(k)=t_0\exp(-ck^{\frac{1}{D}})$

$$c=m\exp\left(\frac{-n}{D}\right)$$

式中，k 为步长；t_k 为第 k 步时的控制参数值；t_0 为初始温度；D 为问题的参数个数；m 和 n 为控制衰减速度的常数，可根据需要调节。$D=1$ 时，三种衰减函数对应的图形如图 8-17 所示，可以看出，三种衰减函数的衰减速度依次增加。

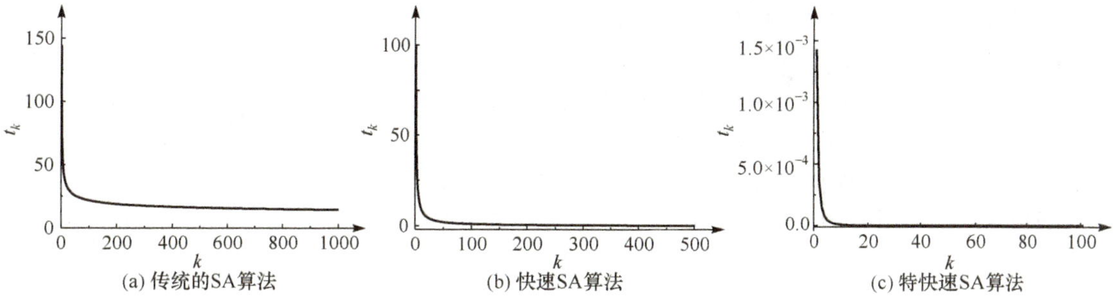

图 8-17　三种衰减函数的分布

3. FAEA

将退火演化算法的基本过程与 VFA 技术相结合，可以建立快速退火演化算法(FAEA)，其算法框图如图 8-18 所示，图中 ps 为群体大小，ns 为马尔可夫链长度。

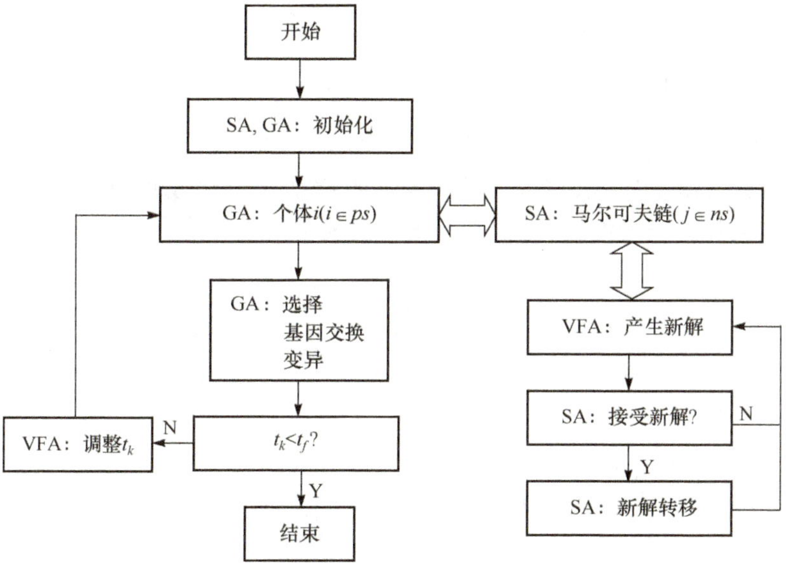

图 8-18　快速退火演化算法的程序框图

快速退火演化算法主要包括遗传算法的初始化、选择、基因交换、变异以及模拟退火的产生新解、接受新解、新解转移和控制参数调整等步骤，其中遗传算法的个体评价计算在模拟退火的马尔可夫链中完成。

值得注意的是，模拟退火过程使每个个体都具有较好的评价值，在很多情况下遗传算法的选择、基因交换和变异三个步骤对整个算法的贡献并不显著。为了节约计算时间，可省略这三个步骤。

为了比较快速退火演化算法的计算效率，本书作者曾采用下列函数的极值求解问题：

函数 1　Hartman's function

$$-\sum_{i=1}^{4} c_i \exp\left[-\sum_{j=1}^{n} a_{ij}(x_j - p_{ij})^2\right] \qquad 0 \leqslant x_j \leqslant 1$$

$n=3$ 时的全局极小值为 3.8627，$n=6$ 时为 -3.3223。

函数 2　Rastrigin's function

$$nA + \sum_{i=1}^{n}\left[x_i^2 - A\cos(2\pi x_i)\right] \qquad A = 8,\ -5.12 \leqslant x_i \leqslant 5.12$$

$n=2$ 时有 50 多个局部极小值，全局极小值为 0，位于 $x_i=0$。

函数 3　Goldstein-Price's function

$$[1+(x_1+x_2+1)^2(19-14x_1+3x_1^2-14x_2+6x_1x_2+3x_2^2)]$$
$$\times[30+(2x_1-3x_2)^2(18-32x_1+12x_1^2+48x_2-36x_1x_2+27x_2^2)]$$

其中 $-2\leqslant x_i\leqslant 2$，全局极小值为 3，位于 $x_1=0, x_2=-1$。

函数 4　Camelback's function

$$4x_1^2-2.1x_1^4+\frac{1}{3}x_1^6+x_1x_2-4x_2^2+4x_2^4$$

其中 $-5\leqslant x_i\leqslant 5$，全局极小值为 $-1.031\,628\,5$。

函数 5　Shubert's function

$$\left\{\sum_{i=1}^{5} i\cos[(i+1)x_1+i]\right\}\left\{\sum_{i=1}^{5} i\cos[(i+1)x_2+i]\right\}$$

其中 $-10\leqslant x_i\leqslant 10$，全局极小值为 -186.7309。

函数 6　Branin's function

$$\left(\frac{5x_1}{\pi}-\frac{5.1x_1^2}{4\pi^2}+x_2-6\right)^2+\left(10-\frac{10}{8\pi}\right)\cos x_1+10$$

其中 $-5\leqslant x_1\leqslant 10, 0\leqslant x_2\leqslant 15$，全局极小值为 $5/(4\pi)$。

结果与其他算法做了比较，见表 8-2。表中的数据为求解成功所需要的函数评价次数，FAEA 为 100 次运算的平均值，其他数据分别来自表后的参考文献。

表 8-2　函数极小值求解结果的比较

函数，维数	PRS	SA1	SA2	EA	IA	TUN	TS	MGA	FAEA
F1，$n=3$	5 280	3 416	1 459	3 416			508		488
F1，$n=6$	18 090	3 975	4 648				2 845		2 229
F2，$n=2$	5 964			2 048			540		544
F3，$n=2$	5 125	5 439	563	460			486		490
F4，$n=2$		10 822			326	1 469			303
F5，$n=2$	6 700	241 215	780		7 424	12 160	727	7 200	446
F6，$n=2$	4 850	2 700	505	430	1 354		492		394

注：PRS——pure random search①,②；SA1——simulated annealing based on stochastic differential equations②,③；SA2——simulated annealing②,③；EA——evolution algorithm④,⑤；IA——interval arithmetic technique⑤,⑥；TUN——tunneling method⑤,⑦；TS——taboo search②；MGA——modified genetic algorithm⑧；FAEA——fast annealing evolutionary algorithm⑨。

① Andressen R S. in Optimization. St. Lucia: Univ. Queensland Press, 1972.

② Cvijovic D, Klinowski J. Science, 1995, 267: 664.

③ Dekkers A, Aarts E. Math Program, 1991, 50: 367.

④ Yong L, Lishan K, Evans D J. Parallel Comput, 1995, 21: 389.

⑤ Barhen J, Protopopescu V, Reister D. Science, 1997, 276: 1094.

⑥ Ratschek H, Rokne J. New Computer Methods for Global Optimization. Chichester: Ellis Horwood, 1988.

⑦ Levy A, Montalvo A. SIAM J Sci Stat Comput, 1985, 6: 15.

⑧ Cai W S, Yu F, Shao X G, et al. Chin J Chem, 2000, 18: 475.

⑨ Cai W S, Shao X G. J Comput Chem, 2002, 23: 427.

在 FAEA 的优化中采用了 $|f-f_{min}|<10^{-6}$ 为停止判据，其他参数为：$ps\leqslant2$，$ns\leqslant8$，$t_0=1.0$，$m=90$，$n=9.5$。通过表中的数据比较可知，FAEA 与其他随机算法相比具有较明显的优越性。

8.3.5 应用举例

模拟退火算法与遗传算法均属于模拟进化方法或进化计算方法，并且都适合解决优化问题，因此模拟退火的应用与遗传算法基本相似，能用遗传算法解决的问题基本都可以采用模拟退火算法来解决，这里不再一一举例，请读者查阅有关参考文献。以下为 AEA 和 FAEA 的 3 个应用实例。

1. 退火演化算法用于 EXAFS 的谱图解析

在 8.2.4 小节中曾介绍了如何用遗传算法进行 EXAFS 谱图的解析，其实质是利用优化算法对式(8-27)中的 r_j、N_j、σ_j、λ 和 ΔE_0 等 5 个参数进行拟合。采用退火演化算法对 EXAFS 谱图进行解析的原理与遗传算法基本相同，也可以得到理想的拟合结果。

图 8-19 和图 8-20 中的实线为通过数据预处理得到的两个样品的 EXAFS 信号。采用退火演化算法通过拟合求解上述 5 个参数时，首先要考虑的问题是如何进行基因的编码，然后采用退火演化算法进行优化。由于 5 个参数均为实数类型，因此可以采用二进制数编码，也可以直接采用实数编码。评价函数可以采用实验值和拟合值差值的平方和。

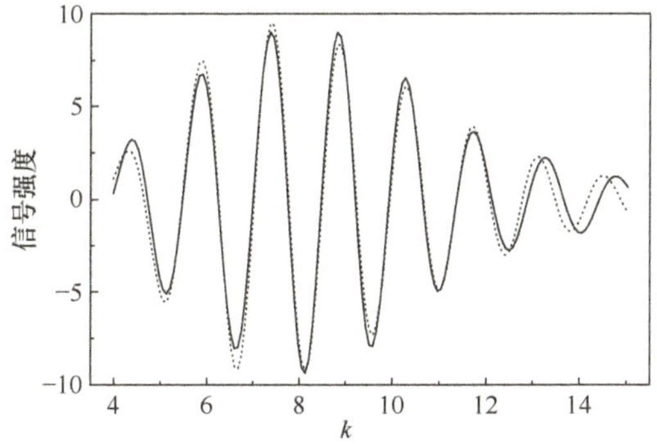

图 8-19　样品Ⅰ实验信号与拟合结果的比较

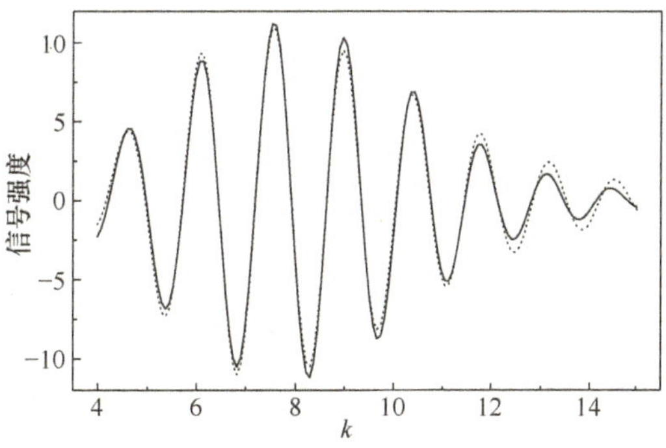

图 8-20　样品Ⅱ实验信号和拟合结果的比较

图 8-19 和图 8-20 中的虚线为拟合所得到的曲线，最优评价值分别为 0.005 和 0.002，远优于商品软件得到的结果(3.293 和 0.089)。

2. 快速退火演化算法用于取代 β-环糊精与氨基酸的手性识别研究

环糊精能与很多客体小分子形成包结物，研究环糊精及其衍生物对小分子的识别作用对进一步理解生物体系的非键相互作用具有重要意义。结合分子力学对能量进行评价，可以方便地利用 FAEA 对环糊精与氨基酸所形成的包结物进行结构优化，从而得到环糊精与氨基酸的相互作用能，包括范德华相互作用和静电相互作用。算法中可以采用实数编码的基因串对氨基酸分子与环糊精的相对位置参数($x, y, z, \alpha, \beta, \gamma$)进行表示,采用分子力场公式进行能量计算,如CFF91力场

$$E_{\text{inter}} = E_{\text{VDW}} + E_{\text{elec}} = \sum_{i,j} \frac{A_{ij}}{r_{ij}^9} - \sum_{i,j} \frac{B_{ij}}{r_{ij}^6} + \sum_{i,j} \frac{q_i q_j}{\varepsilon r_{ij}} \tag{8-32}$$

表8-3为采用FAEA对上述取代环糊精和氨基酸衍生物进行结构优化得到的结果,表中各项依次为主体分子(host)、客体分子(guest)、范德华相互作用能E_{VDW}、静电相互作用能E_{elec}、总相互作用能E_{inter}、实验得到包结物的稳定常数的自然对数值$\ln K$(obs)、实验得到S型、R型客体分子分别与环糊精形成包结物的自由能的差值$\Delta\Delta G$(obs)以及S型、R型客体分子分别与环糊精形成包结物的总相互作用能的差值$\Delta E_{\text{inter}} = (E_{\text{inter}})_S - (E_{\text{inter}})_R$。

表8-3 环糊精与氨基酸衍生物的相互作用能分析及$\ln K$(obs)、$\Delta\Delta G$(obs)的实验值

主体分子	客体分子	E_{VDW}^{a}	E_{elec}^{a}	E_{inter}^{a}	$\ln K$(obs)	$\Delta\Delta G$(obs)[b]	$\Delta E_{\text{inter}}^{a}$
全-NH_3^+-β-CD	(S)-AcTrp	−18.60	−45.02	−63.62	7.74	−1.21	−6.81
	(R)-AcTrp	−17.59	−39.23	−56.81	7.26		
	(S)-AcPhe	−6.20	−56.34	−62.54	7.69	−0.21	−4.69
	(R)-AcPhe	−11.76	−46.09	−57.85	7.60		
	(S)-AcLeu	−7.72	−58.25	−65.97	7.82	−0.10	−3.91
	(R)-AcLeu	−7.17	−54.89	−62.06	7.77		
	(S)-AcVal	−9.80	−51.54	−61.35	7.64	−1.16	−5.73
	(R)-AcVal	−12.64	−42.98	−55.62	7.18		
单-NH_3^+-β-CD	(S)-AcTrp	−22.25	−15.91	−38.16	4.60	−1.08	−2.02
	(R)-AcTrp	−23.18	−12.95	−36.14	4.16		
	(S)-AcPhe	−21.44	−14.00	−35.43	4.20	−0.49	−1.03
	(R)-AcPhe	−20.42	−13.97	−34.40	4.01		
	(S)-AcLeu	−25.34	−10.57	−35.91	4.06	−0.37	−3.24
	(R)-AcLeu	−22.64	−10.03	−32.67	3.91		
全-CO_2-β-CD	(S)-TrpME	−7.89	−29.84	−37.73	5.94	0.92	2.90
	(R)-TrpME	−7.66	−32.97	−40.63	6.31		
	(S)-PheME	−13.63	−33.53	−47.16	7.33	0.08	0.61
	(R)-PheME	−14.43	−33.34	−47.77	7.36		
	(S)-PGlyME	−7.38	−24.44	−31.82	5.56	0.18	2.70
	(R)-PGlyME	−10.61	−23.91	−34.52	5.63		

a. 单位为kcal/mol;b. 单位为kJ/mol。

首先,可以利用表8-3进行包结物形成的主要驱动力分析。分别分析每一类主体分

子与客体分子之间形成包结物的稳定性与能量之间的关系，即将表 8-3 中三类主体分子的 $\ln K(\mathrm{obs})$ 对 $-E_{\mathrm{inter}}$ 进行线性回归，所得到回归方程的相关系数分别为 0.906、0.903 和 0.986。尽管样本数比较少，但从相关系数上可以大致看出它们之间的相关性的趋势。从每一个能量分项也能看出对于全-NH_3^+-β-环糊精，静电相互作用的贡献要远远地大于范德华相互作用。在 R 型与 S 型异构体之间，静电相互作用的变化趋势与稳定常数的变化趋势一致。带负电荷的全-$SCH_2CO_2^-$-β-环糊精与带正电荷的氨基酸衍生物之间形成的包结物也是如此。对于单取代的单-NH_3^+-β-环糊精与氨基酸衍生物之间形成的包结物来说，范德华相互作用的贡献都比静电相互作用的贡献大。但变化趋势也是静电相互作用与包结物稳定常数的变化一致。因此，可以认为静电相互作用和范德华相互作用是包结物形成的主要作用力，对于 R/S 型手性异构体识别，静电相互作用比范德华相互作用重要。

另外，比较 S 型与 R 型的相互作用能之差 $\Delta E_{\mathrm{inter}}$ 与相应的实验结合自由能之差 $\Delta\Delta G(\mathrm{obs})$，可以看出各组异构体之间的优化能量差与两者实验的结合自由能差的趋势也基本一致。因此从对映体的优化能量上进行分析，可以发现取代 β-环糊精对氨基酸衍生物的手性识别能力，并且与实验结果一致。

3. 并行快速退火演化算法用于 $(C_{60})_N$ 分子簇的结构优化

在分子簇和原子簇的结构优化中，局部最优点随体系中分子或原子数的增长呈指数趋势增长，因此分子簇和原子簇的结构优化是计算化学中富有挑战性的研究课题。作为一种有效的优化算法，FAEA 可用于此类问题的解决，但当分子数或原子数增加时，FAEA 也显得无能为力。并行计算是提高算法效率和加快计算速度的有效途径，可以将 FAEA 并行化，用于分子数或原子数较大的团簇结构优化。

可以采用实数编码的基因串对每个分子或原子的相对位置参数 (x, y, z) 进行表示，采用相应的势能函数计算体系的势能，对原子簇或分子簇的结构进行优化。例如，$(C_{60})_N$ 分子簇的结构优化一般采用下列公式(Girifalco potential)：

$$E = -\alpha\sum_{i<j}\left[\frac{1}{s_{ij}(s_{ij}-1)^3}+\frac{1}{s_{ij}(s_{ij}+1)^3}-\frac{2}{s_{ij}^4}\right] + \beta\left[\frac{1}{s_{ij}(s_{ij}-1)^9}+\frac{1}{s_{ij}(s_{ij}+1)^9}-\frac{2}{s_{ij}^{10}}\right] \tag{8-33}$$

式中，$s_{ij}=r_{ij}/2a$，r_{ij} 为半径为 a 的两个分子 i 和 j 之间的距离；α 取值为 3.55Å；$\alpha=N^2A/12(2\alpha)^6$，$\beta=N^2B/90(2\alpha)^{12}$，$A$ 和 B 分别为吸引和排斥系数，分别取值为 32.00×10^{-60} erg · cm^6 和 55.77×10^{-105} erg · cm^6。能量单位为势能阱深 ε。

表 8-4 给出 N 为 2～80 的 $(C_{60})_N$ 分子簇的优化结果及优化成功率。表中的优化结果(最低能量)与文献报道①的结果基本一致，但 $(C_{60})_{30}$ 和 $(C_{60})_{62}$ 的最低能量分别为 −111.012 528ε 和 −265.932 278ε，比文献报道的结果(−110.966 065ε 和 −265.900 155ε)更低。

① Maheshwary S, Patel N, Sathyamurthy N, et al. Structure and stability of water clusters $(H_2O)_n$, n=8-20: An *ab initio* investigation. J Phys Chem A, 2001, 105: 10525.

表 8-4 PFAEA 对 N 为 2～80 的$(C_{60})_N$分子簇的优化结果

N	E/ε	seed[a]	succ/runs[b]	N	E/ε	seed[a]	succ/runs[b]
2	−1.000 000	0	10/10	39	−154.739 660	0	2/10
3	−3.000 000	0	10/10	40	−158.908 268	0	2/10
4	−6.000 000	0	10/10	41	−163.306 893	0	2/10
5	−9.022 451	0	10/10	42	−167.547 058	0	1/10
6	−12.196 652	0	10/10	43	−172.720 570	0	6/10
7	−16.004 326	0	10/10	44	−176.981 635	0	6/10
8	−19.069 159	0	10/10	45	−182.237 703	0	1/10
9	−22.914 625	0	10/10	46	−186.579 558	0	1/20
10	−26.536 772	0	10/10	47	−191.674 582	1	6/10
11	−30.190 531	0	10/10	48	−197.429 648	0	2/20
12	−34.084 353	0	10/10	49	−201.673 203	1	10/10
13	−38.194 221	0	10/10	50	−207.666 801	1	6/10
14	−41.963 265	0	10/10	51	−211.938 655	1	10/10
15	−46.120 817	0	10/10	52	−217.206 352	1	10/10
16	−50.279 082	0	10/10	53	−221.478 731	1	10/10
17	−54.438 074	0	10/10	54	−226.781 548	0	1/20
18	−58.618 601	0	10/10	55	−231.073 161	0	5/10
19	−62.693 193	0	10/10	56	−236.317 455	1	10/10
20	−66.765 765	0	10/10	57	−241.567 270	1	10/10
21	−70.947 200	0	9/10	58	−246.297 439	0	1/10
22	−75.109 842	0	10/10	59	−252.345 410	0	1/20
23	−79.944 594	0	10/10	60	−256.543 824	1	10/10
24	−84.156 315	0	5/10	61	−261.619 569	0	1/20
25	−88.654 883	0	7/10	62	−265.932 278	1	8/10
26	−93.645 059	0	1/10	63	−271.277 737	0	6/20
27	−97.795 008	0	4/10	64	−277.443 881	1	10/10
28	−102.004 574	0	10/10	65	−281.765 238	1	10/10
29	−106.760 094	0	4/10	66	−286.973 545	1	10/10
30	−111.012 528	0	3/10	67	−292.190 062	1	10/10
31	−116.186 316	0	6/10	68	−296.746 678	0	1/20
32	−120.408 402	0	9/10	69	−301.729 644	1	8/10
33	−125.640 792	0	8/10	70	−307.088 921	1	6/10
34	−129.855 969	0	9/10	71	−313.263 220	1	10/10
35	−135.083 094	0	7/10	72	−317.522 134	1	10/10
36	−139.287 930	0	3/10	73	−322.780 729	1	10/10
37	−144.506 518	0	5/10	74	−328.218 732	1	10/10
38	−150.571 417	0	2/10	75	−334.395 054	1	10/10

续表

N	E/ε	seed[a]	succ/runs[b]	N	E/ε	seed[a]	succ/runs[b]
76	−338.633 075	1	10/10	79	−353.847 197	0	1/100
77	−343.876 958	1	10/10	80	−358.121 731	1	10/10
78	−348.112 405	1	10/10				

a. seed=0 或 1 分别表示随机产生初始结构和采用相似结构的种子产生初始结构；b. 成功次数和总运行次数之比。

从表 8-4 中的成功次数与总运行次数之比可以看出，对于分子数较小($N<46$)的分子簇来说，采用并行的 FAEA(PFAEA)算法还可以比较容易地得到优化结果，但随着分子数的增加，必须结合其他技术，如种子技术(采用具有相同结构类型的分子数较小的优化结果对群体进行初始化)、局部搜索技术、外层分子移动技术等。尽管如此，某些较大分子数的分子簇也难以得到较高的成功率。因此，对于原子簇和分子簇的结构优化问题仍需要做进一步的研究。

8.4 免疫算法

近年来，随着人工神经网络和遗传算法的发展，基于模拟生物体系的计算方法研究受到广泛的关注。人工神经网络基于对神经系统的模拟被广泛地应用于模式识别、参数优化等领域。遗传算法基于达尔文进化论中优胜劣汰思想，通过对群体进化过程的模拟被广泛地应用于优化、搜索等问题的解决。在化学领域中，这两种算法均发挥了重要作用。免疫算法(immune algorithm，IA)是近几年发展起来的另一种基于生物体系的模拟建立的算法。该算法基于对免疫系统中免疫过程的模拟，同时具有类似于人工神经网络的学习功能和类似于遗传算法的搜索机制，并且在免疫过程中具有信息的交流。免疫算法研究及其在信息科学、工业控制模拟、计算机科学等领域中的应用已有报道，但在化学领域中的应用则刚刚起步，只有为数很少的文献报道。

8.4.1 基本原理

免疫算法是基于免疫系统中抗体与抗原的相互作用过程而建立起来的一类计算方法。免疫作用的基本过程可简单描述如下：由抗原(病毒或病毒的碎片)的入侵开始，当抗原进入血液和淋巴系统后被 B 细胞膜中的抗体识别，然后 T 细胞接受到吞噬细胞关于抗原的信息并刺激 B 细胞的繁殖。B 细胞产生抗体并有一部分转化为记忆细胞，同时产生 T 抑制细胞调整 B 细胞的繁殖。抗体通过心脏进入血液并与抗原结合，在吞噬细胞和其他蛋白质的协同作用下杀死抗原。如果抗原仍然存在，将产生新的亲和力更强的抗体。因此，代表性的免疫算法过程可用图 8-21 描述，一般 B 细胞和抗体的含义并不像实际免疫系统中一样具有明确的区别。另外，由于免疫算法研究刚刚起步，还没有严格的定义和公认的模型，在不同领域中对免疫算法的理解也存在着一定的差异，因此凡是基于免疫系统的模拟或具有免疫系统特点的计算方法均可称为免疫算法。

免疫算法具有下列特点：

(1) 产生的抗体具有多样性。免疫系统通过细胞的分裂和分化作用产生大量的抗体抵御外来的抗原，这一机制使免疫算法在解决问题时具有全局性，有助于解决优化算法中的局部优化问题。

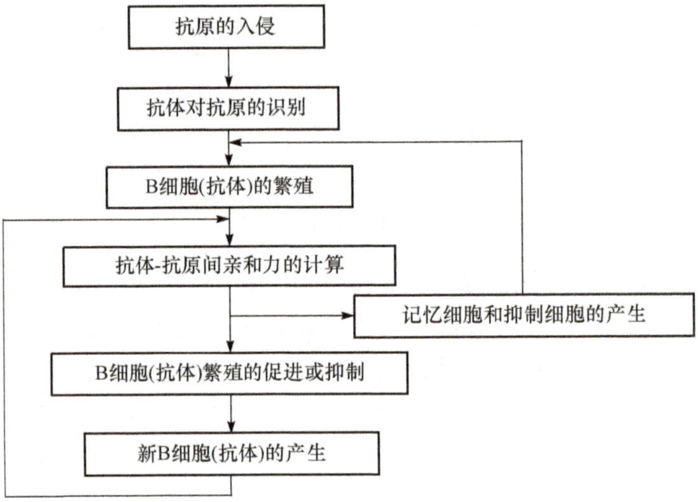

图 8-21　免疫算法的基本过程

(2) 自我调节能力。免疫系统根据目前的抗原情况和外界环境通过对抗体的促进、变异、抑制等自我调节抗体的种类和数量,这一机制有助于提高免疫算法的自适应性。

(3) 识别和信息交流能力。免疫系统中各作用单元(细胞、抗体等)之间不仅具有识别能力而且具有信息的交流,这一机制将提高免疫算法解决问题的针对性和启发性,从而也提高了免疫算法的效率和解决问题的速度。

(4) 记忆能力。免疫系统中产生抗体的部分细胞会作为记忆细胞被保存下来,这一机制不仅使免疫算法解决同一类型的问题时具有特别高的效率,而且使免疫算法具有学习功能。

8.4.2　免疫优化算法

在计算机研究领域关于免疫算法的研究已经比较广泛,但研究目的大多集中于解决各种优化问题。为了与 8.4.1 小节中介绍的免疫算法有所区别,故称为免疫优化算法(immune optimization algorithm,IOA)。在化学领域中目前还没有关于免疫优化算法研究的报道,本书作者所在的研究室也刚刚开始此方面的研究工作。本节只对免疫优化算法的一般过程以及作者所做的初步工作进行简单介绍。

图 8-22 为免疫优化算法的代表性计算过程,与图 8-21 具有高度的一致性,包括以下几个基本步骤:

(1) 抗原的入侵。在免疫优化算法中,抗原即所要解决的问题,它决定了评价过程的评价函数,而对于算法的其他步骤一般没有任何影响。

(2) 对抗原的识别。此步骤的作用是对要解决的问题进行判断,分析问题的特征,为下一个步骤提供参考信息。在某些算法中,此步骤用于检查记忆细胞库,查看是否存在解决该问题的记忆细胞。但在大部分免疫算法中,识别过程没有明确的运算。

(3) 初始抗体的产生及评价。在免疫优化算法中,抗体即问题的候选解,相当于遗传算法中的染色体,抗体的表示方式也一般采用与遗传算法相似的方式。此步骤的任务是根据对抗原的识别信息产生初始抗体群体。当没有识别信息时,一般采用随即方式产生。抗体群体产生以后立即进行评价,根据由具体问题决定的评价函数确定每个抗体对应的评价值。与遗传算法一样,在采用非实数编码时也需要一个解码过程。

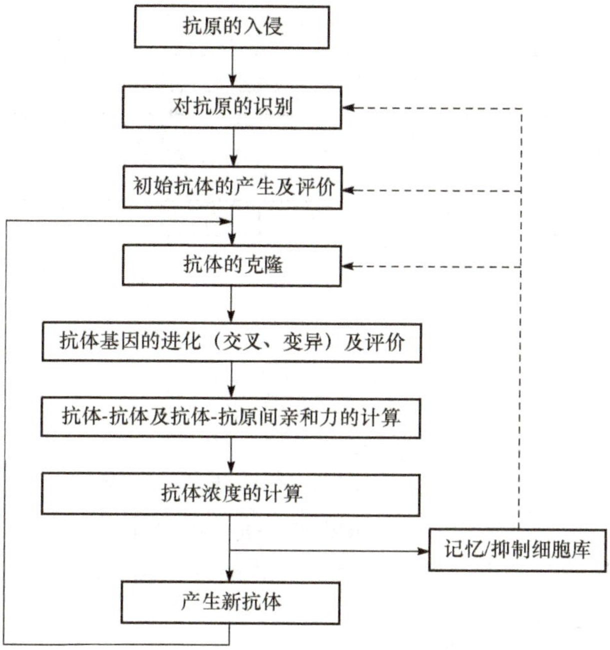

图 8-22 免疫优化算法的一般步骤

(4) 抗体的克隆。此步骤的操作是对当前抗体群体进行复制，复制的方式一般有两种，一种是根据设置的复制倍数对所有抗体进行复制，另一种则是根据当前抗体的评价值并参考记忆细胞库中的信息进行选择复制。

(5) 抗体基因的进化及评价。此步骤的操作与遗传算法完全相同，即对抗体的基因按照一定的概率进行基因交换（交叉）和变异，产生新的抗体。新的抗体产生以后，也需要进行评价，获得其评价值。值得指出的是，很多免疫优化算法没有使用该步骤或只使用了变异操作，因为交叉和变异操作对于免疫优化算法的意义并不像对遗传算法那样重要。

(6) 抗体-抗体及抗体-抗原间亲和力的计算。此步骤的主要目的是对抗体群体进行分析，对抗体群体中的每个个体进行综合评价，从而对下面的步骤产生影响。

为了计算抗体之间的亲和力，一般引入“信息熵”的概念。例如，对于如图 8-23 所示的抗体群体，有

$$H(N)=\frac{1}{M}\sum_{j=1}^{M}H_j(N) \tag{8-34}$$

$$H_j(N)=-\sum_{i=1}^{S}P_{ij}\lg P_{ij} \tag{8-35}$$

式中，$H(N)$为群体的信息熵；$H_j(N)$为第 j 位的信息熵；N 为抗体群体的大小；j 为抗体基因的序号；S 为抗体基因的状态数（可能出现的数字或符号数）；P_{ij} 为基因的第 j 位出现状态 i 的概率。可以看出，信息熵是相似性的一种量度。

抗体 v 和抗体 w 之间的亲和力定义为两者之间的形似度，一般采用式(8-36)进行计算。

$$ay_{vw}=\frac{1}{1+H(2)} \tag{8-36}$$

其中

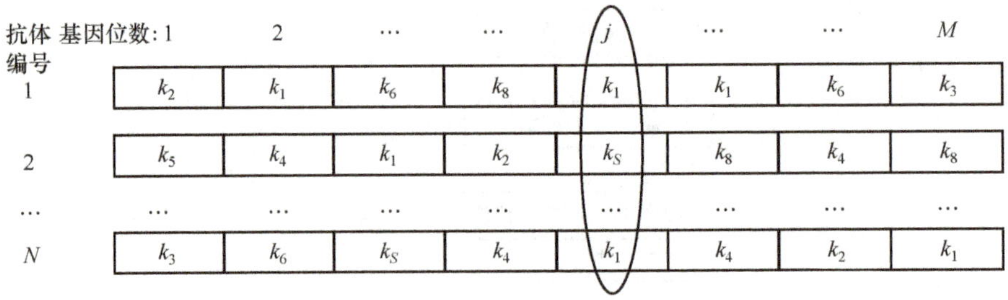

图 8-23　抗体群体的结构示例

$$H(2)=\frac{1}{M}\sum_{j=1}^{M}H_j(2) \tag{8-37}$$

显然,对于二进制编码

$$H_j(2)=\begin{cases}0 & \text{如果两个抗体第 } j \text{ 位相同}\\ 1 & \text{如果两个抗体第 } j \text{ 位不同}\end{cases} \tag{8-38}$$

抗体 v 与抗原之间的亲和力一般定义为该抗体的评价值,有时也可以加上一个与问题有关的修正项(奖励或惩罚),即

$$ax_{\mathrm{v}}=\mathrm{fitness}(\mathrm{v})+\Delta \tag{8-39}$$

(7) 抗体浓度的计算。抗体 v 的浓度定义为

$$c_{\mathrm{v}}=\sum_{w=1}^{N}ac_{\mathrm{vw}} \tag{8-40}$$

其中

$$ac_{\mathrm{vw}}=\begin{cases}0 & ay_{\mathrm{vw}}<T_{ac}\\ 1 & ay_{\mathrm{vw}}\geqslant T_{ac}\end{cases}\quad T_{ac}\text{ 为阈值} \tag{8-41}$$

(8) 产生新抗体。新抗体的产生一般是先根据上述有关参数计算每个抗体的期望繁殖率(或选择率),即

$$e_{\mathrm{v}}=\frac{ax_{\mathrm{v}}}{c_{\mathrm{v}}} \tag{8-42}$$

然后,根据期望繁殖率的大小和一定选择规则选择 N(群体大小)个抗体作为下一次迭代的父代群体。

同时,在父代群体中选择一定数量的抗体存入记忆细胞库。在某些算法中,还根据一定的判据选择一定数目的抗体存入抑制细胞库。记忆细胞库和抑制细胞库的信息将对后续的运算产生影响,如下一次迭代的克隆操作、下一次运行程序时的识别和初始群体的产生等。

值得注意的是,图 8-22 的程序流程中没有给出终止条件,一般采用达到某预置的评价值或通过控制迭代次数来控制程序的结束。

以上是免疫优化算法的一般过程,在解决不同问题时一般结合具体问题的特点进行适当的改进,有关免疫优化算法的各种改进可以通过阅读文献进行进一步了解。

本书作者根据上述免疫优化算法的一般过程建立一个计算程序,对表 8-2 中列出的函数进行了极值求解。计算中采用的抗体群体大小为 12,克隆倍数为 4,记忆库大小为 3。结果表明,与前面介绍的 FAEA 相比,该算法的局部搜索能力较差。因此,在极值求解过程中调用了 L-BFGS 进行局部搜索。表 8-5 列出了各函数求解时的函数调用次数以及与 FAEA 的比较。

表 8-5 函数极小值求解结果的比较

函数，维数	IOA	FAEA	函数，维数	IOA	FAEA
F1，$n=3$	70	488	F4，$n=2$	189	303
F1，$n=6$	287	2229	F5，$n=2$	303	446
F2，$n=2$	1564	544	F6，$n=2$	26	394
F3，$n=2$	145	490			

8.4.3 一种用于重叠信号解析的免疫算法

根据免疫算法的基本原理和基本步骤，本书作者建立了一种用于分析信号处理的免疫算法。该算法模拟免疫系统中抗体-抗原的相互作用，通过系统对抗原(输入信号)的识别、抗体(标样信号)种类和亲和力的调整以及抗体对抗原的消除等实现了分析化学中重叠信号的解析和有用信号的提取。一般认为免疫过程中只有变异过程而没有基因交换过程，因此本算法又称为免疫-遗传算法。

1. 重叠信号的解析

在分析化学中，分析信号往往是体系中各组分信号的线性组合，如色谱信号是由各组分的色谱信号而构成的，即

$$V=\sum_{i=1}^{n}V_i=\sum_{i=1}^{n}c_iV_{0i} \tag{8-43}$$

式中，V 为色谱信号；V_i 为各组分的色谱信号；V_{i0} 为各组分在单位浓度下的色谱信号；c_i 为各组分的浓度。

如果各组分的色谱不重叠，则

$$c_i=\frac{\langle V,V_{0i}\rangle}{\langle V_{0i},V_{0i}\rangle} \tag{8-44}$$

因为

$$s_{ij}=\frac{\langle V_{0j},V_{0i}\rangle}{\langle V_{0i},V_{0i}\rangle}=\begin{cases}0 & i\neq j\\ 1 & i=j\end{cases} \tag{8-45}$$

如果定义

$$T_i=\frac{V_{0i}}{\langle V_{0i},V_{0i}\rangle} \tag{8-46}$$

则

$$c_i=\langle V,T_i\rangle \tag{8-47}$$

得到 c_i 后，可以进而得到每个组成成分的信息，即

$$V_i=c_iV_{0i} \tag{8-48}$$

但是对于重叠信号，$s_{ij}\neq0$，式(8-44)和式(8-47)变为

$$c'_i=\frac{\langle V,V_{0i}\rangle}{\langle V_{0i},V_{0i}\rangle}=\langle V,T_i\rangle=\sum_{j=1}^{n}c_js_{ij}=c_i+\sum_{j=1}^{n,j\neq i}c_js_{ij} \tag{8-49}$$

由于 V_{0i} 为色谱数据，$\sum_{j=1}^{n,j\neq i}s_{ij}\neq0$，所以只有 $c_j=0$ 为式(8-49)的解，也就是说只有当重叠信号

中不存在 V_j 信号时，式(8-49)才成立。因此，如果用 $V-V_F$ 代替 V，并且对式(8-50)～式(8-52)进行迭代计算

$$V_F^{(k-1)} = \sum_{j=1}^{n} c_j^{(k)} V_{0j} \tag{8-50}$$

$$c_j^{(k)} = c_j^{(k-1)} + \mathrm{d}c_j^{(k)} \tag{8-51}$$

$$\mathrm{d}c_j^{(k)} = \langle [V - V_F^{(k-1)}], T_j \rangle \tag{8-52}$$

则当 $\mathrm{d}c_j^{(k)}$（k 为迭代次数）趋向于零时，表示 $V-V_F^{(k-1)}$ 中已不再存在有用信息。此时，$V_{Fj}=c_jV_{0j}$ 为重叠信号中第 j 个组分的信息。

2. 用于重叠信号解析的免疫算法

基于免疫算法的原理及重叠信号解析的原理，将混合信号 V 看成抗原，单组分信号 V_0 看成抗体，浓度参数 c 看成亲和力，从混合信号中扣除单组分信息看成抗体对抗原的清除，V_F 为已被清除的抗原，$V-V_F$ 为尚未被清除的抗原，对混合信号的初步分析看成抗体对抗原的识别，则将免疫算法用于重叠信号的解析，如图 8-24所示。其基本过程包括以下五个步骤：

(1) 抗原的入侵。重叠分析化学信号作为该算法的输入向量，称为抗原。

(2) 抗体对抗原的识别。根据上述重叠信号解析的原理，组分数和单组分标准信号是十分重要的参数。由于重叠信号中色谱峰的形状（峰宽、拖尾情况等）难以确定，将组分数和单组分色谱峰的大概位置作为“识别”的内容，而色谱峰的形状由相同实验条件下的标样色谱图或由数字模拟产生。目前已有不少方法用于混合体系组分数的预测，我们采用了基于小波变换的方法，由于它基于一维数据而且可以同时得到组分数(n)和色谱峰位置(t_{0i})两种信息[①]。

(3) 产生抗体群体。抗体即上述原理中的 V_{0i}，对于单组分标准色谱图，抗体的个数等于组分数 n。抗体群体的产生可采用两种方法：①根据一定浓度的标样谱图确定抗体谱图的形状，以 $t_{0i}\pm\Delta t$ 为色谱峰的位置（Δt 为随机数）产生抗体群体，抗体群体的基因由二进制编码的 Δt 构成；②用高斯公式（Gaussian equation）[②]或 EMG 方程（exponentially modified Gaussian equation）[③]等理论公式模拟抗体谱图的形状，以衰减常数为 τ，对称因子为 σ，并以 $t_{0i}\pm\Delta t$为色谱峰的位置产生抗体群体，抗体群体的基因由二进制编码的 τ、σ 和 Δt 构成。

(4) 免疫网络——单组分信号的提取。如图 8-24 中所示，未被消除的抗原 $V-V_F$ 作为免疫网络的输入，其中 V 为原始重叠信号，V_F 为由网络的输出反馈来的信号（已被消除的抗原，初始值为零向量）。设 $T=[T_1,T_2,\cdots,T_n]$为输入层权重，$V_0=[V_{01},V_{02},\cdots,V_{0n}]^T$ 为输出层权重，$c=[c_1,c_2,\cdots,c_n]$为亲和力常数，而 $\mathrm{d}c=[\mathrm{d}c_1,\mathrm{d}c_2,\cdots,\mathrm{d}c_n]$为亲和力的变化，并分别按式(8-53)、式(8-54)和式(8-55)计算抗体-抗原间的亲和力变化、亲和力大小以及反馈向量 V_F 进行迭代。

$$\mathrm{d}c^{(k)} = \langle [V - V_F^{(k-1)}], T \rangle \tag{8-53}$$

$$c^{(k)} = c^{(k-1)} + \mathrm{d}c^{(k)} \tag{8-54}$$

---

① Shao X G, Cai W S, Sun P Y. Determination of the component number in overlapping multicomponent chromatogram using wavelet transform. Chemom Intell Lab Syst, 1998, 43:147.

② 高斯公式：$V(t)=\sum_{j=1}^{n}c_j\exp\left[-\frac{(t-t_{0,j})^2}{2\sigma_j^2}\right]=\sum_{j=1}^{n}c_j\exp\left[-4\ln2\left(\frac{t-t_{0,j}}{W_{1/2,j}}\right)^2\right]$。

③ EMG 方程：$S(t)=\frac{A}{\tau}\exp\left(\frac{\sigma_g^2}{2\tau^2}-\frac{t-t_g}{\tau}\right)\int_{-\infty}^{Z}\frac{1}{\sqrt{2\pi}}\exp\left(\frac{-x^2}{2}\right)\mathrm{d}x$，其中 $Z=\frac{t-t_g}{\sigma_g}-\frac{\sigma_g}{\tau}$。

$$V_{\mathrm{F}}^{(k)}=\sum_{i=1}^{n}c_i^{(k)}V_{0i} \tag{8-55}$$

式中，k 为迭代次数，则当 $\mathrm{d}c^{(k)}$ 趋向于零时，$V_{\mathrm{F}}^{(k)}$ 将代表从重叠信号 V 中提取的各单一组分的信息。

(5) 抗体群体的进化。根据每一组抗体的 $V-V_{\mathrm{F}}$ 判断是否所有的抗原信息(单组分信息)正确地被完全提取（本文采用了 V 和 V_{F} 每个点差值的绝对值总和，即 $\sum|V-V_{\mathrm{F}}|$）。如果已达满意结果则停止运算，否则通过对抗体群体的基因进行“选择”、“遗传”和“变异”等遗传算法过程产生新的抗体群体。

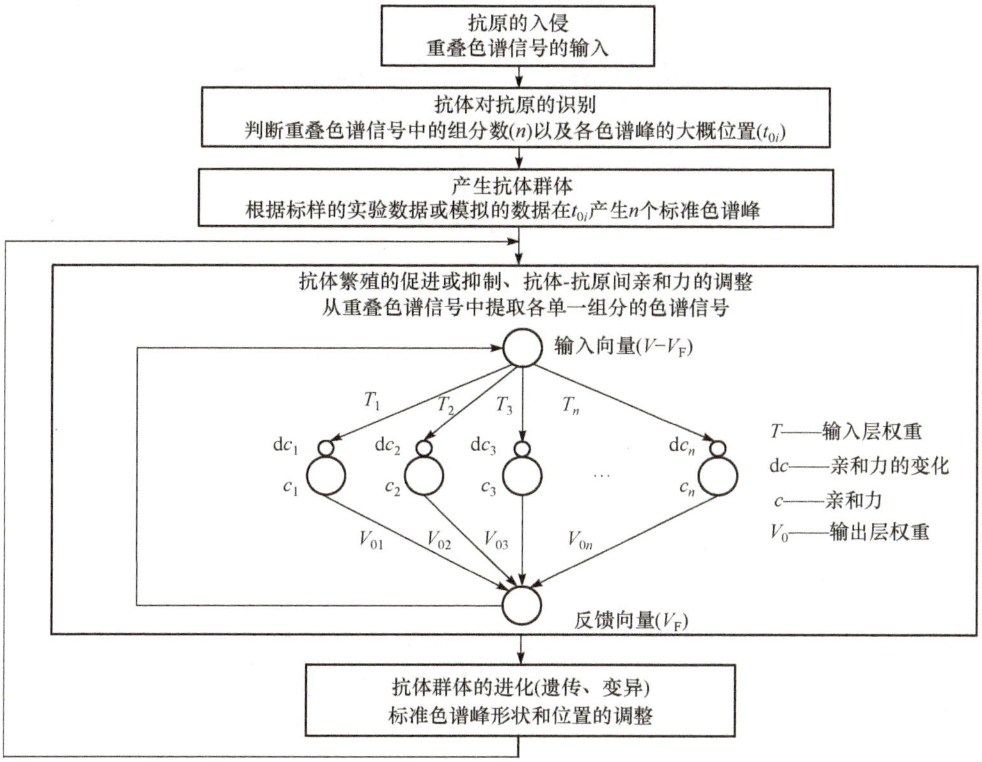

图 8-24 免疫网络的算法过程

3. 免疫算法的应用实例

1) 模拟重叠色谱数据的解析

图 8-25 中的下部实线为由 EMG 方程模拟的 6 组分重叠色谱图，每个组分的谱图具有不同的峰面积(2.0～8.0)、衰减常数(1.5～2.0)和不对称因子(1.0～2.5)，保留时间分别为 3.0min、3.8min、4.6min、5.3min、6.0min、6.6min。点划线为模拟谱图加入 3%随机白噪声后的谱图，它作为算法的输入向量。图 8-25 中的上部实线为加入的噪声。采用衰减常数 τ 为 1.0～3.0，对称因子 σ 为 1.0～3.0，Δt 为 −0.2～0.2 对输入向量进行解析。图 8-25 中下部 6 条虚线为解析得到的单组分色谱图，短点划线为 6 条虚线的加和，即反馈向量 V_{F}。由图 8-25 可知：反馈向量与模拟谱图(实线)几乎完全重合，只有在曲线的拐点处有很小的差异。图 8-25中上部虚线为提取色谱信息后剩余的误差向量 $V-V_{\mathrm{F}}$，与实线相比可以看出：在两端

的基线部分两者完全重合，只有在色谱峰对应的区间，特别是对应于曲线的拐点处具有较小的差别。

2）重叠色谱实验数据的解析

图 8-26 中的下部实线为 Lu、Yb、Tm、Er、Ho 和 Tb 6 种稀土离子的混合溶液的 RP-HPLC 色谱图(乳酸水溶液为流动相、ODS 为固定相)。样品中各组分的浓度分别为 25.0μg/mL、30.0μg/mL、15.0μg/mL、18.0μg/mL、22.0μg/mL 和 21.2μg/mL。由图 8-26 可知前五种组分的谱图重叠严重且带有较大的噪声(噪声来源于柱后显色剂的强吸收和流动相的脉动)。由图中单组分信息(虚线)、单组分信息加和(点划线)以及剩余信号(上部)可知，同样得到了满意的解析结果。

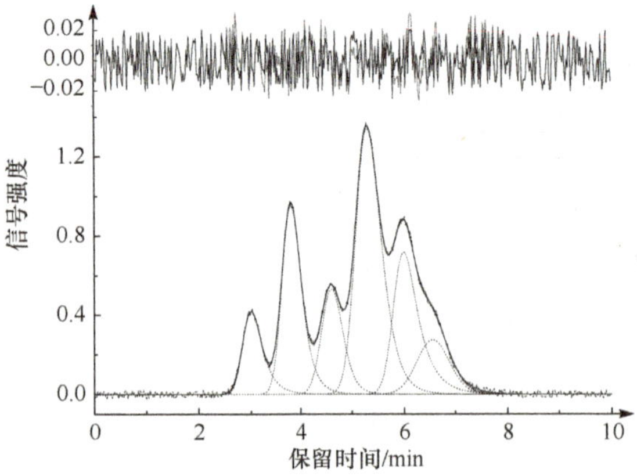

图 8-25　模拟重叠色谱数据的解析结果

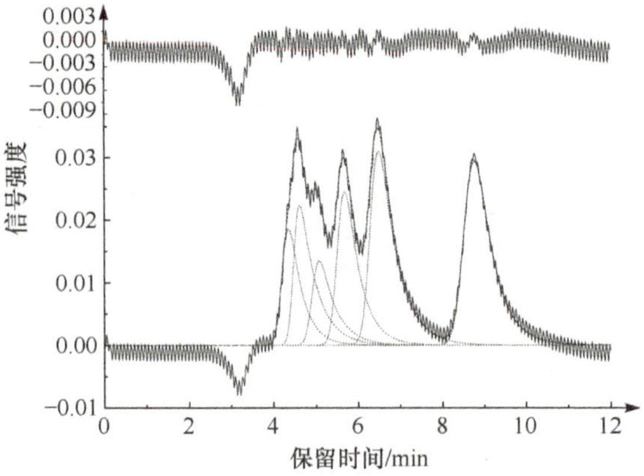

图 8-26　重叠色谱数据的解析结果

3）重叠光声光谱数据的解析

图 8-27(a)为 NdF_3、Er_2O_3 和 PrF_3 混合物的光声光谱图，图 8-27(b)、图 8-27(c)、图 8-27(d)分别为 NdF_3、Er_2O_3、PrF_3 采用标准样品的光声光谱作为抗体解析得到的结果，图 8-27(e)为解析后的剩余信号。可以看出三种化合物的信息得到了较好的提取，而剩余信号主要为噪声信号。

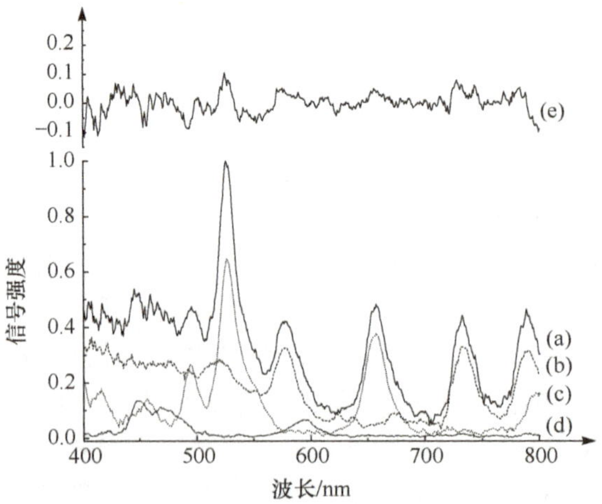

图 8-27　混合物的光声光谱及解析结果

根据相同的方法，本书作者还详细研究了免疫算法在多组分重叠核磁共振谱图解析中的应用。通过对氨基酸混合物核磁共振谱图的解析，结果表明，当混合物的组分数高达 10 时，仍能得到满意的解析结果。有关的研究内容可参考文献①以及相应的其他参考文献。

8.5 其他优化算法简介

8.5.1 蚁群算法

遗传算法(GA)、免疫算法(IA)、人工神经网络(ANN)等基于模拟生物体系的计算方法已经得到深入研究和广泛应用。近年来，社会性动物(如蚁群、蜂群等)的自组织(self-organization)行为同样吸引了人们的关注。社会性动物的特点在于个体的行为通常十分简单，但是当它们一起协同工作时，却能够显示出非常复杂的行为特征。例如，蚂蚁组成蚁群时，能完成筑巢、觅食、迁徙、清扫蚁巢等复杂行为。在这些自组织行为中，又以蚁群在觅食过程中总能找到一条从蚁巢到食物源的最短路径最为引人注目。蚁群算法(ant colony algorithm, ACA)是意大利科学家 Dorigo 等提出的一种基于社会性动物自组织行为的模拟建立的算法。该算法基于对蚁群觅食过程的模拟，不仅能够实现智能搜索、全局优化，而且具有稳健性、正反馈、分布式计算、易与其他算法结合等特点。因此，蚁群算法具有进化过程快、算法易于并行实现、不易陷入局部最优等特点，为解决复杂优化问题提供了有力工具。

蚂蚁是一种群居性昆虫，以群体的形式生活，它们的行为更多的是由群体来决定，而不是由个体来决定。一个有趣而最重要的行为就是它们的觅食行为，相互协作的一群蚂蚁很容易找到从蚁巢到食物源的最短路径，单个蚂蚁则无法做到。此外，蚁群还能够根据环境的变化对自己的行为做出调整。例如，在蚁群的运动路线上突然出现障碍物时，它们能够很快重新找到最优路径。通过研究发现，当蚂蚁在食物源和巢穴间爬行时，它们在地面上释放一种称为信息素(pheormone)的物质，在路径上形成一条信息素轨迹。蚂蚁可以闻到路径上的信息素。当它们在选择路径时，会按照概率选择信息素浓度大的路径。通过遗留在地面上的信息素轨迹，蚂蚁就可以发现觅食时的归途；同时也可以引导同伴去发现食物。随后的蚂蚁遇到信息素时，不仅能检测出该物质的存在以及量的多少，而且可根据信息素的浓度来指导自己对前进方向的选择。同时，该物质随着时间的推移会逐渐挥发，于是路径的长短以及蚂蚁的多少就对残余信息素的强度产生影响，反过来信息素的强弱又指导着其他蚂蚁的行动方向。因此，某一路径上走过的蚂蚁越多，则后来者选择该路径的概率就越大。这就构成了蚂蚁群体行为表现出的一种信息正反馈现象。蚂蚁个体之间就是通过这种信息交流实现快速搜索到食物源的目的。

蚁群算法首次提出时应用于求解旅行商问题(traveling salesman problem，TSP)。TSP 是组合优化领域中的一个典型问题，涉及求多变量函数的最小值。虽然它陈述起来简单，但求解却很困难，一直是运筹学中最富挑战性的问题之一。TSP 也是一个典型的 NP 组合优化难题，常被用来验证某一算法的有效性。可以用 TSP 来说明蚁群算法的数学模型。

求解 n 个城市的 TSP 就是寻找一条能经过所有城市各一次然后回到出发点的最短路径。在蚁群算法中，设城市 i 和城市 j 之间的路径为 r_{ij}，路径的距离为 d_{ij}，则

$$d_{ij}=\sqrt{(x_i-x_j)^2+(y_i-y_j)^2} \tag{8-56}$$

式中，x_i、x_j、y_i、y_j 分别代表 i 城市和 j 城市的坐标，$i,j\in\{0, 1, 2, 3, 4,\cdots\}$。设 t 时刻位于 i

① Shao X G, Yu Z L, Sun L. Immune algorithms in analytical chemistry. TrAC, Trends in Anal Chem, 2003, 22(2): 59.

城市的蚂蚁个数为 $b_i(t)$，则蚂蚁的总数 $m=\sum b_i(t)$。同时定义 t 时刻蚂蚁在 r_{ij} 路径上留下的信息素为 $\tau_{ij}(t)$。$\tau_{ij}(t)$是动态变化的，初始时 $\tau_{ij}(0)=c$（c 为常数），当蚂蚁完成一个循环至 $t+1$ 时刻时

$$\tau_{ij}(t+1)=(1-\rho)\ \tau_{ij}(t)+\Delta\tau_{ij}\qquad \rho\in(0,1) \tag{8-57}$$

式中，ρ 为蚂蚁信息素轨迹的挥发度；$(1-\rho)\ \tau_{ij}(t)$为挥发后残留的信息素轨迹；$\Delta\tau_{ij}$ 为该循环过程中新增加的信息素轨迹。ρ 值对收敛结果有很大的影响。取值太大或太小，都会导致运算结果都不理想。ρ 取值趋近 1 时，信息素挥发太快，路径上的信息素基本上无积累，无法在蚂蚁之间实现传递信息；ρ 取值趋近 0 时，意味着信息素挥发很小或几乎不挥发，此时，以前积累的信息比例过大，不利于信息的更新，也不能全面地传递信息。$\Delta\tau_{ij}$ 可用式(8-58)计算

$$\Delta\tau_{ij}=\sum\Delta\tau_{ij}^k \tag{8-58}$$

式中，$\sum\Delta\tau_{ij}^k$ 为第 k 只蚂蚁在本循环过程中留在路径 r_{ij} 上的信息素。初始时 $\sum\Delta\tau_{ij}^k=0$。t 时刻时

$$\sum\Delta\tau_{ij}^k=\begin{cases}Q/\sum d_k & \text{若第 } k \text{ 只蚂蚁在本次循环经过路径 } r_{ij}\\ 0 & \text{否则}\end{cases} \tag{8-59}$$

式中，Q为常数；$\sum d_k$ 为第k 只蚂蚁在本循环中路径的总长。在蚂蚁的行进过程中，蚂蚁 k 将根据路径上信息素轨迹的多少决定所选择的路线。其选择各种途径的概率 $P_{ij}^k(t)$ 可用式(8-60)计算

$$P_{ij}^k(t)=\begin{cases}\dfrac{\tau_{ij}^\alpha(t)\times\eta_{ij}^\beta}{\sum\tau_{iu}^\alpha(t)\times\eta_{iu}^\beta(t)} & j\in A_k\\ 0 & \text{否则}\end{cases} \tag{8-60}$$

式中，A_k 为排除了已选择过的城市后下一步可选择的城市的子集；u 为 A_k 集内的一个城市；η_{iu}为由城市 i 转移到城市 u 的期望程度；η_{ij} 为由城市 i 转移到下一城市 j 的期望程度，可由某种启发式算法确定。在 TSP 中，也可以用 $1/d_{ij}$ 来计算。式中的 α、β 为权重因子，可调节信息积累及启发因子对选择概率所起的作用。α、β 值及式(8-59)中的 Q 和 $\tau_{ij}(0)$的初始值 c 可以结合具体的算法形式通过经验或实验确定。最后，算法的终止条件可由设定的循环次数或根据进化的趋势及问题的要求设定。

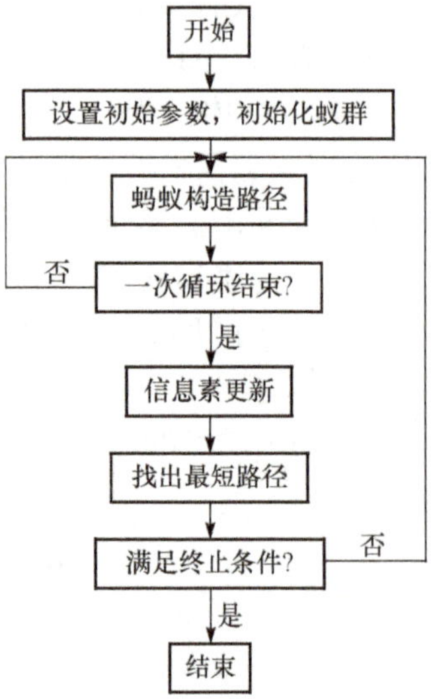

图 8-28　蚁群算法的过程

根据具体算法的不同，$\Delta\tau_{ij}$、$\sum\Delta\tau_{ij}^k$ 和 $P_{ij}^k(t)$ 的表达形式可以不同，蚁群算法的提出者 Dorigo 给出了三种不同版本的模型，分别称为蚁周系统、蚁量系统和蚁密系统。它们之间的区别是：在蚁密系统和蚁量系统中，蚂蚁在建立方案的同时释放信息素，利用的是局部信息；而蚁周系统是在蚂蚁已经建立了完整的轨迹后再释放信息素，利用的是整体信息。

蚁群算法的过程可以用图 8-28 来描述。蚁群算法已经成功应用于众多领域，除应用于求解 NP 组合优化问题外，还

在通信、交通及人工智能等领域中得到应用。例如，用蚁群算法可以解决车辆路径问题（vehide routing problem，VRP），通过车辆的调度实现车辆的总行程最短。利用蚁群算法相继解决了二次指派问题（quadratic assignment problem，QAP）、车间调度问题（job-shop scheduling problem，JSP）、网络路由问题（networking routing problem，NRP）等。研究表明，该算法具有明显的优越性，显示出蚁群算法广阔的应用前景。目前蚁群算法在化学、化工领域的应用还不多见，但在定量构效关系研究中已得到了较为广泛的研究。利用蚁群算法对众多的分子描述符进行筛选，从而建立更高效的定量构效关系模型。蚁群算法也用于分子对接研究，优化主-客体分子的构象或相对位置。在分析化学领域中，蚁群算法已经成功用于近红外光谱和紫外-可见光谱定量建模中的波长筛选问题和生物信息学研究中 MALDI-TOF 质谱谱峰的选择问题。

8.5.2 粒子群优化算法

粒子群优化（particle swarm optimization，PSO）算法是由社会心理学家 Knenedy 博士和 Eberhart 博士于1995年提出的一种基于群体优化技术的算法。与蚁群算法一样，两种算法都是模拟觅食、人类认知等社会行为而提出的一种全局优化算法，具有记忆及并行性。该算法与以往的近似算法相比，具有易于描述、便于实现、需要调整的参数较少、使用的群体规模相对较小、收敛需要评估函数的次数少、收敛速度快及计算代价低等特点。由于粒子群优化算法的以上特性，已被广泛应用于函数优化、神经网络的训练及各类连续问题和离散问题的参数优化等问题中，并取得了很好的结果。

鱼群和鸟群的社会行为以其特殊的方式移动、同步，并且不会相互碰撞，整体行为看上去非常优美。基于这些特点，生物学家 Reynolds 提出了一个非常有影响的鸟群聚集模型。在他的模拟模型中，每个个体遵循避免与邻域个体相冲撞、匹配邻域个体的速度及试图飞向感知到的鸟群中心的规则。在这三条规则的基础上，形成的非集中控制算法驱动鸟群的聚集，在一系列模拟实验中突显出了非常接近现实鸟群聚集行为的特点。考虑到鸟或鱼的个体只具有有限的处理能力，一只鸟或鱼只能关注它的少量邻居个体，因此这种群体无需全局控制。于是，Knenedy 博士和 Eberhart 博士修改了 Reynolds 的鸟群聚集模型，并从中发展出用于解决优化问题的粒子群优化算法。

粒子群优化算法将每个优化问题的解都视为搜索空间中的一只鸟，称为粒子。所有的粒子都有一个由被优化的函数决定的适应值，每个粒子还有一个速度决定它们飞翔的方向和距离。然后粒子们就追随当前的最优粒子在解空间中搜索，通过迭代找到最优解。通常情况下，粒子将跟踪两个极值，一个是粒子本身迄今找到的最优解 *pbest*，另一个是整个种群迄今找到的最优解 *gbest*。

粒子群优化算法的数学描述如下：一个由 m 个粒子组成的群体在 D 维搜索空间中以一定速度飞行，每个粒子在搜索时，考虑到自己搜索到的历史最好点和群体内（或邻域内）其他粒子的历史最好点，在此基础上变化位置（即新解）。粒子群的第 i 粒子是由三个 D 维向量组成，即当前位置 $x_i=(x_{i1}, x_{i2}, \cdots, x_{iD})$、历史最优位置 $p_i=(p_{i1}, p_{i2}, \cdots, p_{iD})$、速度 $v_i=(v_{i1}, v_{i2}, \cdots, v_{iD})$，同时还有一个群体最优位置 $p_g=(p_{g1}, p_{g2}, \cdots, p_{gD})$。

采用当前位置 x_i 对问题的解进行评价，并根据当前位置与历史最优和群体最优位置的差异更新速度和下一次迭代的位置。

$$v_{id} = v_{id} + c_1 \cdot \text{rand}() \cdot (p_{id} - x_{id}) + c_2 \cdot \text{rand}() \cdot (p_{gd} - x_{id}) \tag{8-61}$$

$$x_{id} = x_{id} + v_{id} \tag{8-62}$$

式中，加速常数 c_1 和 c_2 是两个非负值，这两个常数使粒子具有自我总结和向群体中优秀个体学习的能力，从而向自己的历史最优点以及群体内的全局最优点靠近。c_1 和 c_2 通常等于 2。rand()是在[0,1]范围内取值的随机函数。

在计算过程中可以定义一个常数 V_{max}，将粒子的速度限制在$[-V_{max}, V_{max}]$范围内。

粒子群优化算法的计算流程可由图 8-29 进行描述。

(1) 初始化：在问题的 D 维空间中随机产生粒子的位置与速度。

(2) 评价粒子：根据目标函数评价每一个粒子评价值。

(3) 更新最优解：即确定个体最优值 *pbest* 和群体最优解 *pbest*。

(4) 更新粒子位置：按照式(8-61)和式(8-62)改变粒子的速度和位置。

(5) 停止条件：循环步骤(2)～(4)，直到终止条件满足。

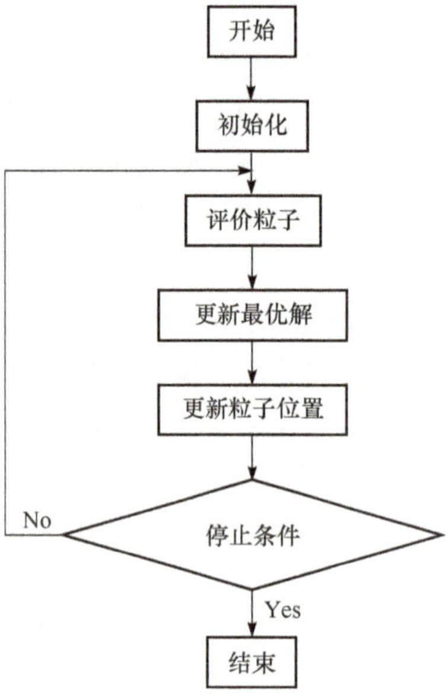

图 8-29　粒子群优化算法的计算流程

在鸟群觅食的过程中，通常飞鸟并不一定看到鸟群中其他所有飞鸟的位置和动向，往往只是看到相邻飞鸟的位置和动向。因此在研究粒子群优化算法时，同时也开发了两种模式，即全局模式(global version)和局部模式(local version)，局部模式也称邻居模式。在全局模式中，每个粒子的轨迹受粒子群中所有粒子的影响，粒子跟踪两个极值(*pbest* 和 *gbest*)变换位置。在局部模式中，粒子的轨迹只受自身的认知和邻近粒子状态的影响，即跟随自身极值 *pbest* 和邻居粒子中的局部极值 *lbest* 变换位置。在该模式中，每个粒子需记录自己和邻居的最优值，而不需要记录整个群体的最优值。"邻居"可由空间位置决定，也可由拓扑网络结构决定。

粒子群优化算法基于对鸟群聚集行为的模拟，思路清晰，使用灵活，可应用于许多优化问题。但该算法也存在一些不足，如容易陷入局部最优，导致收敛精度低和不易收敛，不能有效解决离散和组合优化问题等。为此人们提出了许多改进措施。

(1) 将惯性权重引入粒子群优化算法。该方法通过将惯性权重引入算法，提高了算法的全局搜索能力，并可以更好地控制搜索范围，使粒子逐渐趋向于局部搜索，有效防止粒子在最优解可能存在的区域振荡过大从而导致未对该区域进行充分探索。

(2) 将邻域操作引入粒子群模型。该模型克服了粒子群优化算法在优化搜索后期随迭代次数增加而搜索结果无明显改进的缺点。

(3) 将拉伸技术引入粒子群优化算法。该技术可用于粒子群优化算法对最小化问题的求解，避免了算法易陷于局部最小值的不足。

(4) 将适应度定标引入粒子群优化算法。利用该方法对粒子群优化算法进行改进，使算法在收敛的前提下能够提高粒子间适应度的差异。

(5) 具有繁殖和子群的粒子群优化算法。该算法中，粒子群中的粒子被赋予一个杂交概率。在每次迭代中，依据杂交概率选取指定数量的粒子作为父辈个体。这些个体随机地两两杂交，产生同样数目的子代粒子并代替父辈粒子。

(6) 协同粒子群优化算法。其基本思想是用 K 个相互独立的粒子群分别在 D 维的目标搜索空间中的不同维度方向上进行搜索。

(7) 将进化计算中的选择、交叉、变异等操作引入粒子群优化算法中，提高粒子群优化算法的收敛速度、搜索能力及避免局部优化现象的发生。

(8) 将模拟退火和粒子群优化算法相结合。该算法提高了摆脱局部极值点的能力，并且提高了收敛速度和精度。

还有大量的文献将混沌技术、神经网络技术、灰色理论、自适应技术等一系列先进理论引入粒子群优化算法，极大地提高了粒子群优化算法的性能。也有文献将粒子群优化算法和免疫算法、禁忌搜索算法、单纯形法、自适应算法等智能算法相结合进行研究，得出了一系列混合算法，收到了较好的效果。

粒子群优化算法已得到广泛应用，其中最直接的应用是解决函数优化问题。对于函数形式复杂，具有规模大、维数高、非线性、非凸和不可微、存在大量局部极值的优化问题，许多传统优化算法虽然收敛速度较快，计算精度高，但对初值敏感，易陷入局部最小。而粒子群优化算法通过改进或结合其他算法，对高维复杂函数可以实现高效优化。粒子群优化算法作为一种高效的优化算法，在系统设计、多目标优化、分类、调度、决策、机器人实时路径规划、信号处理和模式识别等问题上均取得了不错的效果。在化学领域中，粒子群优化算法被广泛应用于定量构效关系的研究，能快速收敛到全局最优解并在一定程度上避免了过拟合现象的产生。将粒子群优化算法与偏最小二乘回归和支持向量回归等建模方法结合，对模型参数进行优化，在紫外-可见光谱分析和近红外光谱分析中都表现出较好的性能。还有研究将粒子群优化算法应用于反应动力学模型参数的估计，较好地解决了非线性动力学参数估计问题。

上机训练与习题

1. 简述人工神经网络的基本原理。
2. 描述人工神经网络的典型模型。
3. 描述神经元的典型结果，并指出它的功能。
4. 总结神经网络的神经元常用的传递函数，并比较它们的异同。
5. 简述 BP 网络的训练过程。
6. 总结人工神经网络在化学研究中的应用情况，并设想其潜在的其他应用。
7. 简述遗传算法的基本思想和解决问题的基本思路。
8. 举例说明遗传算法的基本过程。
9. 如何将问题的参数表示为基因串？有几种方式？举例说明。
10. 遗传算法中为什么需要解码？如何解码？
11. 遗传算法中基因交换和变异操作的作用是什么？

12. 简述模拟退火算法的基本思想。
13. 简述模拟退火算法解决问题的一般步骤。
14. 什么是退火演化算法？说明其实质。
15. 特快速退火技术的核心和实质是什么？
16. 简述快速退火演化算法的基本步骤。
17. 查阅文献并简要综述遗传算法在化学研究中的应用。
18. 查阅文献总结模拟退火及其相关算法的近期进展。
19. 简述免疫算法的基本思想。
20. 根据重叠分析化学信号的特点说明免疫算法用于重叠信号解析的原理。
21. 根据你所了解的知识，比较重叠分析化学信号解析方法的优缺点。

第9章 小波分析

小波分析是以小波变换为数学基础的信号分析技术，20 世纪 80 年代得到了迅速发展，在许多科学领域中得到了广泛应用。自 1992 年首次被引入化学领域以来，已展现了在化学信号处理中的独特优势。迄今为止，小波分析已成功地应用于分析化学信号的平滑滤噪、数据压缩、基线校正与背景扣除、求导运算、重叠信号解析等。

本章将首先简单介绍小波变换的基本知识和基本算法，然后重点介绍小波分析在分析化学信号处理中的实际应用。

9.1 小波及小波分析

9.1.1 小波的定义

小波定义为满足一定条件的函数 $\psi(t)$ 通过平移和伸缩产生的一个函数族，即

$$\psi_{a,b}(t)=\frac{1}{\sqrt{|a|}}\psi\left(\frac{t-b}{a}\right)\qquad a,b\in\mathbf{R},a\neq 0 \tag{9-1}$$

式中，a 用于控制伸缩（dilation），称为尺度参数（scale parameter）；b 用于控制位置（position），称为平移参数（translation parameter）；$\psi(t)$ 称为小波基，或称小波母函数，它必须满足下列条件：

（1）小（small），迅速趋向于零，或迅速衰减为零。

（2）波（wave），$\int_{-\infty}^{+\infty}\frac{|\hat{\psi}(\omega)|^2}{|\omega|}<+\infty$ 或 $\int_{-\infty}^{+\infty}\psi(t)\mathrm{d}t=0$。

常用的小波母函数有

（1）Haar，$\psi(t)=\begin{cases}1 & 0\leqslant t<\frac{1}{2}\\ -1 & \frac{1}{2}\leqslant t\leqslant 1\\ 0 & t=\text{其他}\end{cases}$.

（2）高斯函数的 m 阶导数（图 9-1，$m=2$），$\psi(t)=(-1)^m\frac{\mathrm{d}^m}{\mathrm{d}t^m}(\mathrm{e}^{-|t|^2/2})$。

（3）Morlet 小波（图 9-2，$\omega_0=6$），$\psi(t)=\mathrm{e}^{\mathrm{i}\omega_0 t}\mathrm{e}^{-|t|^2/2}$，$\omega_0\geqslant 6$。

（4）Daubechies 小波（图 9-3，$N=4$）。

（5）Symmlet 小波（图 9-4，$N=4$）。

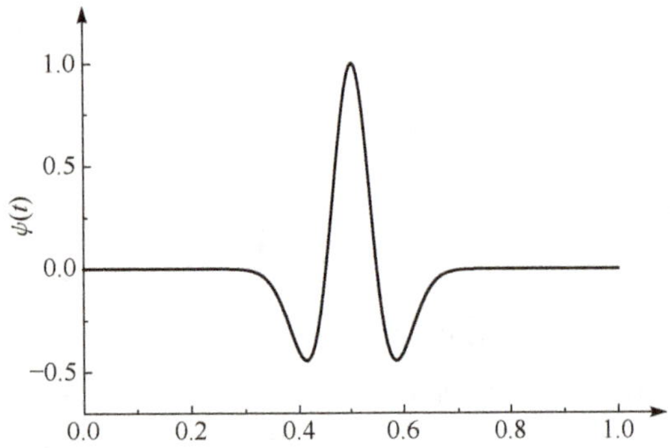

图 9-1　高斯函数的二阶导数

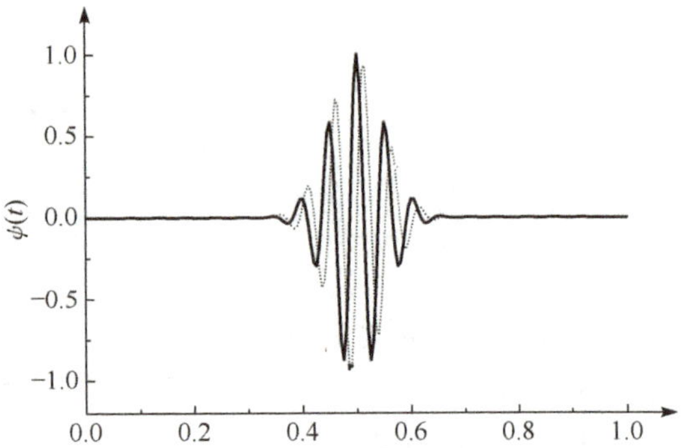

图 9-2　Morlet 小波函数

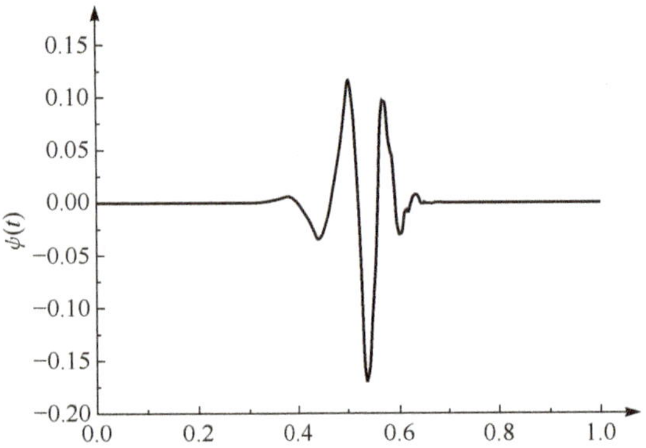

图 9-3　Daubechies 小波函数

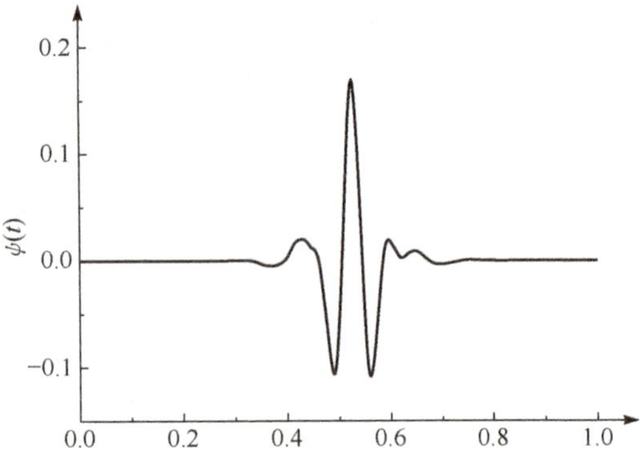

图 9-4　Symmlet 小波函数

在式(9-1)中,a 和 b 为连续值,因此由式(9-1)定义的小波称为连续小波。在实际工作中,经常采用离散小波。离散小波可由连续小波通过式(9-2)和式(9.3)离散化得到

$$a=a_0^m \qquad (a_0>1, m\in \mathbf{Z}) \tag{9-2}$$

$$b=nb_0a_0^m \qquad (b_0\in \mathbf{R}, n\in \mathbf{Z}) \tag{9-3}$$

式(9-2)和式(9-3)中的 m 和 n 为离散值。将式(9-2)和式(9-3)代入式(9-1)可以得到

$$\psi_{m,n}(t)=a_0^{-m/2}\psi(a_0^{-m}t-nb_0) \tag{9-4}$$

当 $a_0=2, b_0=1$ 时有

$$\psi_{m,n}(t)=2^{-m/2}\psi(2^{-m}t-n) \tag{9-5}$$

此时,称为二进离散小波。

图 9-5 为 Symmlet 小波母函数生成的部分小波函数。

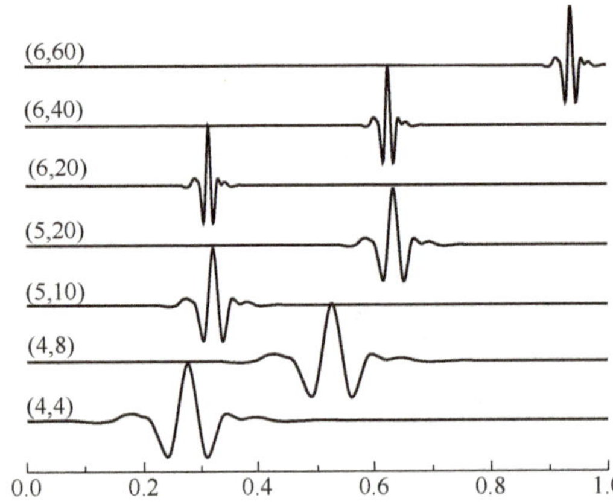

图 9-5　由 Symmlet 小波函数生成的部分小波函数

9.1.2　傅里叶变换

设 $f(t)$ 为一给定的信号或函数 $f(t)\in L^2(R)$,其傅里叶变换定义为

$$\hat{f}(\omega)=\langle f(t), \mathrm{e}^{-i\omega t}\rangle=\int_{-\infty}^{+\infty} f(t)\mathrm{e}^{-i\omega t}\mathrm{d}t \tag{9-6}$$

对应的反变换为

$$f(t) = \frac{1}{2\pi}\int_{-\infty}^{+\infty} \hat{f}(\omega)\mathrm{e}^{i\omega t}\mathrm{d}\omega \tag{9-7}$$

式中，ω 有时写为 $2\pi f$，表示信号的频率；$f(t)$ 和 $\hat{f}(\omega)$ 分别称为时间域和频率域的信号。

对于离散的数字信号，一般记为 $x(nT)$，$n=1,\cdots,N$，N 为数据点数，T 为采样周期，其傅里叶变换为

$$X(mF) = \sum_{n=0}^{N-1} x(nT)\mathrm{e}^{-i2\pi nm/N} \quad (m=0,1,\cdots,N-1) \tag{9-8}$$

反变换为

$$x(nT) = \frac{1}{N}\sum_{m=0}^{N-1} X(mF)\mathrm{e}^{i2\pi nm/N} \quad (n=0,1,\cdots,N-1) \tag{9-9}$$

式中，$F=\frac{1}{NT}$，称为频谱的基频。采样的时间范围一般用 T_0 表示，$T_0=NT$，$x(nT)$ 和 $X(mF)$ 一般简写为 $x(n)$ 和 $X(m)$。数字信号的傅里叶变换一般采用快速傅里叶变换(FFT)算法计算。

傅里叶变换在化学中具有广泛的应用，特别是在分析仪器和信号处理中的应用对化学工作者具有特别重要的意义，如 FT-IR、FT-NMR、傅里叶变换用于数据的平滑滤噪、重叠信号解析等。

在傅里叶变换的定义中，$\mathrm{e}^{-i\omega t}$ 和 $\mathrm{e}^{i\omega t}$ 称为基或基函数。傅里叶变换的实质是信号 $f(t)$ 在 $\mathrm{e}^{-i\omega t}$ 上的投影(内积 $\langle f(t),\mathrm{e}^{-i\omega t}\rangle$)。由于 $\mathrm{e}^{i\omega t}=\cos(\omega t)+i\sin(\omega t)$，因此 $\hat{f}(\omega)$ 表示信号 $f(t)$ 在整个时间域中的频率特征，或者说傅里叶变换在时间域中没有局部化性质。

为了采用傅里叶变换进行信号的局部化性质研究，可采用一个窗口函数 $g(t)$ 对 $f(t)$ 或 $\hat{f}(\omega)$ 进行处理，然后进行傅里叶变换或反变换，即

$$G_f(\omega,m) = \int_{-\infty}^{+\infty} f(t)g(t-m)\mathrm{e}^{-i\omega t}\mathrm{d}t \tag{9-10}$$

随着 m 的变化，$g(t)$ 在时间(或频率)轴上移动，从而得到不同的局部化信息。实质上，$G_f(\omega,m)$ 反映了信号 $f(t)$ 在 $g(t)$ 所定义的窗口内的频谱信息。此方法称为 Gabor 变换，又称为窗口傅里叶变换或短时傅里叶变换。

Gabor 变换较好地解决了傅里叶变换的局部化性质，但由于其窗口的形状和大小(窗口的宽度)与被分析的信号无关，使用时必须人工选择窗口。高频信号需要采用小的窗口，而低频信号则需要采用大的窗口。如果窗口的大小不合适，将无法得到正确的分析结果。

为了理解傅里叶变换的实质和性质，可以考察如图 9-6 所示的例子。图 9-6(a)为采用高斯函数模拟的色谱信号并加入了随机噪声。经傅里叶变换得到如图 9-6(b)所示的傅里叶系数，可以看出，只有为数不多的系数具有较大的数值，其余系数均很小，这说明在频率域中只需要很少的几个系数即可对谱图进行表示。如果只采用这些(23 个)较大的系数进行傅里叶逆变换，可以得到如图 9-6(c)所示的谱图，可以看出，除噪声信号被滤除外，色谱信号得到了很好的恢复。这就是傅里叶滤波的原理。

当然，在频谱图中我们无法知道每一个傅里叶系数所表示的信号对应于哪一个色谱峰的信息，即傅里叶变换不具有局部化性质。如果想得到某一个色谱峰的频谱信息，必须采用窗口傅里叶变换，将其他色谱峰的信息予以扣除。

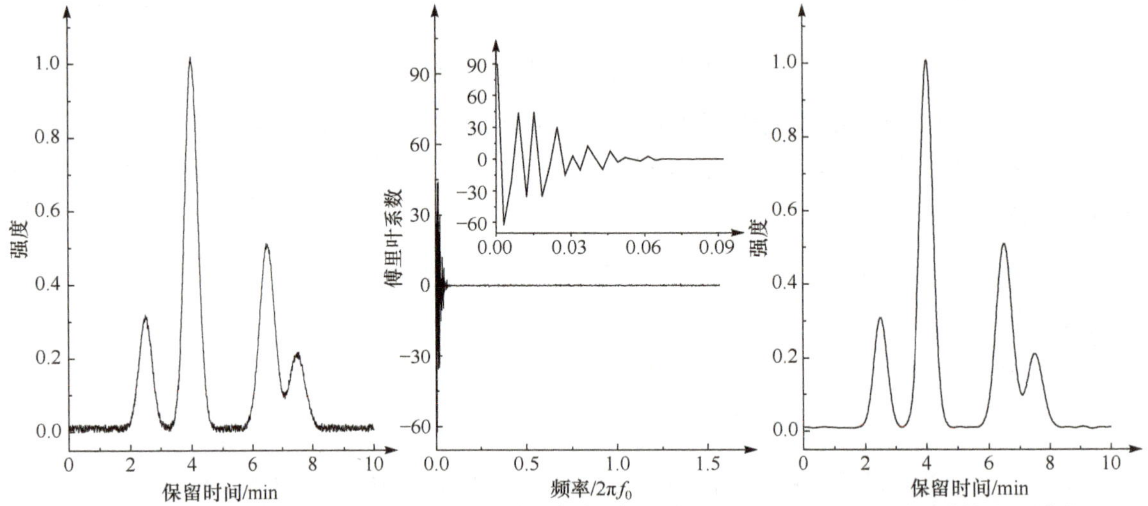

(a) 模拟的色谱信号　(b) 模拟信号的傅里叶变换　(c) 23个系数傅里叶逆变换

图 9-6　傅里叶变换示例

9.1.3　小波变换

某函数 $f(t)$或信号的连续小波变换定义为

$$W_f(a,b)=\langle f(t),\psi_{a,b}(t)\rangle=\frac{1}{\sqrt{|a|}}\int_{-\infty}^{+\infty}f(t)\psi_{a,b}(t)\mathrm{d}t \tag{9-11}$$

采用离散小波代替式(9-11)中的连续小波为离散小波变换

$$W_f(m,n)=\langle f(t),\psi_{m,n}(t)\rangle=a_0^{-m/2}\int_{-\infty}^{+\infty}f(t)\psi(a_0^{-m}t-nb_0)\mathrm{d}t \tag{9-12}$$

因此，小波变换的实质可理解为函数 $f(t)$在小波空间的投影。例如，离散小波变换得到的小波系数 $W_f(m,n)$表示函数 $f(t)$中可用小波函数 $\psi_{m,n}(t)$所表示的分量。或者说，小波变换的基本思想是将任意函数或信号表示为小波函数的线性组合，即

$$f(t)=\sum_{m=-\infty}^{+\infty}\sum_{n=-\infty}^{+\infty}W_f(m,n)\psi_{m,n}(t) \tag{9-13}$$

通过上述定义不难看出，小波变换与傅里叶变换的根本区别在于基函数的不同，傅里叶变换采用的是 $e^{-i\omega t}$，加窗傅里叶变换采用的是 $g(t-m)e^{-i\omega t}$，而小波变换采用的是小波，即小波基函数 $\psi(t)$通过伸缩和平移产生的一个函数族，而不是一个函数。由于 $e^{-i\omega t}$的实际上是在时间轴上无限延伸的余弦和正弦函数，因此傅里叶变换在时域中不具有局部化性质。加窗傅里叶变换增加了一个固定大小的窗口，实现了时域中的局部化性质，但窗口的大小不能自动调整。由小波母函数的性质可知，它相当于一个窗口函数，但由于伸缩参数可以改变此窗口的大小，小波函数族中含有一系列不同大小的窗口。对于高频信号可用小的窗口，对于低频信号则采用大的窗口，因此小波分析具有自动变焦功能。

为了进一步了解小波变换的实质，可采用 Symmlet 小波对如图 9-7(a)所示的信号进行小波变换。在得到的小波系数中，只有以下 4 个系数不为零：

$W_f(3,4)=1$　　$W_f(4,6)=0.3$　　$W_f(4,9)=-0.5$　　$W_f(5,12)=-0.2$

也就是说该信号可用下列组合进行表示：

$$\psi_{3,4}(t)+0.3\psi_{4,6}(t)-0.5\psi_{4,9}(t)-0.2\psi_{5,12}(t)$$

所采用的4个小波函数如图9-7(b)所示。

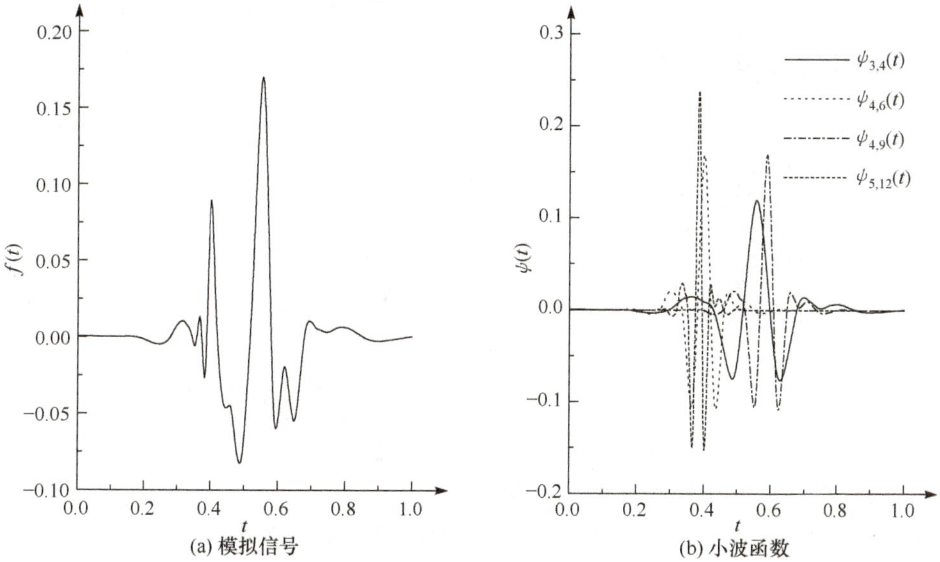

图9-7 小波变换示例

从图9-7(a)和(b)的比较可以看出，信号中的第一个较大的峰信号主要由 $\psi_{4,6}(t)$ 和 $\psi_{5,12}(t)$ 的组合构成，而第二个较大的峰信号主要由 $\psi_{3,4}(t)$ 和 $\psi_{4,9}(t)$ 的组合构成。也就是说，在小波系数中既包含频率信息(不同尺度的小波函数可以认为具有不同的频率)，也包含位置信息(不同的平移参数代表了不同的位置)。

9.2 小波分析的基本算法

9.2.1 多尺度分析

空间 $L^2(R)$ 中的一列闭子空间 $\{V_j\}_{j\in\mathbf{Z}}$ 称为 $L^2(R)$ 的多尺度分析(MRA)，如果

(1) 单调性，$V_j\subset V_{j-1}$，$\forall j\in\mathbf{Z}$

(2) 逼近性，$\bigcap\limits_{j\in\mathbf{Z}}V_j=\{0\}$，$\bigcup\limits_{j\in\mathbf{Z}}V_j=L^2(R)$

(3) 伸缩性，$u(x)\in V_j\Leftrightarrow u(2x)\in V_{j-1}$

(4) 平移不变性，$u(x)\in V_0\Rightarrow u(x-k)\in V_0$，$\forall k\in\mathbf{Z}$

(5) Riesz基，存在 $\varphi(t)\in V_0$，且 $\{\varphi(t-n)\}_{n\in\mathbf{Z}}$ 是 V_0 的标准正交基(N. O. B)，即对于 $u\in V_0$，存在唯一的 $\{a_k\}$ 使 $u(x)=\sum\limits_{k\in\mathbf{Z}}a_k\varphi(x-k)$，$\varphi(t)$ 称为MRA的尺度函数(scaling function)或父函数(father function)。

由性质(3)可得到：$u(x)\in V_0\Leftrightarrow u(2^m x)\in V_m$，且 $\{2^{\frac{m}{2}}\varphi(2^m x-n)\}_{n\in\mathbf{Z}}$ 为 V_m 的基。

由性质(4)可得到：$u(x)\in V_j\Rightarrow u(x-2^j k)\in V_j$，$\forall j,k\in\mathbf{Z}$。

由性质(5)可得到：$\{\varphi(2^j x-k)\}_{k\in\mathbf{Z}}$ 构成 V_j 的基。

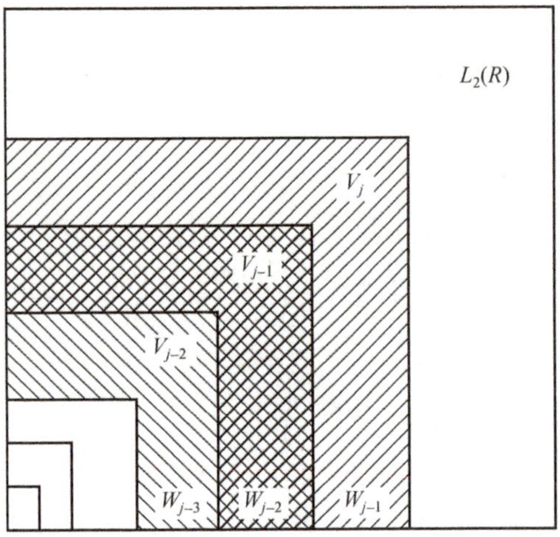

图 9-8　MRA 示意图

一个 MRA 可用图 9-8 表示，如果用最外层的方框表示空间 $L^2(R)$，$\{V_j\}$则为一个 MRA。在 MRA 中 V_j 之间不是正交的，令 $V_j=V_{j-1}\oplus W_{j-1}$，则 W_j 之间是正交的。所以

$$V_j=\bigoplus_{j=j-1}^{j-J} W_j \oplus V_{j-J} \tag{9-14}$$

$$L^2(R)=\bigoplus_{j=-\infty}^{+\infty} W_j \qquad (假设 V_\infty=0) \tag{9-15}$$

如果找到 W_j 的基，则所有 W_j 的基构成 $L^2(R)$ 的基

可以证明：利用式(9-16)构造的小波函数 $\psi(x)$ 的伸缩与平移 $\{\psi(2^j x-k)\}_{k\in \mathbf{Z}}$ 构成 W_j 的基

$$\psi(x)=\sum_{n\in \mathbf{Z}}(-1)^n \bar{c}_{1-n}\varphi(2x-n) \tag{9-16}$$

因此，对于 $L^2(R)$ 空间中的任意函数 $f(x)$ 或任意化学信号，可以投影到一个 MRA 的各子空间中。根据上述 MRA 的性质可以得到：

(1) 在 V_j 中的投影可用 $\{\varphi(2^j x-k)\}_{k\in \mathbf{Z}}$ 的线性组合来表示，在 W_j 中的投影可用 $\{\psi(2^j x-k)\}_{k\in \mathbf{Z}}$ 的线性组合来表示。

(2) 由于 $V_j=V_{j-1}\oplus W_{j-1}$，由 V_j 中的投影可继续得到在 V_{j-1} 和 W_{j-1} 中的投影。

(3) 由于 W_j 之间是正交，在 W_j 中的投影也相互正交。也就是说，通过 MRA，可以得到化学信号中相互正交的不同成分。

9.2.2　多尺度信号分解(MRSD)算法

根据 MRA 的性质，$f(x)\in L^2(R)$ 在 V_{2^j} 中的投影可表示为

$$A_{2^j}f=2^{-j}\sum_{n=-\infty}^{+\infty}\langle f(u),\phi_{2^j}(u-2^{-j}n)\rangle \phi_{2^j}(x-2^{-j}n) \tag{9-17}$$

式中，$A_{2^j}f$ 称为 $f(x)$ 在 2^j 分辨率下的离散逼近(discrete approximation)。

由于 $V_{2^j}\in V_{2^{j+1}}$，所以有

$$\phi_{2^j}(x-2^{-j}n)=2^{-j-1}\sum_{-\infty}^{+\infty}\langle \phi_{2^j}(u-2^{-j}n),\phi_{2^{j+1}}(u-2^{-j-1}k)\rangle \cdot \phi_{2^{j+1}}(x-2^{-j-1}k)$$

又由于 $2^{-j-1}\langle \phi_{2^j}(u-2^{-j}n),\phi_{2^{j+1}}(u-2^{-j-1}k)\rangle=\langle \phi_{2^{-1}}(u),\phi[u-(k-2n)]\rangle$，所以有

$$\langle f(u),\phi_{2^j}(u-2^{-j}n)\rangle=\sum_{-\infty}^{+\infty}\langle \phi_{2^{-1}}(u),\phi[u-(k-2n)]\rangle \cdot \langle f(u),\phi_{2^{j+1}}(u-2^{-j-1}k)\rangle$$

令 $h(n)=\langle \phi_{2^{-1}}(u),\phi(u-n)\rangle$，$\tilde{h}(n)=h(-n)$，其中 $h(n)$ 称为离散滤波器(discrete filter)，$\tilde{h}(n)$ 称为 $h(n)$ 的镜像滤波器(mirror filter)，则

$$\langle f(u),\phi_{2^j}(u-2^{-j}n)\rangle=\sum_{-\infty}^{+\infty}\tilde{h}(2n-k)\langle f(u),\phi_{2^{j+1}}(u-2^{-j-1}k)\rangle$$

上式可简写为

$$A_{2^j}f=\widetilde{H}\times A_{2^{j+1}}f \qquad (-J\leqslant j<0) \tag{9-18}$$

同理，信号 $f(x)$ 在 V_{2^j} 的正交补空间 W_{2^j} 中的投影可表示为

$$D_{2^j} f = 2^{-j} \sum_{n=-\infty}^{+\infty} \langle f(u), \psi_{2^j}(u-2^{-j}n)\rangle \psi_{2^j}(x-2^{-j}n) \tag{9-19}$$

并且

$$\langle f(u), \psi_{2^j}(u-2^{-j}n)\rangle = \sum_{-\infty}^{+\infty} \langle \psi_{2^{-1}}(u), \phi[u-(k-2n)]\rangle \cdot \langle f(u), \phi_{2^{j+1}}(u-2^{-j-1}k)\rangle$$

令 $g(n)=\langle \psi_{2^{-1}}(u), \phi(u-n)\rangle$，$\widetilde{g}(n)=g(-n)$，其中 $g(n)$称为离散滤波器，$\widetilde{g}(n)$称为 $g(n)$的镜像滤波器，则

$$\langle f(u), \psi_{2^j}(u-2^{-j}n)\rangle = \sum_{-\infty}^{+\infty} \widetilde{g}(2n-k)\langle f(u), \phi_{2^{j+1}}(u-2^{-j-1}k)\rangle$$

上式可简写为

$$D_{2^j} f = \widetilde{G} * A_{2^{j+1}} f \qquad (J \leqslant j < 0) \tag{9-20}$$

式中，$D_{2^j} f$ 称为 $f(x)$在 2^j 分辨率下的离散细节 (discrete detail)。

式(9-18)和式(9-20)为小波变换的两个最基本公式，一般写为以下形式：

$$A_{2^j} f(n) = \sum_{k=-\infty}^{+\infty} \widetilde{h}(2n-k) \times A_{2^{j+1}} f(k) \qquad (-J \leqslant j < 0) \tag{9-21}$$

$$D_{2^j} f(n) = \sum_{k=-\infty}^{+\infty} \widetilde{g}(2n-k) \times A_{2^{j+1}} f(k) \qquad (-J \leqslant j < 0) \tag{9-22}$$

用$-j$ 代替 j，式(9-21)和式(9-22)又可写为

$$A_{2^j} f(n) = \sum_{k=-\infty}^{+\infty} h(k) \times A_{2^{j-1}} f(n-2^j k) \tag{9-23}$$

$$D_{2^j} f(n) = \sum_{k=-\infty}^{+\infty} g(k) \times A_{2^{j-1}} f(n-2^j k) \tag{9-24}$$

对于长度为 L 的滤波器，$-\infty$和$+\infty$分别由 0 和 $L-1$ 代替。因此，如果一个原始信号(实验数据)表示为 $A_{2^0} f(n)$，则可由下列方式得到其中的不同成分：

$$\begin{array}{ccccccc}
A_{2^0} f(n) & \longrightarrow & A_{2^{-1}} f(n) & \longrightarrow \cdots & A_{2^{-J+1}} f(n) & \longrightarrow & A_{2^{-J}} f(n) \\
\downarrow & & \downarrow & & \downarrow & & \\
D_{2^{-1}} f(n) & & D_{2^{-2}} f(n) & & D_{2^{-J}} f(n) & &
\end{array} \tag{9-25}$$

由式(9-21)和式(9-22)可知，每次分解的结果数据点数将减少一半，即对于数据点数为 N 的原始信号，$A_{2^j} f$ 和 $D_{2^j} f$ 的数据点数为 $2^{-j}N$，总数据点数不变。

信号按上述过程被分解以后，还可以沿分解路线的反方向复原(又称重构)，即

$$A_{2^{j+1}} f = H \times A_{2^j} f + G \times D_{2^j} f \tag{9-26}$$

对于二维数据矩阵的分解，可分别在行方向和列方向上进行分解，即

$$A_{2^j} f = \widetilde{H}_r(\widetilde{H}_c \times A_{2^{j+1}} f) \tag{9-27}$$

$$D_{2^j}^1 f = \widetilde{G}_r(\widetilde{H}_c \times A_{2^{j+1}} f) \tag{9-28}$$

$$D_{2^j}^2 f = \widetilde{H}_r(\widetilde{G}_c \times A_{2^{j+1}} f) \tag{9-29}$$

$$D_{2^j}^3 f = \widetilde{G}_r(\widetilde{G}_c \times A_{2^{j+1}} f) \tag{9-30}$$

上述算法由 Mallat 首次提出，有时也称为 Mallat 算法。

为了表示的方便，式(9-20)～式(9-30)中的 $A_{2^j} f$ 和 $D_{2^j} f$ 一般用 $C^{(j)}$ 和 $D^{(j)}$ 来表示。

为了便于理解，式(9-25)的分解过程也可用图形进行描述，如图 9-9 所示。

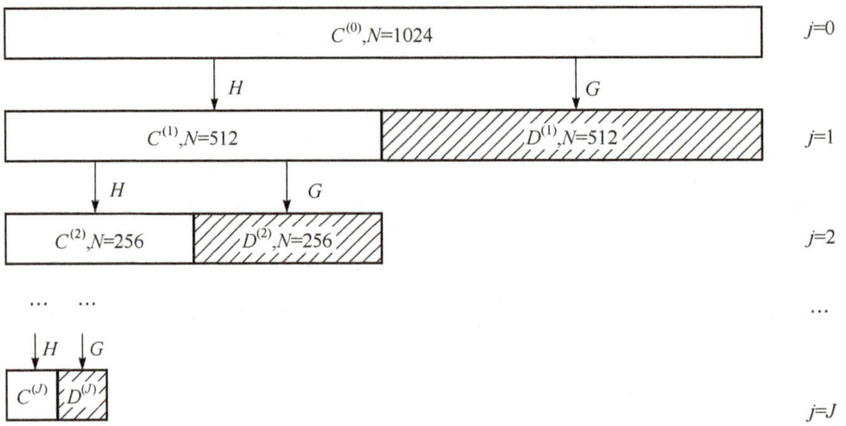

图 9-9　离散小波变换的图形解释(数据长度为 1024 个数据点)

9.2.3　MRSD 算法的改进

由 MRSD 的计算方法可以看出，该算法的每次分解都会导致数据点数的减半，因此要求原始信号的数据点数必须为 2 的整数次幂。这就带来了两个问题，一是分解结果的图形表示严重失真；二是必须提供长度为 2 的整数次幂的实验数据。为了克服上述两个困难，必须采取一定的措施，如在原始信号末端加零、对称延伸、周期延伸、插值等。以下介绍另外两种有效的方法。

一种方法称为系数位置保持(coefficient position retaining，CPR)法。该方法可用图 9-10 来描述，如果数据点数为奇数，则不对最后一个数据点进行计算，直接转移至下一尺度的系数。这种方法非常简单，但它只解决了第二个问题。

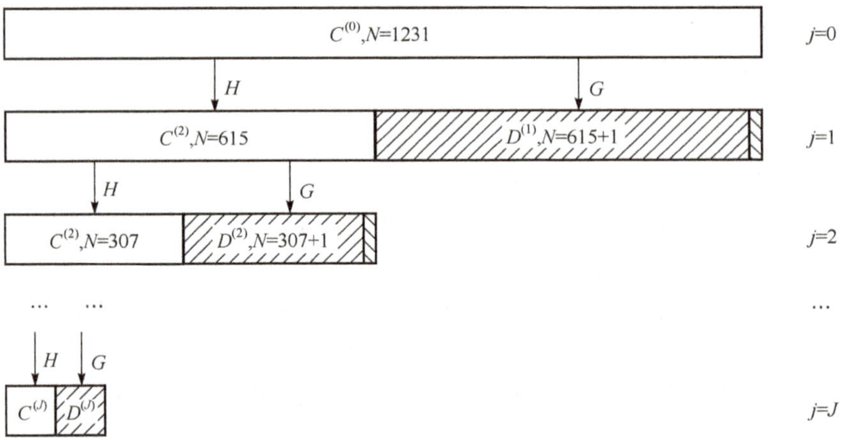

图 9-10　CPR 方法的图形解释(数据长度为 1231 个数据点)

另一种方法可以同时解决上述两个问题，该方法对 MRSD 计算公式进行修改。从式(9-21)～式(9-24)可以看出，如果将公式中的$(2n-k)$和$(n-2^jk)$改为$(n-k)$，则计算结果的数据点数将保持不变。因此，可以采用下列两个公式进行计算：

$$C^{(j)}(n)=\frac{1}{\sqrt{2}}\sum_{k=0}^{L-1}h^{(j)}(k)C^{(j-1)}(n-k) \tag{9-31}$$

$$D^{(j)}(n)=\frac{1}{\sqrt{2}}\sum_{k=0}^{L-1}g^{(j)}(k)C^{(j-1)}(n-k) \tag{9-32}$$

但其中的 $h^{(j)}$ 和 $g^{(j)}$ 分别由滤波器 h 和 g 的相邻项之间添加 $2^{j-1}-1$ 个零产生。重构时可以采用下列公式：

$$C^{(j-1)}(n)=\frac{1}{\sqrt{2}}\sum_{k=0}^{L-1}h^{(j)}(k)C^{(j)}(k-m)+\frac{1}{\sqrt{2}}\sum_{k=0}^{L-1}g^{(j)}(k)D^{(j)}(k-m) \tag{9-33}$$

9.2.4　小波包变换

在小波变换中，首先将原始信号 $C^{(0)}$ 分解为两部分，即离散逼近 $C^{(1)}$ 和离散细节 $D^{(1)}$，然后对离散逼近信号进行进一步分解。若 $j=2$ 时，将 $C^{(1)}$ 分解为 $C^{(2)}$ 和 $D^{(2)}$。依此类推，得到分解结果 $\{C^{(J)},D^{(J)},D^{(J-1)},\cdots,D^{(1)}\}$。

小波包变换是小波变换的发展，在小波包变换中，每一次的分解不仅对离散逼近信号进行分解，同时也对离散细节信号进行分解，如图 9-11 所示。为了表示的方便，小波包分解得到的成分可采用 w_j^p 表示，w_0^0 表示原始信号，$j=1,\cdots,J$ 表示分解的尺度，$p=0,\cdots,2^{j-1}-1$ 表示在尺度 j 时得到的不同成分。

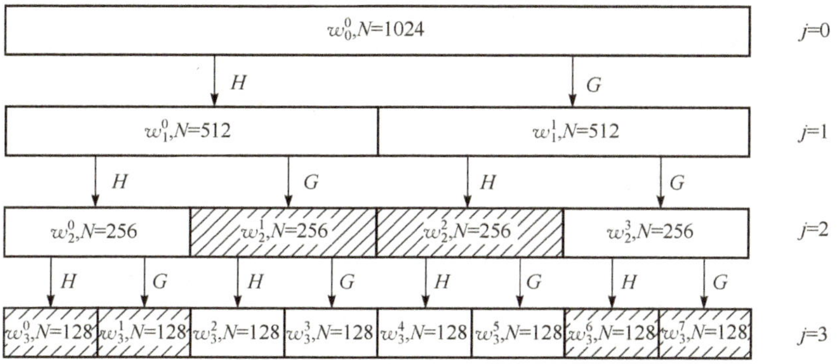

图 9-11　小波包变换的图形解释(数据长度为 1024 个数据点)

在图 9-11 中，信号分解所使用的公式与小波变换相同[参见式(9-21)～式(9-26)]，写为

$$w_{j,k}^{2p}=\sum_{m=-\infty}^{+\infty}h_{m-2k}w_{j-1,m}^{p} \tag{9-34}$$

$$w_{j,k}^{2p+1}=\sum_{m=-\infty}^{+\infty}g_{m-2k}w_{j-1,m}^{p} \tag{9-35}$$

而重构的公式写为

$$w_{j,k}^{p}=\sum_{m=-\infty}^{+\infty}h_{k-2m}w_{j+1,m}^{2p}+\sum_{m=-\infty}^{+\infty}g_{k-2m}w_{j+1,m}^{2p+1} \tag{9-36}$$

因此，每一次的分解都将得到一个数据点总数不变的序列 $\{w_j^p\}$，其中 j 为分解的尺度，$p=0,\cdots,2^{j-1}-1$。

小波变换具有冗余性，而小波包变换同时对离散逼近和离散细节进行分解，所以在小波包变换中不一定每次分解都有意义。因此，对小波包分解结果进行最佳子集的选择具有非常重要的意义。最佳子集一般称为最佳基(best-basis)，如图 9-11 中的 $\{w_3^0,w_3^1,w_2^1,w_2^2,w_3^6,w_3^7\}$ 表示由 w_2^1 和 w_2^2 再进行分解已失去意义。

最佳基的确定方法将根据信号分解的目的而定。一般来说，最佳基定义为用最少的系数表示最多的信息。通用使用的方法有 Coifman-Wickerhauser 熵和 Shanon-Weaver 熵。

Coifman-Wickerhauser 熵定义为

$$\lambda_{\mathrm{CW}} = -\sum_{m=1}^{M} p_m \lg p_m \tag{9-37}$$

式中，$p_m = (w_{j,m}^p / \| \mathbf{w}_0^0 \|)^2$，$\| \mathbf{w}_0^0 \|$ 表示原始信号的范数；M 为 $\mathbf{w}_j^p$ 的数据点数。

Shanon-Weaver 熵定义为

$$H_{\mathrm{SW}} = -\sum_{m=1}^{M} q_m \lg q_m \tag{9-38}$$

式中，$q_m = | w_{j,m}^p |^2 / \| \mathbf{w}_j^p \|^2$，$| w_{j,m}^p |$ 表示 $w_{j,m}^p$ 的绝对值。但是，在实际应用中一般不采用式(9-38)进行计算，而是采用式(9-39)

$$\lambda_{\mathrm{SW}} = -\sum_{m=1}^{M} | w_{j,m}^p |^2 \lg | w_{j,m}^p |^2 \tag{9-39}$$

除此之外，还有其他计算熵的方法。例如

$$\lambda = \sum_{m=1}^{M} \lg p_m \tag{9-40}$$

式中，$p_m = | w_{j,m}^p | / \| \mathbf{w}_0^0 \|$。

$$\lambda = \sum_{m=1}^{M} (p_m)^k \tag{9-41}$$

式中，$p_m = | w_{j,m}^p | / \| \mathbf{w}_0^0 \|$；$k$ 为任意参数。

9.3 小波分析的程序设计

9.3.1 Matlab 工具箱

Matlab 是 Mathwork 公司于 1967 年推出的 Matrix Laboratory 软件包。它是一种功能强、效率高、便于进行科学和工程计算的交互式软件包，其中包括一般数值分析、矩阵运算、数字信号处理、建模和系统控制与优化等应用程序。Matlab 系统集应用程序和图形于一个便于使用的集成环境中，在此环境下所解问题的 Matlab 语言表述形式与其数学表达形式相同，不需要按传统的方法编程。Matlab 大大降低了对使用者的数学基础和计算机语言知识的要求，而且编程效率和计算效率极高。Matlab 最突出的特点是功能强，可以进行各种科学和工程运算，特别容易学习和使用，而且可根据自己的实际需要扩充其功能。

在 Matlab 系统的工具箱(toolbox)中，有专门的小波变换目录。例如，在 Matlab 5.3 的 Toolbox 中就可以找到"wavelet"目录，该目录中包括了 200 多个与小波变换有关的应用程序(函数)以及常用的参数。利用这些函数和参数可以方便地进行滤波器构造、小波和小波包变换的分解与重构等计算。为了便于学习，该目录中还提供了演示程序。

表 9-1 列出了小波工具箱(Ver 1.2)中最常用的应用程序以及它们的功能。利用这些应用程序，可以非常方便地进行小波变换的程序设计。例如，可以直接利用"wavedec"和"waverec"进行小波变换分解和重构。如果只需要进行一次分解计算，可以调用"dwt"命令。具体的命令格式可采用"help"命令得到。

表 9-1 小波工具箱(Ver 1.2)中的常用程序及功能

名称	功能
cwt	计算一维连续小波变换系数
dwt	计算单阶一维离散小波变换的系数，即离散逼近和离散细节
idwt	dwt 的逆运算
wavedec	多阶一维小波变换的分解计算
waverec	多阶一维小波变换的重构计算
dwt2	计算单阶二维离散小波变换的系数，即离散逼近和离散细节
idwt2	dwt2 的逆运算
wavedec2	多阶二维小波变换的分解计算
waverec2	多阶二维小波变换的重构计算
wpdec	一维小波包的分解计算
wprec	一维小波包的重构计算
wpdec2	二维小波包的分解计算
wprec2	二维小波包的重构计算
besttree	确定最佳基(分解路径)
wdencmp	信号的小波变换滤噪与压缩
wpdencmp	信号的小波包变换滤噪与压缩
waveinfo	提供小波基(滤波器)的信息
wavedemo	演示程序

9.3.2 WaveLab 简介

WaveLab 是由美国斯坦福大学 WaveLab 发展小组发展起来的小波变换软件包，可以通过下列网址免费获得：

http://playfair.stanford.edu/～wavelab

http://www-stat.stanford.edu/～wavelab/

该软件包可在 Windows、Unix/Linux 以及 Macintosh 系统中安装运行，目前已发展到 8.02 版本。下面以 Windows 系统的 7.0 版本进行介绍。

WaveLab 的安装非常简单，将下载的压缩文件解开到指定的目录即完成了安装。唯一需要改变的是改变省缺目录。具体方法是打开 WaveLab 目录下的“wavepath.m”文件，将“WAVELABPATH”设定为 WaveLab 所在的目录，如“D:MATLABWAVELAB”。

WaveLab 安装完成后，具有以下目录结构：

Browsers/	Fastalg	Packets2/	Util/
Cont/	Interp/	Papers/	Wigner/
Datasets/	Meyer/	Pursuit/	Workouts/
Denoise/	Ortho/	Station/	
Doc/	Packets/	Symm/	

在这些目录包含了大量与各种小波变换算法有关的函数、应用程序、参考资料及演示程序。例如，在 cont/、interp/、meyer/、ortho/等目录中包含相应的小波变换工具程序，在 packets/、packets2/、pursuit/等目录中包含与小波包变换有关的工具程序，util/为常用工具程序的目录，datasets/中包含了演示程序中的数据文件。对于初学者，Workouts/是一个非常重要的目录，因为在这里可以找到大量的演示程序，告诉我们如何使用 WaveLab 中的各种程序和函数。

WaveLab 系统包括的内容非常全面，只能根据需要有选择地进行学习。表 9-2 列出了与小波变换编程有密切关系的一些重要函数及功能，利用这些基本函数可方便地进行各种小波变换的编程工作。例如，可以直接使用“fwt_po”和“iwt_po”实现小波变换的分解和重构，也可以调用“dndyadhi”和“dndyadlo”得到一次小波变换分解的离散逼近和离散细节系数。

表 9-2　WaveLab 中的重要函数与功能

类型	函数名称	基本功能
基本函数	aconv. m	小波变换的卷积函数
	iconv. m	小波变换的卷积函数
	dndyadhi. m	高通滤波函数，用于信号的分解
	dndyadlo. m	低通滤波函数，用于信号的分解
	makeonfilter. m	正交滤波器的生成函数(H)
	mirrorfilt. m	产生高通滤波器(G)
	dyad. m	小波系数二进指数的计算
	dyadlength. m	向量长度和二进长度的计算
	upsample. m	数据点的添加
正交小波变换	fwt_po. m	正交小波变换的分解计算
	iwt_po. m	正交小波变换的重构计算
	fwt2_po. m	二维正交小波变换的分解计算
	iwt2_po. m	二维正交小波变换的重构计算
连续小波变换	cwt. m	连续小波变换的计算
	imagecwt. m	连续小波变换的图形显示

关于 WaveLab 系统的使用方法将在下面的内容中结合具体的程序设计加以介绍。值得注意的是，在 WaveLab 中，离散小波变换的程序仍要求数据的数据点数为 2 的整数次幂，在调用之前必须对待处理信号进行预处理。

9.3.3　MRSD 算法的程序设计

MRSD 算法是小波变换的最基本算法，下面以 MRSD 算法为例说明基于 WaveLab 的程序设计方法。

MRSD 算法的核心是根据式(9-25)和图 9-9 所示的过程对待分析信号进行分解以及按照其反过程进行重构。WaveLab 中提供的“fwt_po”和“iwt_po”分别为这两个功能的计算程序。因此，直接使用这两个命令即可实现小波变换的分解与重构。例如，图 9-12 为某实验色谱图，由 2384 个数据点构成，假如该谱图的数据文件名为“chrom. dat”，对其进行小波变换分解与重构的计算程序为

```
% 程序,MRSD算法
% 读取数据并截取后 2048 个数据点(舍去前 336 个数据点)
  load chrom.dat
  x=chrom(337:2384,1);
  y=chrom(337:2384,2);
% 确定分解的最大尺度,(11-J,"11"表示数据点数为 2^11= 2048)
  J=4;
% 构造滤波器 Symmlet (8)
  f=makeonfilter('Symmlet',8);
% 小波变换分解
  wc=fwt_po(y, J, f);
% 图形显示小波系数(图 9-13)
  figure; plot(wc);
    % 重构
  yr=iwt_po(wc, J, f);
% 图形显示重构结果(除舍去的 336 个数据点外,与图 9-12 相同)
  figure; plot(x, yr);
% 程序结束
```

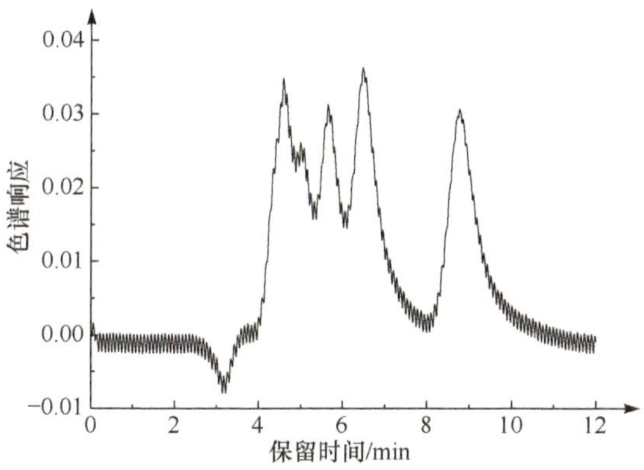

图 9-12 示例程序中原始信号

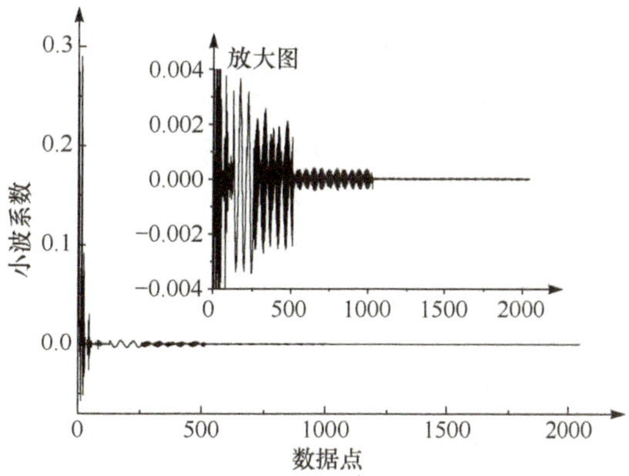

图 9-13 小波系数的图形显示

在分析化学信号处理中,9.2.3 小节中改进的 MRSD 算法更为有用,因为该算法对数据点数没有要求。但是,WaveLab 中没有提供式(9-31)~式(9-33)的计算程序,必须自行编写。

根据式(9-31)~式(9-32)进行小波变换分解可使用下列函数:

```
% 函数,改进的 MRSD 分解算法
  function [c, d]=dvi22(x, h, g)
     d=iconv(g, lshift(x));
     c=aconv(h, x);
     d=d./sqrt(2);
     c=c./sqrt(2);
```

```
% 函数结束
```

根据式(9-33)进行小波变换的重构可使用下列函数：

```
% 函数,改进的 MRSD 重构算法
 function cc=confrom2(c, d, h, g)
   cc=iconv(h,c)+aconv(g, rshift(d));
   cc=cc./sqrt(2);
% 函数结束
```

其中的“lshift”为左移函数，“rshift”为右移函数，目的是进行滤波计算时的位置校正。“iconv”和“aconv”为 WaveLab 提供的命令函数，功能是进行卷积运算。

在改进的算法中，每一次的分解运算均需要对滤波器进行处理，即在 h 和 g 的相邻项之间添加 $2^{j-1}-1$ 个零，而在重构时需要将这些添加的零逐步移去。添加零的命令可采用 WaveLab 提供的“upsample”，移去零时可采用下列函数：

```
% 函数,滤波器数据点的缩减
 function y= down(x)
    y= x(1:2:length(x));
% 函数结束
```

利用上述函数，可以采用以下程序进行小波变换的分解与重构，假如仍对图 9-12 的色谱数据进行处理：

```
% 程序,改进的 MRSD 算法
% 读取数据
 load chrom.dat;
 x=chrom(:,1); x= x';
 y=chrom(:,2); y= y';
% 确定分解的最大尺度
 J=5;
% 构造滤波器 Daubechies (8)
 qmf=makeonfilter('Daubechies',8);
 H=qmf;
 G=mirrorfilter(H);
% 小波变换分解(图 9-14)
 yy= y;
 for i=1:J
    [c(i,:),d(i,:)]=dvi22(yy, H, G);
    H=upsample(H);
    G=upsample(G);
    yy=c(i,:);
 end
% 重构,结果与图 9-12 完全相同
 reconst=c(J,:);
 for i=J:- 1:1
```

```
    H=down(H);
    G=down(G);
    yr=confrom2(reconst, d(i,:), H, G);
  end
% 程序结束
```

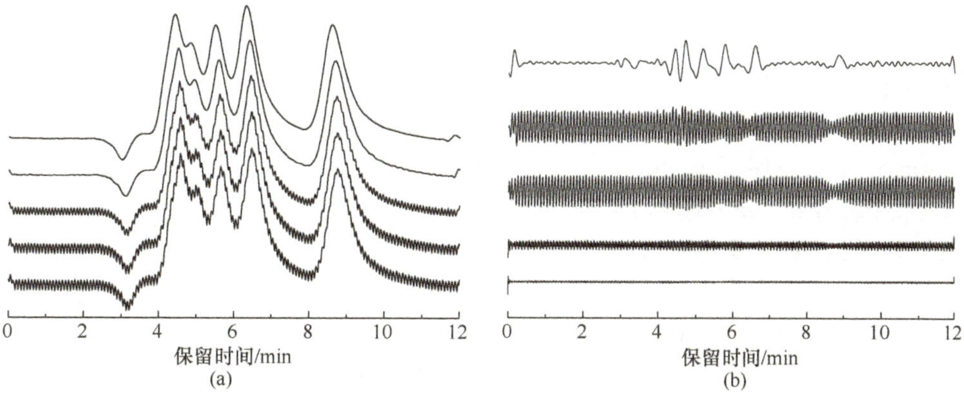

图 9-14　离散逼近(a)和离散细节(b)的图形显示
自下而上对应的分解尺度 j 分别为 1,2,3,4,5

9.3.4　连续小波变换的程序设计

在 WaveLab 中直接使用“cwt”函数即可实现连续小波变换的计算，其使用格式为

```
coef=cwt(x,nvoice,wavelet)
```

式中，x 为输入信号；长度 n 必须为 2 整数次幂，2^J；$nvoice$ 用于确定尺度因子的变化间隔，$\Delta a=1/nvoice$；小波基函数只能是“Gauss”、“Sombrero”和“Morlet”，计算得到的系数为一个大小为 $n\times[nvoice\times(J-5)]$ 的矩阵。

该算法的原理非常简单，其实质就是加窗傅里叶变换，即首先将原始信号进行傅里叶变换得到傅里叶变换系数，然后将某一尺度下的小波函数作为窗口与傅里叶系数相乘，再进行傅里叶逆变换即可得到连续小波变换的结果。

连续小波变换的另一种算法是直接使用卷积命令，如 Matlab 工具箱中的连续小波变换使用了下列命令：

```
coef=-sqrt(scale)*keepcent(diff(conv(signal,f)),len);
```

其中，$scale$ 为尺度因子；$keepcent$ 的功能为从向量的中间保留长度为 len 的数据点。采用此命令可以方便地完成连续小波变换的编程。例如，基于 Morlet 小波的连续小波变换函数为

```
% 函数,Morlet 连续小波变换
function coefs=cwt_m(signal,scale)
  signal=signal(:)';
  len=length(signal);
  coefs=zeros(1,len);
  precis=10;
  [psi,psi_x]=feval('morlet_m', - 8, 8, 2.^precis);
```

```
    f=get_filt(psi,psi_x,scale);
    coefs=-sqrt(scale)* keepcent(diff(conv(signal,f)), len);
% 程序结束
% 函数,Morlet 函数的计算
function [out1,out2]=morlet_m(a, b, n)
    out2=linspace(a,b,n);
    out1=exp(-(out2.^2)/2) .* cos(5*out2);
% 函数,获取滤波器
function filter=get_filt(psi, psi_x, scale);
    step=psi_x(2)- psi_x(1);
    psi_integ=cumsum(psi)* step;
    psi_x=psi_x- psi_x(1);
    dx=psi_x(2);
    xmax=psi_x(length(psi_x));
    j=[1+ floor([0:scale* xmax]/(scale* dx))];
    if length(j)= = 1, j=[1 1]; end
    filter=fliplr(psi_integ(j));
% 函数,保留中心数据点
function y=keepcent(x, l)
    x= x(:)';
    n=length(x);
    if n< l disp('length(x) must be bigger than l !!! ');
    else
        nf=floor((n-l) / 2);
        y=x(nf+ 1 : nf+l);
end
```

利用下列命令即可完成对上述色谱数据的连续小波变换：

```
coef= cwt_m(y, a);
```

其中，a 为尺度因子。例如，图 9-12 所示的色谱信号在尺度因子为 80 时的连续小波变换结果如图 9-15 所示。

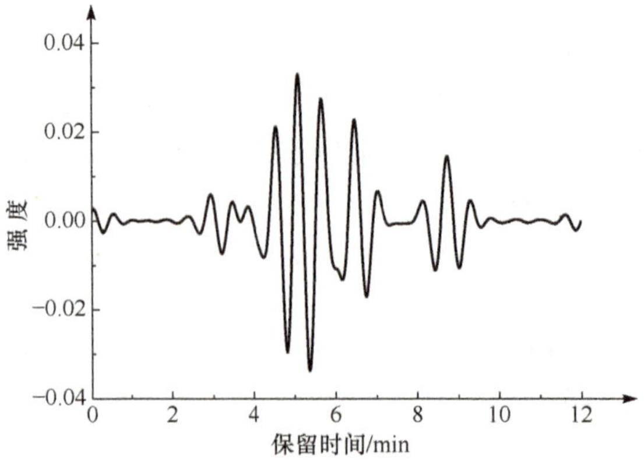

图 9-15　尺度 $a=80$ 时连续小波变换的结果

9.3.5 小波包分析的程序设计

从小波包变换的计算公式可以看出，小波包的计算公式与小波变换是一样的，只是分解的方式不同。WaveLab 中提供了与小波包分解有关的函数（表 9-3），其中“wpanalysis”和“wpsynthesis”分别用于小波包变换的分解与重构，“bestbasis”用于最佳基的计算。

表 9-3 WaveLab 中关于小波包变换的重要函数与功能

函数名称	基本功能
wpanalysis. m	小波包的分解计算
wpsynthesis. m	小波包的重构计算
bestbasis. m	Coifman-Wickerhauser 最佳基算法
calcstattree. m	根据熵值建立小波包分解树
packbasiscoeff. m	组装小波包分解的系数
plotbasiscoeff. m	小波包分解的图形显示
unpackbasiscoeff. m	提取小波包分解的系数

利用表 9-3 中给出的命令，可以非常方便地进行编程。例如，对图 9-12 中的色谱信号进行小波包分析，可采用以下计算程序：

```
% 程序，小波包分解与重构
% 读取数据并截取后 2048 个数据点
 load chrom.dat
 x=chrom(337:2384, 1);
 y=chrom(337:2384, 2);
% 确定分解的最大尺度
 D=7;
% 构造滤波器 Symmlet (8)
 f=makeonfilter('Symmlet', 8);
% 计算信号长度及最大分解尺度
 [n,J]=dyadlength(x);
% 小波包分解
 wp=wpanalysis(y, D, f);
% 确定最佳小波基
 st=calcstattree(wp, 'Entropy');
 [bb,vt]=bestbasis(st, D);
% 图形显示最佳小波基
 figure; plotbasistree(bb, D, st);
% 提取小波包系数
 coef=unpackbasiscoeff(bb, wp);
% 图形显示小波包系数(图 9-16)
 figure; plot(coef);
```

```
% 组装小波包系数
 reconstwp=packbasiscoeff(bb, wp, coef);
% 重构
 yr=wpsynthesis(bb, reconstwp, f);
% 图形显示重构结果(图 9-17)
 figure; plot(x, yr)
% 程序结束
```

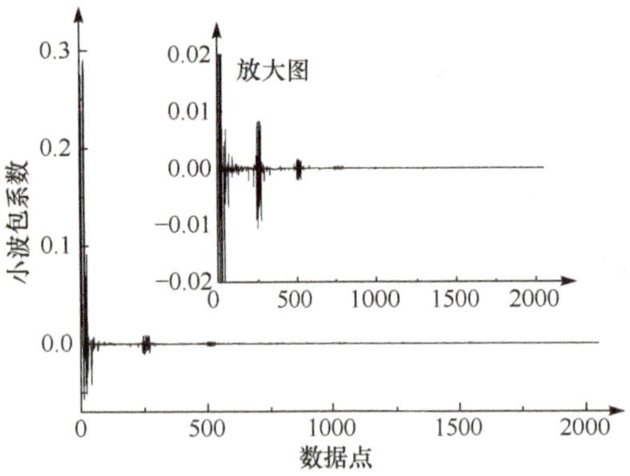

图 9-16　小波包系数的图形显示

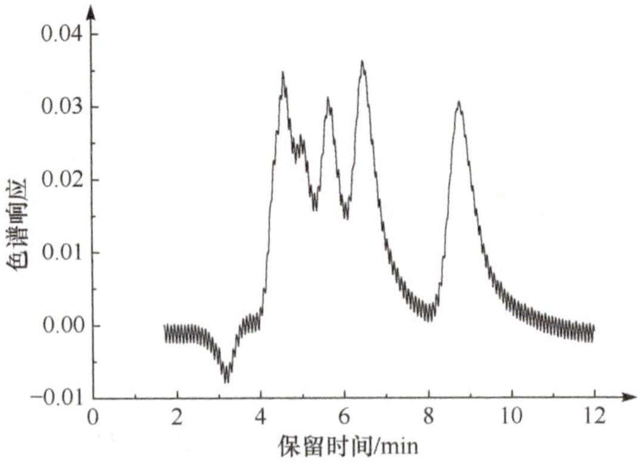

图 9-17　色谱数据的重构结果

9.4　小波分析的应用

9.4.1　数据压缩

现代分析仪器所提供的信息越来越多，特别是联用仪器的出现带来了非常精密的多维信号。另外，化学信息数据库，如红外光谱、核磁共振谱、质谱等，也要求将大量的实验数据集中在一起进行存放。因此，数据的压缩是分析化学家必须考虑的问题之一。目前，主要有两种数据压缩策略，一是降低数据的精密度，如加大采样间隔，但这样会带来分辨率的降低；另一种策略是减少存放的数据量，如采用特殊的数据存储格式或采用数学手段。常用的数学手段有因子分析、傅里叶变换等。

化学信号经小波变换以后将从原来的空间投影到小波空间，由于小波变换的特点，在小波空间的系数将有一部分特别小(图 9-13 和图 9-16)，对信号的表示没有意义。如果将小的系数去除，在重构的信号中将不会丢失有意义的信息。因此，小波变换可用于数据的压缩。

1. 离散小波变换用于数据压缩

离散小波变换用于数据的压缩可由下列三个步骤完成：

(1) 将原始信号进行小波变换，得到小波系数 $w=\{C^{(J)},D^{(J)},D^{(J-1)},\cdots,D^{(1)}\}$。

(2) 将系数 w 中足够小的系数去除即可得到压缩后的数据 w_{store}，以达到数据压缩的目的。

(3) 根据压缩后的数据 w_{store}对原始信号进行重构。

在上述步骤中，为了确定第(2)步中保留的系数多少，需要设定一个阈值。该阈值的大小一般有两种产生方式，一是采用一定的计算公式(表 9-4)自动确定；二是根据经验人工确定。在人工确定时，主要考虑两个方面的因素，即压缩比和失真程度。一般来说，压缩比越高，失真也就越严重。有时需要反复测试才能得到理想的阈值。

图 9-18 中曲线(a)为 32 768 个数据点组成的一个核磁共振谱图，采用 Symmlet(Sym10)滤波器，尺度为 10，小波变换后得到的系数如图 9-19 所示。为了便于观察，图 9-19 的纵坐标剪切至±0.01。可以看出，大部分小波系数的绝对值均很小，扣除以后不会影响信号的丢失。图 9-18 中的曲线(b)、(c)和(d)分别为采用 2048、1024 和 512 个较大的系数重构得到的谱图。可以看出在压缩比为 16∶1、32∶1 和 64∶1 的情况下均能较好地表示原始信号，RMS 分别为 1.36×10^{-4}、1.70×10^{-4}和 2.77×10^{-4}。

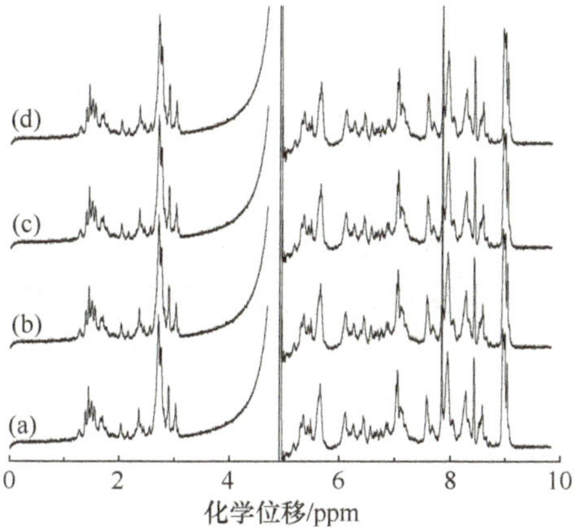

图 9-18 由 32 768 个数据点组成的核磁共振谱图(a)及采用 2048(b)、1024(c)和 512(d)个系数的重构谱图

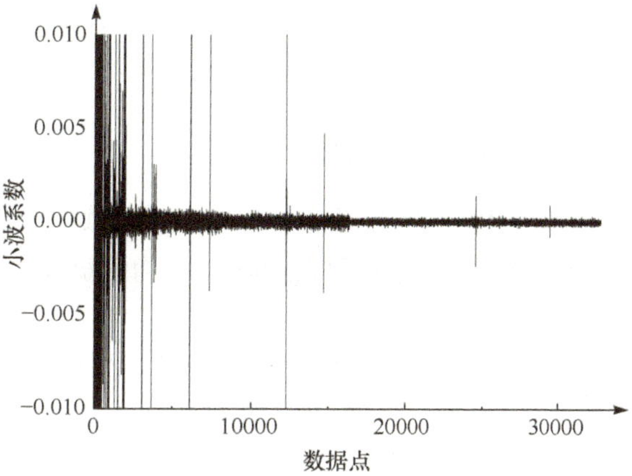

图 9-19 小波系数的图形显示(剪切至±0.01)

2. 小波包变换用于数据压缩

小波包变换也可用于数据的压缩以及平滑滤噪，其过程与小波变换几乎完全相同：

(1) 将原始信号进行小波包变换。

(2) 根据最佳基得到小波包系数 $w=\{w_j^p\}$。

(3) 根据阈值的大小去除 w 中较小的系数，得到 w_{store}。

(4) 需要时，由 w_{store}对原始信号进行重构。

与小波变换相比，唯一的区别在于如何获取小波包系数，增加了一个确定最佳基的过程。

图 9-20(a)为模拟的色谱图，其数据点数为 1024。采用 Daubechies(Daub18)滤波器，尺度为 9，经小波包变换后可得到如图 9-21(a)所示的系数，图 9-21(b)为按照绝对值大小排序后的系数。可以看出，大部分系数很小，只保留少数的系数即可保留全部的信息。图 9-20(b)为采用 128 个系数重构的色谱图，与图 9-20(a)相比几乎完全一致。RMS 为 4.0842×10^{-5}。

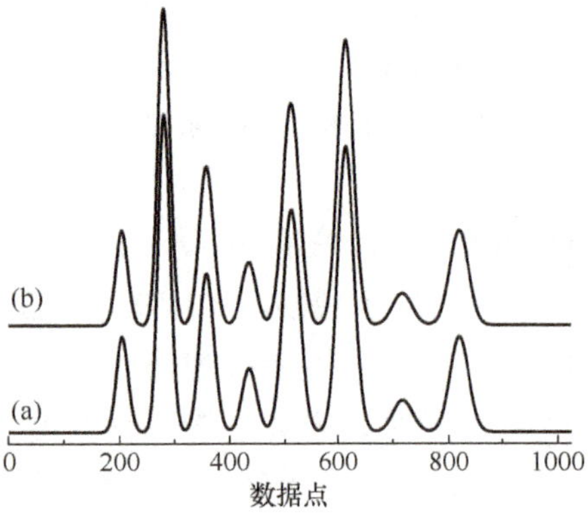

图 9-20　模拟色谱信号(a)及利用64个小波系数重构得到的结果(b)

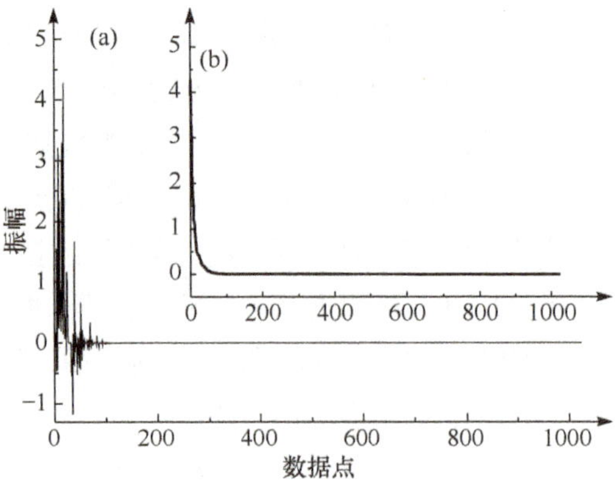

图 9-21　小波系数(a)及其绝对值的排序(b)

3. 数据集的小波变换压缩

在分析化学中,经常会得到二维数据矩阵,如 HPLC-DAD 数据、GC-MS 数据和 n 个样品的近红外光谱等,这些数据矩阵可称为数据集。小波或小波包变换也可用于数据集的数据压缩,可采用以下步骤:

(1) 将 n 个信号进行小波或小波包变换,得到 n 行小波或小波包系数矩阵。

(2) 计算方差向量,每一元素对应于每一列小波系数的方差。

(3) 采用一定的阈值保留那些方差较大的元素。

(4) 去除对应于较小方差的小波系数列。

数据集的数据压缩对于近红外光谱分析以及数据库的数据压缩具有重要意义,成功的应用实例可在有关参考文献中找到。

9.4.2 平滑和滤噪

信号的滤噪与平滑是许多研究领域普遍关心的问题,因为信号在产生和传输的过程中均会受到各种外界因素的干扰。因此,已提出了数种不同的方法来进行噪声和信号的分离,如傅里叶变换法、Savitzky-Golay 法以及 Kalman 滤波法等。

滤噪和平滑经常被认为是同一个概念,但严格地说它们之间具有明确的区别。滤噪是将信号中的干扰信号(通常为小的无用信号)滤除,而平滑是将信号中的高频部分滤除,减小信号的波动。

1. 小波变换用于平滑和滤噪的基本算法

根据上述对滤噪和平滑的定义,小波变换用于信号滤噪的计算方法与数据压缩基本相同:

(1) 将原始信号进行小波变换,得到小波系数 w。

(2) 根据一定的阈值法将系数 w 中较小的系数减弱或去除,得到 w_{den}。

(3) 由 w_{den} 重构得到滤噪后的信号。

而小波变换用于信号平滑的计算方法与傅里叶滤波很相似:

(1) 将原始信号进行小波变换,得到小波系数 w。

(2) 根据一定的阈值法将系数 w 中代表高频率信号的系数去除,得到 w_{den}。

(3) 由 w_{den} 重构得到平滑后的信号。

因此,小波变换用于信号的滤噪和平滑的关键步骤在于如何对小波系数 w 进行处理得到 w_{den}。对于滤噪,已有许多阈值的确定方法,如 SURE 法、VISU 法、HYBRID 法、MINMAX 法等,但这些方法均不如人工阈值法(通过对小波系数的考察人工确定阈值)实用。因此,在实际工作中,可采用 MRSD 方法进行信号分解,然后采用“自动”或“人工”阈值法进行平滑滤噪。也可以采用改进的 MRSD 算法进行信号分解,并将得到的逼近系数和细节系数作图,通过观察确定阈值,有时还可以根据经验确定阈值。

在小波变换滤噪的步骤中[第(2)步],对小波系数实施扣除的方法有两种,分别称为硬阈值法(hard thresholding)和软阈值法(soft thresholding)。

$$w_j^{hard}=\begin{cases}0 & 如果|w_j|<\varepsilon \\ w_j & 如果|w_j|\geqslant\varepsilon\end{cases} \tag{9-42}$$

$$w_j^{soft}=\begin{cases}0 & 如果|w_j|<\varepsilon \\ sign(w_j)(|w_j|-\varepsilon) & 如果|w_j|\geqslant\varepsilon\end{cases} \tag{9-43}$$

式中,ε 为阈值。

WaveLab 系统提供的关于小波变换滤噪和平滑的常用命令见表 9-4,利用这些命令可以方便地实现上述各种计算。

表 9-4 WaveLab 中关于滤噪的函数与功能

函数名称	基本功能
hardthresh. m	硬阈值法
hybridthresh. m	Hybrid 阈值法
minmaxthresh. m	Minimax 阈值法
softthresh. m	软阈值法
surethresh. m	SURE 阈值法
keepbiggest. m	保留 N 个较大值,其余置零

2. MRSD 算法用于平滑和滤噪

利用 MRSD 算法进行平滑和滤噪可严格按照上述步骤进行,首先将原始信号进行小波变换得到小波系数 $w=\{C^{(J)},D^{(J)},D^{(J-1)},\cdots,D^{(1)}\}$,$w$ 的数据点数与原始数据相同。然后采用“自动”或“人工”方法确定阈值,并按照平滑或滤噪的要求对小波系数 w 进行处理,得到压缩后的小波系数 w_{den}。平滑时需要扣除代表高频信号的小波系数,而滤噪时需要扣除较小的小波系数。最后通过重构得到平滑或滤噪后的结果。

图 9-22(a)是某实验色谱图,(b)和(c)分别为平滑和滤噪的结果。在平滑时扣除了所有尺度大于 4 的小波系数,在滤噪时阈值设为最大和最小系数差值的 3%,保留了 61 个绝对值较大系数。

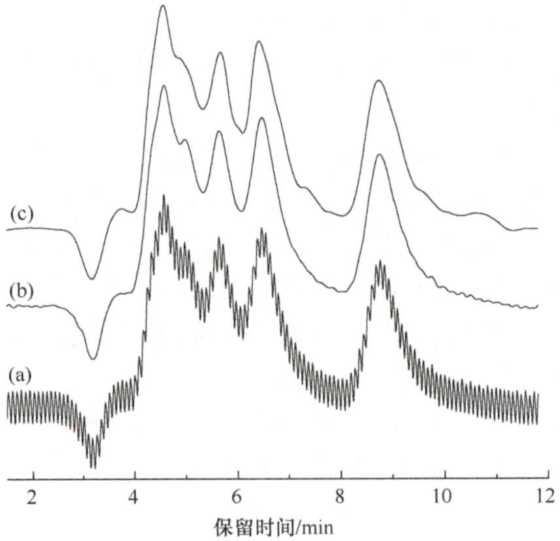

图 9-22　实验色谱信号(a)以及平滑(b)和滤噪(c)的结果

3. MRSD 的改进算法用于信号平滑

在利用 MRSD 进行平滑时，必须根据经验或通过尝试确定需要扣除的小波系数，因为不同的信号具有不同的频率成分。如果扣除的系数选择不当，则会导致有用信号的丢失。改进的 MRSD 算法在分解计算时数据点数不变，可以对每一阶的离散逼近和离散细节进行作图查看，因此可非常方便地确定阈值。

例如，图 9-23 为通过改进的 MRSD 算法由图 9-22(a)得到的离散细节和离散逼近信号。从分解结果可以非常直观地看出，从 $C^{(1)}$ 到 $C^{(5)}$ 信号中的噪声逐渐减小，$D^{(1)} \sim D^{(4)}$ 主要为噪声，直到 $D^{(5)}$ 才含有部分有用信号。因此，我们可以将 $D^{(1)} \sim D^{(4)}$ 的系数扣除进行数据平滑。当然，直接采用 $C^{(4)}$ 作为平滑结果也可以。

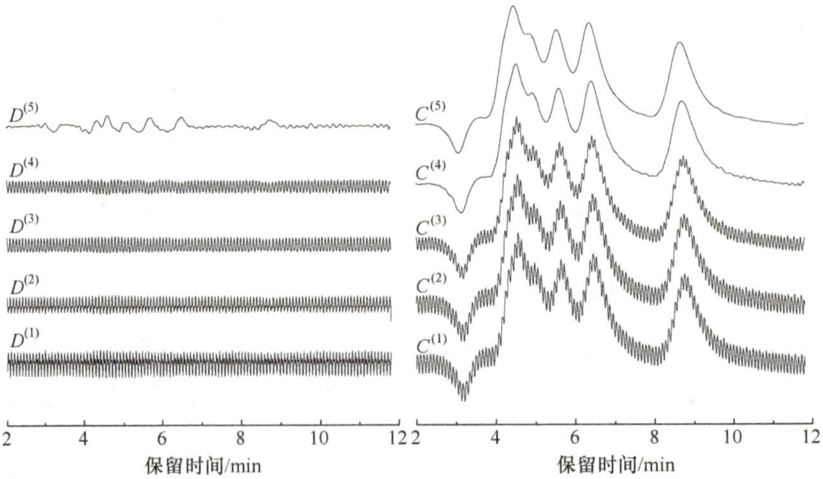

图 9-23　MRSD 的改进算法得到的离散细节和离散逼近

4. 小波包变换用于平滑和滤噪

小波包变换也可按照与上述相似的步骤进行数据平滑和滤噪，但在得到小波包系数时需要增加最佳基的确定。另外，基于 WaveLab 进行程序设计时，在实施阈值处理之前需要先使用"unpackbasiscoeff"命令得到小波包系数，然后使用"packbasiscoeff"命令将小波包系数进行组装才能进行重构。

由于小波包的分解能力比小波分析更强，在某些情况下可能会得到更理想的平滑滤噪结果。

9.4.3 背景扣除与基线矫正

在分析化学信号中，除噪声是常见的干扰成分外，背景信号和基线漂移也常给分析信号的进一步处理带来困难。如何有效地将背景信号或基线信号与有用信号进行分离是分析化学工作者非常关心的问题之一。

在数据平滑的应用中，利用的是小波变换的分辨能力，从原始信号中去除了高频的噪声成分。同样，也可以利用小波变换的分辨能力，扣除原始信号中的低频成分。这样就可以实现背景信号的扣除或基线的校正，因为背景和基线往往是实验信号中频率最低的组成成分。

1. MRSD 算法用于背景扣除

采用 MRSD 算法对背景进行扣除时，可先将原始信号进行小波变换，得到小波系数，将代表基线成分的低频系数扣除，再进行重构即可得到扣除背景后的信号。

图 9-24(a)为经坐标变换后的 EXAFS 实验信号，利用小波变换可以得到如图 9-25 所示的系数。可以看出，$C^{(4)}$代表了背景信号。将 $C^{(4)}$ 设置为零再重构即可得到扣除背景后的信号，如图 9-24(b)所示。

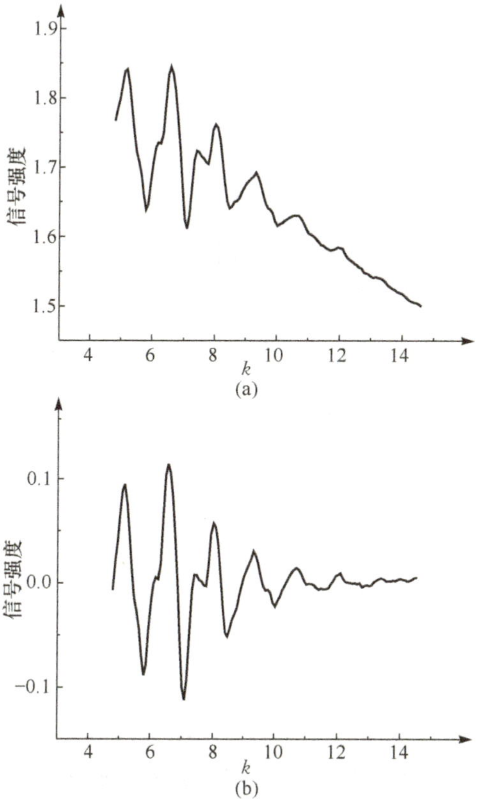

图 9-24 坐标变换后的 EXAFS 信号(a)及背景扣除后的信号(b)

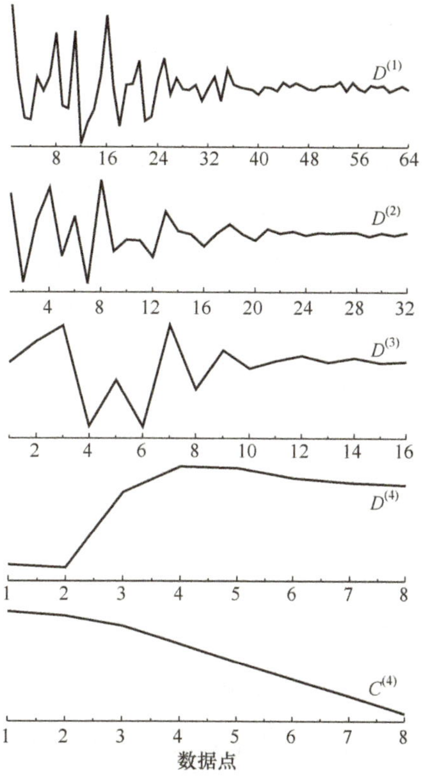

图9-25 小波变换得到的离散逼近和离散细节

2. 改进的 MRSD 算法用于背景扣除和基线校正

采用改进的 MRSD 算法可更方便地进行背景的扣除。图 9-26 中的 $C^{(0)}$ 是某样品的 EXAFS 实验信号，经改进的 MRSD 算法分解出的离散逼近 $C^{(1)} \sim C^{(4)}$ 如图所示。可以看出，$C^{(4)}$ 基本代表了背景信号。从 $C^{(0)}$ 中扣除 $C^{(4)}$ 即可得到有用信号，如图 9-27 所示(图中的横坐标已进行了变换)。

同样的方法也可用于色谱信号的基线校正。图 9-28(a)为某样品的实验色谱图，利用改进的 MRSD 算法可以得到代表基线信号的离散细节 $C^{(8)}$，图 9-28(b)为 $C^{(8)}$ 乘以 0.93 后的曲线。从原始信号(a)中扣除曲线(b)即可得到基线校正后的色谱信号，如图 9-29 所示。

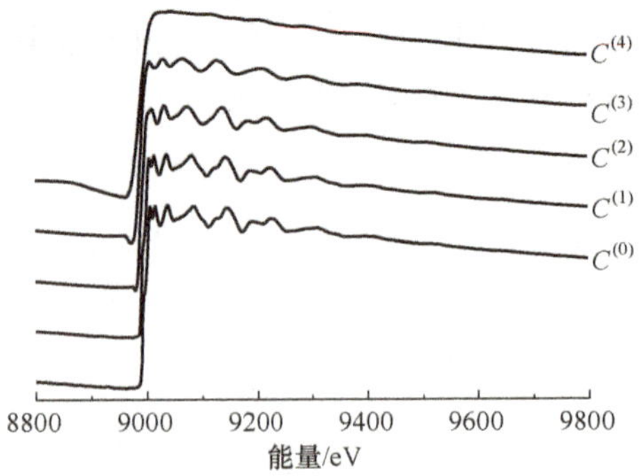

图 9-26　小波变换分解得到的离散逼近

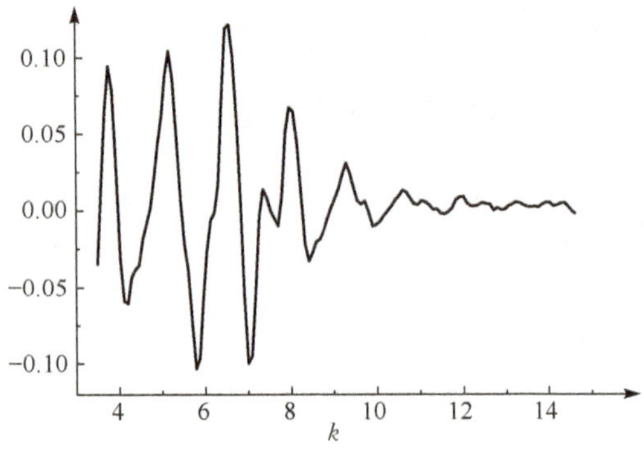

图 9-27　背景扣除的结果

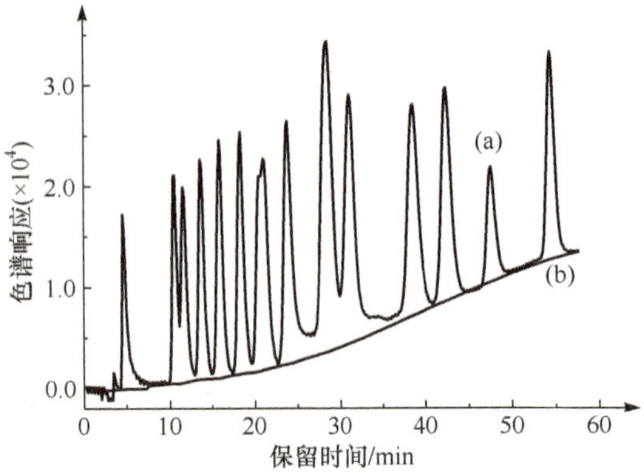

图 9-28　实验色谱图(a)及小波变换得到的 $C^{(8)}$(b)

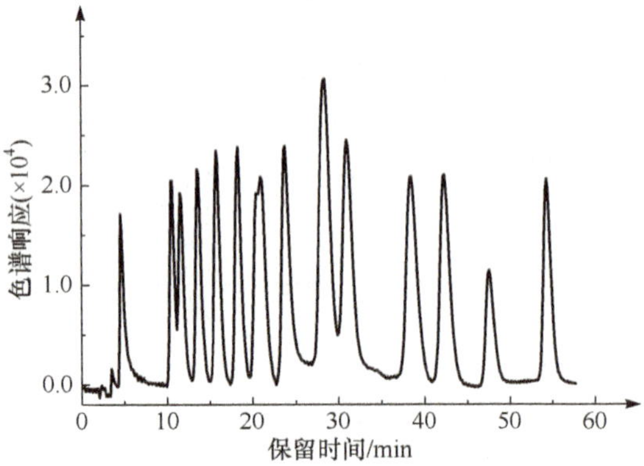

图 9-29　基线校正后的色谱图

此外，小波变换还可用于其他信号(如近红外光谱)的背景扣除，连续小波变换也可用于背景扣除。读者可以从文献中找到成功的应用实例。

9.4.4　近似导数的计算

导数计算是化学信号处理的常用方法，对提高谱图的分辨率、背景信号的扣除等具有重要意义。目前求导的计算方法主要有数值微分法、傅里叶变换法、Savitzky-Golay 多项式滤波法等。这些方法虽然运算简单，但是求导结果通常含有很大噪声，在进行高阶导数的计算时，需要对低阶导数的计算结果进行平滑处理。

小波变换用于信号的导数计算主要有两种方法，即离散小波变换法和连续小波变换法。这两种方法的原理都是利用小波基的性质，前者利用的是由不同滤波器得到的离散逼近信号之间的差别，而后者利用的是小波基函数特殊性质。

1. 离散小波变换用于近似导数的计算

离散小波变换用于近似导数的计算来源于滤波器的性质。例如，采用不同长度($N=2m$，$m=2,4,\cdots,10$)的 Daubechies 小波基对同一信号进行分解时所得到的 $C^{(j)}_{D_{2m}}$ 和 $C^{(j)}_{D_{2\tilde{m}}}$ ($m\neq\tilde{m}$)信号之间存在着很小的偏移，这种偏移对应于各数据点的导数。因此，采用式(9-44)可以得到信号 $C^{(0)}$ 的一阶导数

$$X^{(1)}=C^{(j)}_{D_{2m}}-C^{(j)}_{D_{2\tilde{m}}}\quad m\neq\tilde{m} \tag{9-44}$$

为了保证信号的强度，j 一般取 1，当信号中含有较大噪声时，也可采用更高的分解尺度。将一阶导数 $X^{(1)}$ 作为 $C^{(0)}$ 继续计算可得到该信号的二阶导数。

计算离散逼近信号 $C^{(1)}$ 时，可采用 MRSD 算法，也可采用改进的 MRSD 算法。区别在于数据点数的多少，前者将导致数据点数的减半，后者则可以保持原有的数据点数。

图 9-30 和图 9-31 中的曲线(a)为采用 Gauss、Lorentz 和 Sigmoid 函数模拟的三种分析化学典型信号，图 9-30 和图 9-31 中的曲线(b)和曲线(c)为采用 MRSD 和改进的 MRSD 算法计算的一阶和二阶导数。

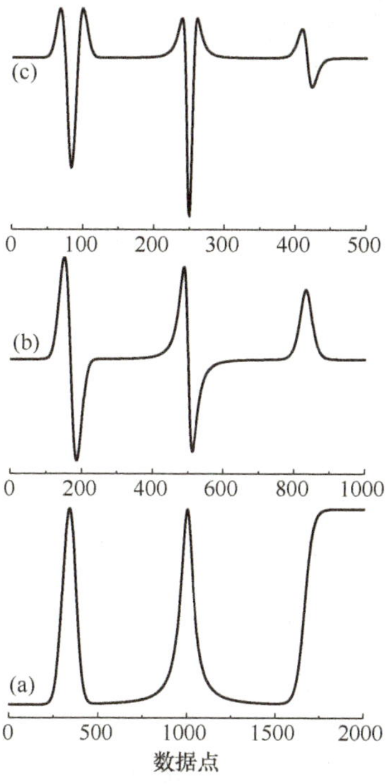

图 9-30 模拟信号(a)及其一阶(b)和二阶(c)导数(基于 MRSD 的计算方法)

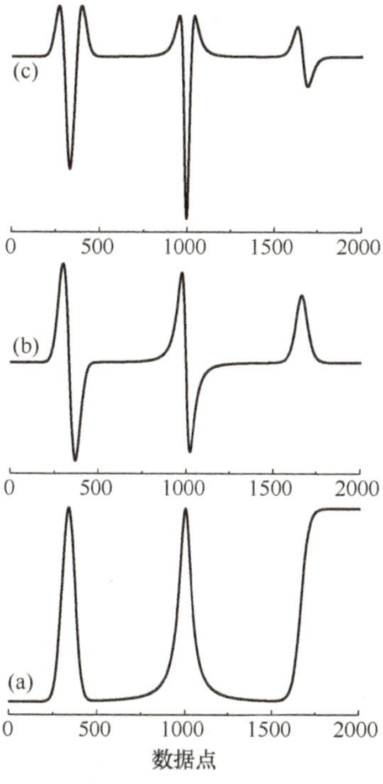

图 9-31 模拟信号(a)及其一阶(b)和二阶(c)导数(基于改进的 MRSD 算法)

2. 连续小波变换用于近似导数的计算

连续小波变换用于导数的计算来源于小波基函数的特殊性质。例如，Haar 小波基为一个阶梯函数，与信号卷积后为信号的一阶导数，继续卷积则可得到二阶导数。由于小波变换具有平滑滤噪功能，此方法可以非常方便地解决高阶导数计算时的噪声问题。

图 9-32 为分别采用尺度因子为 1、20 和 50 得到的一阶和二阶导数，原始信号为图 9-30(a)的模拟信号加入一定强度的随机噪声。可以看出，随着尺度因子的增加，噪声强度逐渐减少。需要指出的是，随着尺度因子的增加，导数信号中的峰宽也逐渐增加。因此，实际工作中应根据噪声的大小取适当小的尺度因子。

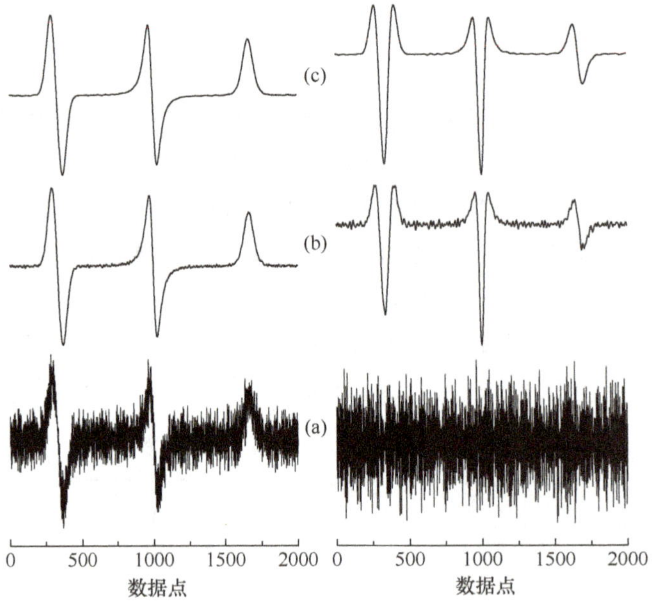

图 9-32 采用尺度因子为 1(a)、20(b)和 50(c)得到的一阶和二阶导数

9.4.5 重叠信号解析

由以上内容可以看出，不同尺度下的离散细节和离散逼近代表着原始信号中的不同频率成分。最高频率的成分往往是噪声信号，最低频率的成分往往是基线或背景信号，频率介于噪声和基线的成分则代表了信号的有用信息。因此，可以通过中间频率成分来进一步考察有用信号的组成情况。如果能得到有用信号中的高频率成分，就可以进行重叠信号的解析。

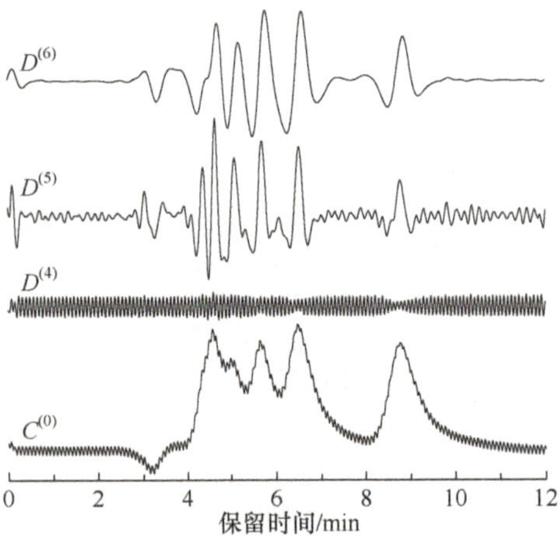

图 9-33 重叠色谱信号及其离散细节成分

图 9-33 中的 $C^{(0)}$ 为严重重叠的色谱图，$D^{(4)}$、$D^{(5)}$ 和 $D^{(6)}$ 分别为由小波变换得到的离散细节成分，可以看出 $D^{(5)}$ 代表了高频率的色谱信号成分。由于小波变换为线性变换，可以利用 $D^{(5)}$ 信号进行进一步的定性和定量分析。

图 9-34 为不同浓度的苯、甲苯和乙苯组成的 5 个样品的重叠色谱图。通过小波变换，可以得到代表高频率的色谱信号成分，再通过基线的扣除和峰面积的计算，可以得到如图 9-35 所示的三条工作曲线。

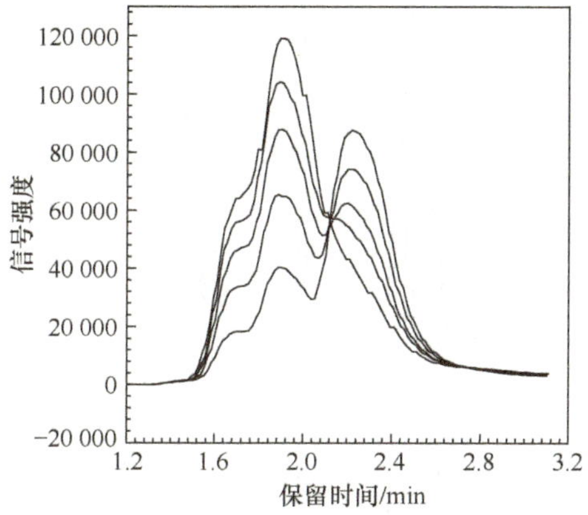

图 9-34 苯、甲苯和乙苯的重叠色谱图

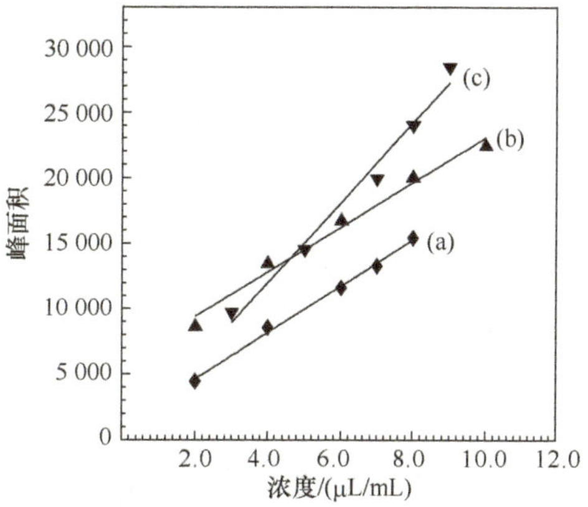

图 9-35 苯(a)、甲苯(b)和乙苯(c)的工作曲线

利用小波包变换也同样可以实现重叠信号的解析，利用改进的 MRSD 算法进行小波包变换对信号进行 j 尺度的分解，可以得到每一尺度时的 $2j+1$ 个成分。由于小波包变换的分辨能力更强，可以非常方便地从这些成分中挑选合适的高分辨信号成分。

9.4.6 谱图分辨率的改善

在 9.4.5 小节的算法中，我们直接利用了小波变换的离散细节信号，只利用了原始信号中的一小部分信息，而丢掉了大部分的信息。基于同样的原理，如果对代表着高频率有用信息的离散细节进行放大再进行重构，既不丢失原有的信息，又能提高原始信号的分辨率，即按照以下步骤进行处理：

(1) 将原始信号进行小波变换，得到小波系数 $w=\{C^{(J)},D^{(J)},D^{(J-1)},\cdots,D^{(1)}\}$。

(2) 确定代表有用信号的较高频率的离散细节 $D^{(j)}$。

(3) 将 $D^{(j)}$ 放大，即乘以一个大于 1 的系数 k。

(4) 由放大后的小波系数进行重构。

图 9-36(a)为一组模拟的核磁共振峰，分别为双重峰、三重峰、四重峰和五重峰。经小波变换分解可以得到如图 9-37 所示的离散细节信号。将 $D^{(1)}$ 和 $D^{(2)}$ 放大 55 倍后再进行重构，即可得到如图 9-36(b)所示的谱图。可以看出，分辨率得到了极大的改善。

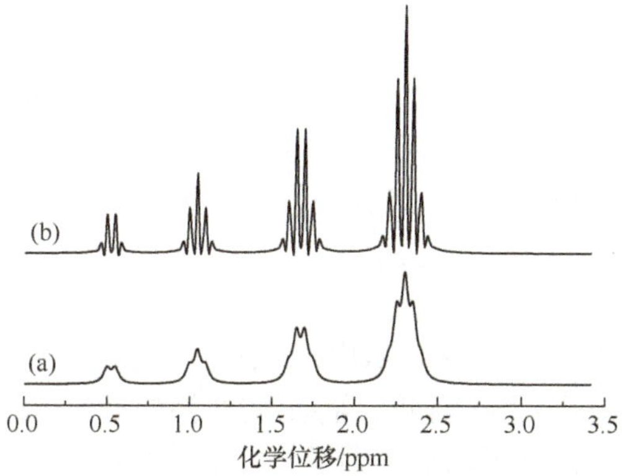

图 9-36 模拟的核磁共振图(a)及其解析结果(b)

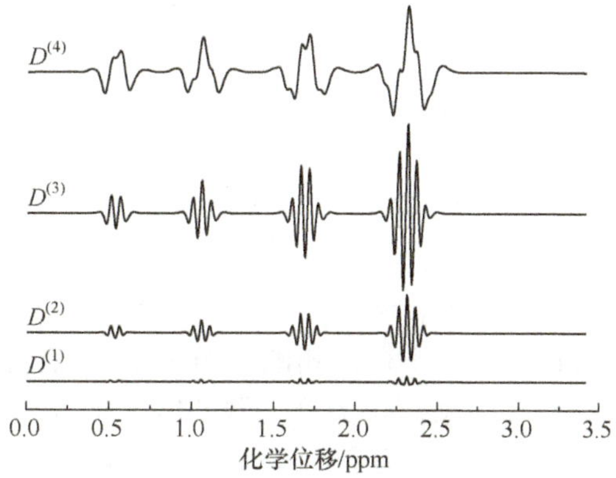

图 9-37 模拟核磁共振图的离散细节成分

图 9-38 中曲线(a)为某生物样品核磁共振谱图中化学位移为 1～2ppm 和 4～5ppm 的两部分，分辨率较低。曲线(b)为曲线(a)的 $D^{(1)}$ 和 $D^{(2)}$ 乘以 10 以后重构的结果。可以看出，经小波变换处理后的谱图具有较好的分辨率。

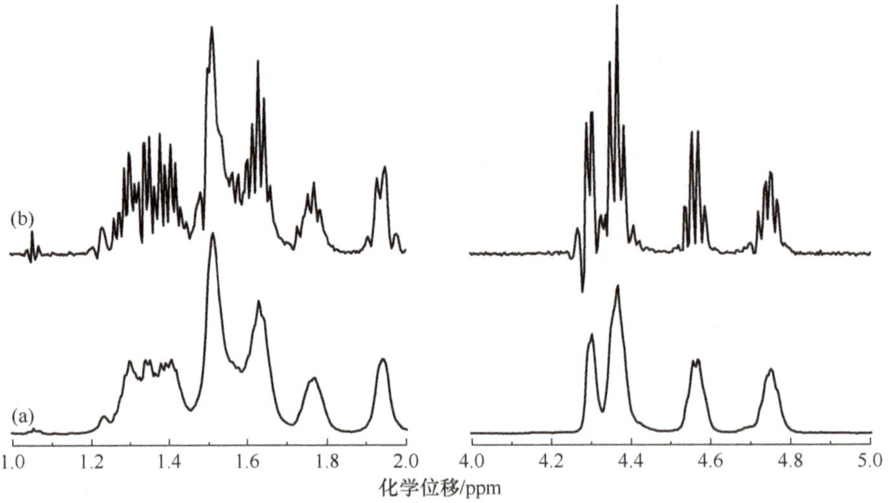

图 9-38　低分辨率的核磁共振谱图(a)及其解析结果(b)

9.4.7　小波分析的其他应用

迄今为止，有关小波变换在化学领域中应用的研究论文有 370 多篇，其中约 75%的论文集中于分析化学信号处理，包括平滑滤噪、数据压缩、基线校正、重叠信号分辨、分析化学图像处理以及与其他化学计量学方法的联合应用。另外，约 25%的论文主要集中于物理化学领域，包括量子化学、分子力学、分子动力学等。

1992 年，Bos 等率先将小波变换应用于流动注射分析(FIA)信号的滤噪和基线漂移的扣除。由于 FIA 的弱信号往往被较大的随机噪声所掩盖，因此难以确定峰的位置和正确的基线校正方法。在他们的工作中，首先对 FIA 的 Gaussian 峰形及指数修正的 Gaussian(EMG)峰形进行了模拟研究，然后用咪唑和 18-冠-6 体系进行了实际测试，结果发现当信噪比(S/N)为 2 时，由 WT 得到的 FIA 峰强度误差在 5%以内，同时检测限也有所改善，基线漂移也很小。

在电化学研究中，关于样条小波的研究比较突出，研究的内容包括数字滤波器的设计以及重叠电化学信号的解析。此外，小波变换还可用于示波信号和差分脉冲伏安(DPV)信号的信号提取，以及电位滴定的终点的确定。

小波变换在色谱数据处理中的应用最为广泛，除上述已讨论的平滑滤噪、基线校正和重叠色谱信号分辨外，利用多尺度分析方法对有基线漂移及光谱背景的二维色谱体系也进行了研究，结果表明该方法可以将光谱背景进行滤除，也可以将漂移的色谱基线加以校正，从而为正确地得到数据矩阵的因子数提供了保障。小波变换与其他方法的联合应用有时会大大提高传统方法解决问题的效率。例如，利用 HPLC 谱图中的杂质峰[称为药理指纹(pharmaceutical fingerprinting)]进行药物的分类识别时，首先用 WPT 对样品的 HPLC 数据进行预处理，选取一小部分小波系数作为分类器的输入项，可大大加快分类的速度。将小波变换的滤噪和数据压缩功能与因子分析相结合也可改善因子分析的解析结果和提高因子分析的计算速度。

小波变换是红外光谱数据压缩和平滑滤噪的良好工具，小波变换数据压缩应用于红外光谱数据库具有更重要的意义。利用小波变换对大量样品的 NIR 光谱进行滤噪和数据压缩可提高偏最小二乘(PLS)的方法的预测速度和预测精度。采用人工神经网络(ANN)等方法可以对红外光谱进行光谱鉴定,采用小波变换对光谱数据进行预处理,将压缩后的数据作为 ANN 算法的输入,可以提高了 ANN 的训练速度,预测的结果也比直接用原始光谱数据训练的神经网络更精确。NIR 光谱的模式识别也可采用相似的方法。Stark 等应用小波变换把 FT-IR 吸收光谱中的矿物学信息从噪声和其他信号(如水和其他有机物产生的吸收信号)中分离出来,并发展了一种最佳放射矿物学评估值法,用小波系数对混合物中给定矿物的质量分数进行评估,得到了比传统方法更准确的结果。

小波变换在质谱(MS)中的应用主要集中于两个方面:仪器设计和二级离子质谱(SIMS)。结合 Haar 小波分析,设计了离子回旋加速共振质谱仪,小波分析可以有效地从接收信号中分离出某种离子发出的特征频率信号。小波分析还可用于质谱信号中瞬时事件的检测、实时过程控制、质谱中相对离子丰度的确定以及利用小波分析提取的高频信息(如尖头信号)和低频信息(如系统波动、基线漂移或仪器错误产生的信号)进行瞬时事件检测。小波分析在 SIMS 图像处理中也发挥了重要作用。采用小波分析对 SIMS 图像进行滤噪,与常用的传统方法相比,可以更好地滤除噪声,并很好地保持滤噪结果中的边缘和尖头信息。另外,利用小波分析滤除 SIMS 图像中的噪声,还能够提高 Kohonen 神经网络的分类能力。

小波变换在重叠 NMR 信号解析和背景信号扣除中的应用已经进行了讨论。此外,利用小波变换的时频局部化性质,小波变换可应用于 NMR 谱动力学过程 FID 信号的简化及特征信息的提取。对于生物医学磁共振技术中磁共振谱峰的重叠或基线扭曲,小波分析也是一种有效精确的定量分析方法。

小波变换在紫外-可见光谱、光声光谱、毛细管电泳、X 射线分析等领域也有许多成功的应用。随着小波变换方法的不断发展,小波分析在化学领域中的应用还将继续深入,并成为分析化学信号处理的常规手段。

上机训练与习题

1. 什么是小波?
2. 小波变换是如何定义的?如何理解小波变换的实质?
3. 如何理解多尺度分析(MRA)?
4. 简述小波变换的多尺度信号分解(MRSD)算法?
5. 小波包变换与小波变换有何不同?
6. 编写 MRSD 算法和改进的 MRSD 算法的计算程序,对模拟数据或实验数据进行分解和重构,并考察小波系数的分布情况。
7. 编写连续小波变换的计算程序,对模拟数据或实验数据进行变换处理,并考察尺度因子对变换结果的影响。
8. 小波变换用于数据压缩的原理是什么?
9. 平滑和滤噪有什么区别?简述小波变换用于平滑和滤噪的原理。
10. 小波变换为什么能用于背景扣除和基线校正?
11. 编写离散小波变换用于信号求导的计算程序,对模拟信号或实验信号进行计算,比较与传统方法的区别,讨论噪声对计算结果的影响。
12. 编写连续小波变换用于信号求导的计算程序,对模拟信号或实验信号进行计算,讨论尺度因子对计算结果的影响。

13. 小波变换用于重叠信号解析的实质是什么?

14. 为什么小波变换可用于改善分析化学信号的分辨率?

15. 提出小波变换潜在的应用领域并加以讨论。

第 10 章　多元校正与因子分析

10.1 引　言

10.1.1 化学计量学

随着分析化学的仪器化、自动化和计算机化的迅猛发展，现代分析仪器能迅速、准确地为化学工作者提供大量可靠的测量数据。对于分析化学工作者来说，如何确定最合适的分析方法、选择最优的测量过程以及如何对实验得到的原始数据进行处理以从中提炼出新的、更多的有价值的化学信息就显得越来越重要。因此，随着计算机科学、应用数学以及统计学方法在化学，尤其是在分析化学中的广泛和深入的应用，化学计量学应运而生。

化学计量学(chemometrics)是建立在多学科基础上的一门新兴学科，已成为化学学科的一个重要分支。化学计量学是在 1970 年由瑞典的 Word 教授首先提出的，并与美国的 Kowalski 教授一起于 1974 年在美国 Seattle 成立了国际化学计量学学会，他们以改进化学、应用数学及统计学的衔接为目标，并把化学计量学的任务规定为：应用和发展统计学方法和其他数学方法，从实验测量中取得有用的化学信息。鉴于现代分析仪器的发展以及化学计量学在计算机与分析仪器相结合时所显示的优越性，Kowalski 进一步认为：化学计量学作为一门新的化学学科，应强调应用现代数学和统计学去改进分析仪器，并从化学测量中取得更有用的化学信息。化学计量学的初次定义为："化学计量学是一门化学分支学科，它应用数学和统计学方法(借助计算机技术)，设计和选择最优的测量程序和实验方法，并且通过解释化学数据而获得最大限度的信息。在分析化学领域中，化学计量学通过应用数学和统计学方法，用最佳的方式获取关于物质系统的有关信息。"如果把现代分析仪器看成体现现代分析化学功能强弱的硬件，那么，化学计量学可比作反映现代分析化学水平高低的软件。强功能的硬件和高水平的软件的结合，将使现代分析化学的面貌焕然一新。

化学领域中的化学计量学研究对化学，特别是分析化学具有重要的意义。利用化学计量学方法可从大量的实验数据中尽可能多地提取有用信息，实现分析工作由过去单纯的"数据提供者"到"问题解决者"的飞跃。化学计量学在化学中已有多方面的应用，如帮助化学工作者确定最优的实验方案，提高分析测试的精密度、准确度、灵敏度以及选择性。以重叠信号解析为代表的信号处理技术，如傅里叶变换、小波分析等滤波技术的应用，使分析测试发生了深刻的变革。化学计量学还促进了分析仪器的自动化及智能化，由于电子计算机技术的发展，特别是微型计算机的普及，分析方法与分析实验室的自动化程度越来越高，采用有效的化学计量学手段可使数据的获取、处理及由分析数据加工成有用分析信息的过程日趋自动化与智能化。另外，化学计量学还可帮助化学家发展新的测量方法。

化学计量学的研究内容已相当广泛，如统计学方法、最优化方法、信号处理、因子分析、曲线分辨、数据校正、模型化与参数估计、结构与活性相关、数据库及其应用、模式识别、人工智能等。化学计量学的方法也多种多样并层出不穷，如误差分析中的统计学方法、回归分析、相关分析、优化方法、主成分分析法、偏最小二乘法、模式识别方法、数据库、人工智能、专家系统、傅里叶变换、化学因子分析、人工神经网络、遗传算法、模拟退火、小波分析、免疫算法等。本章将对近年来新兴的几种方法作简单的介绍。

10.1.2 多元校正与分辨

校正是分析化学的最基本手段，经典的校正方法是基于单个测量数据(标量)，如某波长下的吸光度，与分析体系中某一待测组分含量之间的对应关系(一般认为是线性关系)，建立数学模型，如 $y=kx+b$。最常用的数学手段为一元线性回归。

在多组分复杂体系的分析中，由于组分信号之间的重叠，无法找到单个测量数据与某一个组分之间的对应关系。此时，必须使用多元校正和多元分辨方法，即必须同时考虑多个测量数据(称为响应向量或矩阵，$\boldsymbol{Y}$)与多个组分含量(称为浓度向量或矩阵，$\boldsymbol{X}$)之间的对应关系，$\boldsymbol{Y}=\boldsymbol{XB}+\boldsymbol{E}$。多元校正和分辨并不是单变量校正的简单推广，它可以解决很多单变量校正中被认为不可能实现的问题。因此，多元校正和分辨为分析化学工作者开辟了一个崭新的研究领域，产生了很多新的分析方法，如多元线性回归、因子分析、主成分回归法和偏最小二乘法等。

10.1.3 因子分析

因子分析(factor analysis)是一种多元统计分析方法，最早被用于心理学研究，后来逐渐被引入自然科学领域。因子分析是通过对一数据矩阵进行特征分析、旋转变换等操作，以获得有关信息的数学方法。因子分析在被用于不同的学科领域时，形成了具有各门学科特色的因子分析方法。在运用因子分析技术来研究和解决化学问题的长期实践中，经化学家及其合作者的不断丰富和发展，已逐步形成了带有浓厚化学特色的因子分析方法，称为化学因子分析(chemical factor analysis，CFA)，并成为化学计量学中强有力的技术之一。

由于因子分析是一种多元统计分析方法，因此在解决多变量问题时具有显著的优点。首先，因子分析通过对数据进行解析，可得到影响数据的因子数目。另外，通过将变量进行组合并做适当的变换，可得到各因子的有物理意义的参数。将因子分析引入化学领域，使化学工作者能够处理过去许多无法解决的复杂问题。因子分析用于解决化学问题主要有以下几个优点：

(1) 可用于解决很复杂的问题。因子分析作为一种多变量分析方法，可同时处理许多因素相互影响的复杂体系。这一特点在化学中特别重要，因为对大多数化学数据的解释要借助于多变量手段。

(2) 能快速地对大量数据进行处理。借助电子计算机，使用标准的因子分析程序，可以快速地分析大批量数据。

(3) 能研究多种类型问题。在对原始分析数据了解甚少甚至对数据的本质一无所知的情况下，仍然可应用因子分析方法。结合理论学说来应用因子分析自然是理想的，但是，以经验与直觉为基础，因子分析技术也可产生有价值的预测。

(4) 可压缩数据，提高数据质量。通过对数据矩阵进行因子分析，可用最少的因子来表示它们，而基本上不损失数据原来所包含的信息，并且还可发掘出某些潜藏的规则。

(5) 可获得对数据的有意义的解释。通过因子分析可对样品或变量进行分类，能够为体系建立完整的有物理意义的模型，以此来预测新的数据点。

因子分析在化学中的应用相当广泛。通过处理色谱、质谱、核磁共振谱、红外、紫外、可见光、拉曼、荧光光谱、X 射线、电子能谱等数据，可以对待测体系进行定性定量分析也可加深对这些谱学本身的基础理论研究，同时还可用于研究化学平衡及化学动力学等问题。因子分析是化学计量学中的一种十分有用的多元统计分析方法，除用于解决一些多元统计问题外，还可用于化学计量学中的其他许多问题，如曲线分辨、数据校正、模式识别等。

10.2 数据矩阵的构成

分析仪器给出的数据可分为点、线(二维图形)、面(三维图形)，对应的数据分别为测量值、向量(一维数组)和矩阵(二维数组)。分析仪器所提供的数据的维数取决于分析仪器的先进程度，早期的分析仪器一般只能提供测量点，如样品在某个波长下的吸光度、在某激发波长和发射波长下的荧光强度等。随着分析的自动化，扫描型仪器可提供一维图形，如吸收光谱、发射光谱等。但是目前较先进的仪器一般可提供二维、三维图形，如三维荧光光谱、二维色谱等。

因子分析是基于二维(或多维)数据矩阵的化学计量学方法，通过对数据矩阵的特征分析、旋转变换等操作以获取有的用信息。对于由分析仪器直接提供数据矩阵的化学体系(如二维色谱、三维荧光光谱等)，采用因子分析可方便地得到解析。对于不能直接由仪器提供数据矩阵的情况，可以通过实验设计获取数据矩阵(如多组分光度分析、配合物体系的研究等)，然后借助因子分析获取有关信息。以下简单讨论分析仪器所提供的数据矩阵的特点。

10.2.1 二维色谱数据

一维色谱一般由不同保留时间下的响应值构成，即由保留时间为横坐标、响应值为纵坐标构成的色谱图。二维色谱是指记录不同保留时间下的第二维信息(如吸收光谱、发射光谱等)，由保留时间、波长和响应值三个坐标构成的色谱图。在二维色谱数据矩阵中的每一个数据点均与两个变量(保留时间和波长)有关，并且两个变量均按一定的规律变化，因此，此类数据矩阵又称为两个方向变化的数据矩阵(two-way data matrix)。

对于单组分的色谱峰，如果用 t_j 表示时间，λ_i 表示波长，则在 t_j 和 λ_i 处的数据点 a_{ij}(吸收值)可表示为

$$a_{ij}=\varepsilon_i c_j \tag{10-1}$$

式(10-1)中省略了吸收光程，假定光程为 1cm。用矩阵 $\boldsymbol{A}$ 表示保留时间在[0,t]区间内的 n 个时间采样点，检测波长在[λ_1,λ_2]范围内 m 个采样点的所有数据点，则

$$\boldsymbol{A}=\boldsymbol{\varepsilon}\,\boldsymbol{c} \tag{10-2}$$

式中，$\boldsymbol{\varepsilon}$ 为该组分的吸收光谱，为 $m\times1$ 的列矩阵或称为向量；$\boldsymbol{c}$ 为色谱的流出曲线，即浓度随保留时间的变化，为 $1\times n$ 的行矩阵或称为向量。

对于未分离的多组分(组分数为 r)色谱峰，a_{ij} 可表示为

$$a_{ij}=\sum_{k=1}^{r}\varepsilon_{ik}c_{kj} \tag{10-3}$$

表示为矩阵形式，则为

$$\boldsymbol{A}=\sum_{k=1}^{r}\boldsymbol{A}_k=\boldsymbol{\varepsilon}\boldsymbol{C} \tag{10-4}$$

式中，$\boldsymbol{\varepsilon}$ 为 r 个组分的吸收光谱，矩阵大小为 $m\times r$，每一列为一个组分的吸收光谱；$\boldsymbol{C}$ 为色谱的流出曲线，矩阵大小为 $r\times n$，每一行为一个组分的色谱图。

10.2.2 三维荧光光谱数据

三维荧光光谱是指由不同激发波长和不同发射波长下的发光强度构成的荧光光谱图。对于单组分样品的荧光光谱，其数据矩阵的每个数据点，即在激发波长 $\lambda_i(i=1,\cdots,m)$ 和发射波长 $\lambda_j(j=1,\cdots,n)$ 时的荧光强度，可写为

$$F_{ij}=c\cdot Ex_i\cdot Em_j \tag{10-5}$$

写成矩阵形式为

$$\boldsymbol{F}=c\boldsymbol{ExEm} \tag{10-6}$$

式中，$\boldsymbol{Ex}$ 为激发光谱，为 $m\times1$ 的列矩阵或称为向量；$\boldsymbol{Em}$ 为发射光谱，为 $1\times n$ 的行矩阵或称为向量。

对于多组分样品（组分数为 r）的荧光光谱，矩阵中的每一数据点（在激发波长 λ_i 和发射波长 λ_j 时的荧光强度）可写为

$$F_{ij}=\sum_{k=1}^{r}c_r\cdot Ex_{ri}\cdot Em_{rj} \tag{10-7}$$

写成矩阵形式为

$$\boldsymbol{F}=\sum_{k=r}^{r}\boldsymbol{F}_k=\boldsymbol{ExCEm} \tag{10-8}$$

式中，$\boldsymbol{C}$ 为对角线为各组分浓度而其他元素为零的 $r\times r$ 的矩阵；$\boldsymbol{Ex}$ 为各组分的激发光谱，矩阵大小为 $m\times r$，每一列为一个组分的激发光谱；$\boldsymbol{Em}$ 为各组分的发射光谱，矩阵大小为 $r\times n$，每一行为一个组分的发射光谱。

如果将 $\boldsymbol{C}$ 并入 $\boldsymbol{Ex}$ 或 $\boldsymbol{Em}$，式(10-8)可写为

$$\boldsymbol{F}=\boldsymbol{ExEm} \tag{10-9}$$

10.2.3 多组分光度分析数据

光度分析的依据是分子吸收定律，即 $A=\varepsilon c$，对于单组分的样品或吸收光谱不重叠的多组分样品可非常方便地进行定量分析。对于光谱重叠的两组分样品，可采用解方程组的方法进行定量分析。但当被测样品组分数增多光谱又有重叠时，光度分析就无能为力了。采用因子分析方法可有效地解决这一问题，不过需要测定较多的样品（样品数一般要求大于组分数的 2 倍），预备两个方向变化的数据矩阵。以下主要说明数据矩阵的构成方法和数据矩阵的特点。

假如对于组分数为 r 的混合体系，可通过一定的手段（如标准加入法等）配制各组分浓度不同的 $n(n>2r)$ 个样品，设配制的样品中各组分的浓度构成的矩阵为

$$\boldsymbol{C}=\begin{bmatrix} c_{11} & c_{12} & \cdots & c_{1n} \\ c_{21} & c_{22} & \cdots & c_{2n} \\ \vdots & \vdots & & \vdots \\ c_{r1} & c_{r2} & \cdots & c_{m} \end{bmatrix} \tag{10-10}$$

式中，c_{kj} 为第 k 个组分在第 j 个样品中的浓度，即每一列代表一个样品。

再设每个组分的吸收光谱为

$$\boldsymbol{\varepsilon}=\begin{bmatrix}\varepsilon_{11} & \varepsilon_{12} & \cdots & \varepsilon_{1r}\\ \varepsilon_{21} & \varepsilon_{22} & \cdots & \varepsilon_{2r}\\ \vdots & \vdots & & \vdots\\ \varepsilon_{m1} & \varepsilon_{m2} & \cdots & \varepsilon_{mr}\end{bmatrix} \tag{10-11}$$

式中，ε_{ik} 为组分 k 在第 $i(i=1,\cdots,m)$ 个波长下的摩尔吸光系数，即每一列为一个组分的吸收光谱。

此时，在 m 个波长下检测每个样品的吸光度，则第 i 个样品在第 j 个波长下的吸光度为

$$a_{ij}=\sum_{k=1}^{r}\varepsilon_{ik}c_{kj} \tag{10-12}$$

写为矩阵的形式为

$$\boldsymbol{A}=\sum_{k=1}^{r}\boldsymbol{A}_k=\boldsymbol{\varepsilon}\boldsymbol{C} \tag{10-13}$$

10.2.4　配合物体系的研究

采用因子分析技术对配合物体系进行研究，如研究配位体系的物种数（配位形式）、各物种的浓度分布等，必须预备适合因子分析解析的数据矩阵。对于一般的配位体系，可采用类似于光度法研究配合物时的连续变化法或摩尔比法，准备不同金属离子和配体的浓度比的样品并测定各样品的吸收光谱，构成沿浓度比和波长两个方向变化的数据矩阵。

例如，配制 n 个样品，每个样品中金属离子的浓度相同，配体的浓度不同。然后对每一个样品在$[\lambda_1,\lambda_2]$范围内测定 m 个采样点，则构成一个数据矩阵。如果以每个样品的测量数据为一列，则构成一个 $m\times n$ 的数据矩阵。矩阵中的每一个数据点，即第 j 个样品在第 i 个波长下的吸光度，可表示为

$$a_{ij}=\sum_{k=1}^{r}\varepsilon_{ik}c_{kj} \tag{10-14}$$

式中，r 为配位体系中的物种数；ε_{ik} 为第 k 个物种在第 i 个波长下的摩尔吸光系数；c_{kj} 为第 k 个物种在第 j 个样品中的浓度。式(10-14)写成矩阵形式为

$$\boldsymbol{A}=\sum_{k=1}^{r}\boldsymbol{A}_k=\boldsymbol{\varepsilon}\boldsymbol{C} \tag{10-15}$$

式中，$\boldsymbol{\varepsilon}$ 为 r 个物种的吸收光谱，矩阵大小为 $m\times r$，每一列为一个组分的吸收光谱；$\boldsymbol{C}$ 为 r 个物种的浓度分布，矩阵大小为 $r\times n$，每一行对应一个物种，表示该物种在不同样品中（不同的金属离子和配体的浓度比时）的浓度分布，而每一列为各物种在该样品中的浓度。

综上所述，化学体系数据矩阵的特点有：①数据矩阵由具有化学意义的两个（或两个以上）数据矩阵的乘积构成；②混合体系的数据矩阵由各组分数据矩阵的加和构成；③对于大多数化学体系的数据矩阵，沿数据矩阵的行方向或列方向（或行和列两个方向）为一渐进过程。

10.3　间接校正方法

在多元线性回归中，模型 $\boldsymbol{Y}=\boldsymbol{XB}+\boldsymbol{E}$ 中的系数矩阵 $\boldsymbol{B}$ 直接由各个纯组分的灵敏度系数（如摩尔吸光系数）表示，直接对未知样本各组分浓度进行评估，因此称为直接校正法。在很多

情况下，直接以纯组分的灵敏度系数代替试样中各组分的灵敏度系数会造成计算误差，特别是那些存在交互作用的多组分分析体系。因此，可以利用已知浓度的校正集的响应数据根据最小二乘的原理对系数矩阵 $\boldsymbol{B}$ 进行估计，然后代入模型进行试样中各组分的浓度预测。这类方法称为间接校正法。

10.3.1 K-矩阵法

K-矩阵法的主要思路是先通过校正集的测量数据计算出系数矩阵，然后利用该系数和模型进行未知样品中各组分的浓度计算。这样做的优势在于校正集由我们根据需要确定，可方便地进行实验设计，预测值会更准确；另外，由于系数矩阵是通过相同实验条件下校正集测量数据计算得到的，可在一定程度上消除体系中组分的相互作用带来的影响。

K-矩阵法的模型为

$$\boldsymbol{Y}_{n\times p}=\boldsymbol{X}_{n\times m}\boldsymbol{K}_{m\times p}+\boldsymbol{E}_{n\times p} \tag{10-16}$$

式中，n 为样品数；m 为组分数；p 为分析通道（如波长）数；$\boldsymbol{X}$ 为校正集中 n 个样品 m 个组分的浓度；$\boldsymbol{Y}$ 为 n 个样品在 p 个分析通道的测试数据；$\boldsymbol{K}$ 为系数矩阵；$\boldsymbol{E}$ 为误差矩阵。

采用 K-矩阵法进行间接校正主要有以下两个步骤：

（1）根据校正集的测量数据计算系数矩阵

$$\boldsymbol{K}_{n\times p}=(\boldsymbol{X}^T_{m\times n}\boldsymbol{X}_{n\times m})^{-1}\boldsymbol{X}^T_{m\times n}\boldsymbol{Y}_{n\times p}\qquad (n\geqslant m) \tag{10-17}$$

（2）对样品数为 ns 的未知样品集的浓度进行预测

$$\boldsymbol{X}_{ns\times m}=\boldsymbol{Y}_{ns\times p}\boldsymbol{K}^T_{p\times n}(\boldsymbol{K}_{m\times p}\boldsymbol{K}^T_{p\times m})^{-1}\qquad (p\geqslant m) \tag{10-18}$$

K-矩阵法与多元线性回归法比较多了一次求逆运算，即两次求逆运算。在两次求逆运算中分别要求 $n\geqslant m$ 和 $p\geqslant m$，即校正集样本数和测量通道数都应该大于组分数。显然，样本数和测量通道数目的增加有利于提高计算结果的准确程度。但 K-矩阵法的缺点是在各组分之间的光谱存在严重重叠时会产生较大的计算误差。

关于 K-矩阵法的计算程序，如果 FORTRAN、C 等高级语言进行编程，需要编写矩阵求逆运算的过程，比较复杂，但采用 Matlab 进行编程则会非常简单，因为 Matlab 系统中提供了求逆（$\boldsymbol{X}^{-1}$）或伪逆[$\boldsymbol{X}^{+}=(\boldsymbol{X}^T\boldsymbol{X})^{-1}\boldsymbol{X}^T$]的计算命令，即“INV”和“PINV”。式(10-17)和式(10-18)可分别由下列命令计算：

```
K=inv(X'*X)*X'*Y   或   K=pinv(X)*Y
X=Y*K'*inv(K*K')   或   X=Y*pinv(K)
```

在上述命令中“′”表示矩阵的转置运算。

【例 10-1】 有 A、B、C 三种化合物，它们的吸收光谱分别如图 10-1 所示。配制表 10-1 所示的 6 个校正集样品，分别在 410～540nm 每间隔 10nm 测量一个数据点，得到表 10-2 所示的测试数据（SNR≈200）。表 10-3 为由相同组分构成的 3 个待分析样品在相同波长条件下得到的测量数据，用 K-矩阵法计算这 3 个样品中组分 A、B、C 的浓度。

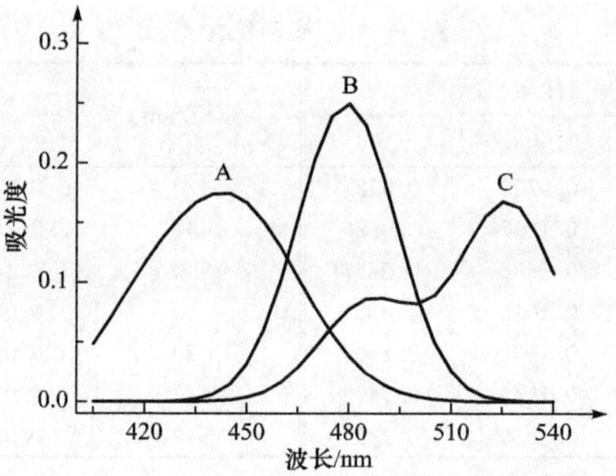

图 10-1　三种化合物的吸收光谱

表 10-1　校正集样品的浓度

编号	A	B	C
1	12.0	22.0	28.0
2	14.0	10.0	18.0
3	29.0	22.0	11.0
4	26.0	19.0	25.0
5	18.0	28.0	30.0
6	23.0	30.0	22.0

表 10-2　校正集样品的测量矩阵

波长/nm	样品					
	1	2	3	4	5	6
410	0.0797	0.0514	0.0318	0.0702	0.0852	0.0627
420	0.1310	0.0852	0.0515	0.11600	0.1400	0.1025
430	0.1744	0.1124	0.0703	0.1552	0.1874	0.1374
440	0.2022	0.1300	0.0842	0.1810	0.2173	0.1612
450	0.2169	0.1355	0.1056	0.1942	0.2381	0.1880
460	0.2432	0.1437	0.1663	0.2242	0.2812	0.2517
470	0.2903	0.1653	0.2673	0.2804	0.3561	0.3564
480	0.3017	0.1723	0.3278	0.3088	0.3828	0.4057
490	0.2254	0.1347	0.2740	0.2490	0.2932	0.3202
500	0.1233	0.0841	0.1746	0.1581	0.1642	0.1848
510	0.0754	0.0720	0.1462	0.1324	0.1072	0.1300
520	0.0788	0.0906	0.1853	0.1664	0.1191	0.1502
530	0.0798	0.0923	0.1906	0.1697	0.1180	0.1514
540	0.0520	0.0609	0.1262	0.1130	0.0774	0.0988

表 10-3 样品的测量数据

波长/nm	样品			波长/nm	样品		
	1	2	3		1	2	3
410	0.0596	0.0773	0.0327	480	0.3507	0.2037	0.2834
420	0.0976	0.1267	0.0526	490	0.2658	0.1622	0.2401
430	0.1316	0.1680	0.0687	500	0.1430	0.1052	0.1579
440	0.1543	0.1915	0.0832	510	0.0810	0.0971	0.1388
450	0.1783	0.1966	0.1006	520	0.0816	0.1274	0.1790
460	0.2303	0.1946	0.1498	530	0.0791	0.1314	0.1844
470	0.3158	0.2039	0.2324	540	0.0519	0.0862	0.1219

首先，根据校正集的浓度 $\boldsymbol{X}_{5\times3}$ 和测量数据 $\boldsymbol{Y}_{6\times14}$ 利用“K=pinv(X) * Y”计算系数矩阵 $\boldsymbol{K}_{3\times14}$，然后，根据表 10-3 中的测量数据 $\boldsymbol{Yun}_{3\times14}$ 利用“Xun=Yun * pinv(K)”即可得到计算结果 $\boldsymbol{Xun}_{3\times3}$，见表 10-4。从表 10-4 中的回收率可以看出，得到了满意的结果。

表 10-4 K-矩阵法对 3 组分混合样品的计算结果

编号	A			B			C		
	加入量	计算值	回收率/%	加入量	计算值	回收率/%	加入量	计算值	回收率/%
1	12.0	12.09	100.8	28	28.90	99.65	21	21.06	100.29
2	20.0	19.90	99.49	10	10.06	100.63	27	26.98	99.93
3	28.0	28.10	100.35	18	17.94	99.68	11	11.07	100.68

10.3.2 P-矩阵法

K-矩阵法的计算需要计算两次矩阵的逆，对样品数、测量通道数有比较高的要求，同时也有可能增加计算的舍入误差。为了减少求逆的次数，可以采用 P-矩阵法。P-矩阵法的模型为

$$\boldsymbol{X}_{n\times m}=\boldsymbol{Y}_{n\times p}\boldsymbol{P}_{p\times m}+\boldsymbol{E}_{n\times m} \tag{10-19}$$

式中，n 为样品数；m 为组分数；p 为分析通道（如波长）数；$\boldsymbol{X}$ 为校正集中 n 个样品 m 个组分的浓度；$\boldsymbol{Y}$ 为 n 个样品在 p 个分析通道的测试数据；$\boldsymbol{P}$ 为 $\boldsymbol{Y}$ 与 $\boldsymbol{X}$ 之间的线性相关系数矩阵；$\boldsymbol{E}$ 为误差矩阵。

采用 P-矩阵法进行间接校正与 K-矩阵法一样，也有两个步骤：

（1）根据校正集的测量数据计算系数矩阵

$$\boldsymbol{P}_{p\times m}=(\boldsymbol{Y}^T_{p\times n}\boldsymbol{Y}_{n\times p})^{-1}\boldsymbol{Y}^T_{p\times n}\boldsymbol{X}_{n\times m} \qquad (n\geqslant p) \tag{10-20}$$

（2）对样品数为 ns 的未知样品集的浓度进行预测

$$\boldsymbol{X}_{ns\times m}=\boldsymbol{Y}_{ns\times p}\boldsymbol{P}_{p\times m} \tag{10-21}$$

P-矩阵法只需要计算一次矩阵的逆，第(2)步的计算非常方便。但值得注意的是，在第(1)步运算中，由于要计算矩阵 $\boldsymbol{Y}$ 的逆，要求 $n\geqslant p$，即校正集样品数要大于测量通道数。在化学测量中，增加测量通道的数目非常容易，但增加校正集样品数则比较困难，因此 P-矩阵法的应用受到了一定的限制。

为了验证 P-矩阵法的实用性，可以对表 10-1 中的 6 个校正集样品和表 10-4 中的 3 个测试样品在波长为 405nm、440nm、475nm 和 510nm 下进行测量，得到表 10-5 和表 10-6 的测量

数据。按照上述计算步骤，也可以得到满意的计算结果：

（1）根据表 10-1 的浓度矩阵和表 10-5 的测量数据矩阵，利用“P＝pinv(Y) * X”计算 $\boldsymbol{P}_{4\times3}$ 矩阵，结果见表 10-7。

（2）根据表 10-6 的测量数据矩阵，利用“Xun＝Yun * P”计算待测样品的浓度（表 10-8）。

表 10-5 校正集样品的测量矩阵

波长/nm	样品					
	1	2	3	4	5	6
405	0.0551	0.0352	0.0231	0.0487	0.0590	0.0433
440	0.2022	0.1300	0.0842	0.1810	0.2173	0.1612
475	0.3048	0.1730	0.3097	0.3054	0.3814	0.3952
510	0.0754	0.0720	0.1462	0.1324	0.1072	0.1300

表 10-6 样品的测量数据

波长/nm	样品			波长/nm	样品		
	1	2	3		1	2	3
405	0.0420	0.0527	0.0231	475	0.3463	0.2080	0.2676
440	0.1543	0.1915	0.0832	510	0.0810	0.0971	0.1388

表 10-7 系数矩阵 *P* 的计算值

波长/nm	组分		
	1	2	3
405	1.6346	0.3655	2.2635
440	0.4053	0.2579	2.0381
475	0.2484	1.1271	0.0161
510	2.4850	0.6766	0.0310

表 10-8 P-矩阵法对 3 组分混合样品的计算结果

编号	A			B			C		
	加入量	计算值	回收率/%	加入量	计算值	回收率/%	加入量	计算值	回收率/%
1	12.0	12.14	101.13	28	28.04	100.13	21	21.13	100.60
2	20.0	19.82	99.08	10	10.01	100.7	27	26.45	97.97
3	28.0	28.26	100.92	18	17.78	98.78	11	10.86	98.69

10.4 主成分分析

10.4.1 原理

主成分分析（principal component analysis，PCA）又称为抽象因子分析（abstract factor analysis，AFA），它首先把实验得到的原始数据矩阵通过协方差矩阵进行分解，得到各特征值

λ 以及相应的特征向量$\boldsymbol{C}$，然后根据特征值的大小，或采用基于最小二乘法的各种误差判据，或按特征值从大到小对应的特征向量和行向量进行短路复原等方法得到原始数据矩阵的主要因子数。这些主要因子对应的特征向量和行向量表示了原始数据矩阵的主要信息。这也是因子分析的最基本出发点。

主成分因子分析的计算过程可表示如下：

(1) 对数据矩阵 $\boldsymbol{D}$ 进行分解得到特征值 λ、行向量 R 及特征向量 $\boldsymbol{C}$。通常 $\boldsymbol{R}$ 和 $\boldsymbol{C}$ 称为得分(score)和载荷(loading)。

(2) 根据特征值的大小进行主因子数的判断，或试用因子数 $n=1,2,3,\cdots$ 组合抽象矩阵 $\boldsymbol{R}^+$ 和 $\boldsymbol{C}^+$ 进行短路复原，直到 $\boldsymbol{D}$ 在一定的误差下等于 $\boldsymbol{R}^+\boldsymbol{C}^+$。也可以采用基于最小二乘法的各种误差判据进行因子数的判断。

(3) 对得分和载荷进行分析，得到数据矩阵中的化学信息。

【例 10-2】 式(10-22)的矩阵 $\boldsymbol{D}$ 为在一定的误差范围下模拟的 2 个组分 5 个不同浓度的混合物在 10 个波长下测定的吸光度矩阵。通过主成分因子分析可以得到 5 个特征值：96610.99、4308.51、3.7543、2.5971、1.7261，对应的累积百分数分别为 95.72%、99.99%、100.0%、100.0%、100.0%。从这个结果可以看出，该体系的主因子数，即组分数，显然是 2。也可以通过步骤(2)中的其他两种方法进行因子数的判断，读者可以根据上述算法进行试验。

$$\boldsymbol{D}=\begin{bmatrix} 5.3 & 1.1 & 6.1 & 4.1 & 12.1 \\ 17.4 & 40.6 & 26.3 & 53.2 & 60.4 \\ 18.6 & 57.3 & 27.5 & 72.6 & 65.6 \\ 21.9 & 52.2 & 31.3 & 68.7 & 74.3 \\ 7.2 & 55.2 & 15.2 & 63.2 & 40.2 \\ 8.3 & 39.4 & 14.5 & 45.3 & 33.2 \\ 18.4 & 75.4 & 29.5 & 90.8 & 71.7 \\ 20.6 & 11.1 & 26.3 & 24.3 & 57.3 \\ 28.4 & 25.3 & 36.9 & 44.5 & 80.2 \\ 27.3 & 36.3 & 35.1 & 53.5 & 80.6 \end{bmatrix} \tag{10-22}$$

尽管由主成分因子分析得到的特征向量以及对应的行向量是纯数学的解，但实验数据的主因子数对我们来说是一个十分重要的参数，因为主因子数就是我们最关心的化学体系中的组分数。通过主因子数，可以帮助我们对所研究的化学体系有所了解。例如，在研究配位平衡体系时，对含有不同的配体与中心离子浓度的溶液进行测定，可得到一个数据矩阵。用主成分因子分析对此矩阵进行解析即可得到该配位体系的组分数，从而可以得到该配位体系中配位形式的个数。在有机合成实验中，生成物的组分数也是我们所关心的。如果对反应产物的混合物进行分析，采用主成分因子分析技术也可方便地得到有关信息。有人还采用主成分因子分析技术对物质的相转化过程进行分析，得到物质在加热过程中相转化时的物种数，从而可以得到相转化过程中物质分子的构型变化用于转化机理的推测。另外，通过主成分子分析技术来判断重叠色谱图中的化学组分数也是方便快捷的方法之一。

主成分分析的重要意义是可以根据得分和载荷得到数据矩阵中的化学信息，如样品之间的关系、变量或参数之间关系、样品与变量之间的关系。利用这些信息可以进一步实现聚类分析、判别分析以及定量分析等。

10.4.2　应用举例

为了对某犯罪现场寻取的头发样本进行归属考察，可以分析头发样本中铜(Cu)、锰(Mn)、氯(Cl)、溴(Br)和碘(I)的含量，然后分别取三个犯罪嫌疑人的三份头发样本，进行上述元素含量的比较。表 10-9 是犯罪嫌疑人头发样品的测定结果。如果现场寻取的头发样品的测定结果是 Cu(12.0ppm)、Mn(0.38ppm)、Cl(1680ppm)、Br(11.3ppm)和 I(6.6ppm)，是否能判断三个犯罪嫌疑人中是否有人去过犯罪现场？

表 10-9　不同犯罪嫌疑人头发中元素的含量(ppm)

样品	Cu	Mn	Cl	Br	I
1	9.2	0.30	1730	12.0	3.6
2	12.4	0.39	930	50.0	2.3
3	7.2	0.32	2750	65.3	3.4
4	10.2	0.36	1500	3.4	5.3
5	10.1	0.50	1040	39.2	1.9
6	6.5	0.20	2490	90.0	4.6
7	5.6	0.29	2940	88.0	5.6
8	11.8	0.42	867	43.1	1.5
9	8.5	0.25	1620	5.2	6.2

首先可以对表 10-9 中 9×5 的数据矩阵进行主成分分析，得到得分、载荷及特征值。通过表 10-10 的特征值分析可以看出，前两个主成分解释了原始数据的 90%以上的方差，说明该数据矩阵的因子数为 2，即采用前两个主成分就可以对数据的特征进行分析。

表 10-10　头发样本数据的特征值与被解释的方差

成分数	特征值 λ	被解释的方差/%	累计方差/%
1	0.4581	60.85	60.85
2	0.2480	32.94	93.79
3	0.0264	3.51	97.30
4	0.0168	2.23	99.53
5	0.0035	0.47	100.00

图 10-2 和图 10-3 分别为第一、二主成分的得分图和载荷图。得分图描绘的是样品在主成分空间的投影。可以看出，三组头发样品形成了三个聚类，即(3,6,7)类、(2,5,8)类和(1,4,9)类，分别属于三个犯罪嫌疑人。因此，从得分图可以方便地进行聚类分析。载荷图提供了特征变量之间的相互关系。变量之间的相关性可用载荷向量之间夹角的余弦进行描述，夹角越小特征之间的相关性越高，不相关的特征相互正交。如果几个变量具有高度的相关性，只对其中之一进行测量就足够了。同时，载荷大小是变量重要性的量度，位于坐标系原点的载荷表示不重要的特征。在图 10-3 中，Cu 和 Mn 的相关性大于卤素(Cl、Br、I)之间的相关性，还可以看到 Cu 和 I 具有反相关性。同时，对于第一个主成分来说，所有元素都具有重要性。第二个主成分主要由 I 和 Br 来表征。

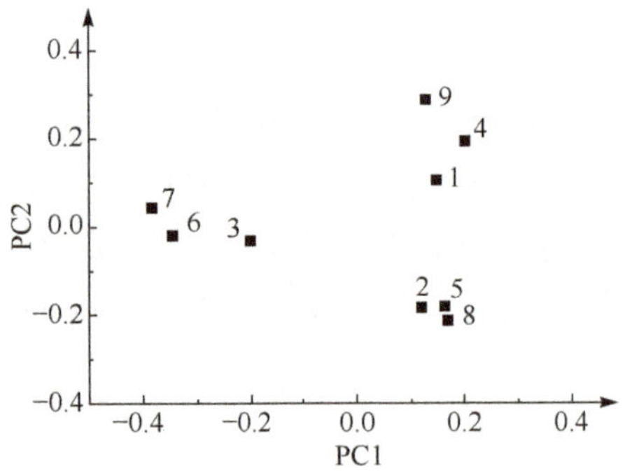

图 10-2　头发样品数据第一、二主成分得分图

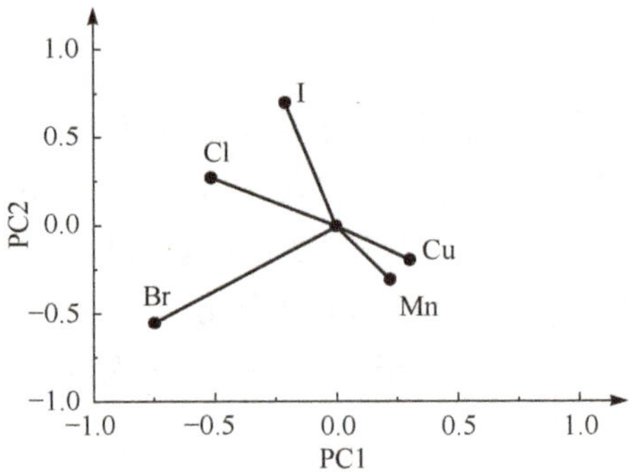

图 10-3　头发样品数据第一、二主成分载荷图

如果将现场寻取的头发样品的测定结果投影到第一、二主成分空间，得到的投影值(得分)是 0.1522 和 0.2297。将其绘制到图 10-2 的得分图中可以发现该数据点位于(1,4,9)类的中间。显然，现场的头发样品与(1,4,9)类的犯罪嫌疑人最近。

如果将载荷向量进行适当的调整并且与得分向量在同一张图上作图(称为双重图，biplot)，可以对得分和载荷进行联合分析。本例的双重图如图 10-4 所示。从载荷方向可以看到变量的判别能力。在本例中，Cu、Mn、I、Cl 四个特征将对象的聚类分为两组，(2,8,5)和(3,6,7)，但特征 Br 只能将左边的聚类(2,5,8)与其他对象进行分组。同时还可以看出，(1,4,9)类的 Br 含量较低，(2,8,5)类 Cl、I 含量较低。

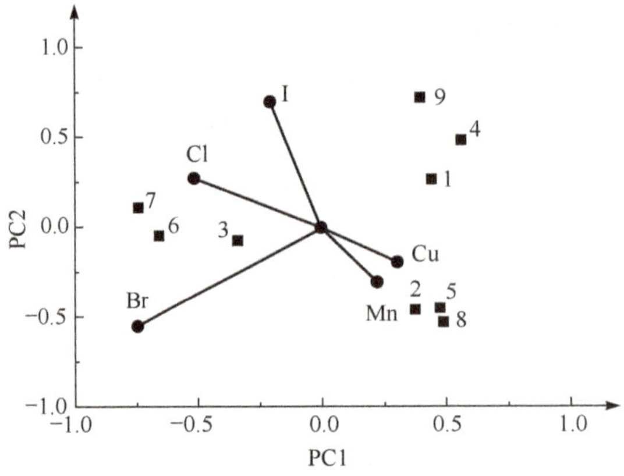

图 10-4　头发样品数据第一、二主成分双重图

10.5　主成分回归

主成分回归(principal component regression，PCR)是在因子分析的基础上进行的最小二乘回归分析，以实现多组分混合体系同时测定时的多元校正。由于主成分回归首先对化学测量矩阵进行主成分分析，以抽象因子进行回归，因而比多元线性回归具有更好的准确性。

设有化学测量模型

$$\boldsymbol{Y}_{n\times p}=\boldsymbol{X}_{n\times m}\boldsymbol{B}_{m\times p}+\boldsymbol{E}_{n\times p} \tag{10-23}$$

首先对 $\boldsymbol{Y}$ 进行主成分分析，得到抽象因子

$$\boldsymbol{Y}_{n\times p}=\boldsymbol{T}_{n\times k}\boldsymbol{V}_{k\times p}^{T} \tag{10-24}$$

式中，k 为因子数。因此可用一个系数矩阵 $\boldsymbol{G}$ 来回归 $\boldsymbol{T}$ 和 $\boldsymbol{X}$(真实浓度矩阵)，即

$$\boldsymbol{X}_{n\times m}=\boldsymbol{T}_{n\times k}\boldsymbol{G}_{k\times m} \tag{10-25}$$

根据最小二乘的原理，可计算出系数矩阵 $\boldsymbol{G}$

$$\boldsymbol{G}_{k\times m}=(\boldsymbol{T}_{k\times n}^{T}\boldsymbol{T}_{n\times k})^{-1}\boldsymbol{T}_{k\times n}^{T}\boldsymbol{X}_{n\times m} \tag{10-26}$$

对于未知样品的测量数据矩阵 $\boldsymbol{Y}_{\text{un}}$，有

$$\boldsymbol{Y}_{\text{un}}=\boldsymbol{T}_{\text{un}}\boldsymbol{V}_{k}^{T} \tag{10-27}$$

这里，式(10-24)和式(10-27)中的 $\boldsymbol{V}_k$ 应基本相同，对应样品中组分的光谱信息，而 $\boldsymbol{T}_{\text{un}}$ 与未知样品中的真实浓度有关。因此，$\boldsymbol{T}_{\text{un}}$ 可直接用式(10-28)计算，不必对 $\boldsymbol{Y}_{\text{un}}$ 进行分解。

$$\boldsymbol{T}_{\text{un}}=\boldsymbol{Y}_{\text{un}}\boldsymbol{V}_{k}^{T} \tag{10-28}$$

有了 $\boldsymbol{T}_{\text{un}}$，未知样品中各组分的浓度可由式(10-29)直接计算得出

$$\boldsymbol{X}_{\text{un}}=\boldsymbol{T}_{\text{un}}\boldsymbol{G} \tag{10-29}$$

根据上述原理，主成分回归的算法可归纳如下：

(1) 输入校正集浓度矩阵 $\boldsymbol{X}$ 与相应的测量矩阵 $\boldsymbol{Y}$。

(2) 对 $\boldsymbol{Y}$ 进行主成分分析得到因子数 k 以及 $\boldsymbol{T}$ 和 $\boldsymbol{V}$。

(3) 根据式(10-26)计算 $\boldsymbol{G}$。

(4) 输入未知样品的测量数据，并根据式(10-28)计算 $\boldsymbol{T}_{\text{un}}$。

(5) 根据式(10-29)计算未知样品中各组分的浓度 $\boldsymbol{X}_{\text{un}}$。

【例 10-3】 已知 Co、Ni、Cu 的吸收光谱如图 10-5 所示。为了同时测定某溶液中 Co、Ni、Cu 的含量，配置了表 10-11 中所示的 8 个校正集样品，并在 13 个波长下测定了它们的吸光度(表 10-12)，然后测定了 7 个未知样品在相同波长下的吸光度(表 10-13)。

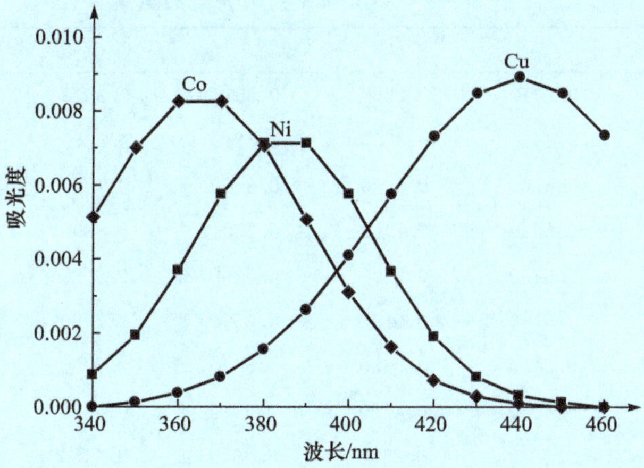

图 10-5 Co、Ni、Cu 的吸收光谱

表 10-11　校正集样品的浓度

编号	Cu	Co	Ni	编号	Cu	Co	Ni
1	20.0	20.0	20.0	5	30.0	40.0	60.0
2	20.0	40.0	30.0	6	30.0	60.0	20.0
3	20.0	60.0	50.0	7	40.0	20.0	40.0
4	30.0	20.0	40.0	8	40.0	40.0	80.0

表 10-12　校正集样品的吸光度数据

波长/nm	1	2	3	4	5	6	7	8
340	0.1210	0.1310	0.1520	0.1620	0.1780	0.1990	0.2240	0.2310
350	0.1860	0.2160	0.2560	0.2600	0.2820	0.3260	0.3210	0.3680
360	0.2460	0.3380	0.3950	0.3430	0.4260	0.4890	0.3980	0.5060
370	0.2950	0.4360	0.5720	0.3770	0.5150	0.6240	0.4850	0.6030
380	0.3040	0.4620	0.6480	0.3950	0.5600	0.6690	0.4920	0.6650
390	0.3040	0.4550	0.6450	0.4080	0.5660	0.6310	0.4440	0.7200
400	0.2580	0.4310	0.5930	0.3770	0.5760	0.5020	0.3960	0.6990
410	0.2200	0.3660	0.5620	0.3480	0.5490	0.3710	0.3520	0.6730
420	0.1930	0.3140	0.5140	0.3490	0.5310	0.2910	0.3650	0.7010
430	0.1850	0.2950	0.4830	0.3500	0.5230	0.2330	0.3620	0.7130
440	0.1920	0.2760	0.4520	0.3550	0.5590	0.1990	0.3610	0.7180
450	0.1710	0.2570	0.4480	0.3560	0.5220	0.1760	0.3280	0.6550
460	0.1430	0.2140	0.3820	0.3050	0.4360	0.1450	0.2810	0.5610

表 10-13　待测样品的吸光度数据

波长/nm	1	2	3	4	5	6	7
340	0.2120	0.2310	0.2500	0.3510	0.3510	0.3310	0.3440
350	0.3310	0.3540	0.3860	0.5210	0.5360	0.4660	0.5620
360	0.4130	0.5160	0.5420	0.6590	0.7050	0.5860	0.7580
370	0.4660	0.6220	0.7160	0.7500	0.8390	0.6300	0.8750
380	0.4530	0.6490	0.7670	0.7260	0.9380	0.6560	0.9180
390	0.4080	0.6240	0.6890	0.6690	0.7980	0.5760	0.8090
400	0.3710	0.5450	0.5330	0.5030	0.7060	0.5020	0.6490
410	0.3080	0.4940	0.4150	0.3630	0.5570	0.4430	0.4740
420	0.2760	0.4540	0.2990	0.2610	0.4450	0.4330	0.3630
430	0.2710	0.4500	0.2290	0.2130	0.3990	0.4730	0.3280
440	0.2850	0.4740	0.1990	0.1850	0.3630	0.4550	0.2870
450	0.2650	0.4410	0.1710	0.1760	0.3520	0.4140	0.2520
460	0.2210	0.3670	0.1530	0.1450	0.2920	0.3550	0.2140

根据主成分回归法的上述步骤，浓度矩阵 $\boldsymbol{X}$ 为表 10-11 的校正集样品浓度，吸光度矩阵 $\boldsymbol{Y}$ 为表 10-12的吸光度数据，首先对 $\boldsymbol{Y}$ 进行主成分分析得到 $\boldsymbol{T}$ 和 $\boldsymbol{V}$，并根据式(10-26)计算出矩阵 $\boldsymbol{G}$，然后将表 10-13 中的未知样品测量数据 $\boldsymbol{Y}_{un}$ 进行主成分分析并代入式(10-28)计算出 $\boldsymbol{T}_{un}$，最后由式(10-29)计算得到 7 个未知样品中 Co、Ni 和 Cu 的浓度 $\boldsymbol{X}_{un}$。结果列于表 10-14。

表 10-14 未知样品的预测结果

编号	Cu			Co			Ni		
	C_{Cu}	P_{Cu}	$E/\%$	C_{Co}	P_{Co}	$E/\%$	C_{Ni}	P_{Ni}	$E/\%$
1	40.0	40.15	0.38	20.0	18.80	−6.00	30.0	31.19	3.97
2	40.0	41.38	3.45	40.0	39.75	−0.63	50.0	50.23	0.46
3	40.0	36.48	−8.80	60.0	64.92	8.20	20.0	19.54	−2.30
4	60.0	59.62	−0.63	40.0	41.80	4.50	20.0	20.69	3.45
5	60.0	55.89	−6.85	60.0	62.96	4.93	40.0	40.11	0.28
6	60.0	60.46	0.77	20.0	19.76	−1.20	50.0	50.98	1.96
7	60.0	60.92	1.53	60.0	60.63	1.05	30.0	29.92	−0.27

10.6 偏最小二乘回归

10.6.1 原理

偏最小二乘(partial least squares，PLS)回归是主成分回归的发展，在主成分回归方法中，对化学测量矩阵 $\boldsymbol{Y}$ 进行主成分分析，以抽象因子进行回归，但对于浓度矩阵 $\boldsymbol{X}$ 未加任何处理。事实上，X 矩阵中也包含了非有用信息。偏最小二乘法同时对 $\boldsymbol{X}$ 和 $\boldsymbol{Y}$ 矩阵进行主成分分解，并以主因子进行回归，进一步提高了方法的可靠性。

偏最小二乘法的基本过程可描述为：首先对 $\boldsymbol{X}$ 和 $\boldsymbol{Y}$ 矩阵进行主成分分解，即

$$\boldsymbol{Y}=\boldsymbol{T}\boldsymbol{V}^T+\boldsymbol{E}_Y \tag{10-30}$$

$$\boldsymbol{X}=\boldsymbol{R}\boldsymbol{Q}^T+\boldsymbol{E}_X \tag{10-31}$$

$\boldsymbol{R}$ 和 $\boldsymbol{T}$ 之间应该具有确定性的关系，即

$$\boldsymbol{r}_i=\boldsymbol{b}_i\boldsymbol{t}_i \tag{10-32}$$

式中，$\boldsymbol{r}_i$ 和 $\boldsymbol{t}_i$ 分别为 $\boldsymbol{R}$ 和 $\boldsymbol{T}$ 的第 i 列。然后，对 $\boldsymbol{T}$ 进行旋转变换，使 $\boldsymbol{T}$ 既可以描述 $\boldsymbol{X}$ 矩阵，也可以描述 $\boldsymbol{Y}$ 矩阵。对 $\boldsymbol{T}$ 进行旋转变换的基本思想是在从 $\boldsymbol{Y}$ 矩阵分解出 $\boldsymbol{T}$ 时引入 $\boldsymbol{R}$ 的信息，或从 $\boldsymbol{X}$ 分解出 $\boldsymbol{R}$ 时引入 $\boldsymbol{T}$ 的信息，具体的实现方法一般是在迭代过程中交换迭代变量，即以 $\boldsymbol{R}$ 代替 $\boldsymbol{T}$ 计算 $\boldsymbol{V}^T$，以 $\boldsymbol{T}$ 代替 $\boldsymbol{R}$ 计算 $\boldsymbol{Q}^T$。得到 $\boldsymbol{R}$ 与 $\boldsymbol{T}$ 之间的关系之后，即可使用式(10-33)进行预测

$$\boldsymbol{X}=\boldsymbol{B}\boldsymbol{T}\boldsymbol{Q}^T \tag{10-33}$$

式中，$\boldsymbol{X}$ 为浓度矩阵；$\boldsymbol{Y}$ 为校正集样品的化学测量矩阵；$\boldsymbol{Y}_{un}$ 为未知样品的化学测量矩阵；$\boldsymbol{X}_{un}$ 为预测结果。

10.6.2 算法

尽管偏最小二乘法的原理只有一种，但目前有不同的计算方法。偏最小二乘法的基本运算基于非线性迭代偏最小二乘算法(nonlinear iterative partial least squares, NIPALS)。它与主成分回归不同之点就在于它不但分解 **X** 矩阵，同时也分解 **Y** 矩阵，并在分解 **X** 矩阵时利用 **Y** 矩阵的信息，在分解 **Y** 矩阵时利用 **X** 矩阵的信息。该算法的具体计算过程如下。

1. 校正

对于 **Y** 矩阵：

(1) 取 **X** 的一列作为 $\boldsymbol{r}$ 的迭代初值。

(2) 计算权重矢量 $\boldsymbol{w}^T$，$\boldsymbol{w}^T=\boldsymbol{r}^T\boldsymbol{Y}/\boldsymbol{r}^T\boldsymbol{r}$。

(3) 归一化权重矢量 $\boldsymbol{w}^T$，$\boldsymbol{w}_{\text{new}}^T=\boldsymbol{w}_{\text{old}}^T/\|\boldsymbol{w}_{\text{old}}^T\|$。

(4) 计算 $\boldsymbol{t}$，$\boldsymbol{t}=\boldsymbol{Y}\boldsymbol{w}/\boldsymbol{w}^T\boldsymbol{w}$。

对于 **X** 矩阵：

(5) 计算载荷 $\boldsymbol{q}^T$，$\boldsymbol{q}^T=\boldsymbol{t}^T\boldsymbol{X}/\boldsymbol{t}^T\boldsymbol{t}$。

(6) 归一化 $\boldsymbol{q}^T$，$\boldsymbol{q}_{\text{new}}^T=\boldsymbol{q}_{\text{old}}^T/\|\boldsymbol{q}_{\text{old}}^T\|$。

(7) 计算新的迭代值 $\boldsymbol{r}$，$\boldsymbol{r}=\boldsymbol{X}\boldsymbol{q}/\boldsymbol{q}^T\boldsymbol{q}$。

2. 收敛测试

(8) 重复(2)～(7)步至 $\boldsymbol{t}$ 不再变化，如果 **X** 只有一个变量则跳过(5)～(8)步。

(9) 计算 **Y** 的载荷 $\boldsymbol{v}^T$，$\boldsymbol{v}^T=\boldsymbol{t}^T\boldsymbol{Y}/\boldsymbol{t}^T\boldsymbol{t}$。

(10) 归一化 $\boldsymbol{v}^T$，$\boldsymbol{v}_{\text{new}}^T=\boldsymbol{v}_{\text{old}}^T/\|\boldsymbol{v}_{\text{old}}^T\|$。

(11) 标准化 **Y** 的得分矢量 $\boldsymbol{t}$，$\boldsymbol{t}_{\text{new}}=\boldsymbol{t}_{\text{old}}\|\boldsymbol{v}_{\text{old}}^T\|$。

(12) 标准化权重矢量 $\boldsymbol{w}^T$，$\boldsymbol{w}_{\text{new}}^T=\boldsymbol{w}_{\text{old}}^T\|\boldsymbol{v}_{\text{old}}^T\|$。

注：$\boldsymbol{v}^T$、$\boldsymbol{q}^T$ 和 $\boldsymbol{w}^T$ 用于预测，$\boldsymbol{t}$ 和 $\boldsymbol{r}$ 用于分类。

(13) 计算回归系数 b，$b=\boldsymbol{r}^T\boldsymbol{t}/\boldsymbol{t}^T\boldsymbol{t}$。

(14) $\boldsymbol{E}_{Y,h}=\boldsymbol{E}_{Y,h-1}-\boldsymbol{t}_h\boldsymbol{v}_h^T$，其中 $\boldsymbol{Y}=\boldsymbol{E}_{Y,0}$，$h$ 为主成分数。

(15) $\boldsymbol{E}_{X,h}=\boldsymbol{E}_{X,h-1}-b_h\boldsymbol{t}_h\boldsymbol{q}_h^T$，其中 $\boldsymbol{X}=\boldsymbol{E}_{X,0}$。

3. 未知样品的预测

(1) 令 $h=0$。

(2) $h=h+1$。

(3) $\boldsymbol{t}_h=\boldsymbol{Y}_{\text{un}}\boldsymbol{w}_h^T$。

(4) $\boldsymbol{X}_{\text{un}}=\boldsymbol{X}_{\text{un}}+b_h\boldsymbol{t}_h\boldsymbol{q}_h^T$。

(5) $\boldsymbol{Y}_{\text{un}}=\boldsymbol{Y}_{\text{un}}-\boldsymbol{t}_h\boldsymbol{v}^T$。

(6) 如果 $h<k$(主成分数)，返回第(2)步。

注：在某些情况下将 **X**、**Y** 矩阵进行必要的前处理，如标准化处理等，会得到比较好的结果，此时在预测时也需要做相应的处理。

基于 NIPALS 的偏最小二乘是最常见的算法之一，其计算程序可以通过网络资源找到，一般分为两个函数，即建模函数和预测函数。在 Matlab 系统的工具箱中也有相应的函数

(plsregress. m)。偏最小二乘也有其他算法，较常用的是 Sijmen de Jong 提出的 SIMPLS 算法，1993 年发表于 *Chemometrics and Intelligent Laboratory Systems* 第 18 卷第 3 期上。该算法的特点是计算速度较快，并且可以直接得到相当于多元线性回归模型的系数向量。因此，预测计算相当简单，也有利于与其他方法的联合使用。

10.6.3 应用举例

首先，利用上述主成分回归中的例子可以说明偏最小二乘回归的基本用法。将表 10-11 和表 10-12 分别作为 $\boldsymbol{X}$ 和 $\boldsymbol{Y}$ 矩阵可以建立用于 Cu、Co、Ni 含量预测的模型。然后利用该模型和表 10-13 的数据即可得到预测结果(表 10-15)。在模型的建立过程中，唯一需要确定的参数是主成分数(又称为潜变量数)，对于本例显然应该采用三个主成分。对于实际数据，确定主成分数有时并不是一件很容易的事情。另外，需要特别说明的是，在实际应用过程中，一般是对混合体系中某一个组分进行建模和预测，并不是同时计算三个组分的含量。

表 10-15 未知样品浓度的 PLS 计算结果

编号	Cu			Co			Ni		
	C_{Cu}	P_{Cu}	$E/\%$	C_{Co}	P_{Co}	$E/\%$	C_{Ni}	P_{Ni}	$E/\%$
1	40.0	40.12	0.30	20.0	18.84	−5.80	30.0	31.18	3.93
2	40.0	41.31	3.28	40.0	39.83	−0.43	50.0	50.22	0.44
3	40.0	36.55	−8.63	60.0	64.84	8.07	20.0	19.55	−2.25
4	60.0	59.67	−0.55	40.0	41.74	4.35	20.0	20.70	1.75
5	60.0	55.91	−6.82	60.0	62.94	4.90	40.0	40.11	0.28
6	60.0	60.49	0.82	20.0	19.71	−1.45	50.0	50.99	1.98
7	60.0	60.98	1.63	60.0	60.55	0.92	30.0	29.93	−0.23

偏最小二乘回归技术较好地解决了多自变量的回归建模问题，使许多复杂体系的分析成为可能，同时也为复杂信号的建模提供了有力手段。例如，偏最小二乘回归技术在很大程度上促进了近红外光谱分析技术的发展。

近红外光谱是指波长为 780～2526nm(或 12 800～3960cm^{-1})波段的光谱。近红外区的光谱吸收带是有机物质中能量较高的化学键(主要是 CH、OH、NH)在中红外光谱区基频吸收的倍频、合频和差频吸收带叠加而成。由于近红外光谱的吸收较弱且谱峰严重重叠，很难对近红外光谱直接解析。因此，必须使用偏最小二乘回归这样的化学计量学技术才能实现近红外光谱的定性定量分析。

目前，偏最小二乘回归已作为近红外光谱分析的最常用技术，在实际复杂体系分析中发挥了极其重要的作用。例如，烟草样品中尼古丁、糖类化合物、含氮化合物以及钾、氯等无机成分的含量是评价烟草质量的重量指标。这些参数一般采用工业标准方法(流动分析法)进行测定，不仅费用较高，而且测定速度很慢。利用近红外光谱和偏最小二乘回归就可以实现这些参数的快速测定。图 10-6 是 50 个烟草样品的近红外漫反射光谱图。采用光谱图和流动分析的结果可以建立定量模型，然后就可以对未知样品进行快速测定。当然，建模过程中有时仍需要其他化学计量学技术的辅助。例如，利用导数技术、小波变换技术、散射校正技术等进行光谱的基线校正，利用波长筛选技术从众多的波长变量中筛选有用信息或删除干扰信息等。

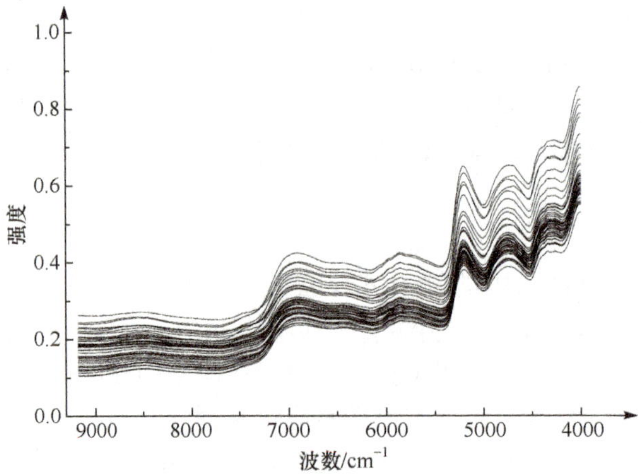

图 10-6 烟草样品的近红外漫反射光谱图

利用近红外光谱和偏最小二乘回归技术还可以开展许多领域的实际样品分析，如石油及石油化工、农业、烟草、食品、饮料、制药、有机化工、精细化工、生命科学、医学临床、纺织、造纸、化妆品、地理地质、航空、遥感、质量监督、环境保护等领域。在石化领域可测定油品的辛烷值、十六烷值、闪点、冰点、凝固点、馏程等；在农业领域可以测定谷物的蛋白质、氨基酸、醣、脂肪、纤维、水分等内部组分含量与硬度等性质；在医药领域可以测定药品中的有效成分、组成和含量；也可进行样品的种类鉴别，如药物、酒类和香水等的真假辨别，环保废弃物的分拣等。由于近红外光谱的灵敏度相对较低，一般认为只能用于常量组分的定量分析。但是，由于偏最小二乘回归是一种根据相关性进行分析的方法，偏最小二乘回归技术的应用使一些微量组分甚至没有光谱响应的组分也可以通过建模实现分析，如烟草样品中金属离子、含量很低的亚硝胺类化合物、土壤或生物样品中的无机成分等。

10.7 化学因子分析

10.7.1 基本步骤

化学因子分析的基本步骤可用图 10-7 表示，分为以下几个步骤：

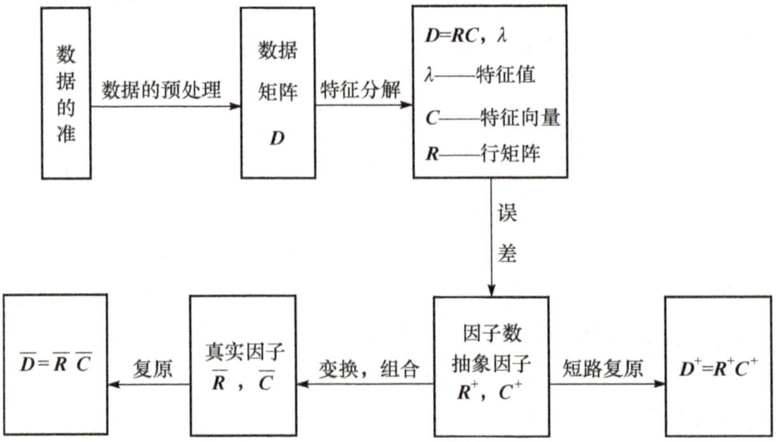

图 10-7 因子分析的基本步骤

(1) 数据的准备与预处理。此步骤的目的是为了得到适合于因子分析的数据矩阵。通过对要解决的问题进行分析，设计实验并进行测试，必要时再对数据进行筛选和预处理，得到适合于因子分析的原始数据矩阵 $\boldsymbol{D}$。

(2) 特征分解或奇异值分解。数据矩阵的特征分解即将 $\boldsymbol{D}$ 分解为两个矩阵 $\boldsymbol{R}$ 和 $\boldsymbol{C}$，$\boldsymbol{D}=\boldsymbol{RC}$。特征分解有多种方法，具体分解的原理、算法和计算程序可通过有关参考书或通过网络资源获得。一般的步骤为首先计算协方差矩阵 $\boldsymbol{Z}=\boldsymbol{D}^T\boldsymbol{D}$，然后使 $\boldsymbol{Z}$ 对角化获得特征值 $\boldsymbol{\lambda}$ 和特征向量 $\boldsymbol{C}$，再计算行向量 $\boldsymbol{R}$，$\boldsymbol{R}=\boldsymbol{DC}^{-1}=\boldsymbol{DC}^T$。奇异值分解即将 $\boldsymbol{D}$ 分解为三个矩阵 $\boldsymbol{U}$、$\boldsymbol{S}$、$\boldsymbol{V}^T$，$\boldsymbol{D}=\boldsymbol{USV}^T$。特征分解与奇异值分解之间的关系为

$$\boldsymbol{R}=\boldsymbol{US} \tag{10-34}$$

$$\lambda=\mathrm{diag}(\boldsymbol{S})^2 \tag{10-35}$$

由特征分解得到的两个抽象矩阵 $\boldsymbol{R}$ 和 $\boldsymbol{C}$ 分别称为得分矩阵和载荷矩阵。尽管它们不具有明确的物理意义，但它们分别对应着浓度、吸收系数、发光强度等物理量，因此，每一个得分矢量($\boldsymbol{r}_i$，$\boldsymbol{R}$ 的某一列)或载荷矢量(c_i，$\boldsymbol{C}$ 的某一行)相对大小可以说明样品中某组分在不同波长下的贡献大小。

(3) 误差分析。根据特征分解的结果，特别是特征值的大小以及一些误差判据，确定因子数(矩阵 $\boldsymbol{D}$ 的秩)并得到抽象因子 $\boldsymbol{R}^+$ 和 $\boldsymbol{C}^+$。通过抽象因子 $\boldsymbol{R}^+$ 和 $\boldsymbol{C}^+$ 可复原原始数据矩阵 $\boldsymbol{D}$，即 $\boldsymbol{D}^+$ 在一定的误差范围内与 $\boldsymbol{D}$ 相等。

(4) 变换与组合。对于大多数问题，通过误差分析得到因子数和抽象因子并没有结束，而需要得到真实的因子(光谱、色谱等)，获得的方法就是通过对抽象因子的变换(或旋转)逐个得到真实的因子，将所有因子组合在一起便可得到真实因子集，并在一定的误差范围内复原原始数据矩阵 $\boldsymbol{D}$，即 $\bar{\boldsymbol{D}}$ 在一定的误差范围内与 $\boldsymbol{D}$ 相等。

变换或旋转是因子分析的核心和关键。下面将要介绍的各种因子分析方法，其根本的区别就是旋转矩阵的求解途径和方法不同。

10.7.2　目标因子分析

目标因子分析(target factor analysis，TFA)又称为目标检验因子分析，是Malinowski于20 世纪 60 年代发展起来的一种因子分析技术，它为判断体系中是否存在某种模型提供了特殊的数学手段。目标检验因子分析的步骤可由图 10-7 中的一般步骤来描述，即原始数据经过特征分解并得到主因子数以后，根据化学理论知识、实验知识或直观的经验知识等提供与原始数据有关的物理或化学参数，并由这些参数构成检验向量或称为目标因子，然后对所提供的多个目标因子分别进行检验以确认是否是真实因子，最后用经过确认的真实因子构成完整的数据模型，并得到原始数据中的化学信息，如组分的吸收光谱、色谱的流出曲线、组分的浓度等。

目标因子分析的具体计算步骤可描述如下：

(1) 对数据矩阵 $\boldsymbol{D}$ 进行分解得到特征值 λ、特征向量 $\boldsymbol{C}$ 及行向量 $\boldsymbol{R}$。

(2) 通过特征值或误差判据得到原始数据矩阵的主因子数 n 以及 $\boldsymbol{C}^+$ 和 $\boldsymbol{R}^+$。

(3) 构造目标因子或检验向量 $\tilde{\boldsymbol{R}}$。

(4) 通过式(10-36)进行目标变换

$$\bar{\boldsymbol{R}}_l=\boldsymbol{R}^+\boldsymbol{T}_l \tag{10-36}$$

其中

$$\boldsymbol{T}_l=(\lambda^+)^{-1}(\boldsymbol{R}^+)^T\tilde{\boldsymbol{R}}_l \tag{10-37}$$

$\boldsymbol{T}_l$ 可由最小二乘法推出，称为最小二乘变换器，由每一个 $\boldsymbol{T}_l$ 构成的矩阵 $\boldsymbol{T}$ 称为变换矩阵。

(5) 直观地比较 $\bar{\boldsymbol{R}}_l$ 和 $\tilde{\boldsymbol{R}}_l$ 是否在一定的误差范围内相等，即 $\bar{\boldsymbol{R}}_l \approx \tilde{\boldsymbol{R}}_l$？如果相等则表明此检验向量为真实因子，否则，就不是真实因子。也可以根据可靠性函数和损害函数进行上述判断。

【例 10-4】 对于式(10-35)的数据矩阵，分别用下列检验向量进行检验：

$$\tilde{\boldsymbol{R}}=\begin{bmatrix} 2.0 & -1.0 & 5.0 & 4.0 \\ 5.0 & 3.0 & 5.0 & 7.0 \\ 4.0 & 6.0 & 6.0 & 9.0 \\ 6.0 & 4.0 & 8.0 & 0.0 \\ 0.0 & 8.0 & 9.0 & 2.0 \\ 1.0 & 5.0 & 2.0 & 4.0 \\ 3.0 & 9.0 & 0.0 & 5.0 \\ 8.0 & -3.0 & 8.0 & 0.0 \\ 10.0 & -2.0 & 6.0 & 7.0 \\ 9.0 & 0.0 & 0.0 & 10.0 \end{bmatrix} \tag{10-38}$$

得到以下结果：

$$\bar{\boldsymbol{R}}=\begin{bmatrix} 1.896 & -0.926 & 0.898 & 0.911 \\ 5.099 & 2.862 & 4.327 & 4.798 \\ 4.010 & 5.987 & 4.824 & 5.357 \\ 5.963 & 4.090 & 5.343 & 5.926 \\ 0.061 & 7.872 & 3.028 & 3.376 \\ 0.978 & 4.995 & 2.531 & 2.816 \\ 2.948 & 9.121 & 5.321 & 5.917 \\ 7.985 & -2.967 & 3.971 & 4.385 \\ 10.114 & -2.094 & 5.626 & 6.219 \\ 8.900 & 0.048 & 5.744 & 6.367 \end{bmatrix} \tag{10-39}$$

将 $\bar{\boldsymbol{R}}$ 和 $\tilde{\boldsymbol{R}}$ 进行比较不难看出，前两个检验向量表示的是真实因子，而后两个不是真实因子。

尽管目标因子分析需要化学工作者构造检验向量，使用者必须提供一定的参数，但由于它在对某一因子进行检验时不需要其他因子的信息，因此使用起来还是十分方便的。目标检验因子分析的应用已非常广泛，它特别适合于混合体系中各组分的同时定量分析，各组分的定性鉴定以及各单一组分信息的提取。例如，上述模拟数据的分析结果中，两个真实因子分别就是两个组分的光谱信息，即 10 个波长下的吸收值，进而可计算得到

$$\boldsymbol{C}=\begin{bmatrix} 3.013 & 3.986 & 4.004 & 6.023 & 9.003 \\ 0.999 & 6.986 & 1.933 & 7.994 & 4.976 \end{bmatrix}$$

分别对应 5 个样品中两个组分的浓度。

为了解决提供精确目标向量的困难，20 世纪 80 年代初 Roscoe 在目标因子分析的基础上提出了迭代目标因子分析或迭代目标转换因子分析(iterative target transformation factor analysis，ITTFA)方法，用于检验向量中数据点不完整或不能精确提供目标因子时的目标检验。该方法可用于检验向量中未知点的预测。它的算法可由式(10-36)和式(10-37)导出，即将式(10-37)代入式(10-36)得

$$\bar{\boldsymbol{R}}_l=\boldsymbol{R}^{+}(\lambda^{+})^{-1}(\boldsymbol{R}^{+})^{T}\tilde{\boldsymbol{R}}_l \tag{10-40}$$

用一个普通矩阵 $\boldsymbol{P}$ 代替式(10-40)中的前三项,则

$$\bar{\boldsymbol{R}}_l=\boldsymbol{P}\tilde{\boldsymbol{R}}_l \tag{10-41}$$

$$\boldsymbol{P}=\boldsymbol{R}^{+}(\lambda^{+})^{-1}(\boldsymbol{R}^{+})^{T}=\begin{bmatrix} A & B & \cdots & C \\ D & E & \cdots & F \\ \vdots & \vdots & & \vdots \\ G & \cdots & H & I \\ J & \cdots & K & L \end{bmatrix} \tag{10-42}$$

假设 $\tilde{\boldsymbol{R}}_l$ 的第 r 个元素是未知的数据点,可设为任意值(一般设为 0),式(10-41)可写为

$$\begin{pmatrix} \bar{r}_1 \\ \bar{r}_2 \\ \vdots \\ \bar{r}_{r-1} \\ \bar{r}_r \end{pmatrix}=\begin{bmatrix} A & B & \cdots & C \\ D & E & \cdots & F \\ \vdots & \vdots & & \vdots \\ G & \cdots & H & I \\ J & \cdots & K & L \end{bmatrix}\begin{pmatrix} \tilde{r}_1 \\ \tilde{r}_2 \\ \vdots \\ \tilde{r}_{r-1} \\ 0 \end{pmatrix} \tag{10-43}$$

从式(10-43)可以得到

$$\bar{r}_r=(J\tilde{r}_1+\cdots+K\tilde{r}_{r-1})+L\tilde{r}_r \tag{10-44}$$

用 $\bar{r}_r$ 代替 $\tilde{r}_r$ 并进行迭代运算,即可得到 $\tilde{r}_r$ 的预测值。可以证明:当 L 的绝对值小于 1 时上述迭代过程是收敛的。

例如,将式(10-38)中的检验向量改为下列向量:

$$\tilde{\boldsymbol{R}}=\begin{bmatrix} 2.0 & 2.0 & -1.0 & 0.0 \\ 0.0 & 0.0 & 0.0 & 0.0 \\ 4.0 & 4.0 & 6.0 & 6.0 \\ 6.0 & 0.0 & 0.0 & 0.0 \\ 0.0 & 0.0 & 8.0 & 8.0 \\ 0.0 & 0.0 & 0.0 & 0.0 \\ 3.0 & 3.0 & 9.0 & 0.0 \\ 8.0 & 0.0 & 0.0 & -3.0 \\ 0.0 & 0.0 & 0.0 & 0.0 \\ 9.0 & 9.0 & 0.0 & 0.0 \end{bmatrix}$$

可以得到以下结果:

$$\bar{\boldsymbol{R}}=\begin{bmatrix} 1.913 & 1.925 & -0.946 & -0.944 \\ 5.134 & 5.154 & 2.822 & 2.873 \\ 4.029 & 4.036 & 5.966 & 6.037 \\ 6.002 & 6.023 & 4.046 & 4.111 \\ 0.044 & 0.026 & 7.894 & 7.959 \\ 0.975 & 0.969 & 4.999 & 5.046 \\ 2.951 & 2.946 & 9.119 & 9.210 \\ 8.055 & 8.103 & -3.050 & -3.032 \\ 10.189 & 10.246 & -2.194 & -2.158 \\ 8.971 & 9.017 & -0.035 & 0.012 \end{bmatrix}$$

可以看出,在缺少半数以上的数据点的情况下仍能得到理想的检验结果。

10.7.3 秩消因子分析

数据矩阵的“秩”即因子分析中的主因子数，代表了测量体系中的组分数。秩消因子分析(rank annihilation factor analysis，RAFA)也可称为消秩因子分析，意思是将原始数据矩阵中的某一主要因子给予去除。因此，秩消因子分析的基本思想是通过一定的手段从原始数据矩阵中扣除某组分的信息，被扣除的信息将是我们所需要的单一组分的信息。如果 $\boldsymbol{D}$ 表示某混合体系的测量数据矩阵，$\boldsymbol{N}$ 表示浓度为 c_0 的某组分的标准样品的测量数据矩阵，则可通过解下列方程实现

$$\mathrm{Rank}(\boldsymbol{D}-k\boldsymbol{N})=\mathrm{Rank}(\boldsymbol{D})-1 \tag{10-45}$$

式中，Rank 表示求秩。标准样品对应的组分在混合样品中的浓度将为 kc_0，$k\boldsymbol{N}$ 将表示该组分在混合样品数据中的全部信息。

秩消因子分析有两种求解方法，一是迭代法，即通过调节 k 的大小使式(10-45)成立；二是通过矩阵运算求解，即

$$k=1/\mathrm{Trace}(\bar{\boldsymbol{U}}^T\boldsymbol{N}\bar{\boldsymbol{V}}\bar{\boldsymbol{S}}^{-1}) \tag{10-46}$$

式中，Trace 表示求矩阵的迹；$\boldsymbol{N}$ 表示浓度为 c_0 的某组分的标准样品的数据矩阵；$\bar{\boldsymbol{U}}$、$\bar{\boldsymbol{V}}$ 和 $\bar{\boldsymbol{S}}$ 分别由 $\boldsymbol{D}$ 的奇异值分解 $\boldsymbol{D}=\boldsymbol{USV}^T$ 得到，分别为 $\bar{\boldsymbol{U}}$ 的前 n(n 为主因子数)列、$\bar{\boldsymbol{V}}$ 的前 n 行和 $\bar{\boldsymbol{S}}$ 的前 n 个奇异值。

秩消因子分析对于混合样品中有标准样品的组分的定量分析特别方便，特别是当只关心混合样品中某一个或几个组分时特别有效。

10.7.4 渐进因子分析

渐进因子分析(evolving factor analysis，EFA)是针对具有渐进过程的化学体系而建立起来的一种因子分析方法。渐进过程，如色谱、光谱滴定、某些化学反应等，是指体系中的化学组分数、物种类型、组分的浓度等都是随时间(或与时间有关的变量)而渐变的。因此，这种体系的数据矩阵具有一个非常突出的特点：沿某一坐标方向组分数不断变化；新的物种不断出现，已有的物种不断消失；某物种的浓度首先逐渐增加然后逐渐减小，具有一个(且只有一个)极大值。渐进因子分析就是利用这一特点对渐进过程的数据矩阵进行处理提取有用信息的一种方法。渐进因子分析有不同的模型和实现方法，如基于目标检验的 Gemperline 法、VDK (Vandeginste-Derks-Kateman)法以及基于特征分析的 GMMZ(Gampp-Maeder-Meyer-Zuberbuhler)法等。以下简单介绍 GMMZ 法。

GMMZ 法的基本思想包括两个步骤。首先利用正、反方向的渐进特征分析确定物种数以及每个物种存在的区间(何时出现、何时消失)，称为初级 EFA 过程，然后根据这些信息对原始数据矩阵进行求解，得到每一组分的信息，称为终级 EFA 过程。具体的算法过程分为以下两个过程。

1. 初级 EFA 过程

判断组分的存在区间，包括：

(1) 分别对图 10-8 表示的数据矩阵的前 i 列($i=2,\cdots,n$)进行特征分析，得到 $\lambda_{i,F}$。

(2) 分别对图 10-8 表示的数据矩阵的后 i 列($i=n-1,\cdots,1$)进行特征分析，得到 $\lambda_{i,B}$。

$$\begin{bmatrix} d_{11} & d_{12} & \cdots & d_{1n} \\ d_{21} & d_{22} & \cdots & d_{2n} \\ \vdots & \vdots & & \vdots \\ d_{m1} & d_{m2} & \cdots & d_{mn} \end{bmatrix}$$

(3) 作 $\lg\lambda_i$-i 图，如图 10-9 所示，并从中得到每一组分的存在区间。

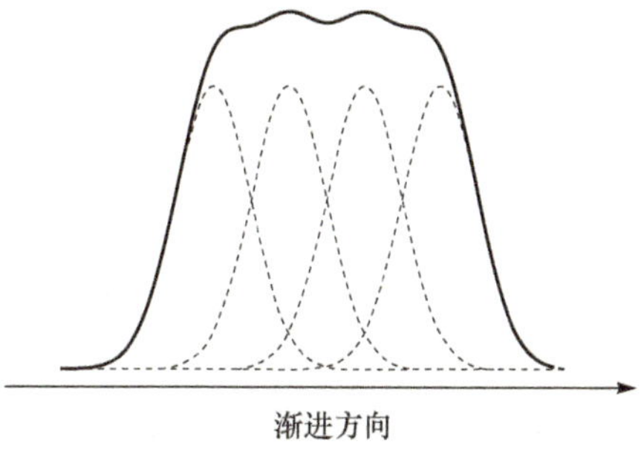

图 10-8　渐进过程的数据矩阵

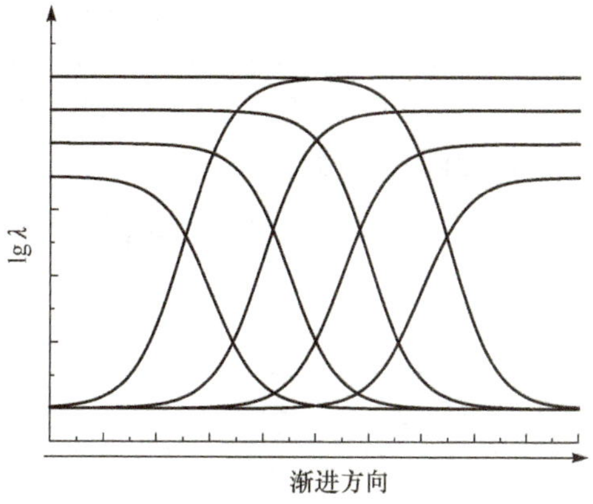

图 10-9　EFA 的特征分析图

2. 终级 EFA 过程

计算单一组分的信息。

假设原始数据矩阵为光度检测的二维色谱数据，则原始数据矩阵可写为各组分的色谱(浓度分布)$\boldsymbol{C}$ 和光谱 $\boldsymbol{A}$ 的乘积，即

$$\boldsymbol{D}=\boldsymbol{C}\boldsymbol{A}+\boldsymbol{E}_{实验} \tag{10-47}$$

式中，$\boldsymbol{E}_{实验}$ 为实验误差。对 $\boldsymbol{D}$ 进行特征分解，可得

$$\boldsymbol{D}=\boldsymbol{S}\boldsymbol{L}+\boldsymbol{E} \tag{10-48}$$

式中，$\boldsymbol{E}$ 为误差矩阵。因此有

$$\boldsymbol{C}\boldsymbol{A}=\boldsymbol{S}\boldsymbol{L} \tag{10-49}$$

由于 $\boldsymbol{L}$ 是正交的，所以

$$\boldsymbol{C}\boldsymbol{A}\boldsymbol{L}^T=\boldsymbol{S}\boldsymbol{L}\boldsymbol{L}^T=\boldsymbol{S} \tag{10-50}$$

$$\boldsymbol{C}=\boldsymbol{S}(\boldsymbol{A}\boldsymbol{L}^T)^{-1} \tag{10-51}$$

令 $\boldsymbol{R}=(\boldsymbol{A}\boldsymbol{L}^T)^{-1}$，称为旋转矩阵，则有

$$\boldsymbol{C}=\boldsymbol{S}\boldsymbol{R} \tag{10-52}$$

式(10-52)又可写为

$$c_i=\boldsymbol{S}\boldsymbol{r}_i \tag{10-53}$$

式中，$\boldsymbol{c}_i$ 和 $\boldsymbol{r}_i$ 分别为 $\boldsymbol{C}$ 和 $\boldsymbol{R}$ 的第 i 列。

由于式(10-53)中有两个未知数，因此无法求解。但如果将 $\boldsymbol{c}_i$ 中的非零部分去掉，即只保留该组分的存在区间(由初级 EFA 过程得到)以外的部分，用 $\boldsymbol{c}_i^0$ 表示，则 $\boldsymbol{c}_i^0$ 应为零向量。此时将 $\boldsymbol{S}$ 中对应该组分存在区间的部分也去掉，用 $\boldsymbol{S}_i^0$ 表示，则可得到该组分对应的旋转向量 $\boldsymbol{r}_i$，将每一个组分的 $\boldsymbol{r}_i$ 组合则构成 $\boldsymbol{R}$。有了 $\boldsymbol{R}$ 后则可由式(10-52)计算 $\boldsymbol{C}$，进而由式(10-47)得到 $\boldsymbol{A}$。

因此，终级 EFA 的计算过程如下：

(1) 根据每一组分的存在范围得到 $\boldsymbol{c}_i^0$ 和 $\boldsymbol{S}_i^0$，并计算 $\boldsymbol{r}_i$，并由 $\boldsymbol{r}_i$ 得到 $\boldsymbol{R}$。

(2) 由式(10-52)计算 $\boldsymbol{C}$。

(3) 由 $\boldsymbol{A}=(\boldsymbol{C}\boldsymbol{C}^T)^{-1}\boldsymbol{C}^T\boldsymbol{D}$ 计算 $\boldsymbol{A}$。

渐进因子分析可广泛地应用于具有渐进特征的化学体系，如色谱、化学平衡体系、光谱滴定体系等。下面以一个模拟的色谱数据简单介绍渐进因子分析的计算过程及计算结果。

原始数据矩阵 $\boldsymbol{D}$(表 10-16)为模拟的两个组分的重叠色谱数据,模拟时采用的两个色谱数据为

$$\boldsymbol{C}^T=\begin{bmatrix}0.0 & 0.0 & 0.0 & 1.0 & 3.0 & 6.0 & 30 & 1.0 & 0.0 & 0.0 & 0.0 & 0.0 & 0.0 & 0.0 & 0.0\\ 0.0 & 0.0 & 0.0 & 0.0 & 0.0 & 1.0 & 3.0 & 5.0 & 3.0 & 1.0 & 0.5 & 0.0 & 0.0 & 0.0 & 0.0\end{bmatrix}$$

两个组分的光谱数据为

$$\boldsymbol{S}=\begin{bmatrix}2.0 & 3.0 & 4.0 & 2.0\\ 3.0 & 4.0 & 2.0 & 1.0\end{bmatrix}$$

表 10-16　色谱模拟数据

保留时间采样点	波长采样点			
	1	2	3	4
1	−0.179	−0.101	0.142	0.058
2	0.159	0.173	−0.096	0.039
3	0.456	−0.281	0.137	−0.201
4	1.777	2.984	4.154	1.895
5	6.028	8.884	12.002	6.176
6	14.997	21.487	26.342	12.971
7	14.859	20.913	18.064	8.952
8	17.199	22.842	13.938	6.799
9	9.139	12.182	6.207	3.072
10	2.931	3.945	1.826	0.600
11	1.646	2.119	1.191	0.386
12	−0.234	−0.150	−0.033	0.019
13	0.038	−0.181	0.133	−0.011
14	−0.186	0.357	−0.184	0.214
15	−0.135	−0.124	0.120	0.316

由初级渐进因子分析得到的 $\lg\lambda_i$-i 图,如图 10-10 所示。由图中特征值的变化曲线可以看出两个组分的存在区间应该分别为 4～8 和 6～11,与实际值一致。

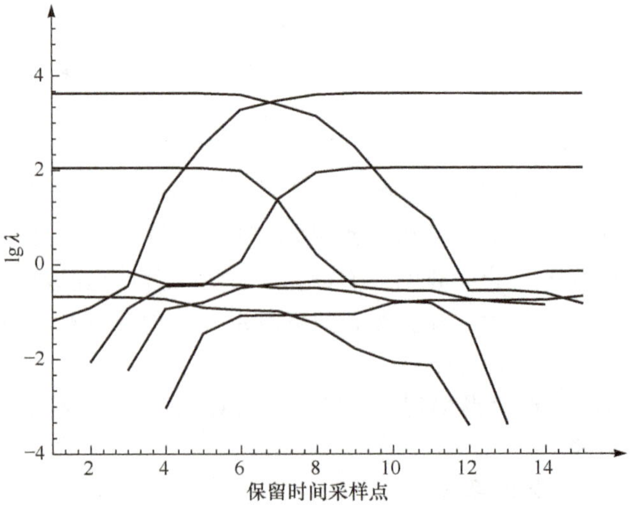

图 10-10　初级 EFA 的 $\lg\lambda_i$-i 图

根据两个组分的存在区间，采用终级渐进因子分析得到的归一化的色谱和光谱分别如图 10-11和图 10-12 所示，可以看出与实际数据有较好的一致性。

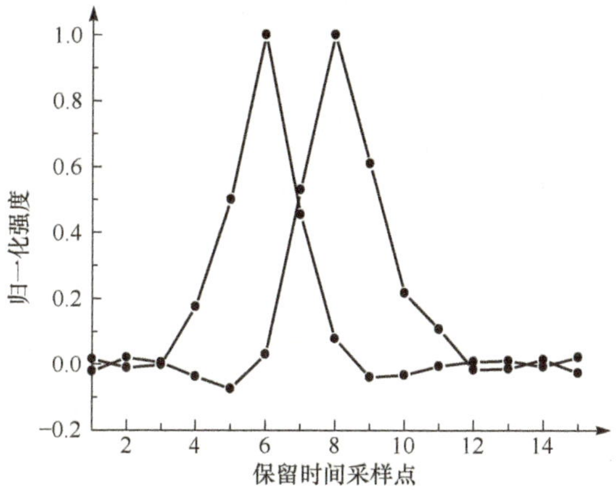

图 10-11　EFA 解析得到的色谱图

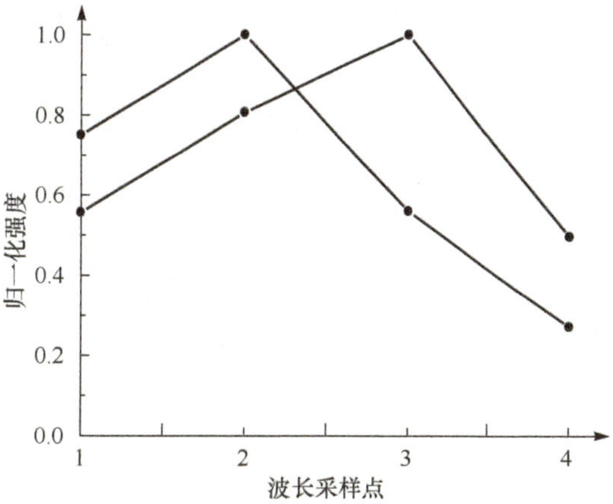

图 10-12　EFA 解析得到的光谱图

10.7.5　窗口因子分析

窗口因子分析(window factor analysis，WFA)是由 Malinowski 于 20 世纪 90 年代初提出的一种自模式化学因子分析方法。它无需有关化学体系的先期信息，利用渐进过程中每个组分在渐进轴上对应于一个特定范围(称为窗口)的特点，根据一些经验性的窗口判据，并通过尝试来确定每种组分的最佳浓度窗口和分布，然后用已获得的最佳浓度矩阵计算出各组分的光谱。如果已知每种组分的标准光谱便可对浓度分布进行校正，还可以实现各组分的定量。因此，窗口因子分析用于处理化学过程中按一定方向渐进变化的响应信号(如色谱、光谱滴定及动力学研究等)，是一种特别有效的方法。

对于某一 n 组分体系的数据矩阵 $\boldsymbol{D}$，如果其列代表光谱记录间隔，行代表渐进方向，且光谱测量具有线性加和性，则有

$$\boldsymbol{D} = \sum_{i=1}^{n} \boldsymbol{D}_i = \sum_{i=1}^{n} \boldsymbol{s}_i \boldsymbol{c}_i^T = \boldsymbol{S}\boldsymbol{C}^T \tag{10-54}$$

式中，$\boldsymbol{s}_i$ 为 i 组分的光谱向量；$\boldsymbol{c}_i$ 为 i 组分的渐进(浓度)分布向量；$\boldsymbol{D}_i = \boldsymbol{s}_i \boldsymbol{c}_i$ 为 i 组分对于整个 $\boldsymbol{D}$ 矩阵的贡献。

假定 $\boldsymbol{D}^0$ 为删除某一组分 n 存在的窗口内所有列的数据子矩阵。对 $\boldsymbol{D}^0$ 作抽象因子分析，可得到含 $n-1$ 个正交光谱向量 $\boldsymbol{s}_j^0$ 的矩阵 $\boldsymbol{S}^0$ 和一个含 $n-1$ 个相互正交但不归一的浓度分布向量 $\boldsymbol{c}_j^0$ 的 $\boldsymbol{C}^0$ 矩阵，即

$$\boldsymbol{D}^0 = \sum_{j=1}^{n-1} \boldsymbol{s}_j^0 (\boldsymbol{c}_j^0)^T = \boldsymbol{S}^0 (\boldsymbol{C}^0)^T \tag{10-55}$$

由于均处于 n 维因子空间的 $n-1$ 维子空间中，$n-1$ 个组分的真实光谱向量可以表达成抽象光谱向量的线性加和。于是有

$$\boldsymbol{s}_i = \sum_{j=1}^{n-1} \beta_{ij} \boldsymbol{s}_j^0 \tag{10-56}$$

式中，β_{ij} 为线性系数。

通过添加一个与其他向量均正交的 $\boldsymbol{s}_n^0$ 向量，式(10-56)可扩展到包含第 n 个向量的情况。

第 n 个组分的真实光谱 $\boldsymbol{s}_n$ 尽管落在 n 维空间上，但它在 $n-1$ 维超平面上有一个可表达成 $n-1$ 个抽象光谱向量 $\boldsymbol{s}_j^0$ 的线性组合。因而有

$$\boldsymbol{s}_n = \sum_{j=1}^{n-1} \beta_{nj} \boldsymbol{s}_j^0 + \beta_{nn} \boldsymbol{s}_n^0 \tag{10-57}$$

式中，$\sum_{j=1}^{n-1} \beta_{nj} \boldsymbol{s}_j^0$ 代表在超平面上的投影。

将式(10-56)和式(10-57)代入式(10-55)并整理，可得

$$\boldsymbol{D} = \sum_{j=1}^{n-1} \boldsymbol{s}_j^0 \left(\sum_{i=1}^{n} \beta_{ij} \boldsymbol{c}_i^T \right) + \beta_{nn} \boldsymbol{s}_n^0 \boldsymbol{c}_n^T \tag{10-58}$$

式(10-58)两边同乘以 $(\boldsymbol{s}_j^0)^T$，由于抽象光谱向量相互正交，从而有

$$(\boldsymbol{s}_j^0)^T \boldsymbol{D} = \sum_{i=1}^{n} \beta_{ij} \boldsymbol{c}_i^T \tag{10-59}$$

再代入式(10-58)，得到

$$\boldsymbol{D} = \sum_{j=1}^{n-1} \boldsymbol{s}_j^0 (\boldsymbol{s}_j^0)^T \boldsymbol{D} + \beta_{nn} \boldsymbol{s}_n^0 \boldsymbol{c}_n^T \tag{10-60}$$

于是有

$$\beta_{nn} \boldsymbol{s}_n^0 \boldsymbol{c}_n = \boldsymbol{D} - \boldsymbol{S}^0 (\boldsymbol{S}^0)^T \boldsymbol{D} = [\boldsymbol{I} - \boldsymbol{S}^0 (\boldsymbol{S}^0)^T] \boldsymbol{D} = \boldsymbol{X}_n \tag{10-61}$$

式中，$\boldsymbol{I}$ 为单位矩阵，所以 $\boldsymbol{X}_n$ 很容易得到。

因为 $\boldsymbol{X}_n$ 是某单一组分的信息，所以秩为 1，$\boldsymbol{X}_n$ 各行互成比例，其平均为该组分未校准的浓度分布 $\beta_{nn} \boldsymbol{c}_n^T$。同时，$\boldsymbol{X}_n$ 的各列也互成比例，其平均为该成分的抽象光谱向量 $\boldsymbol{s}_n^0$。如果该组分的真实光谱 $\boldsymbol{s}_n$ 已知，则可通过计算 β_{nn} 达到 $\boldsymbol{c}_n$ 的校正，即

$$\boldsymbol{s}_n^T \boldsymbol{s}_n^0 = \sum_{j=1}^{n} \beta_{nn} (\boldsymbol{s}_j^0)^T \boldsymbol{s}_n^0 = \beta_{nn} \tag{10-62}$$

因此，通过在渐进方向上设定某一待定组分的窗口，无需其他组分的相关信息，即可得到该组分的浓度分布，并进行定量分析。

尽管窗口因子分析的数学原理有些复杂，但它的计算过程并不难。根据上述原理可总结出以下算法：

(1) 根据对原始数据的了解，假设窗口大小和位置，由原始数据矩阵 $\boldsymbol{D}$ 取出 $\boldsymbol{D}_i^0$。

(2) 对 $\boldsymbol{D}_i^0$ 进行分解得到 $\boldsymbol{S}^0$。

(3) 根据式(10-61)得到 $\boldsymbol{X}_n$ 和归一化的 $\boldsymbol{c}_n$。

(4) 判断 $\boldsymbol{c}_n$ 是否合适，也就是判断假设的窗口是否合适。判断的规则一般为：窗口内有唯一的极值；窗口内无较大的负值，窗口外基线噪声较低（无较大的正值）；曲线尽可能平滑；假设的窗口与计算出的窗口位置相吻合。如果窗口不合适，则重复步骤(1)～(4)直到窗口合适。

(5) 判断已合适的窗口数是否等于因子数，如果没有，则重复步骤(1)～(5)直到合适的窗口数等于因子数。

(6) 由 $\boldsymbol{c}_n$ 组合得到 $\boldsymbol{C}$ 并计算 $\boldsymbol{S}$。

对于表 10-16 的数据，如果窗口假设的合适可以得到与图 10-11 和图 10-12 几乎完全一致的解析结果。图 10-14 是由图 10-13 表示的数据矩阵解析得到的色谱图，其中的虚线为标准样品的实验结果，通过比较可以看出解析结果是非常满意的。

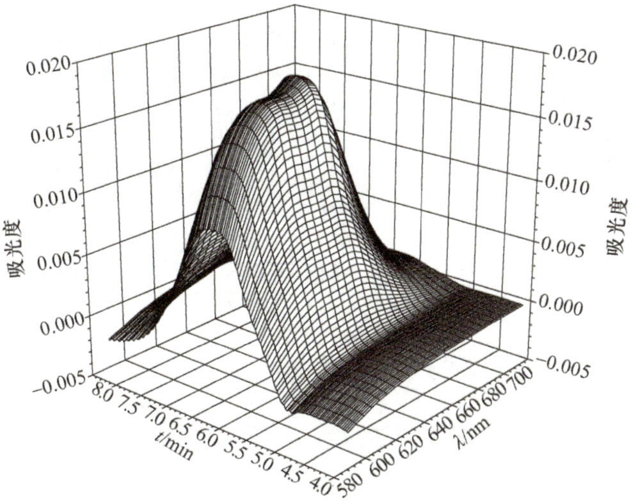

图 10-13 原始数据的色谱图

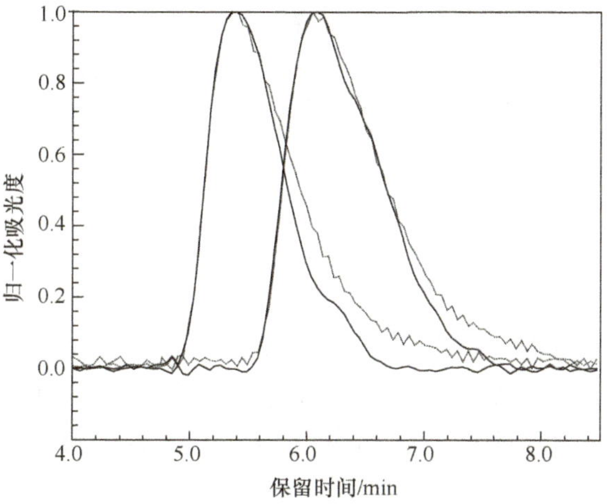

图 10-14 WFA 解析得到的光谱图

10.7.6 启发渐进式特征投影

启发渐进式特征投影(heuristic evolving latent projection,HELP)方法是与 WFA 几乎同时被提出的因子分析方法,它与 WFA、EFA 一样是为了解决渐进过程中的组分数、组分浓度变化等问题而提出的。EFA 在组分数目较多时有时显得能力不足,而 WFA 则在对体系的了解较少时选择窗口相当费时。HELP 方法又称为"剥皮"技术(component stripping technique),利用重叠信息中少量的非重叠信息一个一个地进行解析,对某些渐进体系特别有效。

HELP 的基本思想可以用"component stripping"形象地描述,如图 10-15 所示。以色谱数据的解析为例,它解决问题的基本过程可总结为三个步骤:①寻找最外层组分的"选择性窗口"(selective window,SW)和"零浓度窗口"(zero-concentration window,ZCW);②根据 SW 和 ZCW 的信息求解出最外层组分的光谱和色谱;③从原始数据矩阵中减去最外层组分的信息,继续求解剩余的最外层组分的信息。

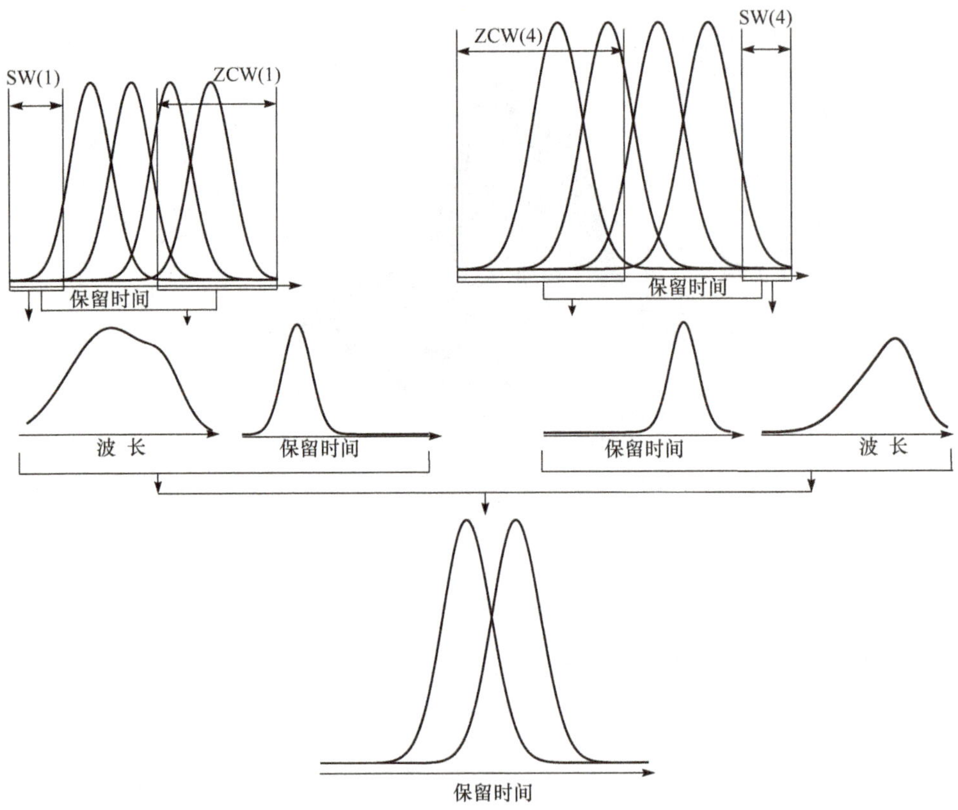

图 10-15 HELP 法的基本过程

可以看出，HELP 方法的关键步骤之一是 SW 和 ZCW 的确定。因此，在 HELP 方法中还包括一个判断 SW 和 ZCW 的方法，称为特征投影图(latent projection graph)法。由于篇幅所限，这里不再介绍。不过有很多方法均可用于 SW 和 ZCW 的确定，如上面介绍的 EFA 法等。

有了 SW 和 ZCW 之后，HELP 方法的主要步骤是如何根据 SW 和 ZCW 得到最外层组分的光谱和色谱。光谱的获得比较方便，因为在 SW 区间的数据为单一组分的信息，在有信号的区间内(非基线部分)每一行都应该代表光谱的信息，不过为了减小误差的影响，一般对 SW 区间的子矩阵进行特征分解或奇异值分解得到光谱信息。色谱信息的计算方法与 EFA 方法非常相似，只是根据式(10-53)求解旋转矩阵时稍有不同。在 EFA 中将对应于 $\boldsymbol{c}_i$ 中的非零部分去掉，将式(10-53)改写为

$$\boldsymbol{c}_i^0=\boldsymbol{S}_i^0\boldsymbol{r}_i \tag{10-63}$$

进行计算 $\boldsymbol{r}_i$，在 HELP 方法中则改写为

$$\boldsymbol{c}_i^{s+0}=\boldsymbol{S}_i^{s+0}\boldsymbol{r}_i \tag{10-64}$$

式中，$\boldsymbol{c}_i^{s+0}$ 为 SW 区间的色谱信息和 ZCW 区间的色谱信息，因为 SW 区间的色谱信息可由 SW 区间的子矩阵进行特征分解或奇异值分解得到。通过式(10-64)可以直接求解得到 $\boldsymbol{r}_i$

$$\boldsymbol{r}_i=[(\boldsymbol{S}_i^{s+0})^T\boldsymbol{S}_i^{s+0}]^{-1}\boldsymbol{S}_i^{s+0}\boldsymbol{c}_i^{s+0} \tag{10-65}$$

因此，HELP 的具体步骤可总结如下：

(1) 确定最外层组分(第一个和最后一个)的 SW 和 ZCW。

(2) 分别利用两个组分的 SW 区间的子矩阵 $\boldsymbol{D}_i$ 计算两个组分的归一化光谱信息，一般采用奇异值分解或特征分解等数学方法。

(3) 利用两个组分的 SW、ZCW 和原始数据矩阵 $\boldsymbol{D}$ 分别计算两个组分的色谱信息。

(4) 从原始数据矩阵中扣除已解出的两个组分的信息。

(5) 计算主因子数与已求解组分数的差，如果大于 1，重复(1)～(5)步，如果等于 0，结束计算，否则仍有一个组分的信息，利用剩余信息计算该组分的信息。

例如，有如图 10-16 所示的色谱数据，可以通过 HELP 方法得到图 10-17 和图 10-18 表示的解析结果。

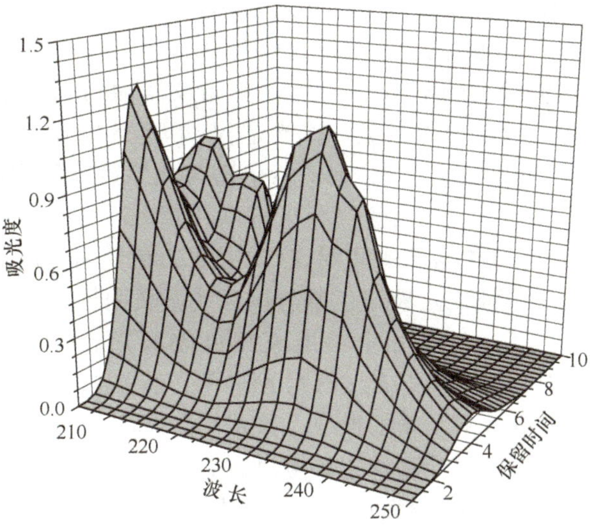

图 10-16　模拟的色谱数据

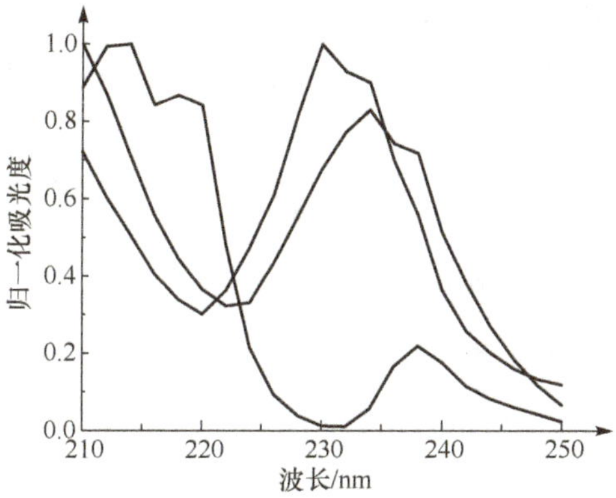

图 10-17　HELP 解析得到的光谱数据

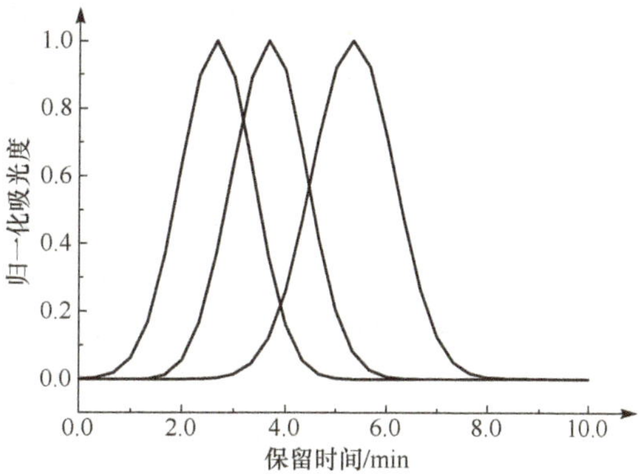

图 10-18　HELP 解析得到的色谱数据

另外，还有许多因子分析方法，如对应因子分析(correspondence factor analysis，CFA)、固定大小移动窗口渐进因子分析法(fixed size moving window evolving factor analysis)、子窗口因子分析(subwindow factor analysis，SFA)等，这里不再一一介绍。

10.8 高阶校正方法简介

作为化学计量学的重要组成部分，高阶(多维)校正方法已在分析化学领域引起越来越广泛的重视。高阶校正方法因其具有突出优势正在获得越来越快的发展，其优点包括：①基于数学分离的定量分析策略用于复杂体系时十分灵巧且绿色；②分析策略具有二阶优势，即使有未知背景及干扰共存也可对感兴趣多组分进行直接快速定量分析。这些优势可免除复杂烦琐的样品预处理步骤，运用现代分析仪器直接实现快速定量分析。近十多年来，一些基于交替(加权)最小二乘原理的化学多维校正方法已经建立并获得应用。本节简单介绍化学多维校正方法尤其是三维校正方法的相关进展以及它们在复杂体系快速定量分析中的应用。本节所涉及基础理论和算法请读者自行参考相关文献进行学习。

分析仪器按其产生量测数据的不同可分为：①零阶仪器，如 pH 计、单波长比色计等；②一阶仪器，如紫外、可见、红外、近红外等各类一维光谱仪，单通道响应的各类气相和液相色谱仪以及化学传感器线型阵列等；③二阶仪器，如液相色谱与光二极管阵列联用仪(HPLC-DAD)、液相色谱与质谱联用仪(LC-MS)、气相色谱与质谱联用仪(GC-MS)、毛细管电泳与二极管阵列联用仪(CE-DAD)、毛细管电泳与质谱联用仪(CE-MS)、色谱与基质辅助激光解吸飞行时间质谱联用仪(LC-MALDI-TOF-MS)、液相色谱与核磁共振联用仪(LC-NMR)以及激发发射荧光光谱仪(EX-EM)等；④三阶仪器，如全二维液相色谱与光二极管阵列联用仪(LC×LC-DAD)、全二维液相色谱与质谱联用仪(LC×LC-MS)等。各类新型分析仪器的涌现为分析化学家提供了发展机遇，同时也带来了新的挑战。这些高阶量测仪器可获得多维量测数阵，包含了大量的化学信息。但是，如何设计和优化量测过程并从这些高维数据中提取有用的化学信息已成为解析复杂化学体系问题时所面临的一个重大挑战。

在分析化学中，根据数据的阶数可分为零阶、一阶、二阶及高阶校正。这里的“阶”是指张量的“阶”，它习惯上以单个样本的响应数据类型来定义，如标量称为零阶张量、矢量称为一阶张量、矩阵称为二阶张量、长方阵称为三阶张量等；而“维”是指将多个具有相同数据结构的样本组合在一起所获得的需要处理的数阵的维数。因此，维数比阶数高，三维校正就是二阶校正。依此类推，零阶、一阶、二阶、三阶等校正方法也可分别称为一维校正(简单回归)、二维校正(一般意义的多元校正)、三维校正(二阶张量校正或简称二阶校正)及四维校正(三阶校正)等。高阶校正也称为多维校正，二阶校正属于高阶校正。

目前常用的校正方法是一维(零阶)和二维(一阶)校正。利用这些校正方法解决复杂体系中未知组分的干扰仍具有一定困难。面对日趋复杂的样品体系，探寻未知干扰共存下能直接获得灰色或黑色体系中感兴趣组分定性定量信息的方法成为十分迫切而重要的课题。理论上三维校正的三维三线性数据分解有可能给出相对唯一解，因此三维校正可实现复杂体系三维响应数据中多组分的直接定量分析，即三维校正具有二阶优势。

目前已发展了多种三维校正的计算方法。最常用的算法是平行因子分析(PARAFAC)算法和交替三线性分解(ATLD)算法。前者是基于严格意义上的残差二乘加和最小化算法，对三线性数据的残差最小化。在实际运用中此算法仍存在一些不足，如该算法对预估计过大的组分数极敏感，容易受随机初始化值及多重共线性影响，而且收敛速度缓慢。另外，当三维数据不严格服从三线性模型时会产生没有化学意义的退化解。这些缺陷导致它仅能在那些体系组分数能够被准确估计的三维数阵分析中有较好表现。ATLD 算法利用交替最小二乘原理，采用系列矩阵双对角化运算，降低了计算所需内存，使得算法更加简练、稳健；它使用基于改进的切尾奇异值运算的广义逆计算步骤，不仅有利于算法快速收敛，而且使得算法对预估计过大的组分数也不敏感，同时保证了主要信息的快速提取。只要所选择的组分数大于或等于体系的实际组分数，均可获得令人满意的正确结果。当然，这些算法仍不断地得到发展，如自加权交替三线性分解(SWATLD)算法等。

三维三线性数据的模型可以用图 10-19 表示。一个大小为 $I\times J\times K$ 的三维矩阵 $\boldsymbol{X}$ 可以认为是三个矩阵 $\boldsymbol{A}(I\times N)$、$\boldsymbol{B}(J\times N)$、$\boldsymbol{C}(K\times N)$ 通过一个大小为 $N\times N\times N$ 的三维对角矩阵构成的。如果 $\boldsymbol{X}$ 是 N 个组分的 K 个样品的激发发射光谱矩阵，$\boldsymbol{A}$ 是 N 个组分的激发光谱，每条光谱的采样点数是 I；$\boldsymbol{B}$ 是 N 个组分的发射光谱，每条光谱的采样点数是 J；$\boldsymbol{C}$ 则是 K 个样品中 N 个组分的浓度。如果 $\boldsymbol{X}$ 是 I 个样品的 HPLC-DAD 数据，$\boldsymbol{A}$ 是 I 个样品中 N 个组分的浓度；$\boldsymbol{B}$ 是 N 个组分的光谱，每条光谱的采样点数是 J；$\boldsymbol{C}$ 则是 N 个组分的色谱曲线，由 K 个保留时间采样点。

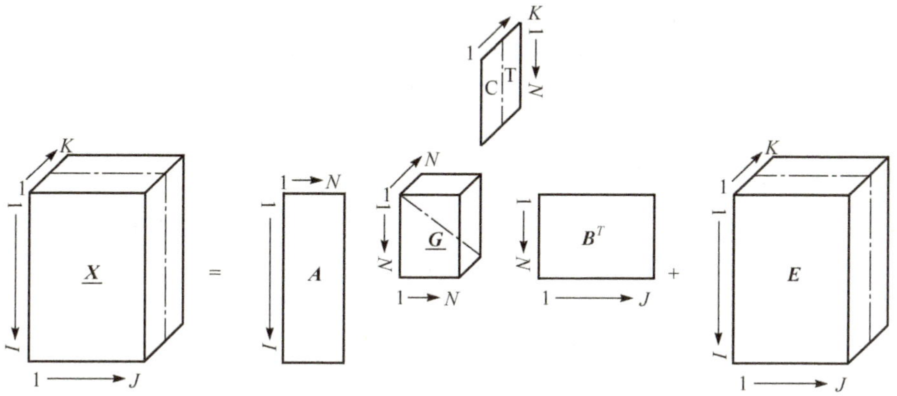

图 10-19　三维三线性数据的模型

显然，矩阵 $\boldsymbol{X}$ 中的每个数据点与矩阵 $\boldsymbol{A}$、$\boldsymbol{B}$、$\boldsymbol{C}$ 之间的关系为

$$x_{ijk}=\sum_{n=1}^{N}a_{in}b_{jn}c_{in}+e_{ijk}\qquad(i=1,2,\cdots,I;\ j=1,2,\cdots,J;\ k=1,2,\cdots,K)\tag{10-66}$$

如果 $\boldsymbol{a}_i$，$\boldsymbol{b}_j$ 和 $\boldsymbol{c}_k$ 分别表示 $\boldsymbol{A}$ 的第 j 行、$\boldsymbol{B}$ 的第 i 行和 $\boldsymbol{C}$ 的第 k 行，则

$$\boldsymbol{X}_{i..}=\boldsymbol{B}\mathrm{diag}(\boldsymbol{a}_i)\boldsymbol{C}^T+\boldsymbol{E}_i\qquad(i=1,2,\cdots,I)\tag{10-67}$$

$$\boldsymbol{X}_{.j.}=\boldsymbol{C}\mathrm{diag}(\boldsymbol{b}_j)\boldsymbol{A}^T+\boldsymbol{E}_j\qquad(j=1,2,\cdots,J)\tag{10-68}$$

$$\boldsymbol{X}_{..k}=\boldsymbol{A}\mathrm{diag}(\boldsymbol{c}_k)\boldsymbol{B}^T+\boldsymbol{E}_k\qquad(k=1,2,\cdots,K)\tag{10-69}$$

基于上述理解，PARAFAC 的交替最小二乘算法可描述为

$$\boldsymbol{Z}=(\boldsymbol{C}|\otimes|\boldsymbol{B});\boldsymbol{A}=\boldsymbol{X}^{(I\times JK)}\boldsymbol{Z}(\boldsymbol{Z}^T\boldsymbol{Z})^+\tag{10-70}$$

$$\boldsymbol{Z}=(\boldsymbol{C}|\otimes|\boldsymbol{A});\boldsymbol{B}=\boldsymbol{X}^{(J\times IK)}\boldsymbol{Z}(\boldsymbol{Z}^T\boldsymbol{Z})^+\tag{10-71}$$

$$\boldsymbol{Z}=(\boldsymbol{B}|\otimes|\boldsymbol{A});\boldsymbol{C}=\boldsymbol{X}^{(K\times IJ)}\boldsymbol{Z}(\boldsymbol{Z}^T\boldsymbol{Z})^+\tag{10-72}$$

式中，$|\otimes|$ 表示 Khatri-Rao 乘积；上标“+”表示广义逆。

而三线性交替分解算法可描述为

$$\boldsymbol{a}_{(i)}^T=\mathrm{diagm}(\boldsymbol{B}^+\boldsymbol{X}_{i..}(\boldsymbol{C}^T)^+)\qquad(i=1,\cdots,I)\tag{10-73}$$

$$\boldsymbol{b}_{(j)}^T=\mathrm{diagm}(\boldsymbol{C}^+\boldsymbol{X}_{.j.}(\boldsymbol{A}^T)^+)\qquad(j=1,\cdots,J)\tag{10-74}$$

$$\boldsymbol{c}_{(k)}^T=\mathrm{diagm}(\boldsymbol{A}^+\boldsymbol{X}_{..k}(\boldsymbol{B}^T)^+)\qquad(k=1,\cdots,K)\tag{10-75}$$

式中,diagm 表示取矩阵对角元素为列向量。

采用图 10-20 和图 10-21 的光谱和色谱曲线模拟 8 个样品的 HPLC-DAD 数据,构成一个三维矩阵。可以解析得到几乎相同的光谱和色谱曲线,同时还可以得到 8 个样品中三个组分的相对浓度,如图 10-22 所示。

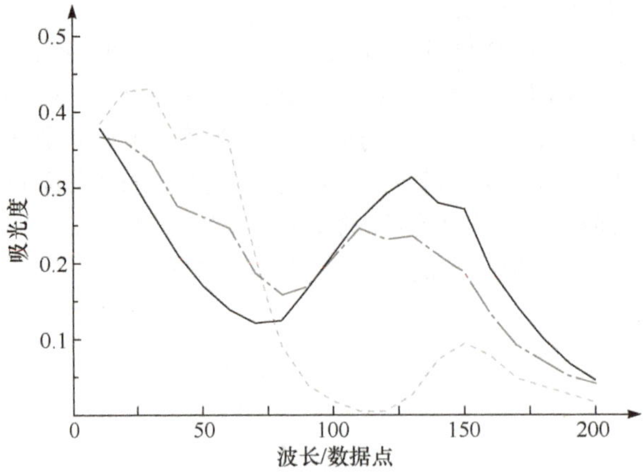

图 10-20　组分光谱的模拟谱图

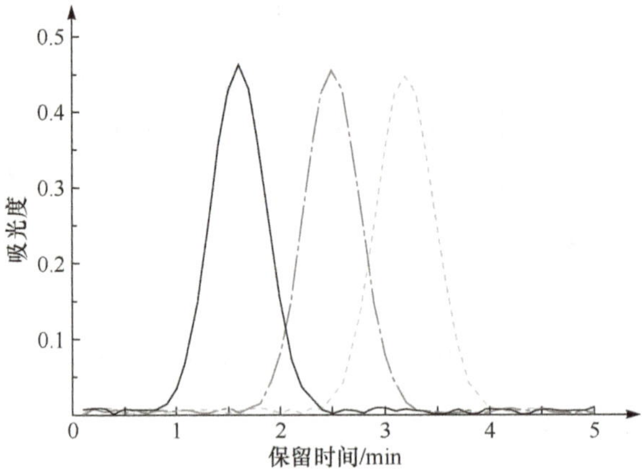

图 10-21　组分色谱曲线的模拟谱图

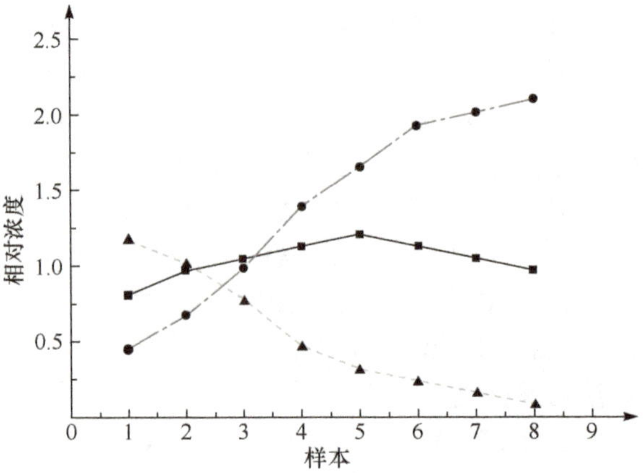

图 10-22　组分相对浓度的解析结果

随着高阶联用仪器的发展，对四维以上数据阵的解析算法已有报道，如四维偏最小二乘方法(4-PLS)、四维平行因子分析法(4-PARAFAC)、四线性最小二乘法(DLLS)、交替惩罚四线性分解法(APQLD)等。由于缺乏对四线性成分模型理论优势的整体理解，解析四维数据仍处于初级探索阶段。

高阶校正方法已经受到分析化学工作者的青睐，有关其在各领域应用的报道也日益增多，在农业、环境、食品、生物、医学等分析中均得到了具体应用。例如，农药在农业生产中的广泛应用带来农药残留问题。农产品的组成成分往往比较复杂，对其中污染成分的测定程序更为烦琐，通常需要经过繁杂的前处理过程。采用多维校正方法与灵敏度较高的荧光分析方法相结合即可简化实验步骤，实现农药残留的快速分析。多维校正为环境样品中污染物的分析也提供了一个快速、高灵敏的新手段。有文献报道，运用 MCR-ALS 算法和 PARAFAC2 算法解析非三线性的色谱保留时间-发射荧光光谱数据，在干扰物存在下，同时测定了 10 种多环芳烃，其中 6 种属于重多环芳烃。在生物医药分析中，生物体液与组织的复杂性，对药物的直接测定造成了困难。三维荧光光谱与多维化学计量学相结合可用于细胞内物质的分析和代谢物分析，也可用于定性和定量描述细胞生长环境介质的有效方法。

上机训练与习题

1. 什么是化学计量学？在化学领域中有什么重要意义？
2. 简述 K-矩阵法和 P-矩阵法的基本原理，并讨论它们之间的区别。
3. 简述化学因子分析的基本步骤。
4. 用 Matlab 等熟悉的计算机语言编写抽象因子分析、目标检验因子分析和迭代目标检验因子分析的计算程序，并对书中给出的数据进行分析。
5. 简述秩消因子分析的基本思想。
6. 简述渐进因子分析的基本步骤。
7. 简述窗口因子分析的基本思想和基本步骤，并模拟一组二维色谱数据用窗口因子分析进行解析。在解析过程中注意判断假设窗口正确性的判据。
8. 简述 HELP 方法的基本思想，并模拟一组二维色谱数据用窗口因子分析进行解析。
9. 简述主成分回归的基本原理、计算步骤，并编写程序计算书中表 10-11 给出的数据。
10. 简述偏最小二乘法的基本原理、计算步骤，并编写程序计算书中表 10-11 给出的数据。

主要参考文献

蔡文生. 1998. 快速分子三维模型的自动建造. 中国科学技术大学硕士学位论文.

丁光辉. 2006. PLS 和 GA 应用于部分有机污染物的 QSAR 研究. 大连理工大学博士学位论文.

郭力,李晓霞. 1996. Internet 网络系统与资源. 北京:科学出版社.

康立山,等. 1997. 非数值并行算法——模拟退火算法. 北京:科学出版社.

来鲁华,等. 1993. 蛋白质的结构预测与分子设计. 北京:北京大学出版社.

李世雄. 1997. 小波变换及其应用. 北京:高等教育出版社.

李晓霞,郭力. 2000. Internet 上的化学化工资源. 北京:科学出版社.

刘树深,易忠胜. 1999. 基础化学计量学. 北京:科学出版社.

刘勇,等. 1997. 非数值并行算法——遗传算法. 北京:科学出版社.

马卫平. 2007. 线性和非线性方法在 QSAR/QSPR 研究中的应用. 兰州大学博士学位论文.

潘忠孝,等. 1992. 化学因子分析. 合肥:中国科学技术大学出版社.

任琴. 1999. 函数连接行神经网络、小波神经网络在分析化学与模式分类中的应用. 中国科学技术大学硕士学位论文.

萨师煊. 1983. 数据库系统概论. 北京:高等教育出版社.

施洪宝. 1993. 神经网络及其应用. 西安:西安交通大学出版社.

石乐明. 1988. 计算机辅助有机合成路线设计系统的研制. 中国科学技术大学硕士学位论文.

吴海龙,俞汝勤. 2011. 化学多维校正的若干新进展. 化学通报,74(9): 771.

许禄. 1995. 化学计量学方法. 北京:科学出版社.

俞汝勤. 1987. 现代分析化学的信息理论基础. 长沙:湖南大学出版社.

袁琼. 1996 药物(农药)创制中的计算机辅助——活性模型的建立与应用. 中国科学院上海有机化学研究所博士学位论文.

张培强. 1995. Matlab 语言——演算纸式的科学计算语言. 合肥:中国科学技术大学出版社.

赵瑞清. 1986. 专家系统初步. 北京:气象出版社.

Todeschini R, Consonni V. 2000. Handbook of Molecular Descriptors. Weinheim: Wiley VCH.